火的刻痕

——鍾逸人後228滄桑奮鬥史

馬關條約100年告別中國

【序一】

誇越時代的奇人

李　喬

　　鍾逸人先生，1947年26歲，以「二七部隊部隊長」身份，逃過死劫，判刑15年坐17年苦牢，43歲出獄，竟然「身心俱健」生龍活虎，結婚生子女，設綠藻公司，爲台灣Chlorella培製先驅。激情不息，對台灣的愛越熾，於是臨老投入台灣自救運動……。

　　「你是爲歷史見證活下來的，你欠台灣人民一部自傳！」朋友們這樣「警告」他。

　　於是自傳第一部，詳寫228事件始末的《辛酸六十年》，第二部細訴坐遍台灣七大監牢（台北監獄二進宮）的《煉獄風雲錄》，分別於1988、1995年出版，各再版多次。現在，第三部，描繪1986年以後積極投入社運的見證，《火的刻痕》──自傳第三部，又堂堂完成並將出版。

　　鍾先生前二部自傳，個人總是埋怨其身邊事，心事寫太少，社會人間事佔太多。其實是個人「成見」。就敍事（narrative）概念論，「敍事」是重述事件故事。不論虛構或非虛構，是將線性的事件，依序列組織成適於表達作者想要表達

的主題──那種文字。鍾先生的「敘事」是把過去、現在（時間性），台灣、日本、美國（空間性）作有機的連接，於是出現的是一種「大敘事」，見不到「自傳」；如果能透視作者的用心，這是「倒裝表現」，自傳在大敘事中呈現，於是現在過去，亞美洲同時浮現眼前。也許予人眼花撩亂，但自傳能立體有機地生動起來，奧秘也在此。

　　至於第三部《火的刻痕》，那種「倒裝表現」依然，但，抒情的，個人性的顯然增加，還有以那透視人間千百災難之後的感慨、評述，這部份最為感人。就具體內容說：詳寫綠藻產銷經緯，留下台灣產業的珍貴資料。深度北美之旅，跟台美人社會接觸的體會感想，最能動人心弦。這兩部份是本傳的菁華部份。

　　回憶相識之初，個人就認定，鍾先生是為台灣那段歷史留下來的。這是神的意旨。其中奧秘是：這個人記憶力之強，豈止驚人而已！讀者捧讀之餘，一定會同意這一點。

　　台灣人需要認識台灣，認識自己，鍾先生的「系列自傳」就是最佳入門書之一。謹以恭敬之心，為序如上。

中秋節 於公館 玉泉居

【序二】

《火的刻痕》讀後感

李鴻禧

一、

　　年逾耄耋而屆九旬的鍾逸人，依然挺直昂藏七尺長軀奔走各地、步履穩健，聲若洪鐘、中氣十足，是台灣政治社會中長壽健康的「古來稀」的人物，廣受台灣人的驚奇讚美。而更讓人羨慕不置的，則是高齡的他至今仍思索精密、記憶清晰，看不到九旬老人常見的記憶恍惚、思路紊亂的龍鍾老態。至今在推廣台灣獨立、爭取民主人權的集會遊行中，幾乎都可以看到這棵長青樹綠意青翠、枝葉茂盛，容光煥發、生氣蓬勃。很多人為他欣慰、祝福與感佩。

　　不過，要將如此老當益壯的這位人物，和1947年228事件中，為抵抗外來政權的殘暴惡劣，出而組織領導二七部隊，堅強地和國民黨軍隊轉戰各地，終至被判處重刑，輾轉被囚各地政治監獄長達十六、七年，受盡人間煉獄苦難折磨的鍾逸人，聯想銜接為一，固然需要經一番尋繹思索。特別是要將他明亮豁達、熱情直爽的個性，和一般人印象中，久困囹圄出獄常見的蒼白、陰晦、畏縮的政治犯，重疊符合起來，更會費人深思，嘖嘖稱奇。

　　從高中到大學時代，我曾迷上傳記文學一陣子，喜歡蒐尋名人傳記閱讀，希冀探索偉大人物的人生鑑鏡，增廣歷史文學見聞。不過大學畢業之後，逐漸瞭解在一般人性之隱惡揚善情境下，傳記之眞實撰敘會產生自然、一定的限界；不論自己撰寫或由他人著述，通常都會或多或少渲染誇大主角的光明面，而隱藏遺漏其陰暗處；我也因而不太閱讀傳記或回憶錄一類書籍。尤其到耳順之年後，每每看到同時代和前後稍接近年代的各界人物，出版自己的傳記或回憶錄之內容，跟我長年熟悉、觀察的客觀事實相去頗遠，有時甚至讓人感到唐突滑稽、離譜太遠，不由萌生好笑、無聊和憎厭的印象。於是對此類書籍蒐尋閱讀，確是比較挑剔、比較疏淡。

　　然而，當鍾逸人於1988年經自由時代出版《狂風暴雨一小舟——辛酸六十年（上集）》，以及1995年讓前衛出版《煉獄風雲錄——辛酸六十年（下集）》時；我因對台灣民主運動史和台灣人權史，彌感興趣，對作者本人也有一定程度的認識和理解，遂即蒐尋用心閱讀。在《辛酸六十年》上集，記敘作者在228事變時，建軍領導二七部隊對抗國民黨軍隊之經緯，到事敗判刑入獄史實；而在下集的《煉獄風雲錄》，則描繪作者輾轉各政治監獄之黑暗醜惡；讀來因爲印象較爲深刻。感到可惜的是，這兩本書祇寫到1964年，當時鍾逸人才祇四十三歲，就「辛酸六十年」而言，仍有十七年空白。而這被囚十七年的政治犯出獄後，另一個十七年「刑餘之徒」的生活，正是作者所言：「只不過是由一座有圍牆、有荷槍實彈哨兵的小監獄，被移到另一個雖然沒有高牆卻充滿恐怖、令人觸目驚心、到處爪耙子緊跟在身邊的大監獄。」這是在台灣較難聽聞，卻有其政治犯人權史深遠意義的章

節；我心中雖然很期待能有《辛酸六十年》上下集之外的第三本續集，但卻也想到作者已八、九十歲老人，怎依然有能力清楚記憶那十七年漫長的歷史，抑且有體力去撰敘寫作。時而因焉爲此感到遺憾悵然。

殊不料，台灣學術文化界有頗多文史學者社會賢達，亦有同此期待，李喬、張炎憲、李筱峰、陳永興和王世勛等人都熱心鼓勵鍾逸人，務必將他的經驗寫出來；李喬並嚴詞指責他若不寫，就對不起228事件那無辜被殺害、死不瞑目的先人。鍾氏經過一番內心思考，終於決定下筆，而於2009年9月經三年嘔心瀝血，完成這部名爲《火的刻痕──鍾逸人後228滄桑奮鬥史》原稿，要儘快付梓出版。意外的，同此9月底鍾逸人大駕光臨寒舍，出示我期待已久的這部書原稿拓本，讓人身懷感激，想不到他卻要我爲此本書寫序。筆者才疏學淺又非文史專業學者，對228事件的來龍去脈認識膚淺，因而頗感爲難、躊躇不安。惟面對爲台灣奉獻一生，六出祁山，奮鬥不懈的老前輩，又不知如何婉辭推拒；心忖何妨把這當做是長輩交下寫讀書心得的工作；就答應寫此〈《火的刻痕》讀後感〉，來表示我對他的感佩。

二、

一般說來，由文學、歷史學、尤其擅長傳記文學的學者專家，所著的傳記或回憶錄，通常都有相當歷史意識、理解傳記的敘述方法，對傳記主角在時空遞變中所扮演的角色和歷史意義，能給予清晰的建構和理論；據以展開精緻的論述敘說，附以細膩的時空考據，綴以動人的琬琰文辭、靈巧的隱惡揚善，使之成爲有條不紊、興味淋漓的專業著作。相較於此，雖然無可否認的，

鍾逸人這部《火的刻痕》，也許會給有些人以全書結構比較紊亂，前後無法連繫貫串、一氣呵成的印象；有時同一史實內容和作者觀感，確也或則反覆冗贅複述，或則瑣碎描述卻未能一針見血、鞭劈入裡；顯露些許素人斧鑿的痕跡。然而，事實上，華麗優雅、精緻典範的自傳，總會或多或少包藏虛浮不實、曖昧焦點的內涵，令人產生過於完美的疑惑而不能盡信。反倒是在這部《火的刻痕》裡，看到鍾逸人寫自傳的樸拙純真、自然透明，感情流暢、不忌不諱，讓人難以不受其內容的誠實真摯、情境的淒清苦楚的深切感動。就像長久欣賞職業歌手優美的歌唱，突然聽到素人歌者投注全部感情努力歌唱一樣，感到後者更能感動人，印象更深。

1964年鍾逸人從被囚長達十七年的政治煉獄，回到社會回到故鄉，這部他的《火的刻痕——鍾逸人後228滄桑奮鬥史》，就以此刻時空切入落筆。這時他所面對的是已完全變貌的台灣，油枯燈盡長年暗夜哭泣的母親，揮之不去的爪耙子跟監的恐怖世界，和「刑餘之人」前途茫茫這種不可承受的無窮壓力。很快地，他就把母親抱在懷中，聽她自言自語，「孩子，你真的回來了，是真的、不是假的？你不會再離開阿母吧？阿母不時都在思念你……」，痛苦愧疚地面對母親的死亡，薄棺輕葬、親友冷淡的重重打擊。如此《火的刻痕》的第一斧，確是很讓人感傷的。不過，堅強不屈耐力極韌的鍾氏，仍然勇於面對這種艱難生態環境，在若干228受難者從旁協助下，由零開始從無到有，竭盡全力投入完全陌生的「克羅列拉」（chlorella）的栽培、生產和經銷，忍苦耐勞、夙夜匪懈，終於打出了一片天，建立了國內外聞名「克羅列拉」王國；展現了鍾逸人既能組建革命軍抗暴護民，

也能白手起家經營企業的能力。卻也同時顯露了他，在處理協調錯綜複雜的財經利益和人際關係上，兼有優良和欠缺的個性和觀點。

　　當然，若是純粹著眼於鍾逸人和228事變、二七部隊或政治煉獄的歷史和問題，或祇是關注重大政治犯出獄後，如何在充滿恐怖的無形大監獄中遭遇不斷的迫害；則在閱讀本書時，會覺得鍾氏是用了過多的章節篇幅，來敘述他在「後228」出獄後，經營「克羅列拉」事業的詳細過程，而感到內容冗贅甚至不耐其繁。不過，我們若換個角度把焦點放在歷盡生離死別、煉獄十七年折磨的重大政治犯鍾逸人；尋稽他是如何不被外來統治權力折服而懷憂喪志，反而在出獄政治犯族群中，突兀崢嶸堅挺不拔的面對後半人生，展開艱苦奮鬥；終於能夠開拓出綠藻事業的一片荒漠，建立聲譽鼎盛的「克羅列拉」王國。同時也去探索鍾氏在充滿權謀術數、詭譎陰濕的企業和政治世界，如何能堅守其原有的獨立建國意志，以及民主政治、自由人權的價值意識，又能維持一定的誠信公義、臨財不苟的風格。也許就會釋然這些章節的不遺細節。其實，我們若將鍾逸人出獄後十七年歷盡滄桑的歷史，與戰後台灣推展自由民主、獨立建國的艱辛困苦的過程，兩相比照；也許會較感到鍾氏一生相當近似台灣的縮影。鍾氏以面對艱難，意志堅韌、任勞任怨的奮鬥，終能肇造「克羅列拉」王國；卻也因他秉性善良、誠信待人，不惡不毒、不爭權奪利，欠缺果斷霸氣、牢抱前228的台灣精神，終使偌大王國日趨式微、走向潰亡。縷析戰後台灣推展民主獨立的歷史，鍾氏《火的刻痕》頗有值得吾人吟味思索之處。

三、

在這本書中，到處可以看到鍾逸人超人底博聞強記、瑣細不遺；不但對漫長人生中遭逢的大小代誌，都能記憶清楚、娓娓道來，令人佩服讚羨；抑且以九旬老人，猶能將曾接觸過的錯綜複雜龐大人脈，相當正確地網羅，放置在長廣的時空史實上，更讓人嘖嘖稱奇。因而，本書涵藏了不少能夠啟人探索值得思考之處。

雖然，鍾逸人一方面，為了武裝抗暴經營事業，備嚐人間詭譎詐騙、機關用盡之陰謀陷害，受盡社會倚勢凌人、冷血殘忍之苦楚；同時，另一方面，在228事變平反討回公義後，他也被推為革命英雄，廣受台灣民間各界讚仰；海內外請他接受推崇、演講座談的邀約不斷。但是，在此人生波浪起伏、聲譽升降翻騰中，鍾氏仍能相當一貫地保持其純真、坦率、誠實和謙虛的風格，不受從事政商人物易染的污穢影響，依然熱心公義，百折不撓地參與推展台灣民主、自由與獨立的志業。他不以眼還眼、以牙還牙地用權謀術數陰險手段，來抵制報復對方，且常為這種性格吃大虧受大害，卻始終狠不下心來。同時，每當有人過份推崇他在228事變二七部隊功績，稱讚他在長年煉獄折磨下猶能堅忍不屈時；他總認真而謙虛地回答，自己是敗軍之卒被俘受刑、無什戰功之「刑餘之徒」而已，並非什麼英雄人物。

令人感到有趣的是，鍾逸人雖不願對領導二七部隊在228事變乙事，居功炫耀沽名釣譽，但對二七部隊在228事變的歷史意義和定位，卻不厭其詳一再反覆澄清敘述。他引用228前即潛伏台灣，之前曾任上海「學運領導」，並出任「中共台灣工委會常委」的金堯如的話，指出：中共在台灣正式建黨、成立「台灣

工作委員會」是在228事變後四、五個月左右，絕不可能去發動和領導228事變。五十年來，中共都煞有介事地舉辦「228起義紀念大會」，強調他們「地下黨」曾經如何策動，領導「228革命」。金氏批評中共說：228事變是台灣反國民黨的反動統治的偉大起義，是「中國共產黨領導下的解放鬥爭，是人民革命的一部分」；這衹是為了「解放台灣」造勢，實在是自欺欺人、撿了便宜又賣乖。事實上，被中共和台共哄抬為228共產革命、二七部隊的領導人謝雪紅，在1948年會見金堯如時，曾經聲淚俱下向金傾訴：「當時在群眾運動中，事起倉卒。……我們身不由己，一旦被捲入後，便像海浪跟著翻騰。……我們台共同志們根本沒有對228取得領導權。……我被迫上馬，一、無上級指示。二、無組織準備。三、無思想武裝，對敵情無所知。起義群眾中又混進許多複雜份子，可說既不知彼也不知己……。」以具有中共高幹背景的金堯如和謝雪紅所言，應當比較接近事實、相當客觀。至於當時國民黨之所以把228事變的發生責任，也實如金堯如所言，衹是為了鎮壓台灣人的反抗，才把它推到中共身上，既可推卸國民黨罪惡，又可挑動台灣人之反共情緒而已。盱衡228事變發生之時，中共尚蟄居西北一隅，翌（三）月十九日，他們的老巢「延安」，甚至被國民黨西北軍胡宗南部隊所攻佔，國共為「剿匪」「長征」廝殺鬥爭，中共正臨危急存亡之秋，說228是中共領導下的解放鬥爭；那真是離譜太遠、匪夷所思了。

事實上，無待贅言的，鍾逸人可能一如常人，在月旦人物是非、臧否世事優劣時，難免多會受個人主觀意識、立場履歷之影響，而有某一程度的執著偏見，這在一般傳記或回憶錄上，俯拾即是、比比皆然。然而，鍾氏在這部《火的刻痕》書上之記述，

大體說來相當直率求真、不刻意隱蔽遮攔。他對自己經營「克羅列拉」失敗錯誤，都具實析述自省自責。就連年輕時背著未婚妻，與蔡姓小姐雙雙墜入愛河，迨自覺不該猛然回頭，就始亂終棄伊人，造成她終生不幸的私密，都懷抱愧疚坦率不諱。實際上，對世事人物的記述評論，他也一樣認真求是，不忌得罪親友、不諱被人反批。譬如有關228事件、二七部隊的歷史，涉及李友邦、楊逵、謝雪紅軼史的研究著作，目前已不勝枚舉且聚訟盈庭，台灣社會，尤其是文史學界，也已漸形成相當共識定論；與鍾氏看法無什差距。反而，很多見仁見智的辯難，能在此書中找到有力的註腳，產生定紛止爭的結果。再看看鍾逸人對當代社會耳熟能詳的許世楷、陳芳明、陳永興、葉菊蘭等人的描繪記述；雖非能完全視以為然，卻也能瞭然此書比一般傳記或回憶錄有客觀性、可讀性，值得向社會大眾推介一番。

四、

　　尋繹這部《火的刻痕——鍾逸人後228滄桑奮鬥史》時，對於鍾逸人和楊逵的錯綜微妙友情，必會感到饒富興趣而吟味再三。如鍾氏所言，他和楊逵的交往幾近半個世紀；終戰228前後，他們是對抗國民黨暴政的同志，之後又是同受綠島煉獄凌遲的生死之交。他對楊逵的瞭解雖然不敢說百分之百，但敢說至少比一般人知道的多一點。這是多數研究楊逵的文史傳記學者專家所不能倫比的。實際上到楊逵逝世前一天，鍾氏還陪他南北各地訪友，之後也對他極其懷念的。然而，如眾所週知，鍾氏是強烈反對共產主義，為求台灣獨立而捨身捨命的人；他和楊氏在價值意識和政治理想上，縱令不是南轅北轍、相去天壤，至少還是迥

不相侔、難以融洽的。也因這樣,鍾逸人對敬愛相知之楊逵,在一生恩恩愛愛忍苦含辛的愛妻陶氏死後,曾向他訴說半夜三更發覺枕邊無人時是如何落單空虛,要求他和朋友代他物色「老伴」的秘辛,都如實記敘,給人以傳記求真的深刻印象。尤其書中撰寫專章「關於楊逵『和平宣言』的幾點疑問」,具體而微的提出疑問表示不信,而不忌諱對楊逵可能造成傷害;更顯示鍾氏誠實記述、批評客觀的一貫態度。而這也正是這本素人傳記之盈溢醍醐味、讓人喜愛的所在。

　　吟味鍾逸人神來之筆,寫出「五十年與五百天」的名句,一語道破「血濃於水」的外來漢人政權,只統治台灣五百天,就比外來日本人政權統治台灣五十年,殺害更多台灣「同胞」,給迷信「炎黃子孫」、「中華民族萬歲」的中國人和台灣人,一記沉重的當頭棒喝。佩服之餘卻也擔心,鍾氏在本書牽扯的人物龐雜繁多,他又落筆坦率、無多忌諱,是否會產生結怨招仇之後遺,筆者為此感到心緒錯綜複雜、無法釋然;但也唯合掌默禱上蒼:「天佑台灣、天佑鍾逸人」了。

2009年10月12日
於台北新店鸞齋

【序三】

討回228的歷史公道

張炎憲

　　鍾逸人先生又要出版第三本書了。聽到這個消息，我心裡由衷感佩。

　　記得1988年，他的自傳集《辛酸六十年》出版，被列入當年台灣本土10件大事，在出版之前，我有幸先閱讀原稿，就相當佩服他的記憶力，以及追根究底的精神。當時，228事件仍然處於真相不明，國民黨政府極力打壓、欺騙、歪解的年代。鍾先生揭發二七部隊成立，退至埔里，以及與國民黨軍隊對抗的實況，使得掩埋40年的真相逐漸大白，激起228研究的熱潮。

　　事隔數年之後，1995年，他出版《辛酸六十年》下冊，揭穿坐牢17年的內幕。今又出版本書，敍述出獄之後的生涯。這三本書是鍾先生的生命史詩，也是活生生的台灣史紀錄，反映出台灣人受到國民黨外來政權的蹂躪、欺壓，以及堅苦奮鬥的精神。

　　鍾先生已經八十多歲，但書中記載交往人物之多、涉獵之廣、和時間地點之詳盡，真是令人無法想像八十八歲的高齡，記憶力還那麼好，身體還那麼康健。這也許是受過國民黨苦牢的人，不見國民黨下台，永不退卻的精神表現。

　　這本書稱之《火的刻痕——鍾逸人後228滄桑奮鬥史》，敍述他出獄後的人生經驗。坐過國民黨政府政治牢的人，一生都被國民黨列入黑名單，在獄中受盡折磨，出獄後，不只無法獲得真正自由，反而進入另一個社會大監獄，無時無刻都受到國民黨監視，不只找不到職業，更沒人敢收容。政治受難者心靈的痛苦與辛酸，非其中之人實在無法想像與體會。鍾先生走過辛酸的歲月，卻奮鬥有成，創立「克羅列拉」（Chlorella）工廠，成為斯業龍頭，後雖於1991年公司解散，但期間的風光與成就，卻留下政治受難者在惡劣環境下成功的範例。

　　1980年秋李喬為了書寫228的文學作品，訪問鍾先生，開啓鍾先生回憶228，追尋228的開端。後又經李喬安排推介，於1987年2月19日，出國訪問，經日本到美國，歷經三個多月，在6月6日返抵台灣。這期間，他與日本、美國各地關心台灣的同鄉見面，公開演講，說出228事件的親身經驗與見聞，引起很大回響，受到各地同鄉熱情招待。228事件40週年之際，鍾先生的海外訪問，增添228事件40週年學術研討會的歷史真實感，激起更多台灣人追究228真相的熱情。

　　1987年海外台灣人舉辦228研討會，國內台灣人則成立「228和平日促進會」，開始推動228的平反運動。海內外同時發動，標示40週年之際，台灣人開始回顧自己的歷史，不再恐懼國民黨政府的壓制，以實際行動衝破政治禁忌，重建歷史的決心。鍾先生此時到日美訪問正是身逢歷史盛會的印證。

　　1987年6月6日，鍾先生回到台灣，我到機場去接他，聽到他說起訪美心得，以及書寫228親身經驗的決心。翌年（1988）終於有《辛酸六十年》的問世。這本書所談到訪美紀聞，正是促成

《辛酸六十年》出書的動力。

　　鍾先生博聞強記，又喜好歷史，因此書中所言，常夾雜親身經驗與田野訪查，有敍述亦有論評，讀之可體會鍾先生的性格、追求與期許，更可了解大時代中，台灣人追求獨立自主的願望與努力。這是一本值得大家珍惜與閱讀的書。

【序四】

這十七年和那十七年

彭瑞金

　　戰後台灣社會的重建和賡續發展，受到228事件和後來的白色恐怖，嚴重的破壞與阻礙，過去已有不少記錄與研究，表述台灣社會在這方面的損失。身為228事件，台灣人挺身抗暴的要角鍾逸人，在八〇及九〇年代分別出版了《狂風暴雨一小舟》、《煉獄風雲錄》、總題《辛酸六十年》的回顧、省思錄，試圖就一顆反抗不義政權的台灣心靈的生成、長大到受難、遭迫害的經過，予以歷史的、集體的、台灣人主體視角的記述。在那個台灣人初初解除戒嚴、集權統治「形式」的時代，由於這項切身經歷、體驗的親身實錄，直通台灣歷史暗夜的庫藏，有非常多的過去「不為人知」、「不可告人」的台灣史事，被呈現出來。鍾先生的述作對於台灣歷史暗面的暴白，於個人而言，是辛酸、是血淚的暴白，於台灣社會而言，是提供省思的教材，是集體記憶中，應該療治的傷痕。

　　不過，經過長期禁錮之後，乍然鬆解的共同記憶庫像爆發的山洪，很容易彼此覆蓋，《辛酸六十年》往往被視為個別生命史的特例，需要被集體省思的部份，反而常遭忽略。易言之，視

《辛酸六十年》為個別生命的悲情記述，實在是誤讀、錯解，它做為一種台灣心靈的傷痛史，需要的救贖、解脫，不知道是被故意或不小心錯失了。台灣人在接連遭遇外來政權統治之後，喪失最多的是做人的自信和人間條件的退讓。鍾逸人一輩的台灣人，在一九四○年代的蔣政權和台灣社會初接觸引發的重大衝突中，挺身而出，所爭不在權勢，而是合理的生存條件，是代表住民心聲的宣示被無理野蠻的對待的犧牲品。雖然鍾先生是這個台灣人集體辛酸的代罪者，不是他們挺身而出，228就只有殺戮而沒有反抗，不過，沒有反抗也就沒有了台灣。

　　鍾逸人雖然出身日治時代的東京外國語學校，是科班出身的文學人，但離開學校之後，他就是行動實踐派，恐怕罕有提筆寫作的機會，尤其是228事件後，被捕坐了十七年與世隔絕的黑牢。出獄後得為生活奮鬥，更沒有提筆寫作的空隙。直到八○年代後期，重返台灣人的戰鬥位置之後，知道他的人鼓勵他、催促他，甚至是軟硬兼施要他寫下過去的經歷，為台灣、為歷史作見證，數十萬字的《辛酸六十年》，就是這樣被擠壓出來的。《辛酸六十年》以素人作家作品的面貌出現時，固然是誤解，但更大的誤解還在作者藉由此作在向歷史討公道，在向世人控訴、抗告，而忽略了一個正直、摯愛人間的生命，歷經摧折，經煉獄重生的宣告意義。從未正式學過漢語文的作者，和他數十年未執筆的書寫荒疏感，何以能逐一克服，而一口氣寫盡六十年的辛酸？其艱辛及堅毅，展現出來的藉書寫而活、藉書寫而重生的生命奮鬥意義，才是世人應該頂禮致敬之處。

　　以鍾逸人先生在228事件的遭遇，而能倖存人間，以九死一生並不足以形容其驚險程度，《辛酸六十年》無異是死過一次的

人的人間證言。然而，戰後來到台灣的國民黨政權，何止於在228事件和之後的白色恐怖統治中，將台灣當殺人刑場，真正的情形正如同樣坐過十七年黑牢的柯旗化說的，台灣根本就是一座監獄島。如鍾先生之劫後餘生者，暴政餘生固難，煉獄倖存尤難，脫出煉獄重返人間生活更難，因為它封死了所有政治犯的生存之路。政治犯在戒嚴時代，僥倖不死，也很可能在監獄島上不是憤死、鬱死、悶死、餓死。《辛酸六十年》寫到作者熬過煉獄，離開因牢的一九六四年，時年四十三歲，在獄中十七年，在這本《火的刻痕》的自序中說：「不符《辛酸六十年》初衷。」有意思的是，作者在立意書寫自己這部辛酸生命史時，就明確地把出獄後的十七年，也計算在他的辛酸生命史中。其實，《辛》書上冊《狂風暴雨一小舟》出版時，他已經六十八歲，寫完《火的刻痕》時，是已逾米壽八十九歲，他所在意、執意要寫的出獄後十七年，也就值得吾人深思它的意義了。

　　《火的刻痕》就是寫這十七年。這是國民黨統治台灣以最陰狠的手段，對付包括刑滿出獄政治犯的趕盡殺絕，政治犯死裡求生的復活、再生錄。一個國民黨政權統治下的欽命要犯，因諸多巧合倖而不死，囚禁十七年之後又僥倖安返人間社會。不僅過往的經歷像傳奇，更重要的是，他讓自己往後的人間生活像傳奇。回頭看鍾逸人生命的前六十年，從二十六歲入獄，四十三歲出獄，在獄中（含新生感訓）整整十七年。雖然常言都說設監獄的目的是感化，使人去惡向善以便重返社會，但沒有人相信外來政權設監獄的目的是為了感化，而不是報復、懲罰異己和逼異己屈服。多數的抵抗暴政人士，都有不成功便成仁，或者失敗就坐牢的覺悟和魄力，即使入獄也不屈服，但長年漫漫的囚禁，容易

暴露人性的弱點，作者熬盡那十七年不屈服的辛酸──盛壯青年入獄、中年出獄，錯過人生黃金歲月，在旁邊想了就辛酸，何況是實實在在坐過十七年的當事者。但外來獨裁政權的陰狠，卻能讓人、讓異己在獄中坐滿十七年，出了牢房，在獄外過著如獄中直到了其殘生。鍾逸人在獄外的「這十七年」經驗，所以可視為他的「再生錄」，是因為它比「那十七年」的坐牢經驗，標示了更高度的人性標竿。

鍾逸人出獄後的遭遇，有母病、母喪無力殯葬，就業碰壁、受阻，創業艱辛，特務纏身，人情冷暖的種種挫折，而這一切挫折，又都緣由年輕的熾熱淑世理想，這一切都未因坐牢十七年而扯平，反而像原罪一樣纏繞他的生活、他的人生。重要的是，他絕不向這些現實低頭，也清楚地知道，這一切也都根源於背後的，曾經想以監牢讓他屈服的政權。他不僅不低頭屈服，反而昂揚以對，完全不像坐過大牢的人，完全不像政治犯，完全不像因禁他而逼他屈服的人所期望的樣子，他用另一個「這十七年」的辛酸奮鬥戰勝整個國民黨政權的監牢統治。更重要的是，他不等「歷史」還他公道、還他清白，他以自己再生開發出來的書寫能力，戰勝外來政權，以及被外來政權扭曲的歷史。在這裡謹向台灣的老戰士致敬。

自序

　　1988年6月，由鄭南榕的「自由時代」出版《狂風暴雨一小舟》──《辛酸六十年》上冊，寫到228時，高呼要求：「給台灣人，愛爾蘭模式的最高自治！」為確保與蔣軍談判「籌碼」，建軍、成立二七部隊、整合、折衝於各地自動蜂起隊伍、地方仕紳之間……。事敗被捕，判刑、定讞、入獄。

　　1995年1月，由「前衛出版社」出《煉獄風雲錄》──《辛酸六十年》下冊，揭穿黑獄內幕：獄吏如何剋扣囚糧；駭見「小蘇區」，兼論「半吊子毛主義份子」醜態。到豬圈找母豬洩慾的蔣軍伙夫班長，視「紅包」大小「衡量思想是否改正」的活寶政戰官。

　　《辛酸六十年》下冊《煉獄風雲錄》，事實只寫到作者出獄時的1964年，當時作者43歲，尚有17年空白，不符《辛酸六十年》初衷。於是，為填補出獄後這一段歷史空白，不顧老耄之軀，重拾禿筆開始耕耘，其中因參加「社運」，走訪日、美、德等國幾趟，停筆幾達4年。

　　2008年目睹台灣人20多年來，用血汗爭取來的「民主成果」，反為中國黨拿來打擊台灣人。大選前夕，大敵當前，所謂

「四大天王」卻還在黨內廝殺，自耗實力。徒嘆奈何！沉悶、抑鬱難消，又忖量年逾「米壽」來日無多，一些稍具史料價值的，再不加以整理寫出來，恐會遺憾終身。《火的刻痕——鍾逸人後228滄桑奮鬥史》，算是《辛酸六十年》續篇（第三冊）。它是記述1964年結束17年牢獄生涯，其實只是從一座有高牆，有荷槍實彈衛兵監視下的有形監獄，到一個沒有高牆和荷槍實彈的另一座「更恐怖的監獄」：蔣幫學自匪共的隱形「聽壁隊」，機關、學校、社團、民間公司，甚至連公路巴士上，都有「人二」組織及其細胞在蠢動。

17年後的台灣已經完全變貌：內戰失敗，帶200萬殘兵難民來台灣的蔣幫，鳩佔鵲巢，破壞台灣政治經濟秩序，使整個社會變貌：人權不受尊重，連人民最起碼的隱私權都任意遭受侵犯。

在專制威權下，一個剛出獄的「刑餘之徒」想謀職求生，談何容易！我徬徨驚疑懼怯一陣子，終於在顧慮我暫時還無法適應現實社會的前「二七部隊」袍澤安排下，到鹿港一個幾乎與外界隔絕的「竹幕」，作Chlorella的實驗培養。在炎陽烈日下，每晚忍受蚊蟲侵襲，經年餘不屈不撓，努力實驗，終能提出一份差強人意的報告。

不過我還是無法適應墮落的現實社會，和顛倒的價值觀……。也因Chlorella市場尚未明朗，於是返回台中。經人介紹，前後在兩家「日美共同投資」公司，和另一家日本人獨資經營的廠商應徵。幸好，具有自由民主涵養的外國人，並不計較我的「特殊背景」，也不甩特務恐嚇，仍賦與我重任。約兩年，我還是看不慣深受中國貪污文化所污染的台灣人幹部；爭權奪利、欺騙外國人經營者。痛心台灣人墮落，乃愴然離開是非地。

　　直到Chlorella市場開始明朗，遂專心投入這個生產事業。經20餘年慘淡經營走過一段顛簸坎坷之路，又得小心翼翼周旋於蔣幫臥底與商業間諜之間，一段辛酸之路，終能熬出頭角，成為斯業「龍頭」，擁有全世界Capacity最大生產容量，也擁有第一流Q.C.（品管），正想「以質、量制霸」市場……。然而，坐過長牢的後遺症醱酵，依然堅信「一加一等於二」的不合時宜公式，「憨直」舊思維，加以中國醬缸文化深浸，腐蝕台灣人心靈，連公司大股東心態都受污染，導致經營漸出狀況。

　　恰於此時，又逢日本「厚生省」——衛生署忽然採取「保護主義」，「提高進口規制」，真是「屋漏偏逢連夜雨」，股東們遂起勃谿，又算計失誤，引狼入室，導致公司不得不解散的命運。

　　1980年秋季，李喬拿著楊逵介紹函前來訪問。至此我的生活驟變，開始有具文化氣質、關心台灣命運、愛國憂民之士出現我的周邊。幾乎每一、兩個禮拜都有遠近關心228、研究台灣史、文學界朋友及學生穿梭來訪。除了李喬、張炎憲、李筱峰，還有陳永興、王淑英、楊朝諭、王世勛，都熱心鼓勵我務必將自己的「228經驗」寫出來。我沒有接受過中國教育，也沒有受過漢文字任何專業訓練，甚至連注音符號ㄅㄆㄇㄈ拼音法，也不大熟諳。我根本未想過，有一天自己要用漢文字寫文章。如今要我用漢文字寫「回憶錄」，委實有點驚惶失措。

　　幾個月後，李喬來訪，發現我還是猶豫不決，沒有寫。以為我不懂得大家對我的殷殷期待，而大發雷霆。指責我：「許多涉案228的都被殺害，蔣幫陽差陰錯，想把你留下來當誘捕謝雪紅『誘餌』，才讓你活到今天。就是上帝刻意安排，要你來寫

出這部歷史。如果你不寫，那就對不起那些無辜被殺害、被埋地下，死不瞑目的先人。」

我被責備得啞口無言。他的口氣雖然很凶，聽起來卻也不無道理。其實我並不是聽不懂李喬等人的鼓勵和督促，內心委實也無時不在感激。只是忖量自己，不是拿筆寫文章的材料，深恐亂塗出來的東西會見不得人，而一直猶豫不決，不敢貿然罷了。

我反覆掙扎，終於決定「改用日文思考」，在腦裡先譯成中文整理後，或可求得暢順一點，讓讀者可以接受。歷經三年，嘔心瀝血，終於完成這些作品。崙賴許素蘭、蕭銀嬌，在百忙中予以文字校訂。林美津、小女清群、女婿郭義境幫我電腦文字編輯。在此謹向所有協力推動此書出版的朋友深謝。

2009年9月11日 於逸廬

目次

1. 到處都有「聽壁隊」

　　我離開小琉球「第三戰訓總隊」，回到別離多年的台灣，只不過是由一座有圍牆，有荷槍實彈的哨兵的小監獄，被移到另一個雖然沒有高牆，卻充滿著恐怖，令人觸目驚心、到處有與毛幫同一版本鑄造出來的「聽壁隊」爪耙仔緊

🔥 作者曾繫獄其間的台中監獄一景

🔥台中監獄大門

跟在身邊的大監獄。

　　我回到北斗妻娘家次日，鎮上警察派出所「對保」丑姓警員和一位林姓中學主任，竟也出現大廳上，擠在幾位「好奇」「關心」前來探我的親友中。

　　原來這位笑臉迎人、彬彬有禮，某中學的林姓主任，竟是「中國戰略學會」會員。這位非親非友，卻過度熱心前來「關心」我的林主任，我一眼便看穿他的底牌，不消說，他是一條「狗腿子」，他是負有任務混進來搜索獵物的。

　　「中國戰略學會」與「中國孔孟學會」同為蔣幫外圍組織。其首領則為蔣介石與戴季陶早年留學日本時，與「共有妻子」所生的蔣緯國。

　　由此不難想像我的刑期儘管早於兩年前即已屆滿，蔣幫還是不肯放人。難道在他們心目中，我是那麼「大尾」、那麼危險的人物？

　　不過，對這些「狗腿子」的任何動作和挑戰，我是蠻不在乎的。即使他們的挑戰動作再粗魯我也能坦然處之，反正他的那一套，我已經看多了。而且經歷十七年的煉獄生涯，我已經磨練得能伸能屈，知道如何應付。

　　整天無所事事，老悶在家裡實在有點受不了。有一天，我趁著妻上班不在家，不顧她的殷殷叮嚀，一個人悄悄跑去對面「協和醫院」門口，探頭窺視醫院裡，看看張協銘醫師是否在家？

　　不久，從裡面走出來一位戴著深度近視眼鏡，身高約160公分，披白衣，好臉熟的人。他果然是家叔鍾聰敏「中一中」後輩張協銘醫師。我與協銘仙在二次大戰中曾有一面之緣。也許剛才他在裡面看到玻璃窗外人影晃動，才跑出來探究竟。

　　協銘仙定神凝視一會兒，才認出是我，便示意我進去。我甫坐定，猶未作自我介紹，他卻搶先問我：「在裡面有沒有被拷刑過，身體怎麼樣？」我聞言一愕，望他良久，隨即反問他：「怎麼知道我的事情？」

　　他慢慢地拿下含在嘴角的大煙斗，目光炯炯，凝視窗外，說：「你這次回來是北斗鎮上一大新聞。林厝一位女婿，因為涉案『228』而被投獄的事，幾乎無人不知。」

　　他接著又說：「你回來以後，凡是去看過你的人，聽到你說話妙語解頤，娓娓動聽，動作活潑，走起路來昂首闊

步，根本不像一個坐過長牢的人。眞是令人納悶。」

聽到他這麼說，我覺得他們的疑問也不無道理，祇是我的情形與眾不同。我從未犯過任何罪，所以也沒有絲毫犯罪感。我不過事敗被俘，始終不曾覺得自己是一名犯罪者。

我告訴協銘仙：「我縱然從馬背上摔下來，總不能老趴在地上，哭哭啼啼，妄想敵人垂憐，伸手將我拉起來。如果我這樣做，反而徒增敵人氣焰，使敵人更加驕傲得意。這豈只愚蠢，簡直將台灣人的尊嚴扔在地上，任人踩踏一般。」

我才說到這裡，發現協銘仙不知什麼時候已收斂起笑容，蹙眉苦臉，不斷張望窗外，在進出候診室的患者中尋找些什麼？

我對協銘仙的過度緊張和不安，雖然有點失望，卻仍能體會他此刻的心境。蔣幫爪牙無孔不入，難保候診室裡面沒有潛伏「聽壁隊」。儘管我很想將自己獄中感受和長久以來一直噎在心裡的話吐盡爲快，很想讓他們知道我在那種黑暗惡劣非人居住的環境中，尚能保持這種心情和體魄的原因。

然而協銘仙的臉色已經變得那麼慘白難看，我能不顧主人家立場，沒完沒了地喋喋不休，妄逞饒舌麼？

距妻下班時間還有兩個多小時，我一回到家便隨便抓一本書看，只是心猿意馬，兩顆無神眼珠卻老是「原地踏步」。忽想起協銘仙剛才那副慌張表情，不覺一股怒火衝上心頭，又不免詛咒「蔣禿頭」幾句。

善良樸實、性情開朗的台灣人，這十多年來，被蔣幫壓制得扭曲變形，遇事畏首畏尾，聽到別人一句批評「反攻大陸」神話，或一句揶揄蔣幫「德政」的話，都會大爲緊張，

慌張失色。

聽到所謂「國歌」，一時忘記兩踝靠攏，也會坐立難安，飲食無味，深怕會給狗腿子偷咬一口。

大街小巷，機關學校圍牆，都被塗滿什麼「服從領袖」、「反共抗俄」、「殺朱拔毛」和台灣人所不懂，也與他們的生活根本風馬牛不相及的什麼「勿忘在莒」的標語，用紅漆也有用深藍色油漆塗得令人慘不忍睹。

標語背後圍牆內，都被中國難民用木板、鐵皮、磚瓦搭蓋著高低不等、大小不一、豬舍不如、不雅觀、不搭配的矮屋。

所有主要街道，都被改為什麼「南京」「長安」「武昌」「天津」等路名，讓被「蔣禿頭」騙來台灣近二十年，始終聽不到「反攻大陸」號角、無法回中國的「六十萬大軍」憑弔。

蔣幫這種「望梅止渴」的欺騙自慰，又何異手淫！

2. 母親離世

　　妻推著腳踏車穿過院子，本欲直往學校上班，因為昨晚給母親折騰了一夜，半夜裡又被惡夢驚醒，一晚沒有睡好，心神恍恍惚惚，老牽掛著母親病情。這兩天病情似有惡化，好像不大對勁。為探母親是否還在睡覺，暫將車子停靠巷口，進入兩個月前向她八叔借用的臨時「病房」探望。

　　我剛出獄，沒有錢讓母親住院，除了在瘦蛙的醫院特別病室，接受瘦蛙夫婦特別照顧，瘦蛙又背著他家人，悄悄為母親作保，送去台中「靜和醫院」住過兩個月，病況反而更壞，將她接回來以後就一直留在岳家，由我和妻兩個人親自照顧。

　　瘦蛙是外科醫師，雖然內兒科、皮膚科、泌尿科他都「來者不拒」，可是母親的病是緣起於遭到特務三番兩次騷擾恐嚇，驚駭過度所引起的精神分裂症。儘管瘦蛙很想幫忙，事實也是愛莫能助。

　　因為這間權充「病房」的小房子，是一間長年閒置著，祇堆放一些老舊傢俱的磚造穀倉。祇有兩坪大小，沒有窗口陰暗骯髒，祇靠一盞臨時接線的十燭光燈照亮。母親病情一

直沒有起色，很有可能在短期內去世，不好意思繼續借用岳丈的廂房。最近才向八叔借用這間臨時「病房」。

妻進去「病房」探一會兒，並未去學校，卻慌慌張張地奔回來，帶著驚慌悲傷的口吻告訴我：「阿母好像去了，我因為老牽掛著她老人家，進去探一下，喚她幾聲沒有反應，用手搖她也還是一樣，心一急索性雙手用力將她翻過來，才發現她已經去了。全身僵硬，呼吸也已停止。」

🔥作者母親──張權

她忍不住悲傷，眼淚也奪眶而出。片刻，她又擦拭眼淚告訴我：她就去學校請假，回來以後要如何處理後事才來做決定。便急急忙忙踩著車子去了。

對母親的病，我們早有心理準備，整天裡躺著不動，背部皮膚都已開始腐爛。有時候還會大聲哀叫：「我的孩子不是共產黨，請你們別將他抓走……。」不然的話，就將自己

的衣褲脫得一絲不掛，自言自語，語無倫次地說什麼：「熱得要命，快要把我燒死了。」她的反常飲食習慣，可能也是她老人家的致命原因之一。不曉得受到哪一個庸醫方士蠱惑，說她的體質不能吃「冷」的東西，蔬菜屬「冷」，一枝一葉都不能碰，所有的水果也是「冷」的。所以她也長年拒絕吃水果，多喝水也是會「冷」，她也不喝。這樣子的怪異飲食習慣，又孤僻頑固，不害「便祕」才怪。結果三五天就要由妻給她做一次「人工通腸」。

自從將母親接回來北斗，妻白天上班，晚上還要幫我給母親餵食灌藥、換衣服，給背部已開始腐爛的地方敷藥……，這已經超過妻的負荷，快累壞她的身體。三五天又要給老人家灌腸通便，目睹此景，我內心委實對妻很過意不去，妻卻從未有半句怨言，更是令人感動。

母親的去世，我不想張揚出去，祇掛個電話給四叔和十年來一直照顧著母親的杜浩先生。母親頭腦還清醒時，一再堅持妻還未正式娶過門，戶籍也未遷入，沒有理由繼續留在溪州宿舍接受她的照顧為由，婉拒妻的扶養，私自跑回台中，到開業律師杜浩先生家當老媽子，一下子就過了六、七年。

直到杜先生受到同鄉姚成球校長邀聘到「員林家職」當老師，她老人家也跟隨杜先生到員林，大概在員林又過了三年，期間母親常以淚洗面，恍恍惚惚自言自語：「一家人分三個地方，我為什麼這麼歹命，連棲居之所都沒有……。」

差不多又過了半年，母親的病況越來越不對勁。杜先生自己年歲也不少，每天又要上課，無法專心照顧母親，想通

知唯一親人的我，人卻還在綠島，通知台中的親屬，反應都
很冷淡。不過這段時間，四叔和杏姨也分別將她接回台中住
一陣子，因為經不起母親吵吵鬧鬧要求，又不得不將她送回
員林，商請杜先生顧念長年主僕之情，為穩定母親情緒暫且
讓她回員林住一段時間。

1964 年 2 月 6 日，我坐滿蔣幫十七年長牢，從小琉球回
來北斗，次晨一早，我抱著興奮心情，在妻引導下到員林接
回母親到北斗暫聚。

母親怎麼看，都不像一個病人。除了頭髮比以前稀疏一
點，身材依舊，整排牙齒完整潔白，祇是說話聲音沒有以前
嘹亮有元氣。

母親由妻攙扶慢慢地站起來，伸出兩手緊緊抓住我的手
臂，又放下另一隻手不斷撫摸我的右手背，嘴含微笑，兩眼
炯炯，不斷掃視我的頭、面和整個身軀。又帶著隱約微聲，
自言自語說：「孩子，你真的回來了，是真的？不是假的，
你不會再離開阿母罷？阿母不時都在想念你……。」

母親的話雖然斷斷續續很微弱，她的一言一句卻都深深
地扣動了我的心弦。我終於情不自禁，雙手緊緊抱著母親，
把頭放在她肩上，眼淚像斷了線的串珠，一滴一滴地奪眶而
出，終於在她的毛織背心上面，留下一大塊淚痕。

在一旁目睹此景的妻，也陪著我哭了，而且哭得更悲
傷。到底是婦人家比較感性，而且這一陣子她和母親相處的
時間也比較多，對她老人家的心境也較能體會。

母親過世當天傍晚，四叔從台中趕來。稍後杜浩先生也
來了。杜先生遞給我三萬元新台幣，這是母親歷年儲蓄，放

在學校福利社生利息的，稍後他又掏出六十張簇新百元鈔給我，說是給母親的「慰勞金」，也是要給我們為母親處理後事之用。

次晨，兩位「土公仔」抬一個臨時用蔗板製的長型箱，隨便放在「病房」門口，很不情願地掉頭便走。因為他們所抬的不是什麼「壽棺」，也沒有紅包。這些勢利小人，當然不會給我們好臉色看。

不久，大舅張阿城和二舅張添滔不曉得誰通知他們，也出現岳家門口。妻見到他們，連忙向前準備依俗下跪，卻給我厲聲喝阻。妻突然聽到我不尋常的怒吼，一時茫然，望著我呆呆地站著，其他的人也愕然、目瞪口呆說不出話來。我見機不可失，便當著前來關心的岳家族親面前數落張阿城的無情無義。

先母在生時，都沒有來看過她，我坐牢中也從未來看我，虧他還是先母唯一親人，我未被投獄以前，他每次透過先母來借錢，我哪一次沒有給他方便？

張阿城給我突然怒吼，頗覺失面子，掉頭欲走，卻給外婆抱養的二舅抓住衣袖，示意既然來了，也得燒個香才回去。因為我們沒有設「靈堂」，也沒有準備香燭，總算給他們佔了便宜。

他們走了以後，我和妻兩個人帶著口罩，小心翼翼給背部都已腐爛的母親換衣服、穿靴子，抬進蔗板箱，然後找來鐵鎚準備親自封釘時，我告訴妻：「妳看！阿母雖然已經去了，她的臉還是那麼慈祥……，我真無法相信阿母真的就這樣子去了。」

　我剛說到這裡，忽然哽咽說不下去，眼淚也跟著奪眶而出，妻也早已成淚人。等母親遺體被搬上靈車，我和妻也上靈車，護著「靈柩」回台中。四點左右到大里火葬場。二叔、四叔、杏姨和三房老大陶雄都在那裡等候我們。算是前來給先母告別，燒個香意思意思罷了。這時我心裡暗想，如果他們在先母還活著時，到北斗看她老人家，我們一定會非常感激他們。

3.安葬母親

母親的去世，對長年病魔纏身，神智不清的她，也是一種解脫。然而，對我來說，卻是喪失了慈母及維護生命的重要泉源，也是終身悔恨和永遠無法寬恕的罪孽。

我出獄後和母親真正相聚，才不過短短兩個月，剛從員林接回來時，還看不出她有什麼異樣。不到兩個禮拜她的宿疾復發，開始語無倫次，自言自語，母子間的溝通從此中斷，我的任何關懷和安慰，她都無法聽進去。她終日喃喃自語，任何動作，我們也都無從會意。

如今她的屍體已經變成一堆骨灰，被裝入一只小罈子裡。我卻無法接受裡面所裝的就是我慈愛的阿母。緬懷著那若隱若現的慈顏，艱苦不移的女中豪傑，不覺悽然，眼淚奪眶而出。

我因為還沒有屬於自己的家，不能將骨灰罈捧回北斗岳家。幸經堂弟安排，暫將骨灰寄放台中「龍德寺」。

1965 年 4 月初，忽接到「龍德寺」通知，略云：將於 4 月 8 日釋迦牟尼佛誕辰紀念日，舉辦「亡魂超渡」，並祈福「國泰民安」、「反攻大陸成功」，要我們參加祈禱會。

　　我很驚訝，為「亡魂超渡」的單純法會，為什麼要扯上「反攻大陸成功」的政治口號？是否沒有加上這些字句，蔣幫會在他們的「忠貞簿」上記一筆，甚至於不准舉辦法會？不然的話，難道會是寺方為了投機而刻意巴結？

　　神的世界應該是超然的。蔣幫在 228 中屠殺數萬台灣人，二十年來台灣也在蔣幫白色恐怖暴政下，讓人民活在恐怖之中，心頭上則一直籠罩著「警總」的陰影。身為神職人員，應該本於慈悲、博愛的精神，勇敢站出來伸張正義，卻反而諂媚蔣幫，實在令人不解！

　　我無法忍受母親骨灰被冒瀆，繼續在「龍德寺」蒙受政治污染。雖然那罈裡不過是一撮骨灰，我還是決定把它接回來。

　　然而，接回來以後該怎麼辦？我左思右想，始終想不出一個辦法。悄悄放進寢室櫃櫥上，萬一給岳家的人撞見，也很麻煩；把它裹起來藏在衣櫥裡，心有忌諱，妻恐怕也不會同意。

　　最後我決定跑去台中找四叔，請他指點迷津。四叔看到我從外面進來，即請我稍候，並掏出四張十元新鈔塞入我的衣袋，等他將桌上書類收拾好，便示意我跟他走，到附近一家「東京庵」日本料理店吃午餐。

　　四叔是「東京庵」的老主顧，他好像每天都在這裡包食。「東京庵」的人對我也不陌生，因為每次回台中找四叔，他都會帶我來這裡喝一杯。

　　四叔這時在台灣合會公司（即台灣企業銀行前身）任駐中部地區「一級專員」，藉台中分公司裡頭一個角落做他的辦

公處所。他是被總公司派來這裡督導中部地區各地分公司的涉訟案件。他的「頭家」正是228時曾經在苗栗地區參加起義，事後和我同時被關進臨時牢房的劉闊才。他出獄後見風轉舵，「徹底反省」，洗心革面，投懷蔣幫，在蔣幫刻意安排下，接任台灣合會公司的董事長。

四叔因為知道他的過去，而瞧不起他的做人處事風格，因此，才被流放「邊疆」。連祇具備「公學士」（小學程度）學歷的人，都可以被任台中分公司經理，四叔內心的不平不難想像。

四叔儘管沒有加入蔣黨，不肯折腰奉承，甚至曾當著劉闊才面前數落他們的不法，他每月收入還是相當可觀。除了他的月俸與台中分公司經理所領的差不多，出差旅費也是一筆可觀數目。轄下有十數個分公司，他都要去關照，有時候還要去地方法院、高等法院看看。難怪他能讓他的七女一男進大學，出國唸博士。

我每次回台中去看他，他都會自動塞四、五張十元鈔給我當零用錢。這些錢雖是杯水車薪，還是差強人意，累積起來每月也有三百多元，約等於妻每月薪俸的一半。

四叔待我很不錯，主要是我們的理念相近，很談得來，年齡差距也不大。不過，也有可能在我坐牢期間，他沒有好好照顧母親，讓她老人家跑到外面當人家「老媽子」，而心有悔咎的緣故。

無論如何，在最關心我的三叔不在的時刻，四叔是唯一了解我，能幫忙我的父輩，現在我感激都來不及，還要跟他計較什麼呢？

從「龍德寺」接回骨灰的問題，四叔不同意我將骨灰接回北斗，藏在自己的臥房。這種莽撞事，萬一給岳家的人知道，一定會惹麻煩。他的意思是暫且放在寺裡，先請風水仙看好「風水」，再找泥水匠做一座墳墓，然後再請一位「看日師」擇訂良辰來歸葬。

我很納悶，覺得一向標榜「科學主義」的四叔，曾幾何時竟也變得這麼迷信。對四叔的建議，我表面上雖「唯唯諾諾」，內心卻有強烈的抗拒感。對傳自中國的方術，我毫無興趣。因為三十二年前，為亡父做「頭七」那天，「道師」的拙劣醜態，至今記憶猶新。台灣人被漢人的低俗醜陋文化愚弄夠了，幹麼還要去相信那一套鬼話。

回到北斗，我將要找地造墓的事情稟告泰山。泰山欣然支持我的計劃，還要找一位地理仙，幫我找一塊「龍虎穴」。如果能找到這種好「風水」，保證我一輩子榮華富貴。

我聞言，心一急，連忙站起來有禮貌地加以婉謝。我的表面理由是當時工作還未有著落，不想多花錢，在能力範圍內將就一點，等將來有錢時再考慮其他問題。

在一個天氣晴朗的禮拜天早晨，一位中等身材，看起來很結實的中年男士來訪問岳父。泰山與客人略作寒暄，隨即介紹我與客人認識。因為泰山直稱他「王老師」，所以我猜想是他們學校的同事。王老師甫坐定，忽心血來潮的又站起來，上下打量我一番，轉身向泰山說什麼：「吉人自有天相，能平安回來，太好了，恭喜恭喜。」

我茫然佇候，不知道該怎麼辦才好。等王老師抽完了最

後一支煙，泰山即告訴我：「王老師今天特地從埤頭來的，雖然禮拜天，人家田園的工作也很多，現在就請他陪你去看風水。他對這方面相當有研究，卻不隨便幫人家看。若非我們兩個人交情不錯，他才不會來……。」

泰山這一招，不能說不高明，事前不露一點風聲，害我想藉故閃避都來不及。我雖然頗感爲難，客人那麼熱誠，拋下自己家裡工作來北斗，我能不顧情面加以婉拒麼？

我陪王老師來到台中樹仔腳埔墓園，先找祖父母和亡父的墳墓，想聽聽他對這三座墳墓的「風水論」。沒想到王老師真的有一套，肚子裡確實有東西。儘管我討厭傳自中國的任何東西，不相信方術，對王老師那有條有理的說明，卻又不得不佩服。

我們找過好幾個地方，最後終於在宜寧中學後面，距麻園頭溪西岸十數公尺處，找到一塊「很理想」的風水。王老師拿出羅盤左側右量半天，終於認定這塊地最好，也很符合「亡母生辰」。雖不算什麼「龍穴」「虎穴」，卻比祖父母和父親現有的風水都好許多。

五天後，我找來一位泥水匠查勘實地，並向他說明我的計劃。我的說明猶未完，泥水匠卻連忙截斷我的話，搶著說：「做風水是很嚴肅的事情，千萬不能隨便大意。必須嚴格遵守『門光尺』，否則……。」接著他又要求要給他兩個小工，加上點心、檳榔和香煙等。

我當即答應買台中有名的「施金豆」肉粽給他做點心，香煙當然不會少，但檳榔我不會買，我勸他別再嚼檳榔，至少給我做風水這幾天。那種東西不但骯髒，不衛生，而且有

害身體。我剛說到這裡，他的雙眼忽然張得像龍眼核那麼大，一直瞪著我。我深怕因而影響到他的情緒，連忙補充說：「等墳墓做好了，我會請你大吃一頓。」

至於小工嘛！我自己當。我一個人可以抵兩個都沒有問題。我邊說邊脫下上衣，故意露出肌肉堅實的手臂給他瞧瞧。泥水匠有點好奇，竟伸出手拍拍我結實的肌肉，然後以驚訝的眼光，上上下下打量我半天說：「像你這種不曾做過粗活的人，怎麼能練就這麼結實的身體？」他根本不知道我的過去，莫怪他會納悶，想不通。

我當天即跑去台中國小左側，忠孝路口那家打石店訂墓碑。石匠聽完我的說明，略帶不安口吻，一再提醒我，不遵照「門光尺」不好。又問我「祖籍」要怎麼刻？我聽得有點不耐煩，便不客氣地告訴他：「我付錢，一切照我的圖樣雕刻即可，其他的你就不必管。」

三天後，我依約前往取墓碑。石匠又問我：「要不要補刻『十字架』上去？」接著他又自作聰明，妄斷我一定是信耶穌的，才不用「中華民國」而刻西曆，連「祖籍」也省掉，對亡者也不尊稱「皇考」、「祖妣」。我給他問得啼笑皆非。我沒時間跟他胡扯，便告訴他：「隨你去猜吧！」

把石碑搬到墓園，泥水匠也一直以納悶的眼神盯著那塊墓碑上面的字。一會兒又拿出屈尺一再地量，看看是不是符合「門光尺」的要求。不管他們心裡作何感想，反正我就是不信邪。

無論如何，我是存心要消除數百年前，父祖們逃離支那來台灣時，所遺留下來的賤惡醬缸文化殘毒。甚至連流在我

🔥 作者清刷先父母墓碑

　　血液中幾滴污血，我都恨不得把它洗刷乾淨。因此，我自不能默許他們依樣畫葫蘆。

　　等水泥、花磚都搬來，我便打赤腳，捲起褲管，挑畚箕到麻園頭溪底挑大石和粗沙。泥水匠卻站在一旁，看得目瞪口呆。他終於相信我一個人真的可以抵兩個小工。

　　完工當天，泥水匠又叮嚀我一定要請「地理仙」，擇良辰入土歸葬，千萬不可莽撞，為了家庭的幸福，聽老人家的話絕對不會錯。接著他又很不放心地再次叮嚀我，別忘記準備牲禮、紅龜。他還說：「我並不認為你什麼都不懂，祇是你太『鐵齒』罷了。」老頭子雖然句句出於善意，但是，我是個有原則、有主張的人。

　　次晨，我和妻到「龍德寺」接回亡母骨灰罈，暫放新墓前面草地上，然後拿著鋤頭，自己動手挖開長年無人看顧，雜草叢生，幾被淹沒的土墩──亡父之墓。將亡父骨灰罈也挖出來，放在亡母骨灰罈右側，然後，我們兩人肅立，目禱十分鐘。

　　日落西山，牧童也都走了，趁著四下無人，便趕緊將兩只骨灰罈，從墓基後面預先留下的洞穴放進去。然後用磚塊和水泥將洞口封死。我一椿心願，終告完成。

　　臨走時，我們再次肅立，行三鞠躬禮，默禱冥福。

　　到後來，才知道那位幫我們看風水的「王老師」，是一名「柔道」高手，他是「中時」名記者王伯仁兄的父親王振騰先生。真是奇緣。

4. 婉謝人壽保險的工作

台灣的確變了。整個社會都變得讓我這個「浦島太郎」眼花撩亂，幾乎無法辨識是非黑白。台灣人都變得沒有尊嚴，人心也變得缺乏人情味。誰也不敢相信誰，「猜忌」反而變成入世出社會的起碼「心理準備」。

看到那些骯髒沒有秩序卻又神氣活現在大街上大搖大擺的「破敗殘兵」，更是令人氣憤。

蔡濟民給我的烏骨雞，長得倒也逗人喜愛。每天看著牠們跳躍爭食，看著牠們一天比一天長大，不覺時間流逝，也能暫時忘卻心頭煩惱。

妻一再懇求我，希望我能留在她身邊，過著「讀書三昧」繁殖烏骨雞的平靜生活。免得到外面拋頭露面冒風險。

被趕出自己國土，滿肚子鬱卒，無處發洩的「蔣記」，竟然癲狂到慫恿他的特務爪牙，找台灣人出氣。他們的獵犬無孔不入……，妻不喜歡看到我「對環境適應不良」，再被抓去當「獵物」。

我能了解妻的苦衷，十七年來，我給她帶來太多驚嚇。也讓她隨著我的一再轉監而南北奔波跋涉，尤其往新店安坑

「軍人監獄」探監路上，曾經遭到丘八挑釁，令她至今猶有餘悸。

最近她從一位在外商公司工作的親戚那裡，得到一則極可靠的消息：大約兩個月前，新竹「湖口裝甲兵團」發生兵變，雖然功敗垂成，副司令趙志華等兩名將領被捕殺，由此不難看出蔣幫內部不穩之一斑。

被騙來台灣的軍隊，已經等得不耐煩，他們不能老是「望梅止渴」。在「三七五土改」美名下，土地被強奪的地主們，和228中被屠殺，50年代白色恐怖時期，被亂戴「紅帽子」殺害，家庭被搗毀的忿怒台灣人，到底還要忍受多久？

我想出去找朋友謀職，大家卻認為我無法適應受污染被扭曲變形的台灣社會。妻的懇求苦勸，更使我不敢違逆。

我徬徨地徘徊在十字路口。遇事瞻前顧後，始終猶豫不決。我曾幾何時竟變得這麼懦弱，這麼不爭氣！當我為此煩惱焦慮的時候，忽然接到台北林有福兄來函，問我有沒有意思從事「人壽保險」工作。如果我想做，他打算即刻著手改組成績不彰的「國華人壽」彰化地區管理處，派我負責接辦。

我每月有固定薪俸，並可以按當月業績數字「抽頭」。此外，區管理處還可以視業務需要，雇用幾名有給職員。管理處房租、辦事費用等，也概由總公司負擔支付，不受每月業績影響。

林有福在信末又鄭重叮嚀我，如有興趣，即予回函，他會給我最優厚條件，還要親自為我挑選兩名有經驗可靠幹部

到彰化協助，直到業務上軌道，能自立運作。

林有福是台中縣清水人，師範學校畢業，當過老師，戰後改任台中地方法院書記官。1947 年涉案 228，曾經與我被羈押在台北監獄看守所二區五舍六房。

當他看到我的「起訴書」，發現我被起訴的「法條」是「第一百零一條第一項」，是「共同首謀意圖以暴動顛覆政府，而著手實行」的唯一死罪時，為我著急非常，頻頻鼓勵我如何爭取權益，並幫助我撰寫「訟狀」，尋找有利反證，指點我如何應訊。

林有福和前台中地方法院院長饒維岳、檢察官陳世榮、書記官林玉杯，以及台中監獄典獄長賴遠輝等人，屬於同一個案件。

他們的案情非常複雜，牽涉頗廣。在 228 期中，他們和我們很合作，將我們俘獲移交給他們的蔣軍和四十多名「十四大哥」為首、CC 系特務、劉存忠等八名軍統特務，都一一依法簽發「押票」，羈押在台中監獄看守所。

後來林有福、饒維岳等人幸得國府司法院長居正特別關照，當時省政府改組，魏道明甫上任台灣省主席，兼省保安司令，為收攬民心，即下令從寬處理，使他們得以「不起訴處分」獲釋。

他出獄後投入保險業，此時他正是「國華人壽」董事長。月前（1964 年農曆過年前）任職台北「台陽礦業」的姻弟林仲祺接我和妻到台北「過年」時，無意中在台北長安東路一段「長老教會」前碰見久違多年的他，並接受他招待，到三條通「通天閣」吃午餐。

餐敘中我又發現楊李拱屏醫師竟是他們的常務董事。他是林伯餘醫師的大女婿。他一再恭喜我能從死刑邊緣挽回一命，也很關心我出獄後的生活問題。

臨別時，林有福又掏出一個大紅包給我，並一再叮嚀我生活有困難隨時找他，他會替我想辦法等等，使剛出獄而工作猶未著落的我得到莫大鼓勵。這位患難之交，對我無微不至的照顧，令我感激涕零！

林有福的來函，對此刻的我，猶如「旱天一點露」，讓我高興得不得了。我隨即拿著林有福來函，奔訪剛因參選彰化縣長而遭到國民黨提名人陳錫卿惡意中傷，加上國民黨以其老四「林仲琡投匪」為由脅逼退選的姻伯林伯餘先生。

接著我也去二林請教早年曾任「文化協會」中委的「三叔」蕭玉衡醫師，和記者出身的四叔鍾聰敏。

綜合長輩們和幾位熱心朋友意見如下：

一、他們都一致認為這是很難得的機會。如非林有福和我之間有特殊關係，絕不可能給我這麼好的條件。

二、他們都質疑我對惡劣環境的適應性。以我的個性，能否屈就極端受扭曲、受污染的社會環境？何況我是一名離開「娑婆」長達十七年的「浦島太郎」，他們都對我不太放心。

三、人壽保險業務，首靠人緣和良好的社會關係。即使親朋戚友在「情面難卻」下投保，讓我的業績直升，但總有一天，這些資源也會逐漸枯竭，要突破這個瓶頸雖非不可能，卻得不斷「吸收新血」，招募新的業務員。

這一切畢竟不是自己能掌控的地方，效果也不能太高

估。雖然不管業績如何，我每月仍可以領取固定薪俸。然而保險公司畢竟不是「養老院」。當我的業績一直不振時，我能繼續接受公司的豢養？我能不生蛋，卻老佔著巢，賴著不走？

不過參照幾天來與幾位長輩和朋友們深入檢討，加上內心的不斷掙扎，委實也有點顧慮和怯場。我不能冒然接下自己並沒有十分把握的工作。

我的婉謝，雖然使很多朋友大感意外，也為我惋惜嘆息不已，但我自己對這種決定，倒覺得很妥適。

5. 初聞「克羅列拉」

　　1965 年，一個梅雨綿綿的下午，周秀青和林大宜兩位老戰友，分別由彰化和秀水來看我。林大宜在「秀水高農」任教，一下班即騎著他那部幾可送進博物館當古董，供人瞻仰的老摩托車來北斗。周秀青則從彰化搭往西螺的巴士來的。

　　我出獄後他們已經來看過我三次。他們兩位和瘦蛙（吳崇雄）都關心我此後的生活問題，也擔心我無法適應被蔣幫破壞扭曲變質的台灣社會，甚至憂慮我會因看不慣而再惹出麻煩；因此計劃投資一種「新興事業」，讓我去管理。

　　事實上，我和妻兩個人，如果不奢侈，量入為出，省吃儉用，單靠她在小學教書，每月的薪俸收入，應該不虞匱乏。

　　然而，我有男人的自尊，怎麼能不做事，靠妻子養活？我坐過十七年黑牢，忍辱偷生，難道就祇為當一名「吃閒飯」，給妻子養的「相公」？

　　我有抱負，也有理想，更是充滿血性，曾經為保衛鄉土毅然拿起槍桿抗暴，更非麻木不仁、耳聾眼瞎的老朽。

　　我很想振作，東山再起，在有生之年完成未竟之志。

然而時不我與，環境也頗令人沮喪。特務無孔不入，監視騷擾，無所不用其極，更是令人感到很無奈。

我們三個人吃完了妻為我們準備的「北斗肉圓」，便將話題轉入正題。由周秀青開始說明他們所以計劃做這個事業的緣由及其概要。

周秀青反覆看過手上資料，便開始介紹他們所謂的「新產品」之被發現，及被人類開始應用的歷史背景。

他說：是要生產一種叫做「太空糧食」的「克羅列拉」（Chlorella）。牠是 470 多種淡水浮游生物中，分離挑選出來的一種與血球差不多大小，須用顯微鏡放大 600 倍才看得出來的單細胞微生物。

「克羅列拉」這個東西在 31 億年前，當冷卻後的地球上還未有其他動植物時，即與細菌同時誕生於地球上，因此可以說「克羅列拉」是地球上最早的植物。由於牠的生命活力強韌，能連綿不絕地分裂繁殖到現在，已經滿佈於地球上。

不過，實際上首先研究「克羅列拉」供作人類食糧的是德國的科學家。第一次世界大戰時，德國海外殖民地幾被盟軍佔領，海外糧食供應斷絕，國內糧食嚴重匱乏，為挽救嚴重糧食危機，乃開始研究。

後來德國戰敗，這個研究也被迫停止。二次大戰發生，含有比稻麥、黃豆高單位蛋白質的「克羅列拉」又再次受到德國政府重視，重新研究。詎料當研究進展到快要成功時，負責研究的哥根大學卻遭到盟軍飛機轟炸，研究遂又被迫停止。後來，一名大戰中未被希特勒殺害的猶太人，癌症研究權威、領受過「諾貝爾獎」的學者鄂圖瓦爾博士，發現了

「克羅列拉」的「光合成」作用，此後，世界各國科學家才開始開發牠的用途。

二次大戰結束後，全世界都在鬧糧食危機。除了美國和蘇聯兩強之外，日本東京大學田宮博士也在美國卡內基研究所斯波亞博士邀請下，在日本「德川微生物研究所」開始研究「克羅列拉」大量培養的可能性。

除了為解決人類所面臨嚴重糧食問題，美、蘇兩強也都在競爭研究開發新的蛋白源，以供「開發宇宙的太空人」食用的「太空糧食」……。

周秀青一口氣說到這裡，還想繼續說下去，卻給我揮手加以攔阻。我告訴秀青：我對「克羅列拉」已知其大概，也知道你用心良苦，努力引起我的興趣，希望我也能投入，跟大家一起開創這個新興事業。

然而，現在要在台灣從事生產「從來沒有人嘗試過的產品」，對我而言，猶如聽「天方夜譚」，總覺得太玄奧。何況我對生物化學，簡直一竅不通，將來是否能不辜負各位的期望，我也沒有把握。

不過倘能將這些參考資料留下來，讓我仔細看一遍，也許可以讓我更能了解牠的奧秘真貌，一掃心裡的迷濛和疑懼。

林大宜在一旁枯坐，紅唇卻不停地細嚼他的檳榔。檳榔是他的最大嗜好，他已經「中毒」頗深。可以一整天不吃飯，卻不能沒有檳榔。

他是鹿港「陽春」林建元先生的第四個兒子。東京「農大」畢業，戰後曾任省農藝試驗所研究員。「228」時跟二七

部隊退入埔里。事後藏匿一段時期，至 1953 年 6 月，才被一名以近乎敲詐手段，向瘦蛙強銷膏藥被拒，而挾恨向「警總」密告的葉姓狗腿子抖出來，那時候，蔣幫也才發現還有這麼多二七部隊的「漏網之魚」尚未歸案。（請參照《辛酸六十年》下冊，頁 219-227）

周秀青則爲日治時代台灣「華僑」的第二代。大戰結束前一年（1944 年），與何集淮、佐井桑、張省三等人，同期畢業於舊制最後一期的「中商」。

他們這幾個人都懷有濃厚「祖國夢」。因此不顧畢業前的繁重課業和盟軍空襲，到滿洲人曹玉波父女辦的私塾學習北京話。

他在這裡認識吳崇雄、林大宜和蔡懋棠，又經蔡介紹認識吳金燦和江長興等人。

他們和瘦蛙所以熱衷這個事業，聽說另有隱情。因爲瘦蛙不久前發生「醫療糾紛」，遭到一名黑道出身叫作什麼石柱的彰化縣議員毆辱。這件事發生以後瘦蛙便產生倦怠，甚至打算關掉經營多年的醫院。

台灣沒有美、日先進國家那種「醫療保險制度」，一旦遇到醫療糾紛，不論是非如何、責任誰屬，當醫生的往往得不到合理保障，除非有好的背景和靠山，或拳頭大，否則祇有忍受對方予取予求——這是最常見的結局。

他離開彰化慈惠醫院自己開業近十年，醫術普受肯定，此刻竟爲一樁病患自己迷信巫術延醫誤症的事件而遭受毆辱，心情一直悶悶不樂。

他不久前聽到兩位戰友提起，在台灣也可以生產「克羅

列拉」，頓時精神抖擻，當即向林、周兩位戰友表示他也要「參加」，並以略帶浪漫興奮口吻，告訴一直守在他身邊，聆聽大家談話的妻子阿麵，很感慨地表露他的投資意願。

阿麵見他說得眉飛色舞，不禁開始緊張起來，深怕瘦蛙會眞正將慘淡經營多年的「吳崇雄外科醫院」關掉。

瘦蛙的加入，似乎已經底定。他的參與，我們不僅可以借重他醫藥方面的知識，也可以透過他在醫界良好人脈關係，吸收更多了解「克羅列拉」的醫藥界人士參加。

「克羅列拉」所含有的特殊成份和藥效，也開始被日本科學家發現，向醫藥健康食品方面發展，也許將是牠的未來趨勢。

6. 紅樓小聚

　　瘦蛙的醫院，雖然掛牌「外科醫院」，前來求診「內、兒科」的患者，卻比接受外科治療、手術的人還要多。他們這裡儼然已成為一所祇差沒有「眼科」和「婦科」的小型綜合醫院。

　　我費了九牛二虎之力，好不容易穿過候診室，擠到診斷室門口。候診室約有六、七坪大小。從大門口到診斷室也不到十公尺，然而黑壓壓等領藥和候診的人，雖然未至水泄不通，卻得小心翼翼避免碰撞或踩到別人的腳。

　　我擠到診斷室門口，緊靠在兩位輪到下一個看病的患者後面，趁著瘦蛙剛看完一名患者，抬頭等候下一個患者時，連忙用日語直呼「ヤセガヘル」（瘦蛙）。

　　瘦蛙發現是我，隨即放下聽診器向我揮手致意，並示意我逕自上樓，說林大宜在樓上等我，他將患者處理後就上去。

　　不久周秀青也到。跟在秀青後面上來的，是瘦蛙夫人阿麵。她兩手端著綠豆湯，邊將綠豆湯端放茶几上，邊說：「今天沒有手術，祇剩下十來個患者，很快就會看完」，

🔥 前左：瘦蛙（吳崇雄）、前中：阿麵（吳崇雄夫人）、前右：吳順生

並轉達瘦蛙的話，要我們先將上次未談妥問題，再詳加檢討……。我們吃完了綠豆湯，便開始討論「宿題」。結果還是沒有作結論。為了尊重未在場和可能成為主要投資者的瘦蛙，大家都不想擅自專斷。

　　瘦蛙上樓時已經六點，因為我們都在等他，所以他比往常提早半個小時結束。他脫下白衣，換上一件米色夾克，連阿麵給他準備好的綠豆湯都不沾一口，便急急忙忙地催促我們上路。

　　跑到外面後，他才放慢腳步告訴我們說：「不趕快跑，恐怕會無法脫身。」接著又說：「今晚的聚會非常重要，必須作出最後結論。這個事業很有前途，經多方檢討，覺得頗

值一試。」

「尤其『大個鍾』的出路問題，也可以同時解決。」瘦蛙話猶未了，秀青也迫不及待，搶著說：「林大宜和我也這麼想，『大個鍾』處事規規矩矩，由他負責去做，再適當不過的了。」

秀青剛說到這裡，瘦蛙忽又想起什麼似的，側頭對我說：「曾為你的出路問題，我到台中找李祐吉先生，李先生也認識你，知道你的事情。他很想在他們公司——『牛頭牌』蔗板公司為你安插一個『經理級』職位，但顧慮到你可能無法適應現實環境，因為你剛出獄，這十幾年台灣變化很大……。」

瘦蛙接著又說：「李祐吉先生擔任『慈惠醫院』院長時，我受到李先生很大幫忙。我被捕坐牢期間，除了保留我的職位，每月還繼續讓我家人領全薪。對我家屬的照顧，真是令人感動。」

因此，幾年前李祐吉先生創辦「牛頭牌」蔗板公司募股時，他便毫不猶豫地認股投資。公司成立後，雖然也選他當董事，他卻一直沒有出席過董事會。因為他完全信賴李祐吉先生。

我們邊談邊走，不覺已經穿過中山路，來到中山國小後面直往「八卦山溫泉」的羊腸小徑，抬頭一望，隱約看到一棟建在山腰密林裡，小巧玲瓏中西合璧的二層洋樓，這裡便是我們每次聚餐開會的「紅樓」。

「彰化城」近在咫尺，就在山下，我們可以倚窗鳥瞰彰化全景。這地方很幽靜，天氣晴朗時，甚至還可以遠眺鹿港

海面，看似片片魚鱗，反射夕陽餘暉而閃閃發光的海景。也可以讓整天爲工作、心神疲累、意念雜亂的人，暫時陶醉於怡然忘我的境界。

每次都是我們來得最早。才七點，還沒有其他客人。店主照例爲我們準備視野最好、最寬敞的套廂。他們三個人都禮讓我坐在可以倚窗欣賞夜景的主位。其實四個人中，我年紀並不算最大，大宜兄還多我兩歲，祇因 228 中，風雲際會，我不幸被大家誤推爲「部隊長」，多擔了一些責任罷了。

大家天南地北聊個不休，連追加的兩道菜也吃得差不多，兩瓶紹興酒空瓶子也被移到碗櫃上，卻始終未談及主題。因爲瘦蛙太高興了，興致勃勃話匣一打開，幾乎欲罷不能，緊抓住秀青不放，把他當作最好的「談心對手」。

看情形，暫時還不會談及正題，樂得林大宜自顧自喝「紹興」，祇有我一個人倚窗「觀天望斗」，有時候也不得不隨聲附和他們的談話。

聽說瘦蛙每天差不多要看三百名患者，這還不包括接受手術和住院的病患在內。他的身體並不好，每天卻要做得那麼辛苦，簡直是在「賣老命」。

也許他陶醉於自己的成就感——看到很多患者病情穩定，日漸痊癒；自己家境日益富裕，而不覺得如何，卻讓旁觀者的我們爲他乾著急。

他每天看完了病患，已經筋疲力竭，便懶洋洋地一個人躲進房間，過著近似「自閉症」的生活。他平素很少與外界接觸，人際關係也好像不怎麼好，又不大懂「人情世故」，

加以性情剛直，動輒得咎，常在背後遭人批評。

他常埋怨沒有一個可以「談心的朋友」。如今為開發「太空糧食」，難得有機會與228老戰友相聚，使一直過著枯燥無味生活的他，如魚得水，整個生命頓然活潑起來。

他對生產「克羅列拉」這行業，出乎意料地狂熱踴躍，甚至比林大宜、周秀青還要積極。「……雖然直到目前，還未聽說有人在台灣嘗試過，但如果已經有人在做，我們也想做，則太沒有意思，不但毫無開創性，也必遭人嫉妒」——他甚至很感奮地這樣表示過。

這些日子來，我冷眼旁觀，也發覺到他們三個人都很珍惜患難中培養出來的「袍澤之誼」。對我1954年在「東本願寺」——「警總」保安處所作的證言，他們似乎也很感恩。事實上我在「警總」的供詞並未刻意為誰脫罪，不過是實情實說罷了，說明他們那一夥人不屬於「人民協會」派，更不可能是什麼「共產黨」徒。

7. 開始試驗培養「克羅列拉」

　　我們的實驗工作，已經漸入狀況。儘管我對「百歐啃蜜」（biochemistry，生物化學）一竅不通，我相信祇要遵照林大宜吩咐去做，應該不會錯。

　　瘦蛙和秀青對林大宜推崇不已，誇讚他是斯界「白歐尼亞」（pioneer，先鋒），在台灣首次嘗試「室外循環培養」的先驅者。

　　他懂得很多我所不懂的稀奇古怪專門術語，也知道很多令人不可思議的試驗方式……。

　　我們開始實驗時的種子，是林大宜從「秀農」運回來的。這些種子沒有經過篩選，也未加過濾濃縮，就直接倒入培養槽。

　　培養槽用 2 吋角鐵做長方型框架，再嵌入 5 毫米厚透明玻璃的半立體箱型培養槽，可以儲存 1000 公升（1 噸）的培養液。

　　種原總共不過 120 公升，雖追加兩倍水，也不過 360 公升，水位還是很低，通氣效果不理想，不但毫無攪拌作用，一氧化碳的供應效果也很差。

　　加上培養液過於稀薄，以致本來不可或缺的「日照」，竟然變成牠的「剋星」，使牠變成「曝光便死」，不需多少時間，整個培養液便會完全褪色變白。不但細胞會變白，連雜處共生的其他浮游微生物也會同時褪掉葉綠素（Chlorophyl），使得大宜兄也大為緊張。

　　如果碰到陰雨天，或者日照不大強烈時，隔兩三天牠還是會慢慢回復原來的綠色。運回來的種原，本來濃度就不夠，加水以後反使雜菌加速繁殖。雜菌繁殖力旺盛，細胞生存空間必受壓抑，於是以藻細胞為食的「吉歐怒涅拉」（Chionuleda，輪蟲的一種），便毫不留情地開始捕食藻細胞，以致於將牠捕食殆盡。

　　「欲速不達」，這是林大宜的口頭禪。每次瘦蛙和秀青來鹿港參加「會報」，向他問及「實驗進度」、「失敗原因」、「補救辦法」，乃至消除「吉歐怒涅拉」的情形時，他都裝出一副慢條斯理的樣子，反以近似「教訓」別人的口氣，如：「慢慢來嘛！」「急什麼？」「欲速不達」……等語來對付向他提出質問的人，不然的話，便裝出無憂無慮的表情，以「也許……罷？」「可能……罷？」的「不確定式」語法巧妙搪塞過去。

　　因此，儘管瘦蛙和秀青心裡很急，迫切想知道實驗情形，還是對林大宜無可奈何。

　　因為，錢已經投資下去，技術又完全靠他一個人，大家祇好識趣一點，盡量隱忍，自我抑制，避免惹他生氣。

　　決定到鹿港做實驗，當初也是瘦蛙的意思。是要看看實驗結果如何，再考慮是否企業化，或作其他打算。實驗所

需機械儀器及每月維持費,概由瘦蛙一個人負擔。這是瘦蛙自動提議,經大家點頭決定的。至於場地,則決定設在鹿港「洛津國小」右側郵局前,林大宜的父親林建元先生的果園裡。搭建竹籬茅舍權充實驗廠房,水電設備,乃至建造培養池等硬體建設,則由林大宜負責。

至於我,雖不為「五斗米折腰」,卻在盛情難卻下,「半推半就」接任研究所「所長」。頭銜顯赫,可以唬人,不過說穿了,也不過是「校長兼敲鐘」罷了。說實在的,我每天還是要接受林大宜的「技術指導」。

我未來鹿港之前對「克羅列拉」雖然已經粗具概念,向秀青借來的外國實驗報告,和田宮、中村、關根等學者所發表的文章,也差不多瀏覽過;不過對林大宜的任何意見,我還是唯唯諾諾虛心接受。

我們的實驗工作,開始時倒也順利。等到將室內培養移到室外培養時,問題便開始接二連三地發生。幾位在我們這裡幫忙的工人,都怪罪我「開工」時,沒有拜「土地公」和「地基主」,也沒有去「天后宮」給「湄州媽祖」拈香敬拜,說得煞有其事。

記錄表上的數字,也頗令人沮喪。已經快五個月了,不僅看不出有何進展,反而問題叢生。面對著一大堆待決難題,我不禁憂心忡忡。

什麼土壤汁、堆肥汁、黃豆渣、豬血、鴨血⋯⋯,我們都加以試過。關根教授提倡的「沼氣培養法」,田宮、中村、柴田等教授的「培養液」,我們也都依照「處方」調配添加使用過。連「密球林會」和「蘇維埃」的培養液,也反

覆試過好幾遍。

結果發現經濟效益不大，根本談不上企業化和大量生產。因為我們所追求的目標，是要用「純淨培養」的產品，做粗原料供應給日本製造「太空食品」的廠商去精製。

因此不僅要兼顧色味與含有成分，也要符合美國「藥品食品管理局」（FDA）和日本「厚生省」的規格。經營效益尤其不能忽視，為此得不斷篩選顆粒大，適應性強的品種，講究回收率，尋求低廉「碳酸源」……等等。

所謂「萬事起頭難」、「失敗為成功之母」，它告訴我們「不要氣餒」，應該不屈不撓，再接再厲全力以赴。何況這種生產事業，在台灣直到目前似乎還未有人嘗試過。如何克服困難，「將不可能變成可能」，正是我們應該努力，也是事先應有的心理準備。

然而林大宜面對這一連串失敗，卻顯得麻木不仁，他那種無憂無慮，慢條斯理，說話不著邊際的處事態度，實在令人失望。

由於始終沒有人指責我，使我內心倒覺得頗不自在。明明實驗的實際作業由我負責，林大宜不過提供技術指導，吩咐我怎麼做，每次失敗也幾乎敗在我手上，照理我應該負起比林大宜更大的責任。

儘管我對林大宜平素「處事方式」也不盡苟同，此刻卻反而暗中同情起他。他雖是一位不修邊幅，大而化之的人，卻也是個開朗而豪爽的人。

我在鹿港舉目無親，他對我的起居飲食問題都無微不至地關照。祇要家裡有拜拜，一定叫阿粉（林大宜夫人）送酒菜

過來實驗場讓我分享。使我這個無法離開崗位的異鄉人,也能享受到如同在家的溫暖。

他也不吝將他的「技術」和經驗傳授給我,他每次都知無不言,言無不盡,從未有一些「大牌師傅」那種「切賣高麗參」的做法。不過他儘管對我熱心坦誠,卻已經到了黔驢技窮的地步。他雖然下工夫,努力想突破瓶頸,希望能在四個月內提出一份差堪人意的「階段性實驗報告」,奈何力不從心,似乎已窮途末路。

說實在的,我們要責怪林大宜以前,也應該先反省自己。當初他不過將這個「新新聞」——有關「太空糧食」在先進國家的研究,介紹給大家,並未認真要求瘦蛙參加投資,也從未自炫自己是這方面的「專家」。

倒是瘦蛙意外地熱心,主動提議先實驗看看,如果實驗結果證實台灣的氣候、水質,乃至我們的技術都沒有問題,再作進一步考慮。

再說林大宜在「東京農大」所攻讀的是農藝科,以前的工作,又是「台灣省農藝試驗所」的研究員。既不是讀「農化」或「植病」、「化工」等相關科系出身的,我們又怎能苛求他,期待他什麼!

8. 勤學培殖技術

我的實驗，到了第二年——1966 年 2 月中，又碰到令人沮喪的難題。春寒凜冽，風雨綿綿，池中培養液越來越稀薄，輪蟲雜菌非常猖獗，競相繁殖，終至壓倒細胞生長速度。即使放晴一兩天，氣溫驟升，雜菌反而加速繁殖，根本看不出細胞生長。

我正束手無策，望天興嘆、情緒極爲低潮時，幸經「台灣糖業試驗所」謝文景先生（姻弟林仲祐太太的三哥）介紹，認識具有培養菱藻經驗的徐榕聲，並改用林慶福

林慶福教授

教授提供的「廢液」——疑似「阿米拉蕊」（Amylase）副產品做為補助培基，才將幾瀕滅亡邊緣的細胞穩住生機。

我不再孤立無援，胸懷變得海闊天空，不再固執，也開始關注生化方面的問題。自此開始往外跑，不再死捧著日本人為了保護自己專利技術所設圈套的資料為「聖經」。對林大宜的意見，也不再像以前那樣「照單全收」。決定自己另尋適合台灣自然條件，無須仰賴增資和添購設備的培養方法。

左：徐榕聲、右：謝文景

此時，我除了勤跑「台灣糖業試驗所」，借用他們的設備儀器，也虛心學習，熱心吸收他們的操作經驗。這時我又透過謝文景的關係，認識他「台大」農化系同期生的王西華教授等人，得以有機會出入「台大」農學院。

「台大」雖然沒有「克羅列拉系」，也沒有專研「克羅列拉」的教授，而且大多數的人，對「克羅列拉」也僅聞其名，未見其物，對牠的概念都很模糊，甚至竟有人以驚奇口

吻問我：「培養這種東西有何用途？」儘管有人以懷疑眼光看待我，我還是不卑不亢，從容不迫進出「台大」學習。

不久，我的「技術」在王西華教授和他幾名助手研究生熱心指導下漸趨熟練，種原已能自己處理，舉凡純粹培養、分離、篩選、培基調製、洋菜培養……等，也都能自己做，無須假手他人。

在「台大」學習期間，我無意中從一位副教授那裡聽到兩年前，「中國醱酵」（即「味王醱酵」前身）也做過類似研究，旋因市場未明朗，而暫時擱下。這個消息，對我來說，真是晴天霹靂。

我們一直都以為自己才是從事這方面研究，在台灣獨一無二的「百歐尼亞」（pioneer）。

從未聽過別人也做過這種嘗試，如今竟然聽到「中國醱酵」早於兩年前，即已開始做過這方面實驗，我心理上所蒙受的打擊和慌張是不難想見的。

「中國醱酵」在 60 年代，曾經執台灣味精工業牛耳，他們的技術陣容和業績，無人能出其右。所幸後來得知「中國醱酵」現任廠長是林仲璟，他正是內子堂弟，是她三伯父林伯餘的三男。

於是，我迫不及待地，當晚即要求姻弟仲祺陪我往訪林仲璟，除了「求證」，也將自己出獄後，如何被前二七部隊袍澤安排到鹿港做這方面實驗，乃至目前所碰到的困境，並試探他能否方便讓我看看他們的實驗。雖是他山之石，相信仍有許多方面可供我們借鑑。

仲璟聞言喟然嘆曰：「姊夫！你的朋友關心你出獄後

的生活問題，肯爲你出錢投資這種事業，實在令人感佩。現今社會，這種人已經不多。你目前面臨的問題，說實在的，對我們來說，根本不算什麼，祇因你是被社會隔絕幾近二十年的『浦島太郎』，又是文科班出身的，卻要搞自然科學領域內的事情，根本就不合理。這些問題我可以幫你解決。」

「我們研究室主任蔡德龍，1943 年出身『成大』前身『台南高等工業』應用化學系，副主任關文仁則爲同年畢業『東京農大』農化系，都是雲龍仙（董事長陳雲龍）從『台糖公司』重禮挖過來的佼佼者。他們兩個人都實際參加過『克羅列拉』的研究，祇要我說一聲，他們都會幫你解決問題。」

「他們與我不但多年同事，私交也不錯，祇因市場未開，時機未成熟，如果可以做，我們早已著手去做了。我們有一流技術陣容，祇欠東風。」接著他又說：「生產出來的東西，一旦銷不出去，工廠要如何維持，公司能否存續？那時對那些爲你投資的朋友，又如何交代？回去認眞考慮這些問題才是正經。」

「不過，這種事業頗具前瞻性，爲解決人類未來嚴重糧食問題，及許多尙未被開發出來的醫藥用途，我們『永裕』和『中國醱酵』也一直密切加以注意。總之，沒有市場的東西，投資之前應該愼思。」

次日下午，我如約到樹林「中國醱酵」總廠，在守衛室辦過手續，即被仲璟派來的人引進廠長室，然後再由仲璟親自介紹與蔡德龍、關文仁兩位先進認識。

自此以後，廠裡的人都知道我是仲璟的「姊夫」，不需辦手續即可逕往研究室找蔡、關兩位先輩。

　　我所遭遇到的許多「疑難雜症」，也都在往返台南、台北、樹林、台中和鹿港之間獲得解決。我覺得自己好像在短短幾個禮拜中，突然長大了許多，儼然成為一位披白衣，搞「百歐啃密」（Bio-Chem，生物化學）的「技術者」。因為攀親而能結識幾位先進學者，我內心委實也很高興。

　　瘦蛙和秀青都異口同聲誇獎我的奇遇、人緣和成就。幾個月來，嘖有煩言的林大宜也一樣稱讚我的勤跑和成績。

　　當我陶醉於那麼一點點「成就」，為充滿著希望的未來興奮不已時，猛然間一陣令人不快的回憶掠過腦際，瘦蛙父親曾幾次對我使出異樣眼色。我仔細回味推敲，發現那是充滿著憎恨的眼神。

　　老頭子對他兒子投資鹿港的實驗，頗有怨言，而妄自臆斷他們父子感情所以漸離漸遠，父子說話越來越不投機，我是「罪魁禍首」。對瘦蛙堅持不投資他二舅在和美的紡織廠，也怪罪到我身上，妄斷是我慫恿他不要投資……。

　　捫心而論，我從未鼓勵任何人投資，一切自始即是瘦蛙主動自願的。如果不是他這麼執意，我鍾某人也不會甫出獄，席不暇暖又離家背井，到鹿港每晚忍受蚊蟲偷襲追咬。

　　有一天，我們又到八卦山麓「紅樓」開「慶功宴」。我便趁著大家心情愉快，談笑風生，忍不住將壓抑許久，如刺噎喉般的鬱忿發洩出來。

　　我先舉杯向在座三位，感謝一年多來的鼓勵和支持，然後正襟危坐，用日語告訴他們說：「我們的實驗可以結束，已經有點眉目。完整報告，待我整理後再分發給各位。」

　　我遲疑片刻，兩眼凝視窗外閃耀的霓虹燈，並直截了當

向他們宣佈：「我不想再幹下去了，準備回北斗。」

接著我又補充說：「要離開鹿港以前，我會做好兩批樣品，寄往日本，或其他國家。」

至於產品的「末段處理」，我胸有成竹——到「員林血清」借用他們的冷凍真空乾燥機，或委託新竹「食品研究所」，用「尼魯式」噴霧乾燥機（Spray dryer）噴射成粉。

大家正慶幸熬到今天，總算露出一點曙光，我卻說要走。我的態度堅決，不含糊，使他們不禁啞然！

最後還是由能言善辯的周秀青打圓場，他說：「大個鍾這麼說也是為了顧全大局！第一，從此可以讓瘦蛙不再受他父親的氣，大家看到他老人家，也無須再像老鼠般躲躲閃閃。林大宜學校工作負擔那麼重，讓他每天兩頭跑，也很可憐。市場還未明朗，要募股作巨額投資也有困難。而且，大個鍾剛坐滿十七年長牢，老將他留在鹿港也是很不人道。再說他沒有錢，讓他光看別人投資，他心裡想必也不會爽。」

我們的實驗，終於在 1966 年秋季開始猛刮「鹿港風」的時候結束。實驗場地早已拆毀整平，回復原狀，還給林建元先生了。

我離開鹿港以後，還是常到台南、台北、樹林和台中找那幾位曾經熱心協助教導過我的老朋友，使我對「克羅列拉」的資訊一直未曾間斷過。

9. 在「科泉」的日子

　　鹿港的實驗既已結束，老待在北斗妻娘家也不是辦法，回台中「尋頭路」才是正經。

　　於是1966年年底，在周秀青的刻意安排下，我一個人搭巴士回台中，在樹仔腳與頂橋仔頭交界處，現在路名已被改為三民路、復興路的交叉口下車，到「科泉金屬公司」拜訪一位林姓董事長。

　　秀青也許有所顧慮，深恐在「白色恐怖」的陰影下，一旦讓我知道「林董」的名字，我會逡巡遲疑，不敢去見這位急欲見我的人物。

　　儘管我對秀青的「故弄玄虛」，不肯明告「林董」為何人，為何想見我，心裡有點怏怏不樂。然而，想到此行對我的求職或許有些幫助，也就不加計較，也不顧自己是一名「刑餘之徒」，便挺身進去求見。

　　我被帶到會客室，甫坐定，正想伸手接一杯茶，忽看到有人進來，是一位西裝畢挺滿頭銀髮，隆鼻白眉，威儀十足的老人。

　　他一進來，便走近我，握我的手，並以撫慰口吻，問

我：「什麼時候回來，生活怎麼樣？」這位老先生好臉熟，似曾相識，祇是想不起在什麼地方見過他。及至坐下來促膝敘舊時，才猛然從他說話的習慣和聲音，認出他竟是謝雪紅的「愛人同志」，曾因古瑞明「不慎一句話」，險些淪為「馬場町冤鬼」的前台中縣農會理事長林西陸。

「林董」曾任我們「和平日報」業務經理。因受到古瑞明、黃金島、陳光雲所謂「匪諜案」牽連，最後雖然撿回一命，仍被判處徒刑，移送來新店軍人監獄。

我們未被關進同一牢房。但是，有關他的種種——他如何抗爭撿回老命，他的武功和洞簫，與謝雪紅跳舞時的鮮為人知的笑話，乃至他的特異生理構造……等等，都曾經給坐過枯燥長牢的難友們，增添不少趣聞。

228中，都沒有人看過「林董」蹤影。他能明哲保身，乘亂遠離，算他機靈。不過，在蔣軍「清鄉」時，因他與謝雪紅之間曾有一頁「艷史」，又在謝的安排下，當上大縣制時的台中縣參議員和縣農會理事長，因此，受到特務的特別「垂青」而「榜上有名」。旋因透過關係活動，總算讓他逃過此劫。

我們從228事變以來各人不同的遭遇談起，和他出獄後如何收拾、重整被中國兵洗劫、破壞的廢墟家園，乃至他的學生們如何為他安排到這家公司任董事長的辛酸經過都談了。

他每次提到古瑞明，都必痛斥此人幼稚可恥，妄信特務謊言，祇要將他咬進去，就可以無罪獲釋。少年人做事沒有擔當，還想當什麼共產黨……。

他說到這裡，忽想起什麼，命我稍坐，他即退入內室。不一會兒，他出來時後面跟著兩位四十出頭，同樣西裝畢挺，一高一矮，皮膚黝黑的粗壯漢子。

原來這位 180 公分的高個子，是這家公司總經理，也是原始創立者，擁有過半數股權的邱同。另一位則是「進發鐵工廠」老板，也是這家公司經理兼廠長王進發。

他們兩位一進來，便很親切地跟我握手寒暄，然後問我能否到他們這裡幫忙。因為這裡不久前發生過火警，兼廠長王進發為此被法院依「公共危險罪」起訴中，官司纏身無法全心照顧廠務，正需要一位可以代他管理工廠的人。

西陸仙雖然擁有「董事長」頭銜，畢竟只是小股東，對這類人事問題也不想多所主張，始終聽任邱、王兩位的安排。不過，最後他還是鼓勵我把握機會，接下這個工作，並保證會考慮給我很好的待遇。

原來秀青和西陸仙兩個人，早已談過我的事情。秀青知道我離開鹿港以後，一直閒著沒事做，急著到處「尋頭路」，所以來台中找他老師。秀青也是西陸仙門生，1945 年「中商」畢業後即開始向他「拜師學藝」。

這家公司是「台、日、美」三國合作，生產高級西餐具的公司，即東京的「科野產業」、芝加哥（Chicago）「E，Go 企業」和台灣「科泉」三方面「合資」的。但「美、日」兩家公司都沒有真正拿錢出來投資。

他們的投資方式是由芝加哥「E，Go 企業」預估每季可能銷售量，開 L/C（信用狀）給日本「科野」，再由「科野」向「三菱重金屬」訂購白鐵板（即不鏽鋼）運交給台灣「科

泉」。台灣「科泉」再依「科野」提供圖案依樣加工生產。然後，在「科野產業」嚴格品管下，依照「E，Go 企業」出貨指揮書分別交運到北、中歐、南北美洲地區的批發商。

因此，台灣「科泉」根本不愁銷路，也不必支付大筆資金向日本購進原料鋼板，僅依「科野產業」提供圖案規格加工生產即可。

合格品出倉後，還剩下不少品管「不合格」品以及廢鐵板。所謂「不合格」品也不過是些電鍍控制稍不良，研磨亮度稍微不夠的瑕疵品。外行人即使用兩三百倍顯微鏡透視，也很難辨出孰為合格？孰為不合格？這些「不合格」品，在市場上還是搶手貨。

在台灣還無法生產像「三菱重鋼」那種硬厚白鐵板時，「科泉」清倉出來的白鐵碎片也很受歡迎。這兩方面的收入加起來，數字也相當可觀。這便是台灣「科泉」的固定收入，也是芝加哥「E，Go 企業」和日本「科野」給台灣「科泉」的報酬。

在盛情難卻，加以回台中是我夢寐以求的，眼前有這個現成機會，我當然不會輕易放棄。不過，對自己的過去，社會上的人，不一定都能接受。整個台灣的道德文化、價值觀都遭到蔣幫刻意扭曲污染的時刻，即使我加以隱瞞，總有一天還是會被發覺。

我考慮到這些問題時，按捺不住心中一股怒火，我並沒有做錯什麼，不過事敗被俘罷了。沒有什麼見不得人的地方，為什麼不敢光明正大挺身，卻還要加以隱瞞？於是，我索性直言不諱，將自己的過去明白告訴他們，看看他們的反

應。爲了愼重起見，我又鄭重補充一句：「如果你們會害怕或怕麻煩，則另請高明。」

萬沒想到，丘、王兩位「頭家」，不但未被我一番告白驚嚇，反而異口同聲說對我的事情，他們早已略有所悉，就是因爲我具備這些特殊背景，他們才更加歡迎我。這實在太出我意料，使我一時窘態畢露，但我隨即昂然告訴他們說：「歡迎不必，不害怕即可。」

兩天後，我由北斗騎著 B.S. 50 迷你型摩托車到「科泉」公司報到。隨由丘、王兩位「頭家」帶進工廠，向大家略作介紹，並要求大家以後要和我好好合作。

這裡的工人，除了少數幾個童工，和五、六十個品管包裝部女工外，幾乎都是當過「支那兵」，在蔣幫部隊染上惡質文化，言行粗野，脾氣暴躁；經常一言不合，動輒拿起工具或坐凳當武器，打群架，令人望而生畏的人。

然而，這些成年男工，何以容易激怒，喜歡打架？幾乎每天都發生打架，多時甚至一天之內發生三、四起。我曾經冷眼旁觀，仔細加以觀察，發現十件當中，總有八、九件離不了女人。中國人喜歡說「女人是禍水」，我卻認爲至少在這裡絕無此事。這裡的女工都是無辜的，她們堅守崗位，忙於自己分內工作，絕不會招蜂引蝶，勾引男工。

我發現一些工作呆板、心靈枯寂的研磨部未婚男工，常藉機會到品管包裝部窗口，扮鬼臉，做些怪異動作，或唱些不入流的怪調，逗弄那些年輕女工。

如果這些涉世未深、天眞爛漫的小女孩，經不起撩撥，情不自禁，報以微笑，或多瞧他們一眼，對方便開始痴心妄

想，以爲對方對自己「有意思」，她將屬於自己，不容別人打她的主意。

如果，有不明就裡的人接近她，與她搭訕幾句話，就會被誤認存心「橫刀奪愛」，而遭興師問罪，一言不合，藉故飽以老拳，甚至拿起工具、椅子當武器「教訓」對方。

這些事情經常發生在工作時間中，嚴重違反廠規。而毆打後更是兩敗俱傷，生產因而嚴重受到影響。爲了維護紀律和秩序，常讓我疲於奔命。

偷竊的事件，也時有所聞。也曾經發生過同一天之內有四部腳踏車被偷走的事情。我發現問題並不如想像中那麼簡單，紀律蕩然無存，誰也不怕誰，凡事比拳頭，是與非之間，沒有緩衝地帶，概以暴力解決。

無論如何，我總不能讓這些無法無天，敢公然挑戰廠規的份子繼續囂張下去。如果在我任內，連最起碼的紀律秩序都無法維護，連產品的質與量都無法提升，那我還有面子流連這個職位麼？

我雖然很想大刀闊斧加以徹底整頓一番，從制度面、福利、起居作息，乃至工作環境的改善……下手。然而，冰凍三尺，非一日之寒，積重難返。心想我自己也和他們一樣是被雇用的人，不過比別人多領一點錢，責任重一點罷了。面對積重難返，也只能徒歎奈何！

有一天中午，我約沖床、研磨、電鍍，各組組長及研磨組裡面五、六位被視爲「問題人物」，具有黑社會背景的工人，下班後一起到附近小館子小酌，想藉機會聽聽他們的意見和希望。

當他們各別說出對廠方的不滿和希望之後，我也表現出我的誠意向他們提出相對條件——我答應福利問題將盡全力為他們爭取，至於長久以來普受詬病的伙食改善，也會給大家一個圓滿交代。但大家必須做我後盾——嚴守廠規，提高生產質量做為我與公司談判的籌碼……。我再進一步告訴他們：「祇要大家以後不要太給我為難，太給我難看即可，老是打架，又不是為了什麼大不了的『深仇大恨』！而且在擁擠狹窄的廠房裡打架，毀損公司財物要賠，一旦對方受傷，大則吃『傷害罪』官司，即使私下處理和解了事，也得給對方賠償醫藥費——最後吃虧的還是自己！」

「請回去告訴那些喜歡逞勇鬥狠的朋友，在工廠裡面挺勇等於『英雄無用武之地』，有種最好到『樂舞台』口、『大湖仔』或『天外天』才夠看。如果大家不健忘，鼎鼎大名的『加納』之所以成名，是拜在『樂舞台』前，以一敵四那一場格鬥，才開始闖出名號的。」

有一天，西陸仙和丘同，陪日本「頭家」科野桑參觀工廠，經過我面前時，停下來悄悄告訴我說：「科野桑說自你來了以後，工廠氣氛好似不大一樣，大家都顯得很勤奮，也比較守秩序……，又說你很有組織力。」

我聞言心花怒放，卻在嘴巴上故意裝作不在意，反覆說：「都一樣啦。」其實這些變化也應歸功幹部們的合作，他們幫我嚴加約束那幾個性情粗暴、喜歡惹事生非的人。

他們走了以後，我一個人依然佇立原地（研磨廠入口處），目不轉睛地，凝視那幾個平素喜歡搗蛋的工人，想如何幫助、導正他們，使他們不再繼續墮落下去。

10. 從「科泉」到「優遠」

　　為了維護工廠秩序，提高產品質與量，我曾經很肯定地答應大家，要幫他們向公司爭取更多福利，尤其是改善伙食。工人們欣然同意與我合作。幾個平素喜歡搗蛋的，情緒也穩定許多。然而，我開出去的「支票」，答應給他們做的事情，卻一件也沒有兌現，我的立場變得很尷尬，威信掃地，竟變成一個無信的人。我還能要求工人們像以前那樣聽我的指揮嗎？

　　我在「科泉」的處境，已陷入進退維谷。眼見公司對改善伙食問題不重視，對提高福利的建言，也充耳不聞。他們一點都不給我面子，承包伙食的歐吉桑（丘總叔父）甚至以尖刻的口氣「教訓」我：「別多管閒事，每天做那麼多飯菜給大家吃，還要挑剔，嫌東嫌西，難道要我親自餵他們不成？」

　　公司方面對「歐吉桑」在廠裡擅建豬舍，飼養十來隻肥豬，是否故意視若無睹，或另有隱情？那幾隻大肥豬每天食量相當驚人。這時台灣還未有「中日飼料」一類的調配飼料，即使有也要花錢去買，用現成的「剩菜」、「殘飯」餵

豬,既省錢又簡便,怪不得「歐吉桑」對於製造「豬菜」樂此不疲。對工人們要求改善伙食的呼聲,祇當耳邊風,不理不睬,我行我素,每天粗製濫造,做些「豬菜」、「人菜」不分,令人難以下嚥的伙食充數。

我的處境,遂像一隻被拋到十字路口的小貓,左顧右盼驚恐徬徨。我自問是否應堅持承諾,為工人們的利益,為自己的誠信,向公司據理力爭,即使因而撕破情面,也在所不惜?

然而這裡是私人企業,我不過是一個受公司雇用,被賦予一些權力管理工廠的職員。如果自覺幹不下去,想一走了之,誰也不會大力挽留,我又何必這麼認真想為這群不相干的人,和公司抗爭到底?

再放眼環顧台灣這座沒有圍牆的「大監獄」。因為發表「台灣自救宣言」的彭明敏教授,剛剛掙脫特務監視,逃亡瑞典不久,使「蔣禿頭」大發雷霆,白色恐怖籠罩下的台灣又面臨「山雨欲來風滿樓」的態勢,蔣幫的獵犬似乎又要出動,開始抓人。我能不顧自己是一名「刑餘之徒」,收斂一點,改一改年輕時率性、直來直往的作風?

事實類似「科泉」這種不合理現象,在資本主義社會所在皆是,並非此地特例僅有。也許丘總有苦衷,不敢開罪他的「歐吉桑」?

當我正為這些問題苦惱,很想不幹回北斗時,久違許久的張為築忽從花蓮來看我。談話中得悉他當時為設在台中市前花園町,東區衛生所對面那家日本人投資,生產網球拍外銷歐美的 UM 株式會社(中文名「優遠企業股份有限公司」)供

給一些「牛筋網索」和塗料。

UM 社長是竹前吉夫，負責技術指導的則為他弟弟竹前次郎。而向台中市政府和經濟部具名登記「董事長」的楊子榮，竟是一名分文未投資，不管事，每月坐領乾薪三千元的被雇用人員。

因為這時候（1967 年）外國人想在台灣投資事業，尚不能獨立投資，須與本國人合作，而持股數也不得超過本國人所持的股數。故為權宜之計，乃雇「人頭」充當「董事長」。一位二次大戰中，曾經在岡山日本海軍航空廠當過「海軍工員」的秦忠任廠長；至於社長秘書兼掌會計業務的人，則由秦忠的弟婦來充任。聽說這位小婦人是一名怨婦，她的先生幾年前赴東南亞「做事」，長年未歸。

台灣話一竅不通，僅僅會講「好不好」、「謝謝你」兩句中國話的竹前社長，在這種不健全的組織結構下，自不免受到欺侮矇騙。儘管竹前兄弟是拿錢出來投資的事實「頭家」，出國前在日本也練就一身輕功夫，但碰到一群「白螞蟻」、「鼠輩」的啃噬，也是被耍得團團轉。

不合規格的原料一大堆，成本節節升高，出貨也常誤船期，長此下去，公司前途實堪憂慮。為此，竹前社長曾幾次求助於張為築，奈何，張為築自己在花蓮和嘉義均有事業，無法分身，對竹前的懇切要求，事實也是愛莫能助。

張為築一回嘉義，兩天後又來台中約我出去吃飯。席間，告訴我他已經向竹前推薦我，將我的過去，甚至為 228 坐過長牢的事情都告訴他們了。聽說當時竹前兄弟有些迫不及待，希望能即刻見到我這位「傳奇人物」，也隱約透露，

期盼將公司的管理拜託我這種富有正義感的人。

又過了差不多一個禮拜,為築兄叫我到南台中和平路,前「林列堂別墅」後面,竹前兄弟租居的旅舍見面。

竹前社長看起來還不到四十歲,身高約160公分,皮膚黝黑,結實微胖,滿臉鬍鬚,為人誠懇。我們兩個人話匣子一打開,幾乎欲罷不能,天南地北無所不談,也談及228,一直談到快近午夜,卻還未觸及「主題」,等到我幾次抬頭望壁鐘,竹前才發覺到還未談及今晚請我來的主要目的,便連忙示意為築兄拿出預先準備好的「計劃書」,說明他們要我擔任的任務。

我在優遠公司的職稱是「總管理員」,直接隸屬於竹前社長,位階則在「董事長」及所有主管之上。舉凡進料出貨,金錢往來,乃至生產、人事……,都必須經我親自確認蓋章。否則,即使頂著「董事長」頭銜或廠長,私底下交結不肖商人進料,只要數目不符或規格不合,我都有權下令拒絕付款。

聽完了為築兄和竹前社長這番說明,一陣強大的感動,緊緊罩住我的心頭。竹前兄弟對我如此「知遇之恩」,我當即正襟危坐,正式接受他們的懇邀和安排。

其實,「科泉」待我也不薄,丘總家族和王進發也對我相當禮遇。因此,我總不能說走就走。何況「科泉」新廠已落成,再過幾天公司連同工廠即將遷往潭子新廠,正需要人手。無論如何,我得等舊廠機械全部搬運新廠以後才能走。

竹前社長原希望我能在一兩天中即去上班,但是,當他了解我的決定後,即表示敬佩和嘆服:「做人很要緊,雖

然我們希望你能馬上來上任，但做事要有始有終。現在日本，在年輕一代中，要找像你這種重義理人情的，已經很少了。」

「科泉」的遷廠足足花了一個多禮拜。我一直留在舊廠關照機械的裝運，交接差不多時，也是我該走的時候。王進發送來兩個月份薪資給我。我心裡有點納悶，連一個月都不到，領一個月薪資已經佔人家便宜，又另加發一個月，是什麼原故？經王進發說明，始知加發的一個月份是「特別慰勞金」。另外，還送我四打外銷餐具。我在「科泉」的時間，總共還不到九個月，他們即給我這麼多厚禮。

告別他們，推著摩托車跨出工廠大門時，內心還是不免泛起一陣依依之情。我騎上摩托車，朝著彰化方向疾駛，內心卻不斷在反省，自責這些日子來的輕浮和任性。雖打著「正義」的旗號，為工人們利益，振振有辭，理由堂皇，我卻忽略我這個職位是雇主「科泉」所給我的，我卻辜負了他們對我的期望，搞錯了立場和身份，給一直呵護我的丘總和王經理增添麻煩。

難道我的腦裡就祇有這些似是而非、不夠成熟的「人道主義」？台灣人遭受蔣幫外來政權糟蹋壓制，為求生存大家都在另尋出路，也為了自228以來，給蔣幫劫掠摧殘得瀕臨枯萎的台灣經濟，能有復甦機會，大家都不眠不休，積極從事生產，拓展外銷，提著「007」在非洲沙漠和歐洲大陸穿梭開拓市場。

「科泉」又何嘗不也在賺外匯，增加就業機會？我卻目光如豆，祇看到十隻肥豬，和聽到少數幾個喜歡搗蛋的工人

聲音，竟然想揭竿與「資本家」拚命，萬萬沒有想到自己竟是如此魯莽愚蠢！

　　我那十七年黑牢又不曉得怎麼坐過來的！

11. 「優遠」有憂

1967 年，鳳凰花盛開的時候，也是我抱著興奮的心情到台中「優遠公司」報到之日。

我被安排坐在社長室與竹前次郎（社長之弟）相對的位置。其實，我的大部分時間，都在總務部、工廠和原料檢收場，或應接外賓。除了必須由社長親自處理的若干事務外，幾乎大部份事情都落在我的頭上。

剛來幾天，辦公室裡的職員，包括坐領乾薪不做事的楊子榮，都用冷漠的態度待我。及至摸清我的任務幾乎「包山包海」，職權凌駕「董事長」和廠長，他們的「財路」很有可能被我所擋時，社內一陣譁然。

有交頭接耳竊竊私語的，也有斜著眼睛看人的，更有像是欠了他幾千萬元未還一般而憤憤不平的，大有山雨欲來風滿樓之慨。

當我了解原因之後，發現他們的情緒相當激動，是因我的出現和對我的誤會，我便主動找每一個單位主管，坦誠跟他們溝通，交換意見。我告訴他們，我也是跟大家一樣，被雇用領薪水做事情的人，不是會傷害人的怪獸，大家用不著

緊張，也無須用那種不友善的眼光看人。

　　「我祇是想為公司建立一個比較好的制度，防止不必要的浪費以降低成本，使公司能轉虧為盈。」然後，我指著外面堆積如山的廢料場，提醒他們說：「這麼多廢料，都是那些不合格原料造成的，祇要大家能控制進料流程，不讓一些投機份子混水摸魚，有機可乘，公司就可以減少損失。」

　　由於主動不斷跟他們溝通，不久，大部份的人都解除了戒心漸漸跟我合作，除了掛名「董事長」的楊子榮、秦忠和他的弟婦會計主任，依然與我貌合神離，有時甚至故意不依規定處理業務，待我發覺加以糾正，還是狡猾強辯，說什麼那麼多年的習慣，說改即改未免太強人所難……等等。

　　我未赴任以前，即預知必然會遭受到既得利益者的杯葛。應如何化解這些問題，我胸有成竹，不會因為一小撮人的頂撞搗蛋而氣餒。我依然保持風度，不時面帶笑容，有禮貌地應付他們。大概又過了差不多半個月，我發現秦忠和他的弟婦（會計主任）對我的態度有明顯改變，甚至變得有點肉麻，令人受不了。我每次巡視工廠，他在遠處一看到我，都主動跑過來搭訕，問長問短，問我如何認識竹前，怎麼會想到來這種地方。有時也會很親切地提醒我：「這種工作，做久了有傷健康，不但木屑會吸進肺部，固著劑和溶劑也會傷及眼睛和皮膚，最好少走近那些地方……。」

　　又一個晚上，秦忠還用他的 250CC 大型摩托車，強載我到平等街，中山路口前「丸三藥局」後面，由「十四大哥幫」老五，傅天順「愛人」所經營的「雙葉酒家」喝酒。他常藉酒耍貧嘴，或大言不慚地告訴我，他的什麼「人

生觀」，他如何玩女人，某一位名女人如何向他投懷送抱……，自拉自唱：「人生幾許？這時不玩，等到身體不聽話，動彈不得時才想要玩，為時已晚，一定會懊悔終生。」

我很快發覺他的酒話背後頗有文章，我正提高警覺時，他終於露出廬山眞面目，假惺惺地用溫情細語引誘我：「千萬不可拒絕『孔方兄』，人要有錢，才有尊嚴，生存空間才會大，想要什麼樣的女人，要幾個都不成問題。」又說：「祇要你在公司處理事情時，不要太拘泥死板，有人向你示意，祇要給他行個方便，隨後便有人會自動將一束一束簇新鈔票送到你手上。這時候，如果你拒絕它就不算父母生的。一切我會替你想辦法。你今天能交上我這個朋友，算你運氣。」秦忠這傢伙居然想用酒色和金錢引誘我。

他還想藉此機會與我締結「同盟關係」，共同對付楊子榮。他又開始數落楊子榮的許多不法和隱私秘密。他說：「楊子榮的『董事長』是一位和楊子榮中學同期生『石井』引介給竹前的，為了解決公司登記上的困擾，姑且借用楊子榮的名義去登記，為此，每月給楊三千元台幣做報酬，讓他不做事，坐領乾薪。」又說：「沒有想到，楊竟是不安份，時常頂著他的『董事長』架子，替他的所謂『親戚』請貨款時，要求出納員一定付現。明眼人一見便知道他要什麼名堂？說穿了，還不是為了抽取回扣方便，不留痕跡，乾淨俐落。……楊有一兄，在台中市繼光街尾開診所。他因為沒有固定工作，長年在其兄厝寄養，因需索無度，以致被他嫂子趕出來。」秦忠滔滔不絕，還想繼續揭穿楊許多令人不堪入耳的隱私，卻給我忍不住揮手加以攔阻。我實在聽得有點

厭煩。他簡直是「龜笑鱉無尾」。他自己事實上也好不到那裡去。光是今天這局，至少也要花上千元。他哪裡來這麼多錢？三、五天就跑到這種地方泡妞兒玩樂。

再說，他安排他的弟婦到竹前身邊，也頗不尋常。她到底在那裡扮演什麼角色？他又憑什麼三番兩次要請我吃飯，逛酒家，祇是單純的交誼？說穿了，還不是想利用酒色迷惑我，進而收買我。

如果，這一切都是他們的陰謀算計，我今後便必須更加小心翼翼應付秦忠一族。對付楊子榮這個滑頭，則應更圓滑一點，研出一套更妥善的辦法，虛與委蛇，因為他畢竟是向政府登記有案的法律上「董事長」。他與竹前之間，曾經互簽內約，也有證人立會，然而，一紙私人間的契約合同，萬一發生爭議，能否推翻法律規定，無視楊子榮的「合法」董事長地位？也不無爭議。

我現在又陷入進退維谷，我曾經誓為竹前報「知遇之恩」，也想為社會伸張正義，抱著滿腔熱血，來到這家外資公司，想略顯一手經煉獄長年熔鍊鍛造出來的不凡身手，給大家瞧瞧。

奈何！我現在卻遇到極其棘手問題。楊子榮的問題，充其量也不過是公司內部問題。即使楊有許許多多不正當行為，以詐騙手段使公司蒙受損失，也是屬於公司內部的事，除非竹前桑訴諸法律。而且，他目前仍是這家公司的「董事長」，雖祇是名義上的，卻也是無法改變的事實。

自從美國為「防堵赤禍」，圍堵中、蘇共產國家，不讓他們染指中南半島，於 1965 年 5、6 月間，假「聯合國」

之名插足越南戰爭，至今仍未見勝算曙光，美軍的投入既深且廣。美軍的死傷節節昇高，已遠超韓戰時的數字。中、蘇兩國的介入，雖然採取「隱形戰略」，卻是相當積極，除了供給大量武器給越共，人員投入也不少，使美軍幾乎陷入泥淖。

反戰呼聲遍及全國，納稅人怨聲載道，美國經濟呈現低迷，沒有人敢想像越戰會出現奇蹟。大家也不再相信國防部長泰勒的「有把握戰勝越戰」的諾言。全世界的人，幾乎都不看好美國真會打勝越戰。

祇有被共匪趕來台灣，在人民頭上耀武揚威的「蔣禿頭」，仍然幻想著強大的美軍，能夠繼續在越戰消耗牽制中、蘇兩國兵力，甚至，可能引發「第三次世界大戰」，如此，他夢寐以求的「反攻大陸」就有希望了。

手拿「007」跑遍半個地球的台灣商人，常暗諷：「台灣經濟無根，有若水面上浮萍，隨著美國風移動，美國人一打噴嚏，日本人即會感冒，而台灣人體質更脆弱，必患肺炎。」台灣經濟既然處在日、美經濟體系下，萬一越戰絆倒美國經濟，台灣自不能倖免，必然爆發更嚴重慘劇。此時外資是否會跑掉？先天的公司組織結構即不大健全的「優遠公司」，是否也會被波及？竹前會抽走資金回日本？這些可能衍生的問題，隱約在我心頭抹上一層陰影。

10月31日是先母張權倚門苦等我走出蔣幫黑牢半年後，安祥歸主懷抱的三週年紀念日。我向公司請假三天，偕妻到樹仔腳埔墓園為先母做紀念。事畢，陪妻回北斗。次晨一早，從田中搭火車往高樹、六龜、枋寮附近林地做實地調

查，砍伐下來的桃花心木和椿木，未裝運前，每材原木行情，一輛十五噸大卡車的積材量及運金的計算法……。

回到公司後，隨將調查資料做成報告表交給社長。竹前社長看過報告，當即命我進去作說明，他聽完了我的補充說明後，一時整個人攤在椅背，眉頭深鎖，若有所思，片刻，喟然長嘆說：「這樣子還得了，這麼大的漏洞，大家再怎麼打拚努力，也無法填滿這個無底深坑。你們看這個數字，即使再增加三成利潤給那些供料商人，也還是比現在的進料價便宜許多。這個漏洞，如果再不加以防堵，大家再怎麼打拚努力，都是白忙的啦。」

農曆10月15日下元「平安節」，工廠附近「柯王爺廟」正辦廟會，演「亂彈戲」。本來晚上打算留在這裡看戲，不意接近黃昏時刻，楊子榮忽然打電話進來約我當晚到他家吃飯，口氣「溫和親切」，一反過去的傲慢自大，令我有點受寵若驚。莫非他也想收買我？又是一個秦忠桑！

他曾幾次要求我，對他的所謂「親戚」手下留情，多加關照，當晚的飯局恐怕與此有關。我依他指示路標，終於找到「杏林堂醫院」後面，那棟木造二層樓。這棟房子以前彷彿是吳泗耀醫師辦「產婆講習所」時用來做教室的房子。

楊子榮租居的是二樓靠東那間教室，室內簡素，沒什麼擺設。起居寢室、廚房都在這間斗室。身為外商投資公司「董事長」的楊子榮住這種地方，實在太委屈了他。不過，室內一台最近才開始進口，最時髦的大型電冰箱，卻頗引人注目。

桌上一盤鮪魚沙西米，另有燒鰻魚、薑絲糖醋章魚，一

碟花生米，都在引誘我的食慾。我剛喝下一杯啤酒，舉箸挾起一片沙西米，還未送進嘴裡，楊子榮卻有點迫不及待，喟然嘆曰：「我的『董事長』不是從地上撿來的，也不是任何人的恩賜。」

他接著指掛在壁上兩張「經濟部工礦委員會」工廠登記證，和「台中市政府」營利事業登記證說：「我的董事長是百分之百眞貨，不容任何人污衊。偏偏有些人吃飽了飯沒事做，愛說閒話。」

他再舉杯要求我乾杯，接著以憤怒自責的口吻說：「都怪自己心腸太軟，做人太善良，才任人欺侮。當初，我告訴竹前，你有技術，又有固定銷路，公司就交給你去經營，我在旁邊協助，每月祇給我一點車馬費，等公司上軌道，賺到錢，大家才來談分配……。」

這傢伙刻意編造這些「漫畫」想嚇唬我，想迫我就範，與他合作。他根本把我當做「白痴」，以爲給我一點眼色和壓力，我就會乖乖接受他的指揮……。最後，他仍不忘重提他的「學歷」和「柔道三段」，在我面前炫耀一番。

今晚這頓飯，很顯然是楊子榮刻意安排的「鴻門宴」。他在警告我，甚至準備向我宣戰！

我並不在乎楊子榮和秦忠之輩想要什麼花樣。此刻我心裡所憂慮的，還是時局的問題。萬一越戰眞的拖垮美國經濟，台灣自難免遭受其連鎖反應。外商的撤資，乃至竹前兄弟的回日本，這時，我必將陷入孤單無助的困境。

這時候，已經沒有「是與非」的任何爭執。我可能將面對具有「中華民國」法律保障的「合法」「董事長」的冷酷

挑戰，而三個多月來爲竹前兄弟所做的一切也將付諸東流。

孜孜不倦爲「優遠企業公司」打拼，僅靠每月微薄工資勉強養活一家老幼的工人們，也將面臨冷酷的失業。

我苦思熟慮，推測正陷入泥沼中，進退維谷的美軍與「越戰」展望，及竹前社長與楊子榮間的複雜關係，終於決定離開「優遠」。趁著竹前社長赴日出差，留下一張「百言書」給其弟竹前次郎，然後懷著依依不捨的心情辭別廠裡的同事們。

12.「克羅列拉」燃起的希望

　　1967 年中秋節過後，大約一個禮拜日的黃昏，我剛從員林林春成經營的「中央煤氣行」回到北斗岳家，剛脫下作業服，準備休息，忽聽有人叩門低聲喚「姑丈」，我應聲起身，連忙披上夾克，打開房門一探，原來是端容和她妹婿紹斌。

　　我還來不及請她們進來，她們卻搶著告訴我：「最近兩天每晚六點電視都在介紹叫做什麼『克羅列拉』的太空糧食，有生產工廠和大型培養池，池裡的水都是深綠色的，牠是不是和你以前在鹿港作實驗的東西一樣？」

　　我聞言連忙走近她們面前，以略帶迫切口吻追問她們：「電視我不懂，什麼叫做電視？妳們剛才說的那個在什麼地方，現在就帶我去看。」

　　我跟在她們後面，穿過院子，跨過一道傾斜欲倒的竹籬笆，向右邊一拐彎，便到端容家大廳。抬頭一望，一個比肥皂箱稍大，正面嵌一面灰白色玻璃，裡面正映出一幕一個著長旗袍，右手上拿一條絲巾，比手劃腳的「阿山婆仔」，跟一個戴瓜帽，將老花眼鏡掛在鼻尖頂，嘴唇上留著牙刷標，

左右臉蛋各劃一面彷彿日本國旗的紅蛋，手上揮著扇子，在胡扯什麼的謔劇。

這幕中國人叫做「相聲」的謔劇，並未引起我的興趣。倒是叫做「電視」，放映黑白影劇的新玩意，頗引起我的好奇。電視這名詞我雖不陌生，曾經在報紙上看過介紹的廣告，真東西還是今晚才看到。

端容是內子堂兄林仲楓次女，冰肌玉骨，清麗秀氣，任誰看到都會喜歡的「薛寶釵」型賢淑女子。由於她眼光遠大，至今尚小姑獨處。這台電視機就是她妹妹林志津買回來孝敬她父母的。

6點5分，螢幕上赫然出現介紹「克羅列拉」的開發史，和牠的營養價值及各先進國家對醫藥用途開發近況。接下來便是介紹投資者——「台灣克羅列拉工業公司」組織架構和生產技術陣容：董事長為「京大」出身的前台北市長黃啓瑞，總經理則為台北醫學院董事長胡水旺博士；此外還網羅「華銀」的陳逢源和二十多名台灣醫界著名人士：如台北徐千田、嘉義侯炎、台南韓石泉、高雄陳江山等。

在技術陣容方面，則有技術顧問「京大」武治芳郎博士，廠長則是來自沖繩的山下勇。接下來便是介紹該公司中壢廠的鳥瞰圖及正運作培養中的大小十四口培養池。池中深綠色培養液經電動攪拌機掃過後，激起一陣白綠交織浪花，煞是壯觀，令人嘆為觀止。

我看得正熱，很想繼續看下去，可惜這個節目的時間已經到了。看完了介紹「台灣克羅列拉公司」的電視節目後，心裡五味雜陳，久久無法平息。一會覺得很洩氣；一向自以

為自己才是國內斯界「百歐尼亞」（pioneer），眼見給別人搶先一步，如何能不洩氣掃興！

不過「克羅列拉」的生產事業，終於能獲得這麼多著名醫界人士認同投資，無論如何，總是一件令人鼓舞、值得喝采的事情。

對自己兩年前在鹿港從萬無頭緒開始，摸索一年多，那種篳路藍縷，一路走來備嚐艱辛的開創經驗，也覺得很欣慰。我們到底還是有先見之明。我們不但早於兩年前即已交出一份完整「實驗報告」，也做出一批差強人意的樣品寄去日本和德國。

相形之下，「台灣克羅列拉工業公司」的技術陣容，壯則壯矣，足以威赫海內外，卻都是依賴外國人的技術。

如今有這麼多政經醫界人士投入他們陣容，我的內心委實也開始躍躍欲試。端容和紹斌看到我這麼興奮激動，便提議：「就讓他們去宣傳，繼續廣告，我們可以跟在他們後面做內銷……。不用花龐大廣告費，可以降低成本增加利潤。而且也不必太多資金，小規模生產，暫時僅應付內銷市場，等到將來內銷市場明朗穩定，才考慮拓展外銷。」

「等我們內銷市場上軌道，有了業績，然後再憑這些業績向銀行申請貸款。銀行一般都很現實，看到我們業績好，都會主動找我們，即使沒有提供擔保物，仍然可以向銀行貸款。所以增資或向外募股的問題，根本就無須考慮。」

陳紹斌為人精明能幹，唸「高商」又繼承父業，北斗地區數一數二大碾米廠。做生意經驗豐富，人緣也很好。因為太太志津在鎮農會信用部工作，自己又要管理碾米廠，便將

出生不久的男孩維克請丈母娘照顧。因此，他每天都會來看孩子一兩次，我們便有見面機會。

紹斌可謂商界「鬼才」，他對任何事情都會想得很周密細緻，時常令人聽了他的話而拍案叫絕。

有一天晚上，紹斌帶一名西裝革履，彬彬有禮，一看便知道是城市人的朋友來看我。這位朋友是他「彰商」同期生，也是台北「掬水軒」的「駙馬爺」林德順先生。因為聽到他回北斗，覺得機不可失，便跑去找他，討教「克羅列拉」的內銷問題。

「駙馬爺」這種稱呼，我有點不習慣。因為他娶巨賈之女為妻，便恭維他「駙馬爺」，紹斌也太愛說笑話。

紹斌自從看過「台灣克羅列拉工業公司」的電視廣告後，就一直在想，如果能夠找到知名度高又可靠的管道，透過這樣的管道打開內銷市場，不但可收事半功倍之效，也可穩定生產線，然後再拓展外銷市場。

因為林德順對「克羅列拉」相當好奇，很想瞭解，所以特地帶他來這裡，看看將來有否合作可能。

紹斌提到「掬水軒」這條線，也讓我想起台中佐井桑有一位異母妹婿是「久豐製藥」的董事長。「久豐製藥」是國內三大製藥公司之一。台南蔡瑞洋醫師是「中國製藥」常董。美國「普立士達製藥」台灣區總經理林仲堯又是妻堂弟。這幾條線當中，祇要有一兩家肯跟我們合作，採用我們的「克羅列拉」做原料，開發新藥，我們便可以即刻投資建廠。

紹斌將希望寄託在林德順身上，希望他回台北以後，

能說動他泰山大人。我也分別前往台中找佐井桑,希望透過他的關係,運作看看。又藉去台南糖業試驗所之便,到台南永樂街找蔡瑞洋,看他能否說動王宋瓊英董事長(王民寧夫人)。至於林仲堯這邊,因為是美國人的公司,希望可能不大,不過我還是透過姻弟仲祺找他談談。

我們乘興而往,敗興而回,四條線路都碰壁。「掬水軒」老董事長興趣很低,因為他們不是製藥公司。「中國製藥」蔡瑞洋推說他祇是一個小股東,雖被推為「常董」,對公司業務從不過問。台中佐井桑這方面,本來抱很大希望,由於他們上一代的一些糾葛,造成他們兄妹幾乎成為陌生人。

至於「普立士達藥廠」,仲堯對「克羅列拉」並不陌生,聽說美國總公司也早已密切加以注意。祇因他不是唸藥學的,事實上也幫不上忙。

林仲堯為「中國醱酵工業」廠長林仲璟么弟。佐井桑即為詼諧詩人,大甲佐井皇先生的次子。

13. 辛苦累積的創業基金, 被人侵吞

　　因為兩年前做過研究實驗的「克羅列拉」,最近在食品醫藥方面的用途開發漸露曙光,市場也開始明朗,加以紹斌的熱心推動,台中佐井桑已表明他個人要投資,而且已經進展到暫以合夥模式,每人投資同等金額,由我做代表出面登記設廠的地步。

　　為了要籌措這筆錢,在 1967 年 10 月初的一個黃昏,我向岳丈的外甥女林冬米討回之前存放在她那裡的錢時,她居然用滿不在乎的口氣回答我:「那筆錢我借去用,以後有錢會還給你。」當時,我彷彿被人重重打了一巴掌。我怔怔望著她……。

　　這筆錢在別人眼中也許區區之數,卻是我的全部儲蓄,也是我的全部財產。少了這筆錢,我們的公司有可能「胎死腹中」,我從前在鹿港作研究實驗的心得成果,恐怕也從此失去施展的機會。

　　也許她以為這種事很平常,沒有什麼值得大驚小怪,再

多的錢她都見過，她婆家很有錢，她在「台灣合會公司」上班，每天經手的錢也不少，她萬萬沒有想到我的反應竟是這麼「反常」，未免太不夠風度。

她以不屑的眼神一直瞪著我，片刻又移開視線，乾脆坐回牌桌，繼續打她們的麻將。看來不但沒有絲毫歉意，根本就不覺得這麼做對我會造成多大傷害。她的態度還是那麼自在，與她的舅舅們談笑風生，繼續玩她們的牌。

真是令人大惑不解。難道她吃定我是一個「刑餘之徒」？不然，就是仗勢她舅家的殊寵。

這時我整個人癱在藤椅上，欲哭無淚，滿腹悲憤。我出獄時，身邊一無所有。從前所有的財產，早被蔣幫特務搜刮一空。這些錢是先母過世時，由杜先生交給我的。是先母生前一點一點辛苦儲存起來的錢。

如今竟被妻表妹，盜領去當賭資。岳家的人知道這件事，不但未能為我說句公道話，卻還繼續和她打麻將。

眼看著她那種傲慢無恥的態度，我真恨不得衝過去掀掉她們的牌桌，狠狠的揍她一頓。不過，想到自己是寄人籬下之身，先母過世時，又給她們增添不少麻煩，實在欠人太多，也只有忍氣吞聲了。

加以蔣幫爪耙仔眼線始終未放鬆，無時無刻都有人盯著我，祇要我有所動作，他們隨時都可以逮我回牢。我能不考慮這一切，莽撞惹出事端麼？

妻的立場也顯得很尷尬，頗感左右為難：對方是自己表妹，也是她父親最寵愛的外甥女；但受害者卻是佇候多年的夫婿。

　　林多米是岳丈么妹牙仙的「掌上明珠」，因此對唯一小妹牙仙從小即呵護有加。林多米為了要維持有錢人家少奶奶身段，每天都刻意把自己打扮得花枝招展，也學會一套如何巴結奉承長輩的秘訣。

　　因為每天下班後都要她過來陪他們老人家玩兩圈，難怪岳丈這麼寵愛她。岳丈的錢也都交給她去處理，用她的名義存入「台灣合會」，利息略比一般高，需用錢時，祇要掛個電話，她都會親自將錢送過來。

　　當林多米舉出她六舅存款模式，頻頻向我勸誘，拍胸保證「有她在，絕不會出岔子」時，她即已心存不良，吃定我出獄不久，不懂理財。她早已估量我萬一拿不到錢時，也不致作出任何激烈反應。她是一介女流，量我也不敢採取粗暴手段對付她。

　　而且，她婆婆「功在黨國」，是個與「狗眠黨」關係密切的縣議員；又自炫她是彰化縣長陳錫卿的「義女」，如果誰不識時務，她一通電話的後果是不難想像的。

　　果然，她們有陰謀，我和妻曾經嘗試找她父母，很誠懇的拜託她的父親林秋竹轉告她：「這筆錢是我的全部財產」，「此次投資關係我前途」，「多米婆家那麼有錢，這些錢對她們並不算多，對我卻是生死問題」，希望她們能勸勸多米拿出誠意出面跟我們好好解決。

　　林秋竹果然露出他的「廬山真面目」，裝出一副愛理不理的樣子，甚至用言語冷落我：「誰也沒有強迫你一定將錢存在她那裡，如今出問題，到底怎麼發生也不知道，卻來找我，我又不欠你。我現在也不知道多米在哪裡。」

　　這種不近人情的做法，連她們家裡的人都看不過去。有兩次多米潛回娘家，馬上即有人來報訊。當我們跑到林秋竹家門口，裡面隨即跑出兩尊「門神」把關，不讓我們進去。妻見狀大感意外，但仍極力抑制憤怒，低聲下氣，婉轉懇求她姑丈和姑母，讓她進去和多米談談，事情總是要解決，老是躲躲閃閃也不是辦法。

　　然而，林秋竹夫婦對妻這番懇求，不但無動於衷，反而用威脅的口氣，命令我們即刻回去，別再囉唆，否則她們會對我們不客氣……。

　　如果多米沒有回來，又何必慌慌張張，跑出來站在門口把關，也用不著凶巴巴地惡言相向，好像要吃人似的。

　　由此，不難看出林秋竹對他女兒的詐騙行為，不祇是包庇，很有可能是父女事前即已串通好的陰謀，用「林多米」名義將錢存入「台灣合會」，沒有自己的名字，也沒有存摺，即使訴之於法，也很難成案。而且當事人若避不見面，堅持不承認，誰又能奈她何？

　　我們回到家，即將林秋竹不讓我們見林多米，和他們的惡言惡狀報告岳丈，希望他能替我們討回公道。岳丈還是沒有反應。也許是一向偏護林秋竹一家人的老母在旁邊，不方便表態。

　　倒是快人快語的丈母娘，實在看不過去，便站出來為我們仗義執言，破口大罵林多米的不是。又重新翻舊帳，將二戰中岳丈三兄弟去中國時，那些糾纏不清的「土地問題」揭發出來。

　　岳丈聞言，臉色慘白，對丈母娘頻頻使眼色，唯恐給她

母親發覺在數落她女婿林秋竹的過去，會不高興，叫她適可而止，不要再講下去。不知丈母娘是否沒有注意到，抑或是林秋竹欺人太甚，引起她不滿，遂將鯁在喉嚨的舊帳也吐露出來。

有一天，岳家族長，大房老三林伯餘醫師回來舊邸探望。這位族長頗有威嚴，自己是一名外科醫生，漢學造詣也很好，曾任北斗區長，參選彰化縣長時，因他的兒子林仲琡，228後逃往中國，被「狗眠黨」藉故打壓而退選。

族中偶有糾紛爭議，一經他出面，常是一言九鼎，無人敢異議。他今天好像特為我的事情回來的。他剛喝下丈母娘端給他的茶，便迫不及待，當著大家面前說：「冬米這種做法實在要不得，詐領別人的錢去賭博，太豈有此理！秋竹不管，牙仙不管，你們也都不管，那該誰來管？」

「如果這筆錢是別人的，我可以不過問，但她詐領的是逸人的錢，那就不行。大家想想看，他撿回一條命，坐過十七年黑牢，回來時一無所有。朋友、親戚同情他，給他的一點零用錢，不花用，儲蓄起來準備人生再出發，想投資事業。卻給冬米詐領去賭掉。」

他又說：「大家摸摸良心，我們幫忙他都來不及，為什麼這麼殘酷，還要盜領他的錢？真是家門不幸。我們林厝怎麼會出這種沒人性的人，真是丟臉。」

三伯的話猶未了，坐在對面的岳父卻顯得窘態畢露。一向偏護牙仙和冬米的老阿媽，也有點坐立不安。祇有一直為我仗義執言，孤軍奮鬥的丈母娘隨聲附和「乘勝追擊」。丈母娘今天終於得到族長三伯「奧援」，喜形於色，非常得

意。

　　三伯這一席話很顯然是要提醒那些沒有是非，偏護秋竹和牙仙的人說的。其實他們林厝大小，凡是知道這件事的人，都無不指責林冬米的不是。祇有岳丈一直裝聾作啞，始終不表示意見。

14.「克羅列拉」啟動了

　　1967 年 11 月中旬，我們的「克羅列拉工業企業社」也在「台灣克羅列拉工業公司」之後宣告成立。儘管兩年前我們在鹿港作實驗時，曾經遭遇到不少困難，市場未明朗，企業化條件未成熟，而暫告煞車。

　　這次看到「台灣克羅列拉工業公司」的出現，精神上受到莫大鼓舞，又經紹斌和佐井桑的熱心投入推動，眼見我們的夢即將成真，卻因我的投資發生問題，幾使整個計畫胎死腹中。正當悔恨交加、懊喪欲絕、徬徨無助的關口時，忽然聽見外面有人喊叫「大個鍾」。

　　連忙開門一探，竟是周秀青。秀青一進來即發現我儀容不整，頭髮蓬鬆，滿臉鬍鬚，連臉也好像沒有洗過……。他愕然凝視我片刻，又掉頭出去找我的太太。

　　他們兩個人在廚房門口，用日語嘀嘀咕咕不曉得談些什麼，一會兒秀青又進來，揮著拳頭，輕輕地向我肩膀搥了一下說：「你怎麼搞的？為了那麼一點點錢就搞成這樣子，虧你還是我們的部隊長。振作一點，別給那麼一點錢擊倒。蔣幫的死刑，都嚇不倒你，那些狂妄毛主義份子的『清算鬥

爭』也唬不了你，如今，竟爲了這麼一點事情頹喪至此！實在跟我們想像中的『大個鍾』不太像。」

我被秀青說的啞口無言，幾無反擊餘地。他每句話都幾乎擊中我的要害。然而回顧現實，錢被領走，股款無法繳，我完全施展不開，內心衝激得很厲害。秀青知道我情緒激動，不會理他，便自己找椅子坐下來。剛好妻正端著茶進來。

兩個人彷彿事前套好招似的，開始你一句，他一句交互逗我。雖是充滿著愛心、安慰與鼓勵，話裡卻偶爾也夾雜些輕鬆諷語消遣我。我明白他們說的也不無道理，也完全能體會他們的苦心，我這幾天來的做法，雖然帶有強烈抗議意味，卻未免糟蹋自己身體，否定自己一向的處事原則。

儘管我已開始自我反省這些日子來，近乎自暴自棄的做法也的確給他們說中「要害」，窘態畢露；不敢正眼看他們，索性閉著眼睛，背向他們躺下來。

此時，我隱約聽到妻說我在「撒嬌」像小孩似的。秀青聞言祇大聲乾笑，也不說什麼。但臨走時卻告訴我們說：「過兩三天我還會再來，我現在就回去找瘦蛙和林大宜，看看他們有何妙計幫你解決。」又說：「事情還是會有轉機，希望別太情緒化。」

三天後，秀青果然又來看我，他在大門口喊聲：「大個鍾在家嗎？」不待裡面的人招呼，便長驅直入，如入無人之境，自己推門進來。他看到房裡只有我一個人，便直截了當將昨晚和瘦蛙研討結論扼要告訴我：

一、瘦蛙對「克羅列拉」事業前途非常樂觀，認爲它必

然朝向醫藥食品用途方面發展。

　　二、他非常珍惜我們兩年前的研究實驗成果。對是否投資，他會相機行事。對我目前所面臨問題，他們「愛莫能助」。如果要拿金錢資助我，他們會考慮直接投資。反正這個事業無論如何都必須以我為中心，他們才會考慮投資。不過，現在還不是他們投資的適當時機。

　　三、瘦蛙決定將過去在鹿港作實驗時用過的機械儀器全部給我，讓我抵充部份投資。

　　秀青終於幫我解除困境，專程從彰化帶來瘦蛙的祝福和鼓勵，又贈送鹿港實驗場全部機械設備，使我們甫成立的公司，不僅得免於「夭折」，而且還幫我們節省一大筆投資。對瘦蛙的及時雨和秀青不辭遙遠跋涉往返北斗報佳音，使我感激涕零！他們珍貴的友誼，歷久彌堅，使我永生難忘。

　　我們的「公司」論氣派，論資金和排場，根本無法與「台灣克羅列拉公司」相提並論。他們是上億萬的公司，董事長是前台北市長，總經理則為有力醫界人士胡水旺博士，而技術指導則完全依靠日本人。我們的現金投資，不過三十萬元，即使連瘦蛙所贈送的機械儀器也加進去，充其量也不過五十萬左右。土地則是向紹斌四兄，陳紹炯醫師，無租金借來的廢棄磚窯加以整地使用的。

　　又因佐井桑目前是國內數一數二大紙業公司掌管財務，兼一家專門生產蘆筍罐頭外銷西德的食品公司總經理（董事長即為其姑母），憑他的關係，我們所需的物料材料、化學藥品乃至原料……，都可以用賒帳進貨，而且還可以買到比別人便宜一成的東西。付帳則暫時借用佐井桑私人半年遠期支票

付帳，可謂「大碗兼滿墘」。如果不是佐井桑「面子大」，這種超優惠交易條件，到哪裡去找？

那位紙業鉅子「柯先生」即為佐井桑姑丈。由於他七歲失恃，姑母無出，加上佐井桑父親是姑母唯一親人，姊弟兩人從小相依為命，佐井桑在姑母呵護下，頗受器重，自不待言。

不過，有一天，佐井桑終於按捺不住長久以來一直鯁在喉嚨的話向我吐實。直到這一天，我還以為他是受到我們的慫恿勸誘，情面難卻，才勉強投資的。沒有想到那是他經過深思熟慮和一番掙扎之後所作的決定。因此，他的投資是完全出於自願的。

1968 年 10 月中旬的一個下午，我們又相約在台中民族路「水車」日本料理店見面。當我將工廠近況，擴建中培養池進度，及計畫新增加的 Spray dryer（噴霧乾燥機）「廠牌」優劣比較做簡單說明，並對他提出的若干疑問作詳細解釋後，他幾次欲言又止，遲疑片刻，終於將隱藏許久的話，向我傾訴。

他喟然嘆曰：「大家只看到表面，以為現在的我很有權，也有地位，集二老之寵於一身，可以專權處理事情。其實，大家是否注意到我不姓柯。我畢竟是異姓，而二老將來『也會老』，到時候無論如何，我得離開這裡。即使我想將一生賭進去，最後公司還是不會變成我姓佐井的。因此，我必須預作準備，找一個屬於自己的天地，一旦離開了才有一處棲身之所。」

說的也是，儘管他現在很風光，大家看到他都羨慕不

已，然而，他畢竟寄人籬下，自有難言苦衷。他能及時醒悟，也算不糊塗。何況「柯董」早經族人安排，由三房柯義所出的「森榮」入籍過房。這時候已經「後繼有人」，已不是非佐井桑莫屬的時代了。

我們公司，當時總共祇有三名合夥人，資金也少得可憐，與 Tai. Chlo.（台灣綠藻）相比，簡直小巫見大巫，根本不成比例。可是麻雀雖小，五臟俱全。我們有自己的技術，有十數口大小不等的培養池，整套處理設備，包括 Separator（分離機）和 Spray dryer（噴霧乾燥機）等，並擁有一所小巧玲瓏的微生物處理室，舉凡所需設備，應有盡有。

三名股東，也都是「校長兼敲鐘」。紹斌雖然掛個經理頭銜，實際上他每天都在爲增設培養池的監工兼「收尾工程」而忙得團團轉，碰到採收時，他也要操作分離機。

佐井桑雖然很少來北斗，由於他的投資是瞞著「頭家」，私下參加，便不敢明目張膽，動輒離開崗位。因此反由我去配合他的時間，有時爲了採購原料或財務調度問題去台中找他時，都要像小偷般躲躲閃閃，避免讓「頭家」撞見而問東問西，露出破綻，給他增添麻煩。因此，一年中不曉得爲佐井桑浪費了多少寶貴時間。

至於我，除了紹斌和佐井桑兩位能分擔的以外，舉凡微生物處理，室內外培養，全線的處理流程，乃至開拓市場等等幾乎都落到我身上，爲了責任所在，加以資金短缺，銷路未穩定，尚無法雇人幫忙，我雖不是萬能，卻一手包辦。

15.「克羅列拉」公司成立

　　1970 年 2 月，農曆正月初五，我們在台南市蔡瑞洋醫師新居二樓大廳召開首次股東大會，將原來的「克羅列拉工業企業社」改組爲「北斗克羅列拉工業股份有限公司」，並選出七名董事，二名監察人，再由七名董事中選出三名常務董事。

　　選舉的結果，陳紹斌、佐井桑、陳茂霖、蔡瑞洋、吳崇雄、佐井皇和我共七個人被選爲董事，而常務董事，則由蔡瑞洋、佐井桑和我三人出任。

　　此時我提出「臨時動議」，要求大會選德高望重、詩人兼名書法家的佐井皇歐吉桑當我們公司的董事長。因爲佐井皇老先生的女婿是柯義之子，現任樹林那家台灣數一數二大製藥公司的董事長，他又是紙業巨子柯永的妻舅，將來在經營上不但可以互相照應，說不定還可以透過他們的關係另闢銷路，何況他又是佐井桑董事的父親，我們更能與他配合。

　　大家被我突如其來的提案弄糊塗，一時啞然不知所措，有的竊竊私語，有的張大眼睛，東看西望拿不定主意。最後還是素與佐井家有深厚交情，甚爲敬仰佐井老先生的陳茂霖

發言，他說：「我同意鍾先生的意見，佐井歐吉桑當董事長對內對外都有足夠的份量。實際的營運反正還是由佐井桑和逸人兄兩人去做，本來這家公司即是以他們兩個人為中心成立的。」

陳茂霖剛坐下，蔡瑞洋便緊接著表示他的看法。他說：「董事長地位很崇高，受股東們擁戴、信賴，要有能力領導公司，使公司業務繁榮。」說到這裡，他暫停片刻，又說：「在座股東朋友，大多是我頭一次見面，我們祇認識鍾先生，和他所極力推介的佐井桑。我們既然信賴他們兩位，則應該尊重他們的意見。」蔡常董（瑞洋）一言九鼎，此案便在一陣掌聲中通過。

而坐在我左側，一直保持沉默的佐井桑隨著大家拍手，附和我的提案後，也站起來表示他的想法。他說：「我父親被選為董事長，公司的實際經營還不是要落到我和鍾先生身上。不過讓他老人家當董事長正面好處不少。如果由我們這些『少年家』當董事長，則顯得寒酸不夠氣派，人家台灣克羅列拉工業公司董事長是前台北市長黃啓瑞，總經理則為台北醫學院董事長胡水旺博士。外國人跟我們做生意，都會對我們品頭論足秤我們的輕重，我們豈可無視這些問題。」

接下去我們又選北斗南星醫院院長陳紹炯醫師和台南救濟院院長顏世鴻醫師，分別擔任常務監察人與監察人。

最後我們又聘任佐井桑兼總經理，我也以常務董事兼任廠長。不久我又迫於業務上實際需要，由蔡常董（瑞洋）提議，以常務董事兼副總和廠長，負責產銷業務。

這個股東大會能順利召開，大家在百忙之中不辭遙遠跋

涉跑來台南參加，應該要拜謝「東京寄來的一封信」——山下倫喜用毛筆鄭重寫給我的這封信，可謂「喜從天降」。本來對外銷市場一直未能打開，焦慮苦惱、憂心如焚的我，不啻旱天一點露。它使我撥雲見日，也將我帶進海闊天空的世界。

外國人已經知道我們的存在，也認定我們的產品。我終於熬出來了，我這幾年的努力，慘淡經營，終究沒有白費，也沒有使投資者失望。我如卸重負，頓覺飄飄欲仙。

爲愼重起見，我們仍透過「東京興信所」的調查，證實「山下倫喜」是日本三井財團關係企業，總公司設在東京港區的「克羅列拉工業株式會社」常務取締役（常務董事）。這家公司自己在福岡縣筑後市和愛知縣的豐田市各擁有一家規模不小的生產工廠，它是日本最大的生產者。

來函略云，我寄給他們的樣品，經分析顯示色味俱佳，成分合格，重金屬含有量，均在規格內。如果我們能夠保持品質，他們將考慮每月至少進口 4000 公斤。

我看完了山下來函，高興得雀躍不已，連夜帶著信奔往台中向佐井桑報佳音。我們兩個人實在太興奮了。惟恐驚動鄰座，便壓低聲音，促膝交談。經多方檢討，結論不外乎增資、擴大培養面積、加強處理能量。以當時的培養面積和處理能量，每個月要生產 4000 公斤根本不可能。

即使不放棄「暖氣乾燥」，加上每小時能夠處理 30 公升的噴霧乾燥機、提高濃縮度、每天加班六小時、連續噴霧，還是不可能達到每月 4000 公斤的產量。

佐井桑隨即示意我靠近，面授機宜。祇要我能再找到

四、五位投資者，他也會設法配合，將資本額增加到五百萬元。土地投資需龐大資金，暫不考慮，仍須由我出面向陳紹炯醫師商量，讓我們使用他在崁腳的一塊地。

新增資部分，祇考慮投資生產設備，分離機要增加，而噴霧乾燥機處理能量至少也要增加十倍以上，勢必要另外訂製每小時能處理 300 公升的。

培養面積，則增加二十倍以上。如果連品管儀器、種源培養設備，乃至鍋爐、增加冷凍設備等等，這次增資不過杯水車薪還是不夠。

不過一旦接到外國 L/C，我們還可以拿「信用狀」到銀行辦抵押貸款；祇是廠地非自己所有，到時能貸到多少，還是一個問題。對我所憂慮的問題，佐井桑卻淡然處之。畢竟在大公司掌財務，見識廣闊，經驗豐富，不像我沒有見過大世面，遇事戰戰兢兢。

回到北斗，已近午夜。發現廠內燈燭輝煌，心覺詫異，將摩托車隨便停在大門外，快步直往總務課探望，發現頂金昌、林仲堅、蕭金龍三人還守在那裡等「消息」。

由於股東大會關係公司未來的命運。如果改組不成，「增資案」未能通過，則公司前途堪虞。他們的「頭路」也將發生問題，怪不得這麼晚了，他們還守在那裡。

大家一路熬過來，產品好不容易受到日本顧客認定，打算每個月進口 4000 公斤，而我們卻受限於培養面積和 Capacity（處理能量），這是多麼令人惋惜的事情。

當他們聽到一切順利，擴張工作即將開始進行後，不覺心花怒放，至少不必再考慮另尋「頭路」。

頂金昌，嘉義溪口人，戰後「嘉農」一期畢業。原在台南縣「新豐初中」任教，因為好奇，偷看禁書《新民主主義》，被友人出賣。經台灣高等法院依「內亂罪」亂判七年。出獄後繼承父業，在溪口鄉經營自行車店。

他因風雲際會，被羅織成「與佐井桑同案」，同時被關進台北監獄二區二舍。後來佐井桑的父親佐井皇，也因「資助」遭「警總」通緝中的王三派，而被依「叛亂九條」下獄。

從此接濟和面會便告中斷，佐井桑獄中生涯最窮苦潦倒時，頂金昌曾伸援手照顧他，因此當頂金昌到北斗「克羅列拉公司」吃「頭路」時，便以佐井桑的心腹、知己兼換帖身分出現，而成為日後躍升為副廠長、經理的機緣。

林仲堅是我們公司的「頭手的」。為人忠厚勤樸，雖然僅具台北「大同中學」畢業學歷，對我們廠裡所有機械操作爛熟，幾成一部「活字典」。連身為廠長的我，有時還得向他「移樽就教」。

他家世很不錯，祖父林慶岐為前清「老師」，父親林伯受排行第六，戰前任「北斗商事會社」社長，戰後轉任「大台北天然氣公司」董事長。他以前生活很浪漫，耽嗜杯中物，並曾遭「郎中設陷」，差一點傾家蕩產。他剛來本公司「吃頭路」時，可以說是他一生最落魄、最悽慘的時候。

短短幾年，他整個人都變了，變得生活規矩、負責，也扳回家庭尊嚴地位，兄弟姊妹也開始對他回復信心。尤其難能可貴的，儘管過著東挪西借極端貧困的生活，卻還能將兩個女兒送進「北一女」。（如今一個在「長庚」當女醫，一個在

中學執教）

　　陳茂霖，台中屯仔腳人。前台中「三青團」主任張信義的女婿，詩人張彥芬即為其妻舅。「中商」畢業後北上闖天下，在大台北地區從事建築業，頗有成就。不知道是否遺傳的關係，夫妻倆都患「肥胖狹心症」，正當英年，前後去逝，令人惋惜。

　　陳茂霖是佐井桑的「死黨」，他與佐井私交甚篤。佐井在台北所有不動產的投資，幾乎都假他之手。他之投資北斗「克羅列拉公司」，純為報答佐井「知遇之恩」，不為利，也不為名。他的泰山大人是「綠島大學」的「同學」，也是我們「綠島桃花源」的常客。

　　每次董事會或董監事聯席會議，會後聽他的「台北經驗」是與會董監事最豐盛的雅宴。譬如，他說中國醬缸文化如何侵蝕台灣官場，又說台北人如何排遣他們的夜生活，台北女人又如何渡過一天，又說想當「皇帝」不必回溯唐、宋、明、清，也不用跑去「北京城」，祇要花台幣一萬元，到桃園就可以當一天的「皇帝」。甚至連支那老賊如何霸佔台北城內的所有高級餐廳、舞廳和酒家，他們又如何無度的揮霍，如何摧殘台灣人樸素生活文化等等，都一一加以揭穿，常使出身「下港」的董監事們聽得目瞪口呆，驚奇不已。

16. 活寶接骨師

1971 年，有一天中午，我步出實驗室發現「C 一號池」上面有兩對蛾蝶互相追逐，深恐掉進池裡造成污染，便找來小撈網，想撲殺牠們，卻一時疏忽，忘記關掉電源，讓「電車」攪拌機繼續在培養池岸軌道上跑。

結果蛾蝶半隻未網到，自己卻被「電車」撞擊昏迷過去，險些賠掉老命。及至醒來時，人已被送來這家滿懸「車輪牌標誌」獎狀，狗腿子經營的接骨院。

在意識朦朧之中，彷彿有人拉起我的汗衫，在我的左脅腋下來回推拿一番，然後以嚴肅口吻，斬釘截鐵地告訴在一旁守候診斷結果的仲堅和蕭金龍說：「肋骨斷了三根，撞傷很嚴重！」接著又鄭重宣告「得住院幾天，接受手術治療，否則會很麻煩……。」

我睜眼一望，發現自己不知何時竟被送來這一家醫院，牆壁上懸著殺人魔王「蔣禿頭」半身照，和醒目耀眼、印有車輪牌標誌的「獎狀」，當中有「狗眼黨」中央、有「警總」、也有團管區司令和縣長頒發的。

我很驚訝這家接骨院，到底依靠它的「醫術」，還是拿

它與「狗眠黨」的特殊政治關係招搖撞騙，嚇唬鄉下小民？

原來是仲堅和蕭金龍兩位同事送我來這裡的。看到我睜開眼睛醒過來，皺眉頓開，都鬆了一口氣。連忙跑過來問長問短……。一會摸我的頭額，一會捏捏我的手，並將「接骨師」診斷結果告訴我，也不忘安慰我：「幸好能甦醒過來。不過得在這裡接受手術治療，又不曉得還要在這裡住院多久？」

仲堅和金龍都知道工廠正在擴展和做重要實驗，不能一天沒有我而憂心忡忡。事實上我內心何嘗不著急，「廉價碳酸源」的開發，關係成本問題至鉅。

仲堅和金龍看到我已經醒過來能說話，也放心許多，說要暫回工廠看看，等下班後再來看我。他們走了以後，我才想起我為什麼會被送來這裡。

此刻我精神上的不快，委實遠超乎撞傷處的痛楚。我巴不得即刻奪門出去，離開這家不務正業，拿與「狗眠黨」的特殊關係招攬患者的接骨院。

我一直在尋機會，終於等到「接骨師」走進內室，便趁四下無人躡手躡腳，悄悄走出病房繞小巷奔回家。

妻看到我回來，一陣錯愕，不知所措。她剛接到「嚴重受傷」消息，正想準備去看我，卻看到我沒有僱車子，也沒有人攙扶陪同，獨自一個人跑回來。

我逕進房裡吩咐妻：「任何人來找我，都推說我沒有回來，除了紹斌和仲堅。」稍晚仲堅和紹斌果然直往後廳找我。他們料定我一定會回來這裡，不過他們都很納悶，百思不解，我受到那麼嚴重撞擊，腋下肋骨都斷了，還能獨自一

個人跑回來，寧非怪事！

次晨我照常上班。先到二樓實驗室看看經篩選過的新品種的生長情形，和各種碳酸源效用實驗結果，然後又到「Ｃ一號」池邊凝視「電車」的走動，回顧前一天被撞擊昏倒前的情景。

這次使我險些送命的經驗，雖然沒有使我成為「驚弓之鳥」，卻也徹底地改變了我的處事原則和觀念。今後即使有再多的蛾蝶、飛鳥、燕雀出現培養池上面飛舞追逐，我都不會再去管牠。

因為採收時，得經過三道細密篩孔過濾，在濃縮分離的過程中，也要經過近十次水洗，然後輸進暖氣交換機殺菌⋯⋯才成為產品。那麼，我又何必多此一舉。

紹斌和仲堅前後來看過我兩次，發現我好端端，一點都不像一個受到重傷，被撞斷了肋骨的人。滿腹狐疑，一再追問我「到底吃過什麼妙藥仙丹，不然的話，在綠島時一定勤練過什麼功夫？」弄得我啼笑皆非。

我不想回他們的問題，也懶得作任何解釋。我祇告訴他們：「這是江湖術士、庸醫的老套，慣用的伎倆，先嚇唬你，以便日後方便歛財而已。鄉下一些廟宇神壇和那些標榜可以『為人改運』的神棍相命仙，也都慣用這一套，大家千萬要小心。」

接近黃昏時候，忽聽有人猛按電鈴。連按幾達六、七分鐘，心覺詫異，何方神聖，竟敢在光天化日下如此囂張。便拉開窗簾窺探，發現一名披「白衣」的人，在大門口比手畫腳，「大細聲」咆哮什麼。隨即命仲堅出去探個究竟，原來

披「白衣」者即為田接骨師，在大聲咆哮叫嚷著，他的患者跑來這裡，他要帶他回去手術治療，又說：「我有義務照顧患者，也有權利防止病患脫逃。」

他氣勢洶洶，大有欲噬人之慨，仲堅眼見來者不善，不敢自作主張。想回來聽聽我的意見，便哄田某稍候，要回去拿鑰匙開門。

聽完了仲堅報告，我即面授機宜，命他回去好好應付。另方面，即指派兩名身材高大的作業員，待在距離大門不遠的地方，仲堅有麻煩時，才趨前聲援。

仲堅坦然告訴田某：「我們這裡並沒有你所說的病患。如果是指我們廠長，他現在好端端，什麼病也沒有，照常上班、工作。如果你不信，還要堅持到底，我們不妨請彰化基督教醫院骨科醫師和『台大』醫師來會診。」又說：「如果經這些大牌醫院會診結果，證實我們的廠長肋骨並沒有斷裂，問題完全出於你的誤診，到時你將如何自處，『田接骨院』招牌是否還能在北斗繼續懸掛？」

田某聞言，兩手插腰，怒目相向，還想負嵎頑抗，繼而又作垂死掙扎，為了面子，和保持多年來慘淡經營，始有今日的「崇高地位」。

及至聽到要請「台大」和「彰基」的醫生參加會診，他的強硬態度頓然變成消了氣的氣球。大概考慮到自己的「接骨院」並沒有合法執照，連「接骨師」也是自己封的。僅憑與「狗眠黨」的特殊關係，衛生行政單位和警察方面，才對他睜一眼閉一眼讓他掛牌經營。

他開始心虛而畏怯，口氣也變得客氣許多。最後，終於

夾著狐狸尾巴逃回去。

「白衣」不是代表身分的制服。否則正規理髮廳的師傅也披「白衣」，它又能代表哪一類職業？它應該是醫護人員，從事生化、解剖、製藥方面工作的人，爲了預防細菌傳染，要進入無菌室、手術台、治療室和實驗室……時，才需要穿白衣。

田某偷天換日於先，作賊心虛於後，想包裝自己身分，常披著「白衣」在大街上大搖大擺的走。這種不正常模樣，雖可以欺騙鄉下佬於一時，卻爲識者所不齒。

他在北斗，除了擁有一家接骨院，也兼任許多公職，如鎮民代表、「狗眼黨」小組長，和長年霸佔「義民廟」管理委員會拒不改選、不移交的「主任委員」。

17. 大姊頭賣地

我們想要「大漢」（長大），想在國際市場爭一席之地，除了穩固品質，便是提高產量；要提高產量，首先得考慮如何增加培養面積的問題。

陳常監（紹炯）借給公司的那一塊土地，早已沒有多餘空間可以使用。工廠四周都是水田，除了東邊一條小徑農路（現爲八德路），路東也是一片菜圃。由於農路阻隔，祇能考慮北、西、南三面與我們鄰接的水田。爲了管理上方便，採收管路能暢通無阻，我們也祇能做這種考慮。

不過理想歸理想，卻不能露出半點風聲。一旦消息洩漏出去，被鄰接工廠土地所有者察覺，一些掮客、仲介人乃至地痞流氓都會不請自來，競相介入，然後漫天叫價，吊你胃口，東吹西吹，將你纏得頭昏目暗。

曠日持久，我們又不能不顧生意，一天到晚應付這些大開獅口的農民地主、掮客流氓。他們開的價，不僅會超過「公告地價」，也可能會超乎一般市價數倍，而且成交後，還要給那些掮客、仲介人各送一大包「紅包」。

這種近乎敲詐勒索的勾當，無論如何，我們都無法忍

受。

我們終於在高人指點下，透過妻的一位親戚認識中寮里里長顏萬春，由顏里長出面，以比「公告地價」略優價錢收購舊濁水溪東北岸，到我們現有廠地接壤處，連同舊濁水溪東岸一帶，沒有所有權狀的浮覆地，總共四甲多的「三等水田」。

另亦透過陳水吉的關係，向他剛喪夫新寡的故交——建竹寮的大耳嫂，假以自己想「種蘆筍」為由，以「公告地價」與一般市價折衷價錢，讓售位於我們處理工廠背面，與「魚池」接壤的一甲多土地。

為這幾筆土地，我們被折騰半年，費盡口舌，煞費周章才談妥成交。為顧慮萬一原土地所有者，日後發覺背後真正買主，竟是我們這家「大公司」而反悔，無理取鬧，乃暫時不用公司名義，而繼續借用顏萬春和陳水吉名義登記。

直至 1973 年將這些農地，變更為工業用地成功，才同時將這幾筆土地，正式登記為我們公司所有。

在生產方面，懸案多年的碳酸源問題，也一直到 1969 年初才獲解決。在鹿港做實驗時我們都參照日、美、蘇和德國的實驗記錄及處方，效果都不算很理想。當然彼時我們的培養技術尚未成熟也有關係。

直到林慶福博士提供他們工廠副產品——「阿米拉蕊」（Amylase）廢液始暫告穩定。日後回北斗建廠，正式開始生產初期，我們還是使用「阿米拉蕊」廢液。

為配合量產，我們得另外尋找成本更低，能大量供應的碳酸源。使用「蔗糖廢液」，我們曾經認真加以考慮，也實

地作過實驗。它的好處，是不虞匱乏，要多少便有多少，而且不影響成本，不像「阿米拉蕊」廢液供應量無法掌握。

至於它的缺點，則在於易受雜菌感染，它固能促進藻細胞繁殖生長；也會使混入培養液裡頭與藻胞形成共生的雜菌——如「阿那美拉」（Anamera）、「優偶寧拉」（Euglena）、「吉歐怒列拉」（Chiounonera）⋯⋯等同時繁殖。

如果採用完全密閉式培養，「蔗糖廢液」和葡萄糖做碳酸源，雜菌侵蝕污染的問題應該不會發生。

然而斯界泰斗，日本「京大」的武治芳郎博士，卻在他的幾篇重要論文，和被業界奉為「聖經」的《克羅列拉基礎與應用》一書中，斬釘截鐵推翻「密閉式培養法理論」。他指斥「不經過光合成培養出來的產品，不能算做『克羅列拉』。因為它沒有 C.G.F.（Chlorlla Extract）。所以沒有藥效，不過剩下一堆蛋白質罷了。」

對使用冰酢酸做碳酸源，我也曾經認真加以考慮過。酢酸酸度強烈，一不小心，連人都會被強酸襲倒受傷，至少也會使你眼淚滾滾流個不停。微弱藻體細胞，怎麼經得起強酸的刺激？為此我彷徨躊躇許久，一直不敢嘗試。

直到「台大」王西華教授得意門生，吾友鄭靖民兄女兒，鄭筱蘋「大三」寒假中，來廠實習時，提醒我說：「加水稀釋後，混入肥料裡，視生長速度如何，加減施肥量作試驗看看。」

我從善如流，隨即捲起衣袖，親自開始做試驗，反覆多次，記錄顯示：生長速度比用葡萄糖、「蔗糖廢液」時為快，而雜菌數，卻反而減少。

試用冰酢酸做碳酸源，終告成功。我如釋重負般地大鬆一口氣，心花怒放，狂喜不已。

我們被折騰了半年，好不容易取得的土地，儘管匿名暫用第三者名義登記，畢竟還是我們公司土地。因迫切需要才買下來的，豈可老扔在那裡閒置不用。

但我們才開始僱工整地填土，大耳嫂即氣急敗壞，對陳水吉興師問罪。她由媳婦和兩名橫眉怒目、雙手插腰，看似「兄弟人」伴隨，來勢洶洶，一場「女人與男人的戰爭」，似乎一觸即發。

大耳嫂一看到陳出現，便迫不及待衝過去，指著陳鼻尖，罵他沒良心，土匪不如，也不想想以前大家都是好朋友，如今看到她變成「沒尪的三腳查某」即想欺侮她。

「那塊土地，明明是那家工廠要買，卻假惺惺說自己想種蘆筍，以七俗八俗價錢強騙過去，越想越不甘心。要賣給工廠，我自己會賣，而且可以賣得更好價錢，根本沒必要你雞婆插腳。你的行徑，簡直像土匪，橫奪我們應得利益。我同情你建竹寮的行業，已經日落西山沒有前途，你要種蘆筍就給你，沒有想到你竟虛晃一招，將土地騙去賣那家公司，實在可惡。說啊！你到底賣給他們多少錢？祇要求你分一半給我們，不會要求太多。你應該聽懂我的意思，我明後天會再來。你先欺騙我們，我們已經給你太厚道了。」

大耳嫂一夥兒人走後，陳水吉跑來找我。慌慌張張，面色蒼白，略帶口吃，結結巴巴地說了半天，才將剛才發生的事情經過說完。

他大概被驚嚇得六神無主，不知所措，才跑來求助我。

我很驚訝，他個子那麼大，也學過什麼功夫，為這麼一點事情就被嚇成這個模樣，實在令人有點不敢相信。我示意他靠近一點，小聲面授機宜。他頻頻點頭，似乎平靜多了。

臨走時，他又轉身望我，一直稱謝。並說他沒有做過任何虧心事，土地買賣是大家心甘情願，所有手續都是委託代書去辦。沒有一點含糊，也沒有勉強，可以說是在「皆大歡喜之下交易的」，如今竟遭此恐嚇勒索，是他始料所未及。

四天後傍晚，大耳嫂果然在她媳婦和一位披著西裝外套、手拿提包、戴黑色太陽眼鏡的中年人陪伴下，來到陳水吉家門口。

陳心裡有備，從容不迫，有禮貌地請來客進內室客廳。大家甫坐定，大耳嫂有點迫不及待，便開口問陳：「到底打算給我們多少？」接著又說，依她最保守估算，至少應該再補給他們一百六十萬元。陳水吉對大耳嫂和那位中年人所提問題或要求，始終不置可否，默不作聲，祇是抿著嘴，頻頻點頭。有時抬頭悄悄一瞥壁櫥上的錄音機。

大耳嫂不知他們坐位背後壁櫥上有錄音機。她和那位中年朋友的一言一句，悉被錄入存證，卻依然得意忘形，放言無忌。當她們發現陳態度有點不正常，對她們所說的始終不置可否，也沒有表示任何誠意。便按捺不住，大聲咆哮，揚言：「今天沒有給我們一個確切交待，絕不罷休。」並指著坐在她身邊的中年人：「這位宋先生對處理這一類問題頗有經驗。我已經委任他全權處理。」

說畢剛坐下，中年神秘客隨即以強硬語氣做補充，他說：「陳先生你若敬酒不喝，想喝罰酒，我們也會奉陪到

底。不信等著瞧罷！」又說：「要訴諸法律解決也好，採取法外途徑直接解決也好。悉聽尊便，反正我宋某人就是管到底。」

神秘客好像心有未甘，又說：「好處一個人獨得，天下間哪裡有這種好事。再說這些錢用詐步騙來的；本來是大耳嫂自己應得的錢⋯⋯。總而言之，再限你三天，否則大家就不客氣了。」

當客人憤然離席，準備走出客廳，剛好從裡面走出來一位老紳士。老紳士以長者口吻向正準備回去的客人打招呼：「再坐一會兒麼，急什麼⋯⋯。處理問題要冷靜，千萬不可動性子，更不可盛氣凌人。隨便說些近似恐嚇的言語，很容易給人誤會⋯⋯。」

神祕客聽得有點不耐煩，對突然出現的老紳士，內心委實也有點不安，便拉著大耳嫂的手，半催半拖奔出去。後來聽說，神秘客曾私下密訪「代書」和地政事務所，查閱土地登記資料，發現那筆土地，根本未登記在我們公司名義。又探知那位老紳士，為「副議長」，他們的一言一句，已被錄下存證。他直覺自己已掉進陷阱，便狼狽地逃離北斗。

神秘客失蹤以後，大耳嫂已孤掌難鳴。然而眼見她從前那一塊地，明明由我們公司僱工填土，卻說「不是賣給我們公司」，「沒有登記我們公司名義」，她無論如何，都無法釋懷。

而且那天晚上，給陳要了一招，差一點吃官司，更使她對陳水吉恨之入骨。她誓言絕不讓陳太得意，一定要讓他好看，一直到他跪地向她求饒，喚她「祖媽」為止。

別以爲她一個「三腳查某」，無尪無婿好欺侮，倒要讓他嚐嚐她祖媽的厲害。她說：「阮『大橋組』的人，誰不認識我？陳水吉這個臭小子，竟敢仗著什麼『副議長』之勢來欺侮我。」

一場「女人戰男人」的戰爭又要開始了。庄頭的人，都抱著好奇和看熱鬧的心理，想看看這位出身「大橋組」的大姊頭仔如何大戰陳水吉。

由於「副議長」的介入，又牽涉到北斗地區有史以來第一家大工廠的土地問題，更加引起社會上的關心。

大家等了兩三天沒有動靜。一個禮拜過去了，依然沒有動靜。差不多又過了十天，還是毫無動靜。一些好事者，終於按捺不住，跑去「大橋組」問大耳嫂：「到底賣什麼碗粿？」

大耳嫂覺得自己放話出去以後，內心反而有點怯陣，深怕事情一旦鬧大，陳水吉也不是省油之燈，一定會乘機反擊，毫不保留地，將她們那一段「交往」也攤開出來。

如果事態演變到這個地步，受傷最大的還是她自己。她一定會很慘。所以她這幾天來，一直爲此問題心猿意馬，始終拿不定主意。

這個社會，本來就非常不公平。男人再怎麼隨便放肆，都不會有人責怪他們，好像他們天生即享有這種特權。而女人稍有點「草動」，即滿城風雨，雞犬不寧。而指責女人，咀咒她們最兇、最嚴厲的，往往還是她們女人。

18. 石油危機下的「克羅列拉」

蔣幫，虛晃一招，假「鼓勵外銷」之名，在以「照顧」為國家賺外匯的外銷廠商利益堂皇理由下，自定匯率，以「四十元新台幣，抵一美元」，並申請加入「國際貨幣基金會」，於 1970 年 9 月 5 日加以認定。

蔣幫這番「德政」，說穿了，還不是為了飼養更多獵犬、特務，和照顧那堆使他們所謂「法統」能綿延不斷的老賊，及參加「戡亂」反而「被戡」，狼狽逃來台灣的所謂「榮民」。

這堆糞穢老賊和「榮民」，現在已儼然成為台灣「新貴族」，享受所有特權。

為了維繫他們的「法統」，加強控制台灣人，以逞對台灣的永久霸佔，他們還大肆搜括民脂民膏，供養什麼「革命實踐研究院」，什麼「救國團」，什麼「婦聯會」，什麼「反共救國聯盟」等特務組織。

公司行號，每年除了必須自動報繳龐大營利事業所得稅，每次押匯、結匯時，也得另繳一筆什麼費。總而言之，在外來政權霸佔下的台灣，人民一舉一動，甚至連喝一杯

水，看一場電影，都要繳許許多多，令人眼花撩亂、數不清的稅目。什麼娛樂稅、宴席稅、附加稅……真是「中華民國萬萬稅」！

不過它也確曾給台灣社會帶來一些刺激，使外銷廠商活躍起來，如農產品加工業、蘆筍罐頭拓展外銷成功後，也使農民競相改種蘆筍，蔚為風氣。

然而好景不常，這個景氣祇持續了五年多。「石油輸出國組織」為了抗議「國際石油公司」片面降低原油公告價格，影響石油生產國利益，乃於 1973 年 9 月宣佈油價提高 70%。接著同年 12 月，在「德黑蘭」開會時，又再次提高 130%。並通過對美、荷等國禁運石油。

後來又在 1975 年、1977 年、1979 年，不斷提高油價。因此輸出國組織的收入大增，累積不少財富，便開始在美國投資不動產，購置大廈。

反觀因為能源危機而受到打擊的石油消費國，凡是依靠石油才能開動的產業，成本高漲數十倍，工廠被迫停工，公司倒閉，失業者洪流湧進十字路口，造成人心惶惶，大有世界末日之將臨。

通貨膨脹，迫使一些低收入者，本能地想挽救一生辛苦蓄積，便開始到街頭搜購雖非必需，但祇要能將手中「可能變成廢紙的鈔票」換成物資，將來也許還可以撈回一點錢養家餬口。

於是，家裡的客廳，慢慢地變成「雜貨店」、「五金行」和化學製品的倉庫堆貨場。流言蜚語、風聲鶴唳，說什麼「世界經濟將面臨崩潰」，中東的「油井即將枯竭」，人

類文明必將遭受無情衝激。

「以後我們的生活會變成怎樣？」大家都開始認真思考這個問題。

有一天，「岩井商事會社」小路專務的「台灣情人」雪子，和她兩位「姐妹」，由台中專程趕來北斗找我。這三位楚楚可憐的女客，雖然眉頭不展，但為了保持她們的職業身段，還是打扮得相當摩登，穿戴配色，一點也不馬虎。

雪子是台中「鳳麟酒家」紅人。由於大戰前唸過幾年日本人小學，會說一口差強人意的日本話，也善於「捉弄」、「挑逗客人」，甚得日本恩客的歡心。因此，她在「鳳麟酒家」短短幾年，雖年歲稍大一點，還是蓄積了不少錢。另兩位小妮子，以前也是在「鳳麟酒家」上班過的。因為日、英語都不會說，無法在以日本酒客為主的「鳳麟」混下去，便改到「南夜舞廳」貨腰。三位美人的突然出現，也給我們工廠帶來一陣騷動。

原來她們也為能源危機——「石油震盪」，嚇成驚弓之鳥，惶惶不可終日，深怕幾年來辛辛苦苦掙來的一點蓄積，有一天會變成廢紙而憂心忡忡，乃專程前來向我討教，希望能給她們指點迷津。

雪子接著悄悄告訴我，她已買下六噸兩寸鐵釘、四萬元八番鐵線、30 包水泥和 20 包硝酸鉀。因為手上還有點錢，不曉得還有什麼值得買起來囤積的東西？

我聞言愣然，怔怔望她，然後問她：「買這些東西做什麼？」雪子被我問得有點窘，便很無奈地回我說：「黃金、美鈔都受管制，我們根本不敢問津。因此坐視新台幣變成廢

紙，不如買這些將來還可以換錢回來的東西。」

雪子的焦慮苦惱，令人同情。不過這並不是「個案特例」，也不是獨發生在雪子身上的問題。當時台灣社會，確曾處於「山雨欲來風滿樓」，普遍存在著這種不正常現象。

然而，當 1973 年至 1977 年，「石油震盪」效應正發燒，能源危機意識浸漸民心，國內外公司行號一間接一間倒閉下去，失業者洪流湧進十字路口，正當萬業蕭條，一片淒風苦雨，大家叫苦連天的時候，卻獨獨我們這一行業（Chlorella maker）一枝獨秀。

1974 年 5 月 15 日，蘇俄「塔斯通訊社」一則新聞報導說：「蘇俄人尼古萊・密海羅夫，在被密封的模擬宇宙船內，親身體驗過一個月的宇宙生活，而成功又安然的出來。在該模擬宇宙船裡面裝有 30 公升『克羅列拉』培養槽。該槽裝有可讓日光直射進來的窗口。『克羅列拉』是要靠太陽作光合成，和太空人所吐出來的二氧化碳而生長繁殖。二氧化碳被『克羅列拉』吸收進去以後，轉化為『克羅列拉』所不要的氧氣排泄出來，供太空人呼吸之用，而『克羅列拉』本身又可供太空人作食物。」

這則新聞立即在太空科學界引發一陣震撼。尤其對開發「克羅列拉」用途，於「醫藥」和「健康食品」成功的日本業者所造成的狂濤，更是不難想見。

於是，這些受「石油震盪」，公司倒閉、生活無著，曾經備嘗敗戰苦楚，從廢墟中爬出來，堅毅不撓、刻苦耐勞的日本人，便趁著大家陶醉於「塔斯社」這一則新聞之際，高舉「太空食品」大旗。

他們也發現，拜「朝鮮戰爭」之賜急速復甦繁榮的日本，不分「白領」、「藍領」，下班後習慣地，必到酒館喝到泥醉才罷休，因酗酒而害「潰瘍性胃病」的特別多。又因生活富裕，食物過多，缺少運動，加上精神緊張，以致罹患「糖尿病」的人也不少。罹患「糖尿病」的多是酸性體質的人，「克羅列拉」正可以將其改變成弱鹼性體質。

由於「克羅列拉」可供為未來的蛋白質來源，及成為太空食品，給開發宇宙的太空人食用，它也含有強有力的能促進人類及動植物生長因子 C.G.F.（Chlorella Growth Factor），也就是一種抗潰瘍性物質，因此對罹患潰瘍性胃病的患者，繼續投予「克羅列拉」，則不用手術開刀，仍能使潰爛腸胃痊癒。

學界的「臨床報告」，和自己的親身經驗，證實「克羅列拉」所含有的生長促進因子 C.G.F.（Chlorella Extract），確能治癒這類病症。加以此時「克羅列拉」尚未為日本厚生省（衛生部）列為藥品管理，因此，他們這些未具藥師和醫師資格的人，反而享有更廣大空間去推銷。

他們招訓好幾批因公司倒閉被遣散賦閒在家而無所事事的歐吉桑和歐巴桑，分別到地方做「訪問銷售」。由於「週刊雜誌」和報紙，似乎也著了太空迷，不斷地介紹「『克羅列拉』將是人類上太空時，最好的糧食」，並具「能改善我們體質」的神秘效能。

結果證明他們的業績，並不比藥局和健康食品店在店頭銷售的遜色。這些遭受「能源危機」影響而失業，生活困苦的推銷員，肯勤跑，又用巧妙的口才說服顧客。

　　儘管他們的業績令人興奮，一直在成長，卻面臨貨源匱乏。他們內心開始恐慌，眞不知如何是好。

　　日本列島先天即受到氣候和土地限制，加以生產技術大都未臻成熟，想增產，事實上也有困難。於是在日本國內，買不到原料的業者便開始直接或間接找進口商，和一些常來台灣的朋友、旅遊業者、或從事其他行業者，祇要在台灣有人脈關係，眞正能夠買到「克羅列拉」的人接洽。

「北斗Chlorella公司」工廠側景

進口數量多寡不拘，價錢即使比經銷貿易商進口的稍貴一點，也是可以接受。反正他們的利潤本來就不錯。加以商品效能與廠牌已打響，無須再投資太多廣告費。

於是貿易商來找我們，拿不到「估價單」和「樣品」時即另找關係。來台灣的遊客，逢人便問「克羅列拉」；受委託的朋友，又另委託其他朋友，其他的朋友，再分別找他們兄弟、親戚、同事乃至同學⋯⋯。

本來真正想進貨的事實買主，充其量也不過十來家，因為貿易商反應遲鈍，老是不寄「樣品」和「估價單」來，便迫不及待，逕自找台灣的朋友，甚至帶著一大包禮品，親自跑來找生產者，當面要求簽定「長期合約」，或表示可以先開一年份的「信用狀」給我們。他們一窩蜂，蜂擁而至，一天之中，少則有十數個買主坐在客廳賴著不走，使我們不僅不敢接單，連見面接電話都會感到心驚膽顫。

因為自己的 Capacity（生產能量）有多少，自己最清楚，對那些捷足先登、公司健全、略具知名度又有財團做背景的，我們才加以考慮；後來的，暫且請他們委屈一點，等我們擴建完成，產量增加時，再加以考慮。

19. 覓職者衆

　　1974年，在一片景氣低迷，各企業紛紛倒閉的情況下，我連作夢也沒有想到我們公司不但能屹立不墜，而且還創造出輝煌亮麗的業績，成為全縣稅金繳納最多、員工福利最好（年終獎金十二個月、加秋節獎金三個月）的公司。

　　這番表現，使一些知道我的「過去」的北斗人，「跌破眼鏡」，驚歎不已！一個險些被槍斃，在綠島關了十幾年的人，照理很難爬得起來，走路也應該「垂頭喪氣、如喪考妣」。然而他們眼前所看到的，不但走起路來抬頭挺胸、傲然不屈；說起話來聲音宏亮，猶如男高音，而且還創設了一家佔地七甲多的大工廠，為大北斗地區的失業青年，增加不少就業機會，也使全國倒數第二，一直衰落不振的北斗鎮活潑起來。

　　1975至1977年間，我們公司的業績達到最高峰，成為台灣產業界的佼佼者。連續兩年接受過經濟部頒發「外銷成績特優」獎牌。

　　這段時間也是我一生中，生活最不得安寧、飲食起居最不正常的時候，以致喉嚨長出贅疣，被抬上手術台，把使我

不能言語的毒瘤除掉。當時,四肢被捆綁,差點氣絕地徘徊在「鬼門關」,回想起來仍有餘悸。

我每次下班回家,常在工廠大門外路角,或住處巷口,遇到「阻街女郎」攔路,這些「阻街女郎」,不是「小娘」,而是一些中年歐巴桑,因為風聞我們公司待遇好、福利好、賞金也不少,特地前來為她們的子女求職的。

因為工廠重地門禁森嚴,她們當然不能隨便進入,便躲在巷口、路旁來攔截。工廠用人有規則,她們卻不講理,儘管委婉說明,她們還是聽不進去,老纏著我不放。

有一天下班時,又被糾纏得連飯都吃不成。因為跟人家有約,必須準時趕回工廠接國際電話,老楊也還在工廠等我裁明兩天之後的出貨問題。

「七福」的廠長小劉和董事長張燦生兄,為「1200公升/小時噴霧機」試車問題,特地從台北趕來,他們已經等了半個多小時,因為顧客催貨甚急,我便將未能出貨責任,轉嫁給「七福」,催逼他們早日完成。

其實,他們的部分,早已經做得差不多,祇差我方還有一點配合工程未做好,使他們無法試車。為此他們必須前來釐清並求我們諒解。

送走「七福」一行人,已近午夜,大夜班的人,也早已來接班,我亦拖著疲累的腳步返家休息。

某天夜裡在睡夢中忽聽到小狗「卡特」狂吠兩聲,隨即又回復沉靜。我睏得迷迷糊糊,矇矓中聽到有人輕聲喚我,睜眼一看,發現已換上運動衣、披夾克,準備上班的妻婷立床前。她告訴我「副議長」與一位自稱是「佘孤鶩」省議員

親戚的老太婆，在客廳等我。

我披上外套，臉也沒有洗，便走進客廳。先與「副議長」略作寒暄，然後向老太婆打個招呼，並問她：「有啥咪代誌？」

老太婆好像沒有聽清楚我的話，也許她急於抬高身價，忙於胡扯與「佘孤鶯」的關係，攀親帶故，滔滔不絕，直稱是「佘孤鶯」叫她來的。

我還是不懂她在胡扯些什麼？老是拐彎抹角的，有話不直說。我內心委實有點煩，昨晚因二號鍋爐漏水，溫度遽降，險些影響「培三」作業，無法依序進行，被折騰了老半天，回家時，已是三時一刻，懶洋洋的，連澡也沒有洗，倒頭便睡。

因為一夜沒有睡好，一早又聽到老太婆的嘮叨，實在受不了。我正言厲色告訴她：「我知道妳是佘孤鶯的親戚，有什麼事情請直說，祇要我做得到的，我都會……。」

言猶未盡，她便搶著說：「我的囝仔做警察，做得很好，不知何故，不給他做，現在沒有『頭路』，希望你能安排一個課長給他做……。」

當我摸清她的來意，便直截了當地告訴她：「很好，我完全答應。不過要等，一有缺，我會馬上通知省議員，就這麼決定。我還有許多事情要辦，『副議長』也在那裡等很久了，妳現在就回去等我的消息。」

將老太婆連哄帶騙趕走後，大歎一口氣，轉身向「副議長」道歉，並以極不屑的口氣，臭罵她一頓：「人家不要的，就想到我們這裡當什麼課長，這裡又不是垃圾桶。去等

罷，等到『黃河水清』那一天。」

「副議長」也在一旁苦笑，不過他在鄉下，也常碰到這種人，所以見怪不怪。

「副議長」見四下無人，便告訴我，他去過兩趟建設廳，也跟縣長和主委談過。「都委會」的人，也差不多都見過了，這次檢討，應該會順利通過。

祇要「都委會」這關通過，以後什麼事情都好辦。不然老是用「變通辦法」申請用電，不僅成本高，再如何巧立名目申請，也無法超越八十萬瓦特的極限。祇要通過，便可享受無限量用電。

對「副議長」這些日子來，為我們兩年前取得「農地」、變更為「工業用地」奔走，我們都點滴在心。正苦無以為報，現在終於給我們有個報答的機會。

他有一位韓國「京城藥大」的日本同學，開發了一種用「克羅列拉」做原料的新藥。因目前在日本買不到原料，整個藥廠幾乎陷於停工狀態，特地趕來台灣找他。他知道我們現在供不應求，不好意思向我提起。不過既然能夠看到我，也就不顧「歹勢」，順便打聽一下。

我覺得現在正是我們該回報他的時候，雖然產量有限，顧客催貨甚緊，我還是慨然答允，每月特撥 500 公斤給他。廠交單價每公斤 20 美元，但向日本報價時，不得低於 25 美元，以免打亂市場行情。

「副議長」聞言發呆，自言自語重複我所開出的價錢，他彷彿不敢相信，每月 500 公斤，如果按照我的要求，給日方 25 美元，他每月便可淨賺新台幣 10 萬元。「副議長」喜

出望外，頻頻向我道謝，其實他已經幫我們不少，我更要向他道謝呢！

大概又過了一個月，變更地目——由「農地」變更爲「工業用地」，在「副議長」的奔走下，終獲通過。我如釋重負，從此不再爲用電問題困擾，也無須再巴結電力公司的「檢查員」。

有一天佘議員突然來訪，使我有點受寵若驚。這位僅具「公學士」（小學畢業）和日本某「產婆講習班」修業學歷的女人，所以能選上議員，除了循「狗眠黨」傳統選舉方式，靠「孫中山」與「蔣中正」拉票外，勤走「內線」，也是使她能一帆風順，由縣議員躍進省議員的主因。

這位一向被歸類「忠黨愛國」牌的佘議員，其實我們並不陌生，因彼此曾經在不同場合見過多次，祇是她身分「高貴」，不屑與我相認罷了！

第一次見面是1964年2月6日，我從外島回到睽違的北斗。次日，欲往彰化縣警察局「報到」，在北斗遠東戲院前搭巴士時，忽然聞到一陣濃烈刺鼻的香水味，側頭一看，竟是一位濃妝艷抹的高傲婦人。

由於這班車子是由嘉義開往台中的，所有座位早被來自嘉義和西螺溪州的乘客所佔，剛上車的我們，便被擠進走道，站著抓緊吊環，任憑行車顛簸搖晃。

車速雖保持五十，剛出員林不久，爲閃避超越中線來車，一陣激烈搖擺，竟使僅靠「兩寸半」勉強支撐的「脂肪球」重心頓失平衡，整個人傾撲我身上，差點把我壓倒。

事後，她對我半句道歉——「スミマセン」都沒有。虧

她也算是「留學過日本」的議員，連做人最起碼禮貌都不懂。我心裡一直納悶，她到底眞不懂禮貌，還是因爲她身份「高貴」，而我是一名剛出獄的「刑餘之徒」，不屑去顧慮那麼多？

這是我第一次見到她，而且還跟她有過「肌膚之親」呢！

第二次是 1964 年 5、6 月間，爲向彰化縣政府申請「一級貧民」，持姻伯林伯餘「介紹狀」，由故友石錫勳兄僱三輪車，陪我往南郭路呂世明經營的「日進冰廠」，見呂縣長時，發現她也在那裡，而且跟縣長談得很親暱。當時心裡覺得怪怪的，很久以後，才知道她們原來是「父女關係」。

佘議員總共有「三個爸爸」。除了生身之父，又爲了政途考量，與呂世明漸走漸近，終於拜呂縣長爲「義父」。

另一個「爸爸」，則是時任省主席的「卡美拉」。「卡美拉」就是謝進喜，謝進喜三字，用日語唸——即爲「シャシンキ」，與照相機（日文「寫眞機」）完全同一發音。

謝進喜早年讀「中一中」時，同學間祇管喚他「卡美拉」，因爲他戶籍上名字，本來即是謝進喜。到中國，投入「狗眠黨」以後，始改爲謝東閔。

佘議員和我略作寒暄以後，忽然想起什麼似的，提醒我：「知不知道我們是親戚？我應該叫你姑丈。因爲某某人是我的什麼人，所以我要跟他們叫你姑丈。」

她是否在向我「灌迷湯」？不然今天刻意扯出這些關係，目的何在？過去她都不認得我，今天說話卻變得這麼「親暱」，實在令人有點怕怕，難道她只爲了告訴我這些？

果然不出所料，佘議員正是有求而來的。原來彰化縣警察局副局長夫人也想來我們工廠工作，她高中畢業，會辦公，希望我務必為她安排一個「好職位」；另外，一位刑事組長的女兒和他侄女也想進來，要我同時也給她們設法。我真不明白，她到底是來傳達「命令」，還是來懇求我。

他們也許認為，我是一名「刑餘之徒」，目前還在接受「管束」的人，祇要聽到局長和組長的什麼人，一定會百依百順，安排一些像政府機關那種光看報紙、喝茶的閒差給她們。

我聞言，當即加以婉拒。我告訴她：「像局長夫人那麼尊貴的人，我們用不起。而且即使想給她『輕鬆』、『方便』，工廠裡有六百多顆眼睛在看，我們能無視他們的存在麼？我們必須做到很公平、很公正。待遇方面也好，管理方面也好，祇要被他們發現有偏差，必然影響到全體工作情緒。到時候，我們將如何管理？如何挽回他們的工作士氣？」

佘議員被我說得啞口無言，悻悻然離去。由於當時公司制度完善，福利佳，確實吸引許多人想盡辦法透過關係前來謀職，但是我依然有我的原則及用人標準，以期提昇員工水準及產品品質。

「副議長」姓曾，名石堆，溪州西畔人，與吾友呂石堆（著名小說家，呂赫若）同庚，同名、不同姓。早年負笈朝鮮，考入「京城藥大」。戰後回台，一度在「台中高工」任教。後來回北斗開西藥房。曾石堆為人誠懇，服務熱忱，不過為了政途，他也糊里糊塗加入了「狗眠黨」，成為他一生

揮之不去的陰影。

在地方派系，他屬林伯餘、呂世明、陳大福爲老大的「少年派」，與佘孤鶩同黨又同派。在議會，兩人非常融和，合作無間，過從甚密，狀似兄妹。

然而曾幾何時，這對親密同志竟形同陌路。到底兩人在議堂上，發生過什麼誤解，或「吃錯了什麼藥」？

他的「副議長」是我們送給他的。放眼縣議會，哪一個議員的問政品質和學歷能比得上他？在黑金充斥、僞造學歷者充斥的議會，他是碩果僅存的明星。但要參選副議長，還得準備一大筆錢分給各級黨部，否則，休想被提名。

我們爲他抱屈，便發動一群關心地方政治、憂國憂民嫉世憤俗的鐵血之士，「選」他當「副議長」。

20. 佐井桑做帳

繼 1973 年 2 月，投下巨資創建「特殊醱酵廠」；1975 年 8 月，超大型 1200 公升／小時，微粒粉噴霧機的組立也告完成，並試車成功。

整個公司一片喜氣洋洋，我也如釋重負，心情輕鬆許多。部分幹部、作業員，也一再建議，應該大大地慶祝一下。尤其自 1966 年，尚未改組為「股份有限公司」以前，即陪我們走過篳路藍縷，創業艱辛、最暗淡日子的蕭金龍，更是笑顏逐開，以近乎「懇求」的口吻，要求「做戲謝神」。

「伙頭軍」吳坤章也不顧鍋爐房嗡嗡噪音，拉長脖子，用高分貝大聲喚我：「喂，頭家！打電話給佐井桑，叫他載一車酒來給大家喝個痛快。」

吳坤章綽號「カメ」（烏龜的意思），與佐井桑、頂金昌同一個案子，被依「內亂」罪判十年，實在很冤枉。他為人土直憨厚，祇是跛足彎腰，長相不大雅觀罷了。

我最近上、下班，經過「大榕腳」（指榕樹下）時，常有熟人問起：「你們做那麼多漁池，現在又蓋起六、七樓高的鐵殼厝，養魚需要這種『彪形怪物』麼？真是叫人納悶。」

我被他們問得啼笑皆非，眞不知該如何解說。

他們這些人，充滿納悶和好奇，也親眼看過五年前，突然出現北斗的這位「外鄉人」，母死時，祇用薄蔗板，草草埋葬，還向政府申請「一級貧民」救濟；如今短短五年，竟然變成一位令人不敢想像的「大富豪」。

這家公司，不是我一個人的，我祇不過是一名股東而多負擔一些生產、品管、銷售、研發、乃至安全問題方面的責任罷了。

因佐井桑平素很少來廠，即使偶爾來公司，也都是在黃昏時刻或夜晚才來。因爲這時候他還在他姑丈的大紙業公司當「財務經理」。他姑丈很器重他，他自己似乎也很珍視這份得來不易的工作。

因爲自從建廠以來，地方上的人祇看到我在這裡「忙出忙入」，便以爲這家公司的「頭家」，就是我這個被關出來的外鄉人。

他們的誤會，著實也曾給我帶來一些正面的收穫，至少使我內心得到一些成就感。那些想求職、想求售的人都會找上門來。一些地方人士、議員代表或機關小吏也想來搭關係。一直監視我的特務「抓耙仔」也顯得客氣多了。

不過負面的影響也不少。北斗這個地方，自古以來，即是一個極保守的地方。日本領台後聽說原縱貫鐵路計劃由員林，經北斗，往西螺、虎尾南下。奈何，地方鄉紳以將「破壞風水」爲由，領導愚昧鄉民，出來反對。結果，鐵路被迫改道。

沒有現代交通工具──火車經過的城鎮，終將走入萎謝

不振的命運，成爲全國倒數第二，人口祇剩兩萬，如今竟變成祇能端出「北斗肉丸」，勉強讓世人憑弔的可憐小鎮。

我們的設廠也同樣遭到工廠周邊地主的百般阻撓。與我們廠地接壤的水田所有者，被鄰人贈以「莿球仔」尊號的一名悍婦，每逢下雨，她們的水田被水淹沒，都怪罪我們，要求賠償。可是她們那一塊水田水位，比經過田邊的圳溝還低，而且我們的排水也不經過那地方。

「聾子」林折福和外號「臭鬢邊」的蕭姓老頭兒，他們的水田和住家，都在我們工廠北邊小路旁，每次探知我們的機械要進來，即慫恿他們的老伴，將路旁田岸挖毀一角，使車輛無法通行，以便討點便宜。

一名自稱從前幹過警察又學過柔道的三輪車伕更是囂張，揚言絕不讓外地人「破壞地理」設工廠，一定要結合住民加以攔阻，除非拿錢出來「擺平」。

惡鄰的糾纏，一直到卓木鐸醫師和卓建國父子，看不過我們受欺侮，提醒我們僱用「阿甫」，始使鼠輩懾服，自此以後再也沒有人敢欺侮我們。

「阿甫」正名陳正甫。他是一名似日本俠客「清水次郎長」型的人物。大北斗地區，不認識他的人很少，連「副議長」、「佘孤鶯」省議員都肯定他的正派俠義。

我們公司已經這麼「大漢」，佐井桑的持股數，又是最多，而且一個人同時擁有董事長、總經理兼會計和出納乃至採購……等職務。佐井桑的確是一名不可多得的人才。爲人精明機警，富有企圖心，而且對自己所擁有的權力，也從不鬆懈，懂得如何保護自己權益。

　　他爲了便於掌控公司狀況，乾脆將公司帳簿和所有「金錢關係資料」，都統統搬到自己家裡，利用空閒時間不假手他人，一個人在家裡「做帳」。

　　緣起於一次「常董會」，同時也在桃園「裕和化纖工業公司」和「中國化學製藥公司」任常董的蔡瑞洋先生，半開玩笑的一句話：「會『做帳』的人，才能算做愛國份子。因爲『做帳』賺的錢，都在台灣流通。而太憨直，不會『做帳』，乖乖繳納稅金的人，則不能算做愛國者。因爲今天向稅務單位繳納的錢，可能明後天，即以『蔣記』人頭名義，匯去瑞士或美國的銀行。」

　　今天的「董監事聯席會議」，佐井桑還是跟前兩次「常董會」一樣，無法提出完整的「會計報告表」，滿紙都是些數字遊戲，令人眼花撩亂，不知所云。理由是他那家「紙業公司」的事情太多，所以沒有時間整理。可是這種辯解，已經不是第一次。

　　他明明是我們公司的董事長兼總經理，卻同時也在外面「吃頭路」。他在那家公司兼職的事情，自初即經股東會默認，而且從來未有人提出異議；他如今兼職，無法專心做好我們「帳務」，我們又能怪他麼？

　　由於我們公司業績越來越好，每月收支數字，也愈來愈龐大，董監事間的關心自不待言。常務監察人陳紹炯醫師，受到股東的壓力和慫恿，終於正言厲色，但仍很含蓄委婉地向佐井桑提出質詢：「大家投資『忙生拼死』爲的是什麼？還不是想要多分配點『紅利』。你在別人公司吃『頭路』，也許身不由己。但是這種業務，早該交給專業會計人員去處

理。再說，以今天公司業績，要僱用五個、十個會計人員，會有困難麼？讓你一個人那麼辛苦，我們也不忍。」陳常務監察人質詢完畢，會場一片寂然。

三、四十顆眼睛都在注意佐井桑的反應，希望他能給大家滿意的答覆，什麼時候發「紅利」？每一股份多少？

此刻佐井桑的感受，五味雜陳，壓力也相當沈重。都是「公司賺錢」惹出來的麻煩。「台灣克羅列拉公司」已經發過三次「紅利」，去年一年中營利所得多少消息，也經由他們的醫生股東，傳到我們的醫生股東這裡，再由他們傳遍所有股東。

大家都懷著興奮和希望來參加這次的「聯席會議」。萬沒想到佐井桑的報告，不僅令人失望，簡直叫人跳腳。這麼大的事情，豈能用「太忙」兩個字敷衍了事？

面對著「求紅」心切的董監事，佐井桑要如何解釋說明，需要技巧和很大的勇氣。他不可能不顧自己40%的持股，和一片叫好、日本顧客不斷蜂擁前來逼貨的好景，而不將所有帳目內容攤在陽光之下。

他此刻唯一解圍辦法，便是請「重量級」的蔡瑞洋（常董）醫師代他說明。可是蔡常董願意麼？肯為佐井桑作「替死鬼」麼？

至於另一位常董的我，是以副總經理兼廠長身份，秉承董事長命令執行公司決策，而且所有財務作業，完全由佐井桑一人所攬，我所知道的，也非常有限。

不過說一句老實話，慫恿佐井桑「做帳」的始作俑者，是蔡常董。也許在此以前，在「大紙業公司」總攬財務的佐

井桑，早已經「做」了。佐井桑也是一位「愛國者」，他頭腦清晰，他也不願意看到我們雙手捧去繳納的稅金，一兩天後，即被以「蔣記」「人頭名義」，存入瑞士或美國銀行。

蔡常董與佐井桑之間，彷彿有什麼默契，或未便公開的秘密。佐井桑的「頭家」和他姑母，每次要出國時，都找佐井桑想辦法。台灣外匯管制甚嚴，僅靠政府規定那麼一點外匯，根本不夠用。

為這個問題，佐井桑曾經對我提起，至於如何給他們方便，一直沒有下文。又蔡常董決定送他的愛人楊秀津小姐去日本「進修」，也需一筆外匯，曾經商請佐井桑幫忙。佐井桑都給他們想辦法。叫他們到東京，找我們大客戶「TOPS」社長中野桑，付美金現鈔給她們。

當「台灣克羅列拉」每公斤外銷售價維持 25 美元至 28 美元時，佐井桑不顧董事會反對，堅持以「最優惠價」，每公斤僅售 16 美元，而且固定每月至少給「TOPS」10 噸。表面理由很堂皇，是為了挽住客戶；如果「太暴利」，將來景氣低迷，供需倒置時，人家會不甩我們。

這時候我經手的售價，是每公斤 20 美元至 22 美元。何以佐井桑與「TOPS」的交易那麼玄，售價差距那麼大？個中學問可能不少。

楊秀津，台南善化人，麻豆高中畢業後，經人介紹到府城瑞洋醫院當護士。因天生麗質，面貌姣好，楚楚動人，不到兩年，便為蔡瑞洋所「收編」。

事情終為蔡妻湘雲女士發覺，要求簽訂「約法三章」：一、不准踏入家門；二、必須遠離府城；三、不得生育。

　　爲此瑞洋便去高雄，爲楊秀津購置一棟豪華公寓。每天五點半，看完了患者，便急急忙忙趕往高雄看楊秀津，一直到過中夜才回來台南。

21. 過多的盈餘

　　1975 年，景氣依然未見起色。獨獨我們這一行，仍然維持著供不應求的場面。日本買手還是陸陸續續，帶著洋酒、禮物，卑躬屈膝，前來「搶貨」。因而不僅令人歡欣羨慕，也使得受到不景氣影響，沒有生意做的不同行業眼紅妒嫉。

　　台北市南京東路，台福大樓八樓，與「台灣克羅列拉」公司同樓的一家「歐美鋼管」公司，看到對面「台灣克羅列拉」公司經常熱鬧滾滾，買主蜂擁而至，又受到媒體對「克羅列拉」工業的誇張宣揚和鼓動，也蠢蠢欲動想分一杯羹，便看風駛帆，在新竹縣新豐鄉買一塊土地建廠造池，發注機械，準備大撈一筆。

　　為趕上「熱潮列車」，他們不在乎價錢，所訂製的噴霧機竟然依序被排定到 1978 年始能裝配完竣。因為此時，日本「小知和噴霧機」──台灣總代理商的「東陽精機」，受注承造同型噴霧機已有十多件，而且都是新近投資的「克羅列拉」生產業者所訂製。

　　雖然時間上有點令人洩氣，然而已經投下鉅資，頭也已經洗了，如今祇有拚到底，不容再有絲毫猶豫了。

在噴霧機未裝配完竣前，他們曾經作過多次試驗培養，卻並不順利。一再反覆測試還是不行。接連幾個月，連最起碼的室外培養都停留在「原地踏步」。爲此所付出代價——水電費、試藥肥料與人事費姑且不算，精神上所蒙受的驚慌失措和愁煩焦躁就夠受了。

他們對這次投資都很感懊悔。從事生產鋼管的人，光看到別人成功的一面，並不了解人家創業艱辛的另一面，尤其對「克羅列拉」之爲何物，都弄不清楚，竟也想搞「玩水的生意」。這不只荒唐，簡直是想找死路。

他們投下數千萬台幣，已經騎虎難下，欲罷又不能。雖然花一筆錢想辦法弄到一紙別人的「處方箋」，滿以爲從此培養一定會順利，結果還是沒有成功。

一名略悉「克羅列拉」生態，學「生化」，兼備「植病」和「化工」學識的人，也未必一下子即能適應「克羅列拉」的室外開放培養，何況對生物化學一竅不通、連最起碼的概念都沒有、從事鑄造鋼管的人，僅憑一張高價取得的「處方箋」就想生產「克羅列拉」，實在「很夠勇氣」，眞是令人佩服。

如果是這麼簡單，擁有兩名從「味王醱酵」出來的「技術者」——張倚融和張有根的「台灣克羅列拉」，又何須「重金禮聘」武治芳郎博士當技術顧問及山下勇當廠長呢？

抱著這種一廂情願想分一杯羹而投下鉅資設廠的人很多，在短短三年間，由原來的兩家，竟然增加到 47 家，眞是令人匪夷所思！

這些投資者，有紡織業者、成衣、針織業，有農產品

加工、養殖業者、塑膠工業、製粉、味精工業，從事建築不動產、拆卸廢船、機械鍛造、鑄造鋼管，乃至現任縣長、教師、藥師、醫師等……，各種行業都有，真是熱鬧非凡。

然而當這些新投資者的工廠逐一完工，正想趕搭「熱潮列車」，競相飛往日本「搶市場」時，卻很意外地，遇到日本「厚生省」（等於衛生部）一道對「克羅列拉基準值規制」的命令。

由於少數幾家新廠生產出來的劣質產品中，有相當數量的產品被檢出非「克羅列拉」的藻類，而且含有遠超「容許量」的雜菌數及不合規定的重金屬量。因為這些新進廠商一味想趕「熱潮」，以為祇要能生產，便不愁沒有人「搶貨」，故多不重視「品管」，如果要做好「品管」，則需投資添購儀器設備和招聘技術人員。「厚生省」又指出：「吃含有多量 Pb 的『克羅列拉』，會致皮膚炎。」由「克羅列拉」所含有的葉綠素分解出來的 Pb，多由新近進口的劣質「克羅列拉」中檢驗出來的。

這四十幾家新廠商，到了 1980 年代，真正能生產的，祇有四、五家，其餘的都在黯淡中作殊死搏鬥。有的工廠建到一半，看到市場不好，便不敢再投資。有的硬體建設、培養池、廠房、辦公大樓都蓋得美輪美奐，「心臟部分」的機械、儀器，卻付之闕如。

此時，日本市場也開始變化，「搶買熱潮」已退，供銷關係也慢慢開始倒置。除了原有兩家──「台灣克羅列拉」和我們，尚擁有幾家固定大客戶，其餘的，多因產品質量不安定，受到日方買手刻薄挑剔，吹毛求疵，藉口殺價，殺得

令人慘不忍睹。

　　他們為爭取顧客，也開始學以前日本商人那一套「商法」。帶著大包小包禮物去日本，逐戶拜訪，甚至以招待「遊新北投」做誘餌。如果這種卑躬屈膝，能換取一張300公斤「信用狀」，他們也許還可以勉強接受「不虛此行」。可是日本商人也學乖了，猶如從前他們帶著洋酒、禮物來「搶貨」時，不一定能買到東西一般，現在他們也以「收歸收、吃歸吃」的態度，不一定會感激地真開「信用狀」。

　　幸好，我們比那些新投資者早做十年，稍具潛力，「品質」與「研發」方面的投資在私人企業界也堪稱第一流。為了沖銷龐大利潤，也不願見到繳納出去的稅金被以「蔣記人頭」名義跑去瑞士或美國銀行，我們即採取「轉投資方式」，投下鉅資添購三千多萬元儀器。我們也預期「買手狂潮」，有一天必然會受到供銷關係的變化而消退，乃著手開發新產品。我們早在1977年，「克羅列拉」工業已達「登峰造極」時，即已抱著「居安思危」的想法了。

　　由於產量與成本成「反比例」，量產高成本自然降低，利潤也隨之增加。這時，我們應該高高興興才對。然而一想到年度結算以後，「盈餘淨利」加「綜合所得稅」，一隻牛將被剝雙重皮，將被「蔣幫」搶去一大半以上，我們當然會跳腳，會心不甘情不願。如果我們所繳納的錢，被拿去做正當用途，真正為台灣人謀福利，改善我們生活環境，而不是讓它跑到美國或瑞士的銀行，或被移作為虛構的「反共復國」基金去「救濟」敵國災民，供養台灣新貴族——「榮民」，飼養更多鷹犬、特務，以逞對台灣的長期佔領……的

「北斗Chlorella公司」技術陣容（左1：吳炯虹、左2：陳信濤、左3：作者、右4：黃文娟、右3：鄭筱蘋、右2：胡維碩）

話，我們會心悅誠服，雙手奉去繳納。

　　為了確保利益，我們除了遵循李國鼎（經濟部長）所公佈的，可以分五年抵稅的「獎勵投資條例」，購進大量儀器，並為開發新產品、擴充研究陣容，增設隸屬研究室的動物實驗所，飼養數百隻白老鼠、白兔子、小猴子、小雞和蜜蜂，由「台大」碩士周建國主其事，「北醫」出身的朱小麗擔任「特助」。研究員則由原來吳隆全（中興植病）、鄭筱蘋（台大農化）、陳信濤（台大農化）、黃文娟（台大農化）、胡維碩（台大農化）等五名，增加為十二名。新增加的是「化工」、「畜牧」、「化學」、「食品加工」、「水產」各一名，「北、高醫」藥學系出身的各一名。而每位研究員，至少分

配兩名「高中、職」畢業女助理員。因此，光是研究開發部門，即擁有五十名工作人員，如果將生產部門六個課、三班人馬也加上去，即已接近三百人，尚未包括佐井桑在台中僱用，幫忙處理帳務的人員及中央研究院化學所一名研究員，糖業試驗所兩名研究員，味王釀酵工業一名已退休釀酵界元老……。

這麼龐大的陣容，高薪邀聘這麼多技術人員，加上業界獨一無二，超大型處理能量（一小時可達 1200 公升）的噴射乾燥機，並投資近 5000 萬元的多用途釀酵工廠。看起來很浪費，但還是爲了「制霸業界」，使新近投資者望而生畏知難而退，另外也想開發新產品和「克羅列拉」在醫藥方面的新用途，即使僅僅爲了沖淡龐大盈餘，這種「浪費」也是值得去做。

最近佐井桑和常董瑞洋兄，每次和我碰面時，頭一句話便是：「怎麼辦？這麼多盈餘，趕快想辦法沖一沖。」眼睜睜看著它被「蔣幫」搶走，我們會心痛，這是多麼令人不甘心呀！佐井桑也曾幾次暗示我：「稍浪費一點也無所謂。」又催我計劃捐建給鎮公所的六處「公用廁所」，地點如果決定，即刻動工，拜託鎮公所楊宗溫課長別再躊躇，快一點做決定，務必在年底以前做好。

這種「歡喜的悲鳴」，幾乎成爲我們的「見面禮」。

22. 楊逵擇偶

1975 年 10 月 18 日為楊逵七十歲生日。幾位親友和他的兒女們正計劃為這位一生反抗外來殖民統治、痛心疾首資源分配不均的社會，投入「普羅文學」運動，又為一篇「和平宣言」繫獄十二年的他祝壽，不料，卻給「狗眠黨」台中市黨部主委——以後成為「新黨」「軍師」的陳癸淼牽去「要猴子」。

在不久以前被蔣經國請去吃一頓「昂貴早餐」的「久豐紙業」董事長柯永，曾經被迫捐建「台中文化中心」（現已改為「文英館」），又要越俎代庖為這位曾經在上海《大公報》發表「和平宣言」——「呼籲國共雙方放下武器。別再打內戰，讓經八年抗戰家破人亡、田園荒蕪、民不聊生的人民有喘息機會，重整已成廢墟的家園……」，卻給他們「狗眠黨」抓去亂判十二年的楊逵舉辦壽慶。

陳癸淼在慶壽會中，還恬不知恥自吹自擂，說他們「狗眠黨」如何肯定楊逵一生奮鬥事跡，如何尊敬愛護這位了不起的老作家。最後還信誓旦旦，說要將「東海花園」改建成「楊逵文學活動中心」，以圓楊逵生平願望。

在座親友乍聽之下不禁一陣錯愕！逮捕楊逵判刑送綠島的「狗眠黨」，要將「東海花園」建成「文學活動中心」？寧非怪事！

許多認識楊逵的市民，都抱著「姑妄聽之」的心態，視蔣幫又在「賣膏藥」，根本沒有人會相信陳癸淼的話。

「狗眠黨」聲名狼藉，是集「青幫」、「黑幫」和「洪門會」的大雜燴。他們劫掠殺人有餘，斯文不足，懂什麼台灣文學？說穿了，不過想利用楊逵在台灣下層社會的聲望和他的文學成就罷了。

然而老實「古意」的楊逵卻不疑有詐，一直被陳癸淼的甜美謊言所迷惑。直到次年 3、4 月一個卜午，前「台灣義勇隊」的張慶璋和「理論家」郭明哲夫婦來看他，問起改建「文學中心」的問題時，楊逵才露出無奈苦笑，懊悔自己的天眞受騙。

台灣人就是這麼容易受騙。「二戰」剛結束，「蔣禿頭」即乘機抬出沒有任何國家簽名承認的「開羅宣言」來欺騙台灣人。「盟軍」統帥麥克阿瑟（Douglas MacArthur）未審「開羅宣言」眞偽，又考慮地緣、語言文化，命令蔣介石代表「盟軍」受降台灣的日軍。蔣介石即派陳儀和陳孔達的「70 軍」來台受降。

原只是被派來代表「盟軍」受降的蔣軍，抵達台灣即無視「佔領法」，擅稱「台灣光復」、「回歸祖國」，不容台灣人民有所選擇，一律強迫接受「中華民國」國籍。

蔣幫又故意無視 1895 年的「馬關條約」，台灣人曾經如何被犧牲，如何被出賣；也不理睬 1951 年「舊金山對日和

約」，日本放棄台灣和澎湖群島，並未提及台灣歸屬問題，因此台灣當然是「居住這塊土地已經有四百年的台灣住民」所有。

又在 228 時，台灣人所以被殺害那麼多人，也是因為太天真、太老實，不懂「中國功夫」。「清鄉」時由管區警員與村里長捧著「戶口簿」挨戶逐戶查戶口，發現戶內壯丁不在家時，即命家屬帶他們出來「辦個手續」，則「保證沒有事」。結果乖乖聽話去「辦手續」的人，幾乎一去無返。

坐過「蔣幫」黑牢十多年的楊逵，受到的教訓還不夠，竟然被人玩弄得團團轉，真是夠憨直、太古意。也許是「文學中心」集訓青年，灌輸理念，實現 30 年前「瓦窯寮」時代的理想是楊逵畢生規劃，所以眼見自己年逾古稀，來日無多而急不暇擇？

楊逵曾經悄悄地透露他的心願，祇要現在能夠在「東海花園」培訓幾批有意識的幹部，有朝一日「台灣變天」，即可以讓他們到對面那家大學（意指東海大學）陪學生們一面體驗勞動，一面接受政治訓練，使每一個學員都能成為「人民的戰將」和「社會的棟樑」，而不是光會「喊口號」，老被人牽著鼻子走，毫無意識和做人尊嚴的「行屍走肉」。

我在公司負責「產銷」，最近又兼顧「新產品研發」，實在忙不過來。但每個月還是忙裡偷閒，藉回台中參加「會報」機會，去看楊逵幾次。

自從陶姊去世，兒女又不在身邊，楊逵一個人孤零零住在公墓後面的遼闊花園裡，過著「羅漢腳」般的生活，既無談心老伴，也沒有「喫茶朋友」，這種孤單生活，煞是令人

同情。

直到大孫女楊翠讀「懷恩中學」，由大甲搬來這裡陪伴阿公撒嬌，才使楊逵的生活回復點生氣。只是她白天去上學，如果整天都沒有人來看他，他老人家還是一個人孤孤單單地，過著枯燥漫長的一天。

因此他每次看到我來，都將鬱積心裡的話傾囊向我訴苦。有些不方便跟自己兒女們談的，未便公開的「祕密」，乃至「支票簿」給一位親戚拿去用，深怕支票被亂開，萬一「支票不渡」被退票時，一定會觸犯「票據法」，到時候他會不會被抓去坐牢。他說他什麼牢都坐過，並不在乎再坐牢，祇是擔心爲「票據法」背負「詐欺」罪名坐牢，他會受不了。萬一這種事情果眞發生，他定會身敗名裂，一生清譽也將毀於一旦，他如何能不憂心！

他也曾經向我訴苦他愈來愈感一個人做不了事情，既要照顧花圃，又要自己燒飯、洗衣服。尤其下雨天，三更半夜夢醒，發現枕邊無人時，那種落單空虛感……，更是令人難受。

爲此 1977 年 8、9 月間，連溫卿外甥黃信介，和涉案彭明敏教授「自救宣言」事件，甫坐滿十年黑牢回來的謝聰敏來看他時，他曾當面拜託他們代爲物色「老伴」。也曾瞞著家人在報紙上買「求偶」廣告，結果都杳無消息。後來想想，找一個素昧平生、不明背景、性情都摸不清的人，不如從一些文學同好、趣味相投的人中去考慮。

他的第一個目標是蔡瑞洋的寡嫂。瑞洋的哥哥早年因牽連李媽兜「匪諜案」被處死，嫂嫂目前守寡中。性情恬靜賢

淑，楊逵很喜歡她，衹差瑞洋點個頭，事情就好辦。希望我能找瑞洋提一提，試探他的反應。

楊逵對「笠園」的陳秀喜也頗有意思，說她「寫詩」，自己「寫小說」，他們兩個人本來即有「同好之誼」。現在秀喜與張以謀離婚，孑然一身在關仔嶺「笠園」過著孤單生活，如果兩人能夠住在同一個屋簷下，相輔相成，互相砥礪，在台灣文學上一定可以創造出更輝煌亮麗的作品。因此也希望我能尋機會向秀喜本人試探一下，倘能得到佳人青睞，他則打算親自登堂求親。

我便藉往高雄出差之便，順道拜訪瑞洋。孰料我衹輕輕向他提及「楊逵好像喜歡你嫂嫂」，他的兩顆眼珠忽然張得

🐾 前排中：楊逵、前排左：陳秀喜、後排左：作者

像龍眼核般，一直瞪著我，害我窘得無地自容。我懊悔自己「太雞婆」，這種事情應該由楊逵自己去處理，他和瑞洋又不陌生，大家活到六、七十歲，現在什麼時代，還要「央人作媒」，眞是多此一舉。

瑞洋和我平素無所不談，我們兩個人非常「臭氣相投」。但今天卻有點不對勁，說到他寡嫂，他即扳起臉孔。我知道他對亡兄遺族非常照顧，絕不容許任何人冒犯她們。事實我也沒有什麼「歹意」，祇將楊逵的意思傳給他罷了。

陳秀喜爲人豪爽好客，與我同庚，又是「吾友」佐井淑女士的「竹馬之友」。我們也是無所不談，往往話匣一開，即談到三更半夜，不知天將破曉。

有一次我們談起楊逵日常生活與他小說中人物，我心血來潮，覺得機不可失，遂將楊逵如何「暗戀」她的事情悄悄告訴她，想試探她的反應。詎料，她不但未露出絲毫窘態，反而有點反常大方，拉長脖子直率說：「我早就在等楊逵先生前來向我求婚，奈何他每次來這裡都祇顧品嚐杯中物，說些玄之又玄、無關痛癢的肖話，始終未向我求婚，使我大失所望。」

這果是陳秀喜的由衷之言，抑是含有玩笑的意味？以秀喜平素對楊逵的尊敬，似無可能故意捉弄。不過陳秀喜與張以謀先生結婚後，隨他到中國在「上海租界」住過十年，過慣近貴族式生活，一旦要她到大肚山上荒蕪的「墓仔埔」和楊逵作伙生活，彼此能否適應？才是問題。即使因「求偶心切」而「作堆」，也未必能維持幸福。

而且這時候的陳秀喜和蔡瑞洋已經漸行漸近，如刻意將

「笠園」遷到距瑞洋別墅不到百公尺處，僅隔一條小山徑的地方。雖然此時瑞洋的健康不佳，宿疾「糖尿病」一直未見好轉，最近甚至併發其他症狀。但他們之間仍維持著「柏拉圖尼格」的關係。

儘管如此，陳秀喜和楊逵兩個人想作伙生活，如果沒有觀念上的特別障礙，並不是沒有機會，但看楊逵能發揮多大的男人「熱量」與「馬力」，秀喜是否肯「洗盡鉛華」，告別她的「布爾喬亞」式生活，真正成為「普魯作家」楊逵的夫人？

楊逵還有一個鮮為人知的「艷遇」。有一天，一位敬慕楊逵的女子忽然出現「東海花園」，這位為瞻仰心儀多年的楊逵先生風采，不辭遙遠跋涉從台北來台中的女子，不到三十歲，身材中等，衣著樸素，沒有燙髮也沒有化妝，卻很秀麗，是一名愛好文學的女孩。

她舉止大方、口齒伶俐，和楊逵很談得來。他們兩個人一直談，談到「夕陽西去明月東來」，連時間流逝都忘記，被楊逵留下來。楊逵怕她這麼晚一個人回台北不放心，她自己似乎也有意思留下來繼續聽楊逵的教誨，便欣然接受他的挽留。

當晚為了「討論方便」，楊逵刻意讓她的舖位靠近自己舖位，她不但沒有異議，也未露出絲毫羞怯窘態，從善如流。

詎料好事多磨，這個「機會」竟遭到兩位少不更事的小孫女攪局，硬將客人的舖位撤開，便急急忙忙竄進阿公與客人之間的被窩裡，造成一條「馬其諾防線」，不許客人「越

左：楊翠（楊逵孫女）、右：作者

雷池一步」靠近阿公，使楊逵一夜輾轉無法闔眼，徒嘆奈何！

　　他後來與瑞洋寡嫂、陳秀喜都沒有結果，他的「失戀」雖然沒有年輕人那麼衝動、想不開，不過從他兩顆無神眼珠恍恍惚惚，不再勤於耕作，和常藉酒澆愁，不斷抽煙吐霧排遣內心憂鬱，也不難想像他的痴情和落魄。

　　都怪找這個笨拙「媒人」，不懂做媒人技巧，說話太率直。不過楊逵也不能怨天尤人，自己「馬力」不足「熱量」不夠能怪誰？而且住在荒蕪的「墓仔埔」，教人望而生畏，可能也是一個主要原因。

　　至於與台北「查某囝仔」的「艷遇」，兩位天真無邪的小孫女，因發現阿公對待女客人太熱情親切，一時醋意

大作，妄想阿公會被「奪走」，急中生智的「自我保衛」措施，卻成爲阿公終生遺憾。

這一天，我特地從北斗帶來「北斗肉圓」和兩瓶紹興酒。楊逵看到我來，又帶紹興酒和肉圓，頓時活氣十足，忙進忙出，一會兒收拾桌上報紙、茶杯，一會兒搬出碗筷又端出土豆仁和醬筍，眞讓他忙個不亦樂乎！楊逵平素一個人獨酌時，都喝自己密造的「黑豆酒」泡一倍「三塊六」——用樹薯粉釀造的「俗酒」，即一瓶僅售三毛六分的「太白酒」。今天有我陪他對酌，又有「北斗肉圓」可做酒肴，難得看到他精神這麼飽滿。

我們邊喝邊「答嘴鼓」，話題不用說都集中到最近發生驚動世界的中國政治亂象。

毛澤東死後才一個月（1976 年 10 月 10 日），中國國家主席華國鋒在葉劍英、李先念等元老支持下，下令逮捕懲懸「紅衛兵」作亂十年，使國家元氣大傷，政經文化受到慘重破壞，「欲假毛主席號天下」，紅極一時的江青及其黨羽張春橋、王洪文、姚文元等「四人幫」。

對「文化大革命」和他們的口號「造反有理」一向持正面態度的楊逵，看到生平最敬仰的周恩來、鄧小平前後遭到批鬥羞辱，許多 30 年代有名作家和他們的作品，也遭到「紅衛兵」無理性的批鬥燒燬，甚而把他們關進牛棚加以羞辱……。

楊逵目睹這些亂象，不但開始迷惘，一股嚮往中國的熱誠也被冷卻了。想到曾幾何時向社會主義世界豪語將取代「蘇共」，領導「世界革命」，扶助「第三世界」的中國共

產黨，竟然變得這麼爛，這麼糟糕，眞是令人氣憤。對自己多年來所塑造的「烏托邦」之被毀於乳臭未乾的黃口小兒、小流氓手裡，更是捶胸頓足不已。

他很貪婪地將杯中最後一滴「紹興」啜乾，又點一支煙，兩眼直瞪著樹梢上跳躍追逐的斑鳩。然後長吁短嘆反覆抨擊中國的不可靠。「四人幫」如何禍國殃民和「紅衛兵」的無法無天，使國家陷入萬劫不復之淵，也使台灣人徹底失望。

接著他又說：「我們是多麼盼望強大的中國能早日拯救在蔣幫桎梏下掙扎的台灣人。爲配合他們的『解放』，二十多年來被蔣幫押赴『馬場町』處刑就義的不知凡幾，被投入黑獄、送去綠島的也有上萬。難道這些台灣人的『反蔣、反帝』是白費心機，所流的血都是白流的？」

「我們台灣人是否將成爲『中南海』那一小撮『老八路』勾心鬥角，假『反資、反修』之名，行奪權之實的中共祭品？」

「他們的『憲法』明文指定林彪同志爲毛主席唯一『接班人』，政權唾手可得，卻莫名其妙地發生『墜機殞命』事件於外蒙古，留下一大堆歷史懸疑。」

「鄧小平奉命輔翼體弱多病的周總理，爲周恩來多說幾句『公道話』竟也引起『四人幫』不悅，加以無情鬥臭，使甫獲平反復出的鄧小平又被拉下來。這一切都讓我們台灣人看得眼花撩亂，霧煞煞。」

楊逵所說的不是「酒話」，句句都實在，卻讓我爲他捏一大把冷汗，不得不左右張望，注意經過厝前的行人。1960

年,我們還在「綠島大學」時,「二隊」幾位關心楊逵酒癖的「同學」,呂水閣、何茂松、陳水泉等人曾一再叮嚀我,楊逵雖然「嗜酒如命」,酒量卻不大,喝下兩杯即開始「語無倫次」講「酒話」,務必嚴加控制,否則必出亂子。

如今兩瓶紹興已經喝得乾乾淨淨,我又一直隨聲附和他的話,甚至乘機引誘他將深藏不露的內心話——有關中國問題的真正看法和盤托出。

我的「祖國夢」,坦白說早於1947年228那一聲「槍響」,即已猛然覺醒。及至1957年間在新店軍人監獄,因不同「意識形態」不容於來自韓國的「反共義士」與狂妄「毛主義份子」孤軍「奮鬥」時的經驗,更成為我一生揮不去的夢魘。

現在又看到「老八路」為了奪權,不惜誣陷「長征」時的戰友同志,唆使乳臭未乾的「紅衛兵」加以鬥臭毆辱,送去邊疆勞改……,使我更加認識赤色中國的廬山真面目。

因為楊逵目睹中國亂象,已經忍無可忍,加以酒精發酵,又遇到「臭氣相投」的我,話匣子一開便不可收拾,也就顧不得是否超過酒量的問題。不過這時候我還是非常注意經過附近的路人。

與楊逵「答嘴鼓」半天,我也發現他對「老八路」妄作胡為、腐敗墮落的氣憤,已經蓋過他幾個月來的「求偶」挫折。對此挫折他不但避而不談,以後見面時,也絕口不提往事。

23. 耍猴戲

　　1976 年 7 月，一個烏雲密佈天氣悶熱的黃昏，北斗 K.M.T. 民眾服務站人員，和他們的狗腿子，忽然活躍起來。平素除了選舉期間，服務站幾乎門可羅雀，很少有人出入，只有一面早被台灣人所唾棄的「車輪牌」髒旗子在旗竿上垂掛著。

　　然而今天不知何故，鎮上幾家「雜貨店」的鞭炮，都被民眾服務站搜購一空，街頭巷尾的牆壁上，也被貼滿了寫上「標語」和「口號」的紅紙，令人納悶。

　　難道要「反攻大陸」不成？不然的話就是有什麼大人物要蒞臨本鎮。稍後，從街上一位「消息靈通人士」獲悉，是一位本鎮出身的特殊人物要回來。據說是一位「凱旋將軍」之類的大人物，被派去匪區工作，立功衣錦返鄉，所以特地為他鋪張。

　　隨著霹靂啪啦的鞭炮聲，一輛沿路鳴笛的警車直駛過來，接著一部休旅車，而緊跟在後頭的，便是一輛由兩位憲兵軍士駕駛的吉普車，警備車鳴笛開路，憲兵「護衛」，更加令人感到這位「衣錦返鄉」大人物的非凡。

　　車隊在警察局前停下來，兩位憲兵先下車，分別站到車門口的左右邊。車子裡僅剩三個人，除了一位著淡灰色中山裝、態度高傲的「阿山仔」和一位兩手緊抱著手提包的阿兵哥外，另一位則身著白襯衫、灰色西褲，動作有點不自在，顯然心神不寧，彷彿在找人又好像在努力辨識陌生的街道。

　　我以為那位著中山裝的「阿山仔」，即是大家翹首以待的「凱旋將軍」，及至那位著白襯衫西裝褲的人，向態度高傲、表情嚴肅的「阿山仔」卑躬屈節行大禮「稱謝」，然後提著一大包裹，步履維艱的下車，再向前來迎接的人卑膝鞠躬，頻頻點頭稱謝時，我不禁一陣錯愕。

　　原來這些三腳仔、狗腿子所要接的人，根本不是什麼「凱旋將軍」，而是一位衣著雖嶄新筆挺，卻有點土氣，逢人卑膝鞠躬的人。然而他是何方神聖，值得三腳仔狗腿子們為他動員鋪張、貼標語、放鞭炮迎接呢？

　　在一陣稀疏無力的鼓掌聲與聽起來很勉強的「恭喜」歡呼交織中，他被狗腿子們簇擁著朝「宮前街」右轉，經現在的「三民路」方向走去。沿途鞭炮聲不斷，路旁看熱鬧的人，沒有人注意到那位挾在狗腿子中間的「主客」，反被那大搖大擺，談笑自如，滿嘴檳榔汁又口沫橫飛的三腳仔狗腿子的滑稽動作所吸引。

　　真是令人看得眼花撩亂「霧煞煞」，K.M.T.到底在搞什麼名堂？他們所迎接的根本不是什麼「凱旋將軍」，倒像是一頭即將被牽去牛墟的水牛。

　　及至走到現在的「三民路」一家坐東向西的小茅屋，張燈結彩，外面牆壁貼滿寫著標語的紅紙，我才恍然大悟！

原來被狗腿子們簇擁著回來的，竟是「翁家」老大「永福」君。

「翁永福」是一位無人不知的古意人（老實人）。1949 那年，21 歲少不更事的他與朋友隨便談幾句話，便莫名其妙被「警總」特務抓去。最後被羅織「參加什麼匪黨組織」，被依「叛亂罪」，判個無期徒刑，被非法關了 25 年才被釋放出來。

他不但在綠島多坐了九年冤枉牢，還被耍狗熊般，假惺惺地以「特赦」名義開釋，在「德政」恩澤下，莫名其妙地被牽去「遊街示眾」，折騰了半天，才讓他回到離別 25 年的老家，見到親人。

1975 年 4 月 5 日，一代梟雄「蔣禿頭」遭天譴而歿。次年，便假借「德政」，「特赦」了部分經亂判的所謂「叛亂犯」。其實，此次被釋放出來的，多是被處以無期徒刑的人。依「刑法第七十七條」規定，受徒刑之執行，而有後悔實據，無期徒刑逾 15 年者，由監獄報請法務部得許假釋出獄。

這一批人，不僅未被依「刑法第七十七條」准予假釋，還都已經坐滿 15 年，仍繼續被非法羈押。這不啻枉法，罔顧人權，還算什麼「特赦」？值得歌功頌德、裝模作樣的動員「民眾服務站」的狗腿子、三腳仔排場迎接？還在報紙上佔那麼大的篇幅自吹自擂。

忖量自己一向為三腳仔、狗腿子所「關注」的標的，在這種場合不便拋頭露面，就躲在暗處，藉著樹影掩身，兩眼直瞪著那幾個似曾相似，常在我們的工廠、我的住處附近出

沒的三腳仔。

我很仔細地觀察每一張「青面獠牙」，發現一位姓梁的什麼主任和一位姓蔣的校長動作很特別，兩位「阿山仔」好像都是受過專業訓練的特務，從看人的眼神、說話的嘴臉，乃至一些小動作都與眾不同。當時他們的年齡都五十出頭，身材也一樣矮胖。祇是兩人背景隸屬單位不同，據傳常為爭功諉責，導致內心不免有些芥蒂。

鎮上幾名化身為「鄰里長」、「村里幹事」、「公所、學校教職員」身份，乃至「相命仙」、「廟祝」、「廟後擺水果攤」為掩護的三腳仔，常三五成群聚在一起，口嚼檳榔，說話齜牙咧嘴、口沫橫飛，自我陶醉於如何抓過「匪諜」，如何得到上級「賞賜」等等的「勇敢故事」。

今天我又從這些以「打小報告」為業，害人無數，作踐人格還自鳴得意，不知天高地厚的「七月半鴨仔」的嘴臉，看到另一張更「醜陋的台灣人」面孔。

我回到工廠，一進廠長室，即聽到桌上話機猛響。心想，到底有什麼「緊急事情」話機會響個不停？難道剛才從東門進來時，守衛室即有人通報他們？我心裡納悶，卻又放不下那些即刻待理的公事。怎麼辦？直到楊秘書進來，拿起話機才知道，是有兩名不速之客，在總務課客廳等很久，急欲與我見面。

原來是在廟後擺水果攤的陳進德帶一名叫趙慕文的「阿山仔」來見我。我即示意楊秘書，告訴他們「我身體不舒服，吃壞肚子，還在洗手間」。

大約過了半個小時，總務課長林桑按捺不住，便親自

出馬，從總務課騎腳踏車來研究大樓看我，發現我好端端的坐在廠長室批閱公文，抿嘴而笑，自己找了椅子坐下來，邊擦汗邊說：「我才不相信天天吃『克羅列拉』，身壯如牛的人，會胃腸不適，跑洗手間？所以特地跑來探個究竟，果然不出所料。哈！哈！哈……。」

他抬頭掃視玻璃窗外的研究室，發現大家都各自忙著實驗工作，而楊秘書是自己人，便唔嘆說：「我早就知道副總最討厭見這些狗腿子，可是我們是生意人，惹不起這種小人，還是忍耐應付一下，你看如何？」

「佐井桑以前還不是一樣，常受到狗腿子光顧。幸好，K.M.T. 跑路將軍何應欽上將跑來找柯家兄弟『認祖歸宗』，開始『稱兄道弟』以後，才使得那些覬覦柯家財富許久的特務三腳仔收斂起來。」聽林桑這樣說，使我聯想到另一位跑路將軍，桂系「小諸葛」，前國防部長白崇禧，因探悉蘭陽金礦大王李建興太夫人也姓白，便主動前往與李家攀關係的故事。

林桑的話雖然不無道理，我卻還是痛恨這些以打小報告為能事的敗類。我是多麼不願意為這些人浪費寶貴時間。最後，我還是很無奈地跟在林桑後面到西門。先騎腳踏車回來的林課長，看我進會客室便起身讓座，回總務課。

我猶未坐穩，對座一位黝黑平頭，年約 40 左右的「阿山仔」，有點迫不及待地掏出名片，並自我介紹，田中、社頭、北斗、溪洲地區都是他的轄區。他到底說些什麼我半句都沒聽進去，連他給我的名片也不屑一顧，扔在桌上。我祇祈求他們能早點完成他們的所謂「訪問」，我實在太忙了。

　　跟他們這些人，事實上也沒什麼好談。我一直保持沉默，心裡正待對方出招。「阿山仔」終於開口，直問我「知不知道昨天本鎮有位叫做『翁永福』從綠島回來的事情？」我點頭表示知道，並告訴他聽過同事們在談論這件事。

　　他接著又問我「是否認識『翁永福』？」我回答「不認識」。他似乎有點不相信，但沒有再追問下去。他遲疑片刻，幾次欲言又止，最後還是把放在肚子裡的話說出來，他說：「政府的『德政』你們都看過體會過吧？像翁某人這種『匪諜』，如果在大陸早就被槍斃，還能讓他活到今天？回到北斗時，鎮民還放鞭炮列隊迎接他。」這傢伙真是恬不知恥，什麼「白賊話」他都敢說，明明是 K.M.T. 自己發動，由幾隻狗腿子粉墨登場扮演的鬧劇，卻說成是北斗鎮民自動出來迎接。

　　他又說：「如果不是英明領袖，仁慈的先總統在台灣施行自由民主和法治，你們台灣人今天還能過得這麼好麼？像你回來之後還可以開工廠，經營公司。如果在大陸匪區，連作夢都是奢侈的。」

　　他們這種陳腔濫調，令人噁心，又不得不敷衍一下。我滿肚子悶氣，快要爆炸了！恰於此時，發酵廠三樓天窗，忽然冒出煙霧，我抬頭一望，覺得機不可失，便大聲喊叫，總務課和守衛室人員聞聲跑出來探究竟。

　　我故作緊張忙指著發酵廠，惟恐會客室裡的「狗腿子」聽不到，故意大聲喝令總務課長通令相關單位「搶救」，然後使個眼色，回顧會客室裡那兩個「狗腿子」，對他們說：「失陪，發生事故」，便掉頭飛也似的奔向廠區。

　　魏課長看到我慌慌張張地跑來，以爲發生什麼事故，也出來關心。我回頭掃視行政區，低聲告訴他們：「沒有事，祇想脫身，藉機擺脫『狗腿子』的糾纏罷了。」總務課長和守衛室也來電關心。我祇管問他們「客人呢？」證實都已回去，我才向他們吐露實情：「我藉發酵廠正在排氣的機會脫身。不藉這個機會，虛張聲勢，故作緊張，將那兩隻『狗腿子』騙走，我還能脫身麼？」大家聞言會心一笑。

　　發酵廠正常作業時，每次接種前，培養槽得經過高溫殺菌，然後將槽內廢氣（蒸氣）排出。這時候廠房屋頂都會瀰漫著濃密煙霧。從天窗排洩出來的煙霧，在外人眼中，有時候會被誤當發生「火警」。

　　翁永福，什麼叫做「叛亂」、什麼是「政治」都不懂，就莫名其妙坐了20多年冤枉牢。青春幾何？完全被葬送黑牢裡。到了釋放，還要給蔣幫北斗「民眾服務站」動員他們「狗腿子」，以迎接「凱旋將軍」般的戲法，牽去耍猴子。實在欺人太甚！

　　蔣幫出刊的「竹幕鳥瞰」，常批評竹幕內人民如何沒有自由，人權如何遭踐踏……。其實蔣幫30年來，在台灣何嘗真正讓台灣人享受過自由民主的生活，尊重過人權？還敢厚顏指責別人，簡直是龜笑鱉無尾！

　　翁永福在北斗老家沉潛短暫時間即北上，在台北與「綠島大學」同學合夥經營早餐店。聽說他們這一家「綠大生」做出來的饅頭、油條和豆漿的確很不錯，很快即名聞遐邇。短短幾年也累積一點錢，便迫不及待去朝聖長年夢寐以求，至未謀面幻想中的「祖國」，跟著幾位中國同志去一償心

願。也希望能藉此機會為「祖國」做一點事情，甚至打算長住中國不回來。

然而經過 10 年「文化大革命」以後的「祖國」，面貌全非，已經不是他們想像中那幅美麗、富有革命朝氣和同志愛的「祖國」。人情淡薄，待你「台胞」，關心你的「荷包」。「長征」「瑞金、井崗山」的土改，大慶煉鋼……對他們已經很遙遠。即算告訴他們自己曾經為「祖國」險些賠掉老命，坐過 20 多年苦牢，他們也是烏鴉聽雷，麻木不仁。

如果問他們有什麼生意可以做？他們眼睛馬上會亮起來，開始無微不至地自動關心，問你想投資哪一行業，帶來多少資金？他們都會為你設法安排。縣級、省級、中央任何單位，他們都打得通，他們擁有很好的關係和門路。等到你的荷包被掏空，則再也見不到人影。

24. 窺伺菌種的人

　　1977 年 11 月初的一個凌晨，床頭上的電話和廠裡對話機忽然響個不停。除非廠裡發生什麼緊急事情，否則，應不會三更半夜「擾人清夢」。

　　在前一天的晚上，我過了中夜才從台中趕回來。為了招待名古屋「三洋物產」社長和「東海銀行」支店長一行人，在台中「鳳麟酒家」折騰了一個晚上，因為我是主人兼翻譯，還要幫他們挑選「美女」給支店長等人。

　　當晚的雅宴，當然由我作東，不過，付錢的卻是「三洋物產」的廣瀨社長。「三洋物產」銷路拓展甚快，當時已經擠上我們的「第三大主顧」，每月出貨量在 4500 公斤左右，一再對我誇耀他們的業績潛力，要求我們能夠多給他們一點，奈何「僧多粥少」，我們還要照顧其他顧客。不過梅雨季過後，颱風未到，或春分左右，季節風已停，日照時間漸長，產量增加時，都會多給他們一、兩噸。

　　他們這次訪台，主要為招待「有交易關係」的東海銀行支店長。除了為「融資」，也想在支店長面前炫耀一番，使其相信他們的經營如何穩紮穩打，與我們關係如何緊密，原

料不虞匱乏。

由於電話齊響，我連忙跑去工廠，原以為發生什麼重大事故，經由守衛長老劉，和副助理陳日明兩位報告，才知道抓到了一名現行犯的「內賊」，才鬆了一口氣。

這名「內賊」，姓邱，永靖人，還不到二十歲。在半個月以前，才經由一位「狗眠黨」籍議員的介紹進來的。他開始上班沒有幾天，即「自告奮勇」表示他可以每天參加一般人所不喜歡的「大夜班」（下午 11 時至上午 7 時），因此隨即被派到處理課「大夜班」分離組見習。沒有想到這傢伙竟是被收買混進來當臥底的。

這個晚上過中夜不久，他趁著李慶章去調整「暖氣交換機」，陳日明忙於「水洗」的時候，將經水洗濃縮到祇剩 40% 水分的「濃縮液」，悄悄倒入預先準備好的塑膠容器，帶到鍋爐房後面，交給圍牆外的人。他鬼鬼祟祟的動作，引起李慶章的好奇，李便暗中尾隨跟蹤，發現牆外有一個騎機車的人，接拿邱遞給的塑膠桶。李慶章目睹此景，一時沉不住氣，便招來鍋爐房的人，合力將他擒住並交給守衛室。

我極力抑制情緒，並故意採大包抄，繞圈子問他：「外面那個人是你的什麼人？你是要他們拿回去拌飼料，餵小雞罷？還是做其他用途？」「也許你是賣給他們的吧？賣多少錢？」他一直低著頭，默不作聲，也拒絕回答我的問話。

我對他的不合作態度，已經按捺不住，便示意老劉搜他的身，想知道到底賣多少錢。結果從他身上僅搜出一張圖──一張用彩筆塗鴉的「生產過程圖解」，我端詳看了又看，發覺事情頗不單純。心想，這小傢伙背後一定有人在操

縱，毫無疑義，他是一名臥底。

他一直低著頭，依然不作聲，甚至準備接受任何制裁。然而我一反剛才的盛氣凌人，改以和顏悅色、同情和關懷的口吻問他：「你年輕不更事，一定受到別人利用，才做出這種傻事。我很同情你。不會將你交給警察，影響你的前途。祇要你坦白告訴我，到底誰叫你做這些事情，祇要你坦白，說出幕後指使者是誰，我就放你走，也不會將今天的事情告訴任何人。」

他似乎有所感動，慢慢抬起頭，一再表示悔意。最後他終於把來這裡的來龍去脈坦白吐露出來。他說他在一年前自永靖農校畢業，一直沒有「頭路」。有一天他母親帶他到彰化，找一位在縣政府「吃頭路」的親戚，拜託他在縣政府給他找一份工作。一個禮拜後，那位親戚通知他工作有眉目，但暫時不去縣政府上班，先到北斗，他們那裡有人會為他安排。當天並帶他到彰化莿桐腳一家工廠，見一位戴著深色太陽鏡的老先生，聽老先生的指示。老先生說要讓他在北斗磨練一段時間，一切按照他們的指示，以後再將他調回縣政府。

當初他很害怕，猶豫很久，最後還是經不起那位親戚的懲恿鼓勵，並保證任務完成以後，一定安排到縣政府，他才勉強答應。

至此，真相大白。原來彰化莿桐腳這家工廠，是專門加工香蕉粉的，董事長為呂縣長夫人，「化工」出身的黃勇圖即任總經理，並聘「功在黨國」彰化聞人周天啓醫師的女婿白強博士為技術顧問。

　　這家公司，資源豐富，人才濟濟，後台老闆又是縣長，照理，經營、技術都不應該有問題。是否因為我們自董事長至廠長、副廠長都是「刑餘之徒」，可以「軟土深掘」，所以才恣意偷取我們的菌種和技術？

　　今晚發生的事情，可以看做兩個禮拜前，呂縣長所演的那幕鬧劇的延長。兩個禮拜前的一個下午，呂縣長親自帶領自來水廠工友謝灰忍和六、七名「老芋仔」，浩浩蕩蕩，假藉「縣長要參觀」，硬闖門禁。守衛長和總務課長都不敢做主，便打對講機請示我。因為對方仗著縣長之勢，擅闖門禁，我覺得沒有必要對這種不懂禮貌的人客氣，不願親自接待他們，便指示頂副廠長作陪，衹准參觀三區培養池，不得讓他們跨進一、二區，時間也只限定半個小時。

　　我吩咐清楚後，即找來望遠鏡，躲在研究室二樓一個角落，遙望他們一夥人的動作。縣長和謝灰忍兩人，緊緊跟在頂副廠長身邊，寸步不離，使我有點納悶。其餘的人，即自動散開，走近培養池，眼睛卻一直盯住頂副廠長，使我對他們更加起疑。

　　原來他們是有組織、有計劃的，先把頂副廠長纏住，讓已各自散開的「老芋仔」能有機會，拿出事前預備好的空瓶子，從培養池中舀取「培養液」。

　　他們根本不是來參觀，而是用計盜取我們經過十數年，從世界各高溫地帶採來的或與外國交換，經數百次，一再反覆、分離、篩選出來的最適合台灣氣候、水質的品種。

　　他們的小動作，我已經俯瞰得一清二楚。隨即拿起話機，命令守衛室，除了縣長之外，其餘的人一律得自動把衣

袋裡的小瓶子交出來，否則搜身。祇要給我們搜出一、兩瓶證物，我們就不怕得罪人。一切責任，由我負責，「大家免驚」。

不到一刻鐘，守衛長來電報告說：「開始時他們都愕然不知所措，及至要求搜身，他們就開始用手摸摸自己衣袋，那種驚惶舉動，正證明他們心裡有鬼。」

還是縣長知趣，自認理屈，假意怒喝那些「老芋仔」，說：「池裡的東西祇是些綠色的水，有什麼好稀奇。一個大男人怎麼還想玩這種東西，眞是莫名其妙，還不趕快拿出來。」

這幕「活劇」，演得滿逼眞。究竟當縣長的，兼「狗眠黨」的什麼委員的人，官大位高，道行亦不低，演起戲來也是滿有看頭。害得我們頂副廠長不禁捧腹大笑，差點笑掉大牙。

自此以後，「日新產業」便成爲我們的「拒絕往來戶」，對縣長也是一樣。我們並沒有虧欠他們什麼，他們也從未幫忙過我們。

我們以爲此事已經「銷帳」，從此大家可以相安無事。哪知卑鄙的縣長，竟然利用求職心切的青年，做臥底來偷取我們的「技術情報」和菌種，眞是令人匪夷所思。

其實，虎視眈眈一直覬覦我們菌種和技術的，豈止「日新」一家，祇是他們的做法太霸道罷了。如田中「東洋」、草湖「陽光」、後壁寮「光合」、鹽水「宏光」、虎尾溪「台豐」、神岡「台陽」、潭子「台茂」，甚至連桃園的「嘉陽」、宜蘭「力元」的菌種，也都是用各種辦法從我們

這裡得到的。

　　至於埤頭那一家，可以說完全由我們這裡「拷貝過去」，他們投下鉅資設廠好幾年一直動不起來。直到我們準備「改行」了，「烏龍」全跳槽過去，他們才稍稍有所運作。

25. 工廠裡的Spy

1979 年，一個寒冷的冬天，我從台北坐莒光號夜車回台中。忙了一天，已經筋疲力竭，昏昏欲睡。睡夢中，依稀有人喚我：「你不是老鍾嗎？」睜眼一看，竟是久違近二十年的隋宗清。

他確認果然是我，即不回自己座位，就站在走道和我話舊。我雖然幾次想讓座給他，都遭他堅拒。

隋宗清中國山東人，日本「一橋」──東京商科大學畢業。因能用日、中雙語教學，頗受「中商」校長江文章器重。

1946 年 10 月中，在「中商」教中國語的何集淮，發現臥底校園的「國特」開始對他挑釁，跑來嘉義求援，要我到「中商」助他一臂之力；運用「三青團」關係為他助威，迫對方收斂一點，別太囂張。我在「中商」時間極短，一看苗頭不對，即回嘉義。因此與隋宗清無緣共事。

他涉「中共台中武裝組織」案。他雖是山東人，卻是高高瘦瘦無縛雞之力的白面書生，根本不像武裝組織的施部生、呂煥章、李漢堂等人身材魁梧 ❶，並非孔武有力直接參

加武裝活動的材料。他雖然出生中國，卻富有正義感，不屑與校園「國特」為伍，因而莫名其妙被咬一口，坐牢十年。

他是我二十多年前，在新店軍人監獄「智監八房」為大甲蔡仲伯的事情，被帶上腳鐐手銬，最窮愁潦倒、身手不自由的時候，和孫裕光、楊進發三人，伸出援手幫我、攙扶我的恩人。

出獄後，因身處「白色恐怖」下，無法探尋彼此下落；今夜無意中相遇，話舊倍感親切。我們一直談，談到工作、家庭、子女求學……。他一再恭維我事業上有成就。儘管我忙作解說，公司不是我一個人的，我祇是在這裡負責產銷方面。他還是說，近年來常在報紙上看到介紹「克羅列拉」的新聞，都會出現我的名字。「同學」們，很多人都知道我從綠島回來不久，就開始從事這一行業。

車到苗栗，再過幾個站便到台中。他知道我就要下車，他自己因為必須趕路，到高雄處理些漁船的事情，無法應我的要求在台中過夜。他便談起日前在新店碧潭看到陳俊堂夫妻倆，一看到遊覽車來，兩手拿著汽水，衝過去叫賣。他接著以很同情的口吻問我：「老鍾，這麼冷的天氣，會有多少

註 ┣━━━━━━━━━━━━━━━━━━━━━━━┫

❶ 施部生、呂煥章等人，原為二七部隊幹部，與盧伯毅等，為防堵敵軍從北南下，駐防大安溪頂，縱貫線鐵路山洞口，鐵橋下。旋因接獲情報，敵軍已空降嘉義，已無續防意義，乃經東勢、水長流、茅竹坑，擬往埔里會師，忽聞埔里有變，遂將所有武器裝備搬到附近「白毛山」隱匿。後來「白毛山」、「竹仔坑」兩基地遭敵軍偷襲搗毀，犧牲的青年幾乎也都是昔日隨二七部隊入山者。如躲過此劫，坐過十五年牢，倖存者中的「水牛」劉水生。當年「中商」學生，曾受何集淮指揮到台中干城營區（二七部隊）。

人買汽水喝？」說到這裡，他便單刀直入要求我能給陳俊堂安插一個工作；「隨便什麼都可以，即使一個普通工人，他也會感激你。」

他不容分說，自做主張，又說下次見到陳俊堂，會告訴他，到北斗找我。我聞言張口結舌，一時不知如何回答他。火車已到台中，我即起身和他握別，繞到窗口，汽笛一鳴，火車又開始慢慢滑動。我揮手，他點頭，直至大蟒給黑夜吞沒。

走出收票台，即瞥見黃清河在車旁舉手示意。上車後本想閉眼養神。奈何，陳俊堂的名字和影子，在腦海裡一直蕩漾著……。隋宗清要「叫他來找我，要我給他安排工作……」。這些二十多年前的往事是我一生中烙印最深，打擊最大，揮之不去的夢魘，我一直隱忍努力不去碰觸，很想把它忘記，過著平靜的日子。

「陳俊堂」這個名字，凡是 1950 年代，在新店軍人監獄和綠島「新生訓導處」滯過的人，應該不會太陌生。因為它很活躍，是一位半吊子「毛主義份子」。滿口「清算」、「鬥爭」，台灣「解放」後，定要清算這、鬥爭那，滿口血腥，令人側目。

然而曾幾何時，這位「自立新村」軍人監獄裡「小蘇區」紅人，竟然變成人人喊打的過街老鼠。真是令人匪夷所思。（請參照《辛酸六十年》下冊，頁 309-312）

如今，卻被攪成這樣子，真是惱人。如果是別人，我可以理直氣壯，一口拒絕。因為是老隋「親口拜託」，我能不顧二十年前的恩情，不加考慮嗎？

　　不過我又想起他是一名「毛主義」狂妄份子，曾經是「小蘇區」最活躍、最衝的人。就算我不記恨，他也不一定會屈就他們心目中的所謂「右傾走資派」「革命叛徒」之下？我料他不敢。

　　然而與隋宗清握別不到一禮拜，我果然接到陳俊堂寄自桃園，鄭重其事用毛筆正楷書寫的信。內容寥寥數行，大意說他將於下禮拜一，天亮即從桃園妻娘家，騎「鐵馬」到北斗，投靠我們。我放下信函沉思片刻，初即滿腹狐疑，接著一陣惻隱之心湧上來。我開始想像他在寒雨天，為求一頓粗飽，跟他太太到新店碧潭，冒雨賣汽水的情景……。我搖頭嘆息，他果然窮困潦倒至此！

　　大約又過了一個禮拜，一個下午四點左右，廠內對話機大響，守衛長老劉，報告有一位戴斗笠、綁腿，騎「鐵馬」來自桃園的中年人，求見副座。

　　我到總務課會客室，命總務課長林桑和人事股長李桑，也來認識這位「特殊客人」。我們過去，在新店軍人監獄和綠島那一段，我故意避而不談。祇跟他談些有關他的工作問題，聽聽他的希望。

　　他卻老是不識相，還把這裡當過去綠島軍人監獄般，說話隨便，滿口「同學」。甚至還想藉機攀附，把我們過去在綠島軍監，那一段關係說成什麼「共患難中的『同志』」。我雖然頗不以為然，對他所言另有不同解讀；不過「來者是客」，又是老隋推薦、一再叮嚀的人，我就睜一眼閉一眼，讓他暢所欲言。

　　因為他太沒分寸，喋喋不休，講個沒完沒了，而林課長

和李桑還有一大堆事情等著去處理，總不能讓他們繼續枯坐下去。我也不是沒事情做，便「正襟危坐」宣佈任他為總班長，循例試用三個月，試用後納入正式工作員，統率四名班長和近三十名副班長和工作員，配合新近取得土地的整地規劃，配管和造池等，待遇則視表現，准依副助理待遇。

我又告訴他除了總務課機電課外，所有生產單位無故不得進入，尤其培三課和研究室屬禁區，擅自出入會受罰扣薪。重點交代完畢，我便趕回廠長室。

三個月試用期滿，依據兩位副廠長和總務課長，相關主管的評語：工作表現還算不錯。年近五十，有家庭，還有別人所無的「綠島經驗」，工作表現當然要比一般工作員好。不過他話太多，講話隨便，有時還會故意展現一些怪異動作，以示自己並非泛泛之輩。

除了這些，還發生兩三件令人迷惑的事情。碰到梅雨季，春雨綿綿，室外整地無法進行時，頂副廠長都會將他們交給負責生產部門的林副廠長（仲堅）調派。素有話匣子雅號的陳俊堂，好像對每一部門的機械設備都很感興趣。從操作、功能、裝配廠商、製造國家，乃至價錢……等等，他都要打聽、問到底、做筆記……。

他又時常利用中午，大家到餐廳時，一個人悄悄潛入培三課（醱酵廠）和研究室。甚至連點有二十支 60W 紫外線燈的無菌室，他也不避開，擅自進去。給助理員曾麗雲發現，大聲阻止，他嚇得轉身拔腿衝出去。這件事情很快就傳出。大家都警覺他有問題，競相走告。對這個問題我採「冷處理」，一反過去，不動聲色，也故意不聞不問。即使在工地

碰見時，我還是照往常關心他們的安全及起居飲食，還故意問起隋宗清最近有沒有消息？來緩和緊張。

另方面，我又將一些早期實驗報告表，幾可作廢的，反而鄭重其事的，在每一頁都加上一些「數字」。或增減試藥份量，原料數字，再將它塞入抽屜裡不加鎖。黑板上的「滅菌劑」、「清管劑」的添加份量，加以調整。生產過程圖解（flow chart）、配管圖等也另製一些倒置符號。

爲什麼我不厭其煩地這麼做？我的「不尋常動作」，似乎已被研究員胡維碩和秘書楊明月所發覺。不過彼此心照不宣。

說實在，潛伏工廠內的 spy 豈止陳某人一個。守衛室七名守衛，就有四名憲兵退伍的「老芋仔」，兩名由北斗高中人事主任硬插進來的，另一個則爲「賣膏藥」出身，從前在部隊當過「政戰官」，自稱因沒錢沒勢攀不上關係，才淪落到這種地步。

然而我對待這些人卻「一視同仁」，從不鬆懈警覺。我是經過大風大浪的人，看多了。難道我自己還不明白蔣黨，何以要透過不同管道安排這些人到我們這裡來？

我們公司說眞的，的確很特殊。1964 年 2 月，我出獄寄居北斗，即在這個小鎮上泛起一陣漣漪。四年後在鎮南，一座荒廢多年的磚窯，整建成立「克羅列拉工業企業社」，即開始受人注意，三年後廠地擴張，開始購買鄰近土地，並改組成立公司。

而且自董事長起，三名常務董事，四名董事中的兩名，三名監察人中的兩名，乃至總經理、經理、廠長、副廠長幾

乎清一色，都是所謂「同學」，曾經受過「叛亂」案洗禮過的人。而員工中，業務經理郭振純，副廠長頂金昌，總務助理鄭靖民，副助理陳朝基、陳俊堂，處理課吳坤章、陳俊清，另股東吳聲潤……等，也都是分別由綠島、新店、台北監獄釋放出來的人。

面對這麼多「反共復國」「絆腳石」大膽「聚集」，蔣黨能不緊張而安插這麼多人在我們公司才怪。不過這些來明的，我們並不在乎；倒是那些「來暗的」，到底有多少臥底潛伏在哪些角落？才是我們必須時刻警惕的地方。

像陳俊堂，論他的來歷背景，乃至介紹人，照理應歸類做「自己人」。偏偏這位仁兄，除了小動作多，受嫌的地方也不少。他曾經兩次擅自到廠長室，不顧秘書在場，走近我身邊大聲告訴我：「今天是 228 你不會忘記吧？不要吃飯，今天要斷食。」幸好，楊秘書不懂什麼叫 228，不然，豈不將她嚇壞？經此經驗，我對陳俊堂又提高警惕，使我又想起二十多年前，他在新店時為什麼變成「過街老鼠」人人喊打。

他辜負了隋宗清一片同情心，也辜負了我對他的寬恕，給他一個工作機會，他卻不懂珍惜，真是「朽木不可雕也！」是他自己斷送自己，別怪他人了。

這時候日本方面，一再要求我能親自到日本視察，去了解他們開拓「克羅列拉」市場，需要如何努力？如何打拚？看看「克羅列拉」市場的發展空間有多大？幾乎每一家客戶都來信催促。我何嘗不想親自去日本調查，又何嘗不想爭取更廣大的市場？佐井桑也一再催我，暗示我，即使得花錢，

也無妨。一定要爭取商機，而且幾項機械的問題，也正待我親自去作最後決定。

當我正為此問題傷腦筋時，有一天台中「若松町」老鄰居，以前經營輾米廠的廖明耀夫婦，忽然來訪。

他從日本回來不久，沒工作，正好日本有人想要「克羅列拉」，苦無門路，便來找我。他在台中探聽到我們這家公司，實際經營者是我，和另一位大甲人佐井桑，所以來這裡看看是不是我。

我祇管和他們寒暄話舊，不想跟他們多談「克羅列拉」的事情。目前的產量無法應付新客戶。在他們前面排隊等貨的人，已經有四五家，怎麼可能今天來就有東西給他們。阿筍桑（廖明耀夫人）終於開口「討人情」。緣起三十三年前，我從東京回來，每天除了應付「特高」糾纏，陪阿母閒聊，就是騎「鐵馬」逛街。

一個殘暑十分酷熱的黃昏，我騎著父親留給我的簇新「鐵馬」，在我們工廠右側「若松町」馬路上兜風時，瞥見東平醫院前有一位穿著鮮麗，打扮得很時髦的少女，為了親睹佳人，加速衝過去，一不小心竟撞上那位女生，對方雖然跌了一跤沒有受傷，卻令她花容失色。她一定神，用日語反問我：「怎麼搞的，到底發生什麼事情？」我攙扶她，拉著她的手，用英語一再向她陪罪說：「I am sorry.」

她發現我一直抓著她的手不放，覺得很不尋常，也使她很尷尬，便用日語帶著半抗議口氣，責問我：「到底怎麼了？」我才發現自己失態，連忙縮回自己的手，低著頭頻頻陪罪，告訴她並無惡意，「因為妳太迷人，給妳迷住，失

神⋯⋯。」她瞟了我一眼，焉然一笑用日語問我，是否「筑後屋桑小開？」我微笑點頭。

原來阿筍桑的所謂「討人情」，便是指她當年沒有將我扭送日本警察，說得哄堂大笑。接著她問我大家都看好「克羅列拉」市場，為什麼不親自去日本看看，我聞言苦笑，反問他：「你以為像我這種人，想出國即能出國嗎？你們還不知道我的過去？」廖明耀點點頭回我說，他們二十多年前就聽說過有關我的事情。

阿筍桑是台中聞人樹仔腳林湯盤族人，早年負笈東瀛，進很有名的「東京多麗迷學院 dress maker」學成回台，家境不錯又有一張迷人的臉蛋，加上「東京多麗迷」出身，穿著時髦會打扮，吸引不少台中囝仔。後來如何變成廖明耀夫人，不得而知。

廖明耀也是大屯街人，經台中一中考上日本中央大學經濟系，在日本經商一段時期，投入廖文毅「台灣共和國臨時政府」，擔任財政部長。及至廖文毅的「台灣共和國」組織，受到蔣黨臥底搗毀，回國後在蔣黨安排下苟且偷生。

我所以不能出國原因，就在這裡，我申請過幾次，還是沒有下文。阿筍桑點點頭表示，知道我的問題出在哪裡，她接著說：「像你這種案子應該不算什麼大問題，阿耀也許能幫你解決。」

他們回去後，不到一個禮拜，我便接到「內政部出入境管理局」的公文，准我出國去日本。

這次出國，是我生平第一次坐飛機，精神上不免有點緊張，對飛機安全問題也有許多顧慮，然而想到全世界不分晝

夜，飛機都在飛，而且去日本不過兩個半小時就到，根本不用多慮。

出國當天，家裡的人和幾位住台北的親戚，連「七福」的張燦生和洪金璋兩位頭家，都來松山機場送我。上機時手續由廖明耀的朋友代我辦，然後由那位朋友和廖明耀兩個人帶路，逕自送我上飛機。回國時，也是他們兩位到機上，直接將我帶出機場。受到這種特別禮遇，內心委實有點不自在。

回到家已近黃昏，廠裡幾位幹部聞訊，競相走告，有關陳俊堂在我出國兩個禮拜中，如何不聽勸告，不接受指揮，除了擅自闖入禁區：培三課和研究室，甚至連廠長室，都不聽楊秘書阻止，進去抄錄黑板上的藥品名稱和數字，在資料櫥裡翻來翻去，不曉得在找些什麼東西。

林副廠長也報告，一個禮拜前，晚上十點左右，趁著大夜班還沒來交接時，他一個人無故跑進處理工廠，拍照些什麼。

大家說了半天，發現我毫無反應，近乎麻木不仁，一反過去的冷靜，既不急於回工廠查看，也不派人去叫陳俊堂來問話，而訝異、納悶不已。

祇有站在一旁的楊秘書和胡研究員兩個人，心知肚明，早就知道我在做什麼？微咧嘴角似笑非笑的楊明月，終於忍不住將噎在喉嚨許久的一句話說出來：「副總一切都在掌握中，都給你預料到……。」我連忙使眼色，作手勢阻止她繼續說下去。因為潛伏間諜，不只一個，可能還有。

次日，我正準備去工廠看看，忽接守衛室報告說：「今

天天還沒亮,陳俊堂進廠裡,將自己的工作服等,捆一大包帶出去,說他要去屏東,暫時不會回來。因為動作有點不正常,本想要求他把東西自動打開受檢,因為他是副座『朋友』,所以……。」守衛室想繼續報告下去,我因急欲回廠長室看看,便截斷他的報告,告訴他們說:「我都知道,沒有事了。」

陳俊堂所抄錄、拍照、偷走的東西,就算我送給他當「禮物」吧!

26. 為查228史料李喬來訪

「美麗島事件」開始大搜捕，也已經過八個多月的 1980 年 8 月間，整個台灣仍然處在陰霾之中，對原有「舊案底」的人而言，「警總」更是揮之不去的夢魘。

受到「美中建交」的衝擊，「美國國會」雖為亞洲戰略利益考量，同時通過了「台灣關係法」；而非法霸佔台灣，屠殺台灣人，歹路走久，作賊心虛，深怕有一天會變成「海上難民」的蔣記狗眠黨仍不知懺悔，猶作垂死掙扎，預設陷阱將到高雄參加紀念「國際人權日」的愛國人士，羅織成「暴民」，祭出「刑法 100 條」恫嚇，以逞對台灣的永久佔領。

幸好，這個陰謀隨即被旅居國外的台灣人和外國媒體識破。他們大聲疾呼，喚起國際輿論和人權組織的重視，使狗眠黨的陰謀詭計功敗垂成，不得不接受「公開審判」和外國媒體旁聽。

接著一批不怕死，充滿著正義感的青年律師——如李勝雄、蘇貞昌、張俊雄、尤清、謝長廷和陳水扁、呂傳勝……等人，也站出來成立「義務辯護團」嚴陣以待，準備在軍事

法庭上抗衡。

結果沒有一個愛國之士「被判死罪」，使幕後操縱者王昇顏面無光，捶胸頓足。而得到國際輿論聲援，初嚐「團結就是力量」滋味的海外台灣人，也大為振奮。

不過，一些從「綠島」回來，有政治案底的人也被牽連，遭到特務搜查和監視。我雖不認為自己是什麼「驚弓之鳥」，卻也不想惹禍招殃，不顧事業和家庭，故而「閉門謝客」，儘量避免與敏感人物見面。

然而，有一天，素有「台灣蕭伯納」之稱的潘榮禮竟然闖關，陪著一名帶有深度近視眼鏡，滿口北京話的陌生人來訪。經潘榮禮介紹，並出示楊逵的介紹名片，內心忐忑才稍稍穩定。

由於公司會客室與守衛室近在咫尺，五名守衛都是憲兵出身的老芋仔，總務課裡面也可能有「臥底」，便請兩位客人到研究室二樓，用兩面隔音玻璃牆圍起來的廠長室敘談。

原來這位客人，出生苗栗番仔林。因他顧慮我聽不懂客家話，故藉北京話作溝通。難怪滿口北京話。他介紹自己是在「苗栗高農」教書，也是一名作家，還兼任台灣唯一敢大膽宣揚「台灣魂」的文學雜誌《台灣文藝》總編輯的李喬。這個名字，似曾相識，卻又想不起在什麼地方聽過。

當時，他的長篇小說《孤燈》，即將由「遠景」出版，另兩部長篇小說《寒夜》和《荒村》（應該是他「寒夜三部曲」的上、中冊），也已經脫稿，交給他的「台灣蘇尼亞」——夫人蕭銀嬌女士整理中。

李喬具有頗深的漢學根底，能夠靈活運用漢字詞句。聽

說連一些出生中國的「國文」老師都為之訝異，自嘆不如。他寫文章又非常快速，思如泉湧，每每能「思到筆隨」，加以他自少即鄙視那些會寫幾個整齊字體，便自以為很有學問，在鄉下佬面前搖頭晃腦，自炫唬人的警察派出所「保甲書記」之流；這種近乎「叛逆」的性格，造成他的脫軌字體，因此其稿件，都必須先交夫人過目整理。

東方白在他的《真與美》裡曾經提到蕭銀嬌女士為「台灣 Sonya」。因為她酷似為托爾斯泰抄寫整理《戰爭與和平》、《安娜卡列尼娜》、《復活》等長篇巨作的托爾斯泰夫人──「蘇菲亞・安徒列尤娜」女士。

彼時我對李喬，除了他的名字和他是一名小說家之外，還是一片空白，沒有什麼特別的印象，也不覺得他的「胃」有多大，直到後來將他送給我的「寒夜三部曲」看完之後，才發現李喬不僅是「小說家」，還是一名非常熱愛「我們的母親──台灣」這塊土地的愛國者，不禁肅然起敬！（這是後話）

李喬的來訪，緣於──1979 年 8 月 3 日吳三連的《自立晚報》，假台南縣「南鯤鯓廟」創辦富有「台灣味」的「文藝營」。全國凡關心本土文化、台灣文學的青年學子、作家詩人，都非常踴躍報名參加。連楊逵、陳秀喜、日本塚本照和、淡水王昶雄、病中的艋舺王詩琅等先輩作家和李喬、鍾肇政也都不辭遙遠跋涉而來。

在狗眼黨長期戒嚴，言論受箝制下，此類聚會活動，幾乎被認為不可能。然而，它卻真的開辦了。如果不是受到民主潮流衝擊，而由一名狗眼黨長久以來費盡心機，極想籠絡

收編，在國際上稍具名氣，在國內頗受擁戴的前台北市長吳三連先生具名申請，恐怕也難望實現。

這場空前盛會，選在暑假中，從全國湧進來的中小學教師、大專院校師生，及日治時代先輩作家，戰後嶄露頭角的新進作家詩人，乃至關心本土文化、台灣文學的淑女、士紳……，據粗估不下千人，害得向陽、林文義、羊子喬、杜文靖和龔顯榮等人都忙得不亦樂乎！

當晚活動結束後，平素很少有機會相聚的南台灣文壇朋友，都到「南鯤鯓廟」西側二樓廂房看李喬。一些心儀李喬而不曾謀面的學員，也趁這個機會，跟在前輩們後面來瞻仰這位名作家。

這些學員和文壇老友，都從報紙上獲知《孤燈》即將由「遠景」出版。一些知道《孤燈》梗概情節的朋友一見面，便異口同聲，稱讚他的大作，並試探他「寒夜三部曲」完成以後，有何新的規劃？在場朋友都鼓勵他繼續寫下去，戰後這部歷史非常重要，不妨本「春秋筆法」加以一絲不苟刻畫勾勒出來。

李喬聞言，顯然既欣慰又惶恐，《孤燈》未出，即轟動文壇，不亦快哉！

說到「台灣戰後史」，他何嘗不想嘗試？「戰後史」最重要的一段，即是「228慘史」。欠缺了這一段暴露中國人殘忍野蠻不人道，和驚醒台灣人的史實便無意義。既是小說，照理應純屬虛構（fiction），然而這種嚴肅負有使命感的小說，能閉門造車，靠自己的想像、假設、塗鴉？妄作一些無病呻吟或寫些完全不符史實、離經叛道的東西麼？

🔥左1：鍾肇政、左2：李喬、右2：蕭銀嬌、右1：作者、後排右1：陳清鈺

　　因為 228 是「大禁忌」，人人談虎色變，即使偶爾找到風聞其事的人，也都不知其詳。當年參與者，幾已被殺害，如今想蒐集當年史料，豈不等於大海撈針一般困難？

　　李喬縱然懷有強烈使命感，很想繼「寒夜三部曲」之後再創佳績，寫一部以「台灣戰後史」為背景的小說，然而「巧婦難為無米之炊」，如之奈何？當在場文壇朋友明白他的困難，扼腕嘆惜，沉默苦思時，「台灣人三部曲」作者，台灣文壇老大鍾肇政忽提醒李喬：「何不找鍾逸人？」接著彭瑞金、鍾鐵民、葉石濤等人，也都如夢初醒，猛然想起楊逵確曾提及這位傳奇性人物，在 228 中扮演過重要角色⋯⋯。

　　李喬聞言如獲至寶，不待「文藝營」活動結束，當即奔回苗栗，席不暇暖便於次日向學校請假，到台中「東海花園」尋找楊逵，可惜未遇；又轉往大溪楊逵長子楊資崩所經營的「資生花園」，最後終於在桃園鶯歌「國際新城」一家簡醫師的別墅中，找到了這位先輩作家。

　　楊逵 1981 年初患了一場大病，隨即爲其次子楊建接回豐原照顧，並將雜草叢生荒蕪許久的「東海花園」關閉。等他病情稍微穩定，又由桃園這位仰慕楊逵多年的簡姓醫師接去他的別墅，以便就近照顧。

　　李喬爲了取信於我，務必拿到楊逵親筆介紹名片，爲此不惜遙遠跋涉，由苗栗到台中到大溪到桃園到鶯歌……，幾乎跑過半邊台灣。

　　李喬的誠懇和爲尋訪楊逵而跑過「半邊台灣」的艱辛曲折經過，令人感動。潘榮禮談及他爲台灣文學如何打拚，當下我便決心「交這個朋友」，便開始從容不迫縱談 228 概要，以及幾位疑被殺害的焦點人物的悽慘經過……。

　　我們一直談到近黃昏時刻，廠裡日班人員都已下班，小夜班的也都來接班時，他因必須趕回苗栗，雖意猶未盡，仍依依不捨地告辭回去。

　　此後他差不多每月至少來看我一次。我北上出差時，也會順路到苗栗「玉清公廟」後面的稻田中，一條機車勉強可以進去的狹小田埂盡頭，兩根紅磚砌成的門柱，裡面種有洋蘭的田廬去看他。

　　李喬這個人渾身是膽，充滿鬥志，對使台灣人墮落麻痺、認同意識模糊分歧、不敢正視自己、拒絕承認「自己

母親——台灣」，那隻面目可憎，邪惡恐怖的幕後黑手——「匪諜」份子；緊緊盯住，掀出來攤在陽光之下使其無所遁形，讓所有台灣人頭腦清醒，知所警惕。

然而李喬既非萬能，有時也不免遭到挫折。此時「台灣的 Sonya」蕭銀嬌女士的溫柔體貼，用「母愛」的慰撫，便成為他療傷的無二特效藥。

自從李喬前來「叩關」，我的生活空間也開始有些變化。出獄後我一直蟄居「莊腳」——北斗，祇周旋於「草地紳士」、「莊腳阿婆」及與自己公司有交易關係的幾家貿易商或客戶之間，很少到外面「拋頭露面」。

後來，忽有一些關心 228 的文化界人士來探望。連一些從國外回來的台僑、學生也聞風來訪，想窺探風聞許久的「228 傳奇人物」。

因為他們在國外時，早已從史明的《台灣人四百年史》、林啟旭的《228 事件研究》及《台灣文庫》第六期一篇介紹〈楊逵與他的同志〉（謝聰敏作）裡面知道有這麼一個人，而且確認這個人已經出獄多年，蟄居北斗。

李喬遇到關心他的「寒夜三部曲」出書後「何時再出續篇」的讀者朋友時，都一反過去的搖頭、嘆息，很興奮地以「斬釘截鐵」口氣，表示「很快！一定會寫。已經找到當年率領二七部隊與蔣軍拚命的焦點人物」。

因此我每次到「頂港」，便有一些氣質風度迥別於莊腳那些講話大細聲，口沫橫飛，祇關心「何時要進香？」「六合彩……」「阿匹婆的泰國貓生下幾個蛋？」的草地人。他們很有禮貌，是關心 228 和台灣前途的少年家仔，前來探詢

有關 228 的真相。

這些人所以抱著好奇心，想一睹未被關死獄中的我；不消說，都是因為李喬到處為我吹噓，如果不是他這麼熱心「雞婆」，怎麼會有這麼多人來找我呢？

這些新近相識的朋友，有的在大學教書、有「長老教會」牧師、也有醫師、記者和作家，更有勇敢的「黨外人士」，他們後來都成為我的良師益友，不斷鼓勵我，使我慢慢撤去心上的「警總」，毫無顧忌的跟他們談 228，討論台灣問題。這些朋友的熱心和勇氣，令人感動。

1986 年 9 月 28 日「民主進步黨」組黨成功，這些朋友雖然有的未直接共襄盛舉，卻都是為台灣民主化、本土化的有力推動者；他們都是默默在海內外為台灣前途打拚的尖兵。

27.「B.G.E.」的開發

　　張副總告訴我，西德那位顧客是經營酒館的，不是做醫藥健康食品類的。他們不賣「克羅列拉」，祇將打成小錠片的「克羅列拉」（Chlorella Tabs）裝入鋁箔包，放在吧台上的小籠子裡任人取用。他們不是德國城市、鄉村到處可以看到的一般啤酒屋。他們賣啤酒，也賣葡萄酒、白蘭地、威士忌和伏特加等烈酒。

　　雖然張副總的話，使我有點失望，卻也給我一個極有價值的啓示。虧他們德國人會想到用具有「殺」酒精功能的「克羅列拉」招徠顧客，促銷酒類。畢竟億萬年前即已存在於地球的「克羅列拉」，是由德國科學家最先發現，再傳至美國、蘇聯，最後給日本學者開發到醫藥健康食品方面。德國人這種創意，使我忽然間想起 C.G.F.（Chlorella Growth Factor）的神奇整味作用，早於 1950 年間，即爲日本「德川微生物研究所」和京都大學武智芳郎博士所提及。

　　我也曾幾次，依他們的提示，作過各種不同實驗，包括動物實驗，委託新化畜產試驗所徐阿里博士、「嘉農」和東港水產試驗所廖一久博士等，得到一些極珍貴 data（數據）。

　　我也命開發部研製幾種不同用途的樣品，分別寄給東京赤坂的「虎屋」──皇家御用商、日本「專賣公社」、關西Paint、鎌倉 ham。我也親自跑去中壢找養樂多（Yukult）公司的陳重光和他們日人技師，也到台南新市，找剛與日本「山崎 pan」合作的「統一企業」副總和麵包部經理……，想繞過正陷紛亂中的日本「克羅列拉」市場，也不屑與那些所謂「新進」廠商玩無意義競爭。

　　張副總是我們公司董事張清豐。他是嘉義梅山梨園寮人張爲勑獨子，「台大」經濟系與前「玉山銀」董事長林鐘雄同期同班。德國慕尼黑大學經濟學博士，曾經爲時任新加坡「南洋大學」校長林語堂邀聘，任「南洋大學」商學研究所所長。此時，他與任教「新加坡大學」（Singapore University）土木系張世典教授私交甚篤。回國後曾一度在「政大」任教，並照顧他父親遺業「太豐產業」。

　　因近年日本市場頗不穩定，痛感將市場侷限於日本三島之不妥，又鑑於擴大生產容量「以量制價」計劃，漸告完成，需另闢日本以外的歐美市場，爲借重張博士早年留學歐洲之經驗，乃經董事會聘任他兼副總經理。

　　二次大戰中，我服職日本陸軍後勤部隊，有時到竹崎「朝日隊」，嘉義「命（ミコト）師團」99 聯隊洽公時，都會順道拜訪張清豐父母，接受他們招待，泡泡「風呂」。戰時燃煤奇欠，一般百姓想泡「風呂」很不容易，他們的木材廠，有的是木屑，天天都可以享受泡「風呂」之樂。他幼年活潑好動，曾幾次趁著我泡「風呂」時，偷偷拿我的軍刀玩，惹得他母親緊張。

大約一個禮拜後，副總約我外出，說要帶我去台北見一個人，是張世典教授長兄張東浤。張東浤二次大戰中，畢業東京「府立七中」，經「二高」進「東大」化工系。228 後回台灣，在「台大」完成未了學業。時任公賣局台北菸廠廠長。

當晚他瞥見我放在桌上的罐裝樣品，好奇的主動問起，我便將它的效用、原料、製造過程，乃至無毒無害可以食用……加以說明，並當場借用四個小玻璃杯，各倒下 30cc 烈酒，再用吸管以不同份量樣品滴入杯裡，留下一小杯保持原味。約過兩分鐘即請張廠長試舔。他小心翼翼，每杯試舔兩次，然後深鎖雙眼，靠緊椅背，若有所思。片刻便指著杯子點點頭，驚嘆！連聲叫「妙」！他轉換姿勢靠近我，說它如果真有這種整味效果，能保持穩定，對人畜確實無害，即能挽救被丟棄在倉庫裡數十噸，本土自產低級煙葉的命運。

因為，這些煙葉都是國內煙農辛辛苦苦種出來的。台灣氣候特殊，種出來的煙葉，祇能勉強列入八級、級外，太辣，不適合現代人口味。然而為了遵從政府照顧煙農政策，每年仍得按季向煙農收購。目前各地煙葉倉庫爆滿為患，正大傷腦筋。

雖然，有時政府為了拉攏非洲小國家，割肉賤賣給外交部做邦交「禮物」，或供谷正綱之輩的什麼「亞洲反共聯盟」，在南太平洋小國家辦「反共外交」。但公賣局是獨立營利單位，不是外交部附屬機關，自己要生存，又要拚業績，每年還要繳納巨額營利所得給國庫。

張廠長又指代號「B.G.E.」一旦被採用，用於總產量佔

80% 以上、國人普遍喜歡吸的「長壽」牌，則所需數量相當可觀。一年至少得進六、七噸分給四家煙廠，而首年得另進五年份（約 35 噸）存庫，以備萬一。

我聞言忽然全身輕飄飄，情緒沸騰，躍躍欲動的感覺，瞬間，我又回復理性，回到現實。欲使這筆交易成功，還有一大段路要走。首先，我需要拿出德國或日本「專賣公社」做過實驗的任何報告，任何強而有力的實驗數據（data），而且，公賣局連試都還未試過，也還未通過「吸評會」……。

張廠長即使完全相信我的說明，也親自舐試過，認為大可一試，但最後裁定權還是在公賣局總局。他頂多提供我們一些參考意見，指示我們今後努力方向。他因為身份特殊，未便多介入，也不方便帶我們去見相關人士。

我能體諒他的立場。從此我們便盡量避免見面，即使在公共場所相遇，也僅使個眼色，點點頭，不敢造次。我們開始自己摸索、衝刺，在使命感驅使下，我不停的跑，到處找尋相關線索和人士。

大約又經過一年半，我終於找到「天下第一關」公賣局生產組長吳兆煌。不過初次拜訪時，他根本不把我放在眼裡，談不上幾句話即離去。再次求見時，也祇敷衍一下，不給我有深入說明機會。到了第三次、第四次見面時還是老樣子，東拉西扯，始終不讓我有切入正題的機會。

1987 年 2 月，陳永興、李勝雄和鄭南榕三人，成立「228 和平日促進會」，突破四十年來 228 大禁忌，並與「北美洲台灣人教授協會」會長廖述宗、「全美台灣同鄉會」會長黃美幸和「美麗島雜誌」總編陳芳明等人取得默

許，秘密安排我，潛入北美加拿大和日本參加「228 四十週年」活動，做近三個月訪問。

平安回國兩個月後，再次訪問公賣局時，我決定暫不提「B.G.E.」問題，祇談此次「北美行」見聞，台美人在國民黨「黑名單」下如何刻苦求學求生，以及熔各族群於一爐的美國社會，許許多多的奇風異俗……。我無意中露出破綻，使自己幾年來，在他們面前所喬裝的商賈面具被揭穿，使他們一時大為緊張，他瞪著眼，望我良久……。

都怪自己太大意，在商言商即可，何必畫蛇添足，多此一舉，弄得幾乎前功盡棄，我真悔不當初。我沮喪、懊惱，拖著沉重的腳步，走到階下，正向守衛室索回身份證件時，忽然聽到二樓有人喚我，抬頭一望，竟是生產組負責管理煙葉的賴錦水。

他招手要我稍等，並說「組長有話吩咐」。我還以為要為我剛才的冒失多嘴提出警告。因為這裡是官署，豈能容我放肆，隨便講話……。枯坐半天，方看到吳兆煌手上捧著書類，祇來到會客室門口站著，囑我多寄些樣品來，想做實驗看看，已命賴錦水專案處理這件事，希望有好結果。接著又說：「你的話很新鮮，我們過去都沒聽說過，沒有想到你竟是一位有來頭的人，身世非凡，很想多聽聽你的故事，可惜今天沒有時間。」

吳兆煌在我臨走前的幾句話，猶如旱天一點露，正是我兩年多來，一直企盼、一直想聽的話。我禁不住內心興奮，隨即到南海路口打公共電話給汪先生報佳音。想不到，話筒裡傳來的冒頭一句，竟是「別高興得太早」，接著又說：

「剛開始，實驗是要反覆做多次，觀察其穩定性，是否會對煙葉原有風味產生排擠性……，最後還要經過『吸評會』這一關。」即使一切順利過關，還要探討貨源穩定性，每年是否能按期提供？對美國煙葉減少進口所可能引發的騷動。

須知，所有進口的煙葉、香料，都必須透過「萬年國會」的老國代、老立委的兒子、女婿或小姨子所經營的代理商。一旦決定減少進口，或不進口，天下豈不大亂！這些老賊們是吃銅吃鐵，不會輕易放過。國家因而可以省下一大筆外匯，可以減低成本，也可以挽救國內煙農……，這些冠冕堂皇的理由，中國過路客，蠻橫的老賊既得利益者，是絕對不會去考慮的。

又一張「配方」，既經確定，採用多年，誰也不會隨便更換。萬一擅自改換「配方」，製造出來的新煙，被發現並不比原來的風味好，或有異味，受到爭議，甚至遭到消費者抗拒滯銷，不僅年終獎金會吹掉，連退休金也會受到影響。公務員做事，往往「有功無賞，弄破要賠」。誰會無聊到去扛這種責任？

我彷彿突然間被潑了一盆冷水，真令人洩氣。不過冷靜吟味汪先生剛才那幾句話，覺得自己的確有點草率，貿然將吳組長的話，當「天賜福音」般狂喜一場。

當然汪先生的話，每句都是誠心實話，一針見血。雖然前途不太樂觀，還有遙遠崎嶇、滿佈荊莿的路要走。周遭的人，尤其幾位曾經熱心支持我，暗助我的朋友，現在都變得很冷漠。如橫山太祐甚至直言「不會成功」，要我早日死心，勸我別繼續投資沒有希望的事業，連自己身邊一點點老

中間：橫山太祐、右：作者

本都賭進去。

　　橫山太祐是張副總五叔張爲捷，我六十年前的「老戰友」。228 前，在林內經營製材廠的他，曾經率領 20 多名民軍到虎尾與二七部隊派遣隊伍會合。事敗負傷潛往高雄，埋名隱姓做進口「福州杉」生意。1965 年間，目睹蔣黨蠻橫，舉家移民歸化日本。目前他是我們公司監察人，也是「逸豐產業」駐日代表。爲開發「B.G.E.」曾經出錢出力貢獻良多，他曾目睹我爲了求得一張「專賣公社」蓋有大印的正式證明，跑七、八趟東京，透過「東大」出身，曾任「公社」高幹的山口武義博士與「公社」相關人士，到東京目白「椿山莊」、「紐大谷」吃過幾次飯。

　　台灣公賣局總局，交豐原煙廠做實驗結果，曾分別於第11次、第13次和第16次「製煙技術研討會」報告中，有如下記述：「……B.G.E.3000 經無數次研究試驗，已有多次發現，對降低低級煙葉辛辣味與刺激性具顯著效果。在長期間經濟觀點而言，因高級煙葉成本越來越高，而本局各煙葉廠，也將全面對所生產（國產）煙葉加以除骨後，提供於煙廠使用，因此，如能在煙葉廠除骨時，便將 5 等以下煙葉先以……B.G.E.3000 處理，則較理想。」「……經本廠多次，就低級煙葉改良劑（B.G.E.）進行試驗結果，證實確能降低國產低級煙葉之辛辣及刺激性。因此本項研究，得以增用國產煙葉至 7 等。」

　　綜觀以上數次「實驗」、「吸評」、「討論」結果，均顯示 B.G.E. 對處理國產低級煙葉，確具奇效。既可減少昂貴美國煙葉進口量，也可解決各煙葉廠內暴滿為患的低級國產煙葉。

　　我們眼前面臨「萬般皆備，祇欠東風」。經台灣公賣局三年多來的實驗、吸評、檢討，結果與日本專賣公社的實驗結果，幾乎一致，對我們開發的 B.G.E. 都有很高的評價。

　　然而專賣公社卻始終不肯發下蓋有「太鼓判」——大圖章的正式文件給我們。假使我們有哪些地方未做到，該當如何去努力，山口博士也應該提醒我們。台灣方面，正在等我這張證明文件。

　　因為台灣的公務員都很會「明哲保身」，特別會保護自己手上的「金飯碗」。局內幾位朋友，包括曾經參與「實驗」和「吸評」的人，在私底下告訴我，他們的任務已經完

成。但看豐原廠唐廠長做不做，敢不敢用B.G.E.了吧！

「北斗廠」部分同事，希望我能挺身出來，為大家收拾殘局。自忖目前時機未成熟，自己還不夠分量而加以婉謝。不過，「公社」這一關，如果能立即打開，所投「猛藥」確能見效，形勢必逆轉。我不僅有本錢，也夠分量可以挺身出面，要求新舊董座收兵，停止訴訟。

大膽開價，將「北斗廠」買下來。工廠人事絲毫未動，我多年來栽培訓練出來的技術人員，都將被派去神岡、潭子、虎尾溪、後壁寮等租用工廠，擔任各生產團隊主幹。

山口博士最近來信，還是責問我：「到底聽懂我的話沒有？」他的意思是事情已經進展到這個地步，可謂「萬事皆備，祇欠東風」。祇看「猛藥」肯不肯下？敢下，即有東風，否則他也愛莫能助。然而我何嘗不急？

我當然知道，他所暗示的是什麼？祇是一旦決定要做時，對我們有什麼具體保障？因茲事體大，我們得慎重其事。而且，目前只剩下我一個人，在使命感和堅強信念驅使下繼續奔走。

也許，因為我所提供的 information 太少，無法博得別人支持。無論如何，我暫時還不能隨便公開 B.G.E. 的真面目，和日本幫我們處理最後流程的工廠。因為這些，都關係到我的 Know how，我祇能做一點點暗示。不是我「龜毛」，為了保護自己權益，不得不如此！我被教乖了，因為過去吃了不少虧。

連台灣的「國家標準局」也不可靠。因長期受到中國文化的污染，人民提出專利申請，往往變成「將頭斬給他人」

般，不但不會得到保障，反而將自己辛苦開發的東西，白白拱手他人。

遇到「不肖官員」發現我們申請的，頗具市場價值，有利可圖，便假借「審查中」把我們的申請案擱在一旁。暗中找人頭，依樣畫葫蘆提出申請，衹在申請時間上，做些小動作。把申請時間改一改，就讓他順利通過，然後將我們的申請案退回。理由是：「類此案別人已申請在先……。」像這一類的事情屢見不鮮。

又「台大」一位曾經受過黨國栽培的大牌教授，早年在日本「東大」讀修士（碩士）時，該校剛剛受日本有名的「鈴木商會」委託，篩選更新一批老化、受雜菌污染的穀胺酸（glutamine acid）的菌種。這位機警學生，便乘機將其中幾支受污染程度比較輕的，也故意加以淘汰丟進垃圾桶。等大家下班後，一個人悄悄回研究室，將這些丟進垃圾桶，還可以分離的菌種，小心翼翼的撿起來，偷偷帶回來台灣。

這位教授的傑作還不止於此，1978年季春，有一天陪他當年「東大」指導教授「明大」農學部長石本浩川博士來參觀「北斗廠」，並建議：「克羅列拉」的奧秘和醫藥方面的用途，還未完全被開發出來，計劃由日本「明大」、「台大」與我們公司三位一體，在「台大」農學院做共同研究，所需的經費和指導，概由他們二校負責，我們衹提供適合各季不同氣候的菌種，和一些供室內培養的器具即可。

我們不疑有詐，當即答應並於兩個禮拜後，將所需設備和菌種送交這位教授，經過差不多三個月，每次到「台大」看這位教授，他都故意避而不談合作研究的事情，衹跟我東

拉西扯談些沒有營養的「五四三」。

我覺得事情不妙，隨即囑咐「台大」農化系出身四名研究員，即鄭筱蘋、胡維碩、黃文娟和陳信濤等，回母校時，順便查明合作研究的問題，到底進行到什麼程度？

約一個禮拜後，四名研究員分別給我的報告綜合如下：那些菌種好像不到兩三天，即被拿走。三角瓶裡的培養液，剩下兩三瓶沒有通氣、沒有照顧，都呈現淡黃色。我們給他們的整套培養設備，也原封不動。根本就沒有什麼合作研究。悄悄地問過幾位學弟學妹，他們也都渾然不知。

至此，一切都很明朗。我又受騙了！從前費盡心機偷偷摸摸的竊菌種，這次卻是由我親自送到「台大」，再由他們交給苦無純種，一直培養不起來的「南方克羅列拉廠」。

我聞言頓足，隨即找林文彬律師準備告這位「垃圾教授」。後來經幾位朋友和同事勸阻，因為他是一位黨國培養出來的紅頂大牌教授，我們是一群「內亂犯」的大雜燴，想告他，豈不等於「以卵擊石」，不僅徒勞無功，恐怕還會有「後遺症」。

「黨國」、「黨國」，又是「黨國」，何時了！

28.「克羅列拉」界的衰微

（1）屋漏偏逢連夜雨

1978 年春，為了應付日本業者日益增加需求，我們要增加培養面積，擴充生產容量，增添機械設備，所需資金雖龐大，但動用兩年來盈餘未分配款即可，不需股東會另籌款增資。本來是好事一樁，大家都應該舉手高興。

奈何公司董事長是「久豐」的夥計，工作沉重不勝負荷，卻貪得無厭，還要總攬會計、出納、採購，把我們公司帳冊「長年留在身邊」。每次董監事會，也提不出正式財務報告，都以「暫收款」、「暫付款」的方式矇混過去，理由是「他很忙」。儘管要求多僱用會計人員，也置之不理，一意孤行。股東們為此早已嘖有煩言。

就在擴張生產設備甫告完成，正打算大量生產「以量制價」，征服業界，不理會呂世明（彰化縣長、「日新產業」老闆）等人的「克羅列拉工業同業公會」所玩的什麼「出口分配額」把戲，要獨霸「克羅列拉」市場的時候，日本厚生省（衛生部）鑒於台灣新近如雨後春筍般成立的廠商，所生產出來的「非克羅列拉雜藻類」濫竽充數的市場，宣佈「克羅列

拉新規制」，提昇商品規格，嚴控進口作業……。

又因為原本祇有「台灣克羅列拉工業（股）」和「北斗克羅列拉工業（股）」兩家，在短短三年間，竟然增加到四十多家，而且大多對「克羅列拉」的起碼概念都欠缺，迷信《中國藥典》，以為「呈綠色浮游生物」，如浮萍、青苔之類也算綠藻。可是人家要買的是「克羅列拉」中的 C. vulgaris、C. ellpysoidea 和 C. pyrenoidosa，這些希臘文字名稱，在《中國藥典》裡當然找不到。

其實，「克羅列拉」祇是四十多種綠藻中的一種，這些糊塗廠商，祇會培養些毫無藥效，沒有 C.G.F.（Chlorella Growth Factor）的劣貨，魚目混珠，以低廉價碼打亂市場。或送「大細包」禮品，卑躬屈膝，權充「三七仔」，給日本人「拉皮條」，介紹姑娘，又能換取多少訂單？

何必做得那麼辛苦，那麼沒有尊嚴。即使順利出貨，也不一定能通過「日本海關」。被 claim、被退貨賠款不算，有的甚至依「詐欺罪」被告上法院，吃上國際官司。唉！台灣實在沒有三日好光景！

我們公司也因而莫名其妙的遭受池魚之殃。景氣依然低迷，毫無起色預兆。我們也不得不採取緊縮措施，除了發酵廠和開發中心，其餘部門都維持半停工狀態。

就在大家對董事長的信任問題開始起疑的時候，工廠裡曾經發生過三次很不尋常的事情。三更半夜，事前毫無預告，忽然進來二大貨櫃冰醋酸和六台瑞典製遠心分離機。工廠停止生產幾近半年，還有那麼多庫存冰醋酸；「華銀」滯繳利息未決，卻還要進這麼多用不到的原料和機械，令人匪

夷所思！

　　自從「六福興產」的金丸雅俊來信，提及：「暫時寄存他那裡的那筆錢，因他與公司之間，有些不清的金錢往來，那筆款項，竟被誤當公款處理歸帳。很抱歉！容日後有錢時，當必如數奉還……。」這筆錢很明顯的已經被「黑吃黑」吞沒掉。又福岡驛前「博多姪之花洋車行」，他「彰商」同學立川勇那裡，也另有一筆錢，是否為東京「芦澤鐵工所」給他的「回扣」（rebate）？

　　帳目上又有一筆 60 萬台幣給與公司毫無交易關係，已潛逃達拉斯（Dallas），為取得「美國國籍」拿出 2 萬美金給當地房地產掮客 Diand Chen 做為訂婚聘金的「豬哥彬」鄭文彬，那筆錢到底怎麼一回事？也從未見說明。

　　這些疑雲，從金丸雅俊和立川勇的信函很意外的被揭穿以後，董監事間便開始醞釀改組換人經營。並於 1982 年 6 月，在北斗陳常務監察人家二樓，召開「臨時股東會」改選董監事。事前大家都有共識，認為現任董座「對財務處理不盡理想，要他暫時退出」。

　　此案經 60% 股東同意，豈知投票時，蔡瑞洋常董臨陣反悔，跑掉 15%，功敗垂成。事後傳言「蔡常董遭到恐嚇」，對方放言「要逼他下台就別怪他無情，他會攤牌，將蔡常董送楊秀珍去日本『求學』，生活費的來龍去脈……，及當初誰叫他『做帳』內幕和盤托出」。從此公司裡，更顯得暮靄低垂，天雨欲來風滿樓。

（2）卸任「董座」　負嵎頑抗

　　稍後，幾經折衝，由幾位有分量的董監事幕後運作，仍迫前「董座」下台，選出常務監察人陳紹炯醫師任「董座」，並提名我常務董事兼任總經理及廠長。此事表面上暫告圓滿落幕，股東和員工們，都抱著新希望和新期待迎接改組後的公司。

　　然而卸任董座、握有近 40% 股權的佐井桑，心有未甘，仍然準備負嵎頑抗。除了抗拒移交印信、帳冊，更惡劣的運用「久豐」與「華銀」台中分行大筆交易關係，唆使主辦人三番兩次寄「存證信函」催告，虛聲張勢揚言要扣押拍賣……，無所不用其極。

　　公司還有一大塊土地，區區 1800 萬的貸款，加上滯納利息也不過兩千多萬，沒有什麼值得大驚小怪，根本無須當一回事。可是剛接任董座、水土不服、古意人的陳紹炯，卻被嚇得寢食難安，深恐影響到他的私人財產，頻頻命我想辦法解決，始終不為公司作任何融資，也不肯分勞籌借。

　　我既然接任總經理，而且這家公司本來即由我發起，他們的投資也都因我的緣故而投資的，陳紹炯要我負全責處理，事實也並不為過。然而前董座遺留下來的爛攤子，財務帳冊印信拒不移交，挑戰性的小動作頻頻，製造困擾。暫時無法處分部分財產償還債務時，陳董座的「事不干己」般的冷漠，也令人失望。

　　好的時候，他沾不上鉤，如今丟下這個爛攤子給他扛，要他籌款來挽救，即使他同意，他的家人也未必會支持，然而他們曾否想過當年他們拿出來的現金投資多少？現在股值

已經漲到幾倍？難道一點都沒有感受到嗎？

　　又那塊給「王抱」兩萬元抵貸，荒廢幾十年無人問津的廢磚窯，公司曾經用幾倍的錢給他收購？他當時的高興樣子，我至今猶印象深刻。何況擺在眼前的這間大工廠，擁有第一流開發部，世界最大生產容量的工廠，加以開發中的「B.G.E.」也很快即將開花結果，爲什麼他們一點都沒有感受到？

　　平心而論，我也不能怨天尤人，應怪自己公司業績鼎盛時，只顧產銷，沒有關心財務，讓一個身兼董座的人，總攬會計、出納和採購於一身，如何做帳、如何處理財務都漠不關心，看不到帳冊也不曾提出異議，姑息養奸始落到今天這種地步，我還能怪東怪西嗎？

　　如今向任何人訴苦，都無濟於事。既然肩負總座，也爲開發中的「B.G.E.」能早日與日本「公社」簽約成交，挽救公司於危急存亡。我更義不容辭扛起所有責任，勤訪客戶和剛與「山崎製ぱん」技術合作的「統一」吳副總等人……。然而每月出貨量依然未增加，業況未起色。每月維持費：薪資、電費……等，我都要想辦法籌借，妻的一點積蓄，和她們姊妹淘的一些私房錢，也都早給調借。加上一向支持我的蔡瑞洋常董的遽然去世，使我更加雪上加霜，更陷入無援的困境。

（3）「瘦蛙」去世　遺族堅持退股

　　恰於此時，彰化「瘦蛙」夫人阿麵又來電，催我早日想辦法買下她們近 20% 的股份。如果我再猶豫不決拖延下去，

她雖然不會找佐井桑，也許會考慮交給有興趣的「股棍」去處理。因為「瘦蛙」去世後，他父親又開始掌權，很在意 Chlorella 公司的內情，老是嘮叨，堅決表示要退股。

我聞言，如晴天霹靂，心慌意亂、憂心忡忡，擔心萬一走漏消息給「對方」搜購去，所有的努力豈不前功盡棄？「B.G.E.」的開發，很可能很快即將簽約的美景，挽救公司的唯一活路，將可能毀於一旦。

我一夜輾轉難眠，真不知如何是好？正徬徨拿不定主意時，腦際忽然浮現一個人的名字：兩年前曾經為東京一家商社連續半年，每個月出過 5000 公斤 Chlorella 原粉的貿易商龜氏。這位「龜董」來歷可不小，他中學畢業後一度當過警察和稅吏，然後去日本在東京郊區一家他太太遠親經營的「パチンコ店」——小鋼珠店打工，白天到東京都內一家大學進修，回國後，經營對日貿易，並兼任一家私立學校教師。

他對我們公司的體質，摸得一清二楚。常教唆我應如何對付私心太重，不正派經營者的一些應付「撇步」，他的確是一個不可等閒視之的人物，每次聽他高論，覺得他確有一套。像他這種當過警察稅吏，又在日本「パチンコ店」混過的人，做事情乾脆俐落，正可以讓他來教訓傲慢、目中無人想將公司霸佔為己有的人。

我隨即約他傍晚在台中平等街一家咖啡廳見面，試探他有沒有意思投資我們公司？反正他對我們公司內幕很清楚，無須拐彎抹角，直截了當告訴他：前「董座」至今快三年依然拒絕移交，循法律途徑告他侵占、背信……不是不能告，

只因部分曾經默認他「做帳」的股東，不希望在法庭上見面。

接著我又告訴他：我的董事長也許可以考慮讓他做。公司負債，除了「華銀」那一筆1800萬加上一年滯繳利息。公司登記資本額雖然只有4500萬，實際資產恐不祇三倍以上，光是土地現值，投下7000萬的多用途發酵廠，開發、Q.C.部分的儀器設備，同業中恐尚無堪與媲美者。

我說畢，一直注意他的反應，他聽到我可以考慮將「董座」讓給他，感到很意外，一時眼睛發亮起來，旋即又開始沉思，也許在盤算如何籌資，投資後要如何回收，如何與前「董座」周旋等問題。我覺得這種問題非兒戲，茲事體大，不能草率，他不可能當面作決定。我便告訴他回去好好研究，絕對有超值價值，機不可失，並約定最慢一個禮拜內回我消息。

陳「常監」接任「董座」一年多，眼見Chlorella市場依然低迷，加上「逼退前董座後遺症」已逐漸浮現，精神上感受到莫大壓力，生活上也增加不少困擾：深恐久而久之影響到他的醫院，牽連到他的家庭。於是遂將得來不易的「董座」丟給我。

我完全沒有考慮餘地。因為我自始即為三名「常董」之一，又兼任總經理和廠長，參與實際經營。只好硬著頭皮把董座接下來，不覺已近兩年。這一段慘淡日子，如果不是台日兩國對「B.G.E.」實驗報告，顯示出來的輝煌成績給我信心，我真不敢想像還能苦撐多久？

如今為取得日方蓋有「大鼓判」——正式公印證明書，

似乎觸礁，所投心血雖未到完全泡湯，國內市場尚有開拓空間，我卻無法專心以赴，每月還要為公司張羅資金，又要「應戰」前董座……。

如今能夠找到商場老手，可與前「董座」分庭抗禮，對拓展業務有把握的人來接任，對我也算是一種解脫。

（4）同業聞風　競相挖角

大約又過了一個禮拜，忽然接到久違的林慶福博士（彰化人，東京文理科大學理學博士，現在國立大學教書。1966年間，我在鹿港做「克羅列拉培養實驗」時的故交）電話，約我當晚七點到台中「紅地毯西餐廳」吃飯，說有一位朋友何先生想見我。

何先生在台中縣市擁有幾家稍具規模的食品工廠，也投資不動產事業。他們大概也風聞我們公司最近發生的一些不光彩內幕。餐畢我們到何先生民權路豪宅「泡茶」。甫坐定林博士便迫不及待，向何先生介紹我的過去，和十六年前我在鹿港作實驗，在北斗成立克羅列拉公司，如何突破技術上瓶頸，推翻日本「武智培養法」理論，首創「折衷培養法」。也介紹我留日多年與業界關係良好……等等。

何先生看林博士介紹得差不多，便開門見山，說出今天特地邀請我來的目的，是想探詢我能否到他們那裡？又說我在「北斗」所蒙受的委屈，他們都聽說過。如果我有意願，我的持股他會全部買下來。到他們那裡同樣請我當常務董事兼總經理。另贈我相當數目的股份……。我臨走時，拱手作揖，道謝他們厚愛。並請他們給我一點時間，因茲事體大，

需與家人從長計議。

他們也是新近盲目投資，上當吃虧的一家。技術方面，有林博士當顧問，應該沒有什麼大問題，在銷路方面可能有困難，急需一位能在東瀛為他們「開疆闢土」，拉生意的人。

1982 年底，嘉南地區另一家擁有近五公頃培養面積、「小知和牌」 300kl/hr 噴霧乾燥機，和四基「齊藤大型」遠心分離機的新進廠商，在前「三青團」區隊長黃坤山引介下來找我，試探合作問題。他們開出條件是祇要我答應，整個公司經營權（包括產銷等）一概交給我，給我有更多發揮空間。

多謝他們的抬舉，使我真有點受寵若驚！然而，我能置面臨危急存亡的公司，和多年來跟隨我共同打拚過來的同事於不顧？「北斗公司」是因我的緣故，大家才來作伙，如今公司有難，我更應與大家生死與共，怎麼可以見利忘義，跳槽他去？我事業可以不做，卻不能不做人！

（5）引狼入室　悔不當初

1983 年 8 月，我們公司再次改組。我和張副總同時退出公司經營。新經營者姓龜，是一位自稱精研什麼「市儈商法」的商場老手，幾可與專研什麼「猶太商法」的前「董座」分庭抗禮，不像我們這些不懂「商法」任人捉弄者。

他接任董事長當天，帶來一位曾經是彰化縣長呂世明跟前小廝的謝姓胖子。胖子對他主公，新「董座」龜氏似乎很死忠，也很會奉承，處處出點子，十足奴才相。

　　他暫以「經理」身份，坐鎮總務課。「董座」不在時，他便是「總管」，好神氣！他對工廠內部並不陌生。他兩年前曾經跟縣長來偷過種子，當「間諜」潛入我們工廠。憑他的長相和身上散發出來的體臭，不難認出他。

　　他著一件深藍色西裝，長年未換。是否太合身，能維護他的身段，而捨不得換？抑或僅此一襲？令人納悶。每次走進總務課，都會聞到從他身上散發出來的異味，眞是令人噁心，既骯髒，又不衛生。原來他患有嚴重「香港腳」，深怕洗澡時，接觸肥皂，會使「香港腳」更擴散，所以不敢洗澡，僅用毛巾擦一擦。

　　龜董就任不到一個月，已來找過我三次。除了想了解公司財務狀況，也想試探我對於處分未用土地、償還「華銀」利息，和做「暫時週轉金」有什麼看法，我聞言感到驚訝！悵悵望他，他不是很有把握嗎？有日本「成旺物產」作靠山，曾口出豪語每月至少要出貨 5000 公斤麼？爲何剛上任，即急急忙忙動歪念，想賣公司土地做「週轉金」。我抑制內心憤怒，寒著臉反問他：「你空手來接我們公司董事長，天下間哪有這麼好康的代誌？」至於賣土地，處分公司財產，乃屬重大問題，不是你我兩個人即能決定的。不法的事情我做不來，還是依 rule 遵循公司法，召開「臨時股東會」來處理。

　　第二次來訪時，他帶著謝胖子來，目的還是爲賣土地的事情。龜董未開口，胖子卻迫不及待搶著說：「火燒到後腳筋，還等召開什麼『股東會』？來不及了！『華銀』已經透過法院提出『催告』，我們能視而無睹，袖手旁觀麼？萬一

工廠被查封怎麼辦？」很顯然的，胖子想藉此機會，在他主公面前，表現他的所謂學問和辯才，也想嚇唬我迫我就範，接受他們的主張。

我有點沉不住氣，很想好好教訓他一頓，問他到底以什麼身份跟我說話？後來想想，他不過一介在社會上沒有地位，沒有知識，卻愛強出風頭，表現欲極強的可憐蟲。我怎麼能和他一般見識？我不屑回應他，轉身挽著龜董肩膀，反問他：「『成旺物產』的 5000 公斤什麼時候出貨？你不是說，每月一定會出 5000 公斤麼？已經三個多月為什麼都沒有動靜？」

「成旺物產」的訂單還是沒有來，已經兩年多。直到公司宣告歇業、解散，都未見「成旺」的任何反應。原來「成旺物產」背後的買主，是日本三井物產系統的「克羅列拉工業（株）會社」。「成旺」不過是他們的「窗口」，代理他們進貨。

緣起日本最大 maker「克羅列拉工業（股）會社」久留米工廠，眼見美國 F.D.A.（美國食品藥品管理局）即將解禁「克羅列拉」進口，日本國內市場也有擴展趨勢，乃決定擴大培養面積，而需停工半年，為照顧他們固有客戶，原料供應不受影響，乃委託「成旺物產」，向龜的公司開訂單，指定我們的產品。因為「克羅列拉工業」曾經派商業 spy 混入「關西觀摩團」，到我們北斗廠做 Research、做詳細實地調查，認為只有北斗廠產品符合他們條件。

「克羅列拉工業」，六個月擴大工程完成，回復生產以後，便無須仰賴他廠供應。不明就裡的我們上當，將公司經

營權拱手讓人，實爲一大失策。據此爲王牌，大膽接任「董座」的龜氏，曾拍胸脯豪語：祇要由他經營，每月至少出5000Kg 以上。「雞嘴變鴨嘴」，昔日盛氣凌人，如今淪爲喪家之犬。

龜氏眼見「成旺」這條線落空，與前「董座」官司又呈現膠著狀態，資金週轉愈來愈困難……。於是想跑一趟日本。一到日本，便大張旗鼓，在「健康食品新聞」、「醫藥雜誌」連載廣告。勤訪我們以前的老顧客，和那些兩、三個月才進一次貨，曾經接受過新廠商「特別招待」而貪便宜進貨，卻因不合「厚生省」規制，卡在海關後悔不迭的幾家小客戶。

連公司監察人橫山太祐的客戶上方節子，他也飢不擇食，毫無顧忌，加以「割稻仔尾」，以每公斤比現售價便宜兩塊美金做誘餌，硬加搶走，而且要求每個客戶，必須將 L/C 開入他私人公司指定銀行，再從我們這裡出貨。不惜讓我們公司蒙受雙重損失，由直接外銷變成間接外銷，還得另付佣金給他。

上方節子是一位看起來 50 不到的「女強人」，做事情比男人還能幹，先生是日本「陸上自衛隊」佐級軍官。她原爲名古屋「三洋物產」廣瀨社長客戶，不知何時何故，「三洋物產」克羅列拉部門竟然改由她經營。她與橫山也有金融往來。一個偶然機會，她獲悉橫山是我們公司監察人，才改由橫山當「窗口」開 L/C。

「三洋物產」早期進貨量，大約在每月 7000kg 上下。上方女士接辦後，略減至 4000kg 至 5000kg 之間。這次龜某爲

了搶奪橫山客戶，竟然不顧公司損失，遽予調降每公斤兩塊美金，2$/kg×4000kg ＝ $8000，當年固定匯率（rate）為 40 元台幣比 1 塊美金，$8000×N.T.$40 ＝ 320,000 元新台幣。這麼大的差距，誰會不動心？上方女士是精打細算的商賈，比誰都會「摘算盤」。

龜氏這番作為，顯已觸犯「背信」與「侵占」兩罪。至於他強奪橫山的主顧，斬他的「稻仔尾」更顯得他不夠聰明。他也沒有想想看，自己好不容易坐上「董座」，是憑什麼？

（6）得意忘形　踢到鐵板

龜某持股數不到 20%，如果沒有橫山叔姪的 20%，加上我們的 20%，他能當上董座麼？這種不會飲水思源，不珍惜羽毛的人，已經註定他的命運。他也許會想運用他過去當警察和稅吏的經驗和關係，試圖負嵎頑抗。

然而，他曾經為博取支持，使用「成旺物產」這一招，如今「成旺」這塊招牌已經生鏽、失靈。他接任以來，所作所為，眾目睽睽，每一位股東心裡都有一把尺，他們自會給他公正的評斷。即使他想賴著不走，選票也會給他最嚴厲最公正的裁判，他又能如何？

獲悉自己顧客給人「斬稻仔尾」的橫山果然來電話，約我和他的侄兒張清豐，明晚七時在台北「國賓飯店」前廳會面。並預定後天或大後天到台中會前「董座」。

我彷彿又看到 50 年前的張為捷（橫山原名）。當年我因為在嘉義做事情，每個禮拜定要回台中省親。每次經過斗

六，必下車到「建安醫院」接受陳纂地夫婦晚餐招待，到了8點他們要看患者，我便告辭回台中，或到林內製材廠看張爲捷。

張爲捷每次看到我，都像「孫子見到親人」般將滿腹牢騷傾吐爲快。然後用最辛辣的日本話，咬牙切齒，怒目圓睜，咒罵「臭腳兵」、「清國奴」幾句……。

坐在對面的橫山，已不是50年前的張爲捷。可是今天的他，無論怎麼看都像50年前的他。尤其咬牙切齒、怒目圓睜時的影子，更酷似。祇是少了昔日習慣用的髒話。

他說他並不在乎每個月少了那10幾萬佣金，而是爲了無法嚥下這口氣。而且，搶他客戶的竟然是兩年多前，他用選票讓他當上董事長的人，難怪他怒不可遏，急忙要到台中找前「董座」。

我不僅支持他們叔姪到台中，甚至鼓勵他們一定將龜某拉下來，趕出去。這個人太可惡，簡直把我們當傻瓜。前「董座」與龜某只不過是一丘之貉，半斤八兩。不過，平心而論，開創期間前「董座」確曾爲公司奉獻付出，及至公司鼎盛他便開始一把抓，安插「妻黨」在廠裡，上下呼應，「方便作業」。

我們公司已經成長到幾近上億公司（1977年時），擁有世界最大生產容量的工廠，爲了龐大盈餘，寧願高薪引進兩名博士、3名碩士及10名大學相關科系畢業生，卻連一名會計都吝於僱用，僅用一名以前「董座」在「久森」帶大的吳姓青年，幫他記帳。

至於對龜某人，他坐上「董座」以來，那種貪婪食相

難看，不太光明正大行徑，令人噁心，連公司員工都看不過去。這種人我們還能期待他什麼？即使讓他留下來，公司的財產最後一定會被他吞掉。我們無論如何，再也不能不聞不問，即使不幸公司面臨非解散不可命運，也不能假龜之手來處理。

我告訴董監事們，我寧願讓前「董座」回鍋處理。此時，如果我們肯助他一臂之力，讓他股數超過 50%，將龜某逐出，他才能保存他的權益，也免為纏訟疲於奔命，此時，他對大家感激都來不及，該不會記恨。

讓前「董座」回鍋乃是不得已的選擇，只是在「兩惡之間取其輕」權宜下所做的沉痛決定。因為借重他的 40% 的股數，才能扳倒野心勃勃、囂張，可能對股東造成更大傷害的龜某。

這時候，有幾位員工股東，聽到公司可能面臨解散，都有點不捨。私下要求我勉為其難，出面處理殘局，看能否使公司起死回生？這家公司原是由我發起創立，一旦說要解散，我比誰都不捨。

然而，公司現在已病入膏肓，兩頭纏訟不迭，何時了？還看不出分曉，而且我的持股並不多。雖然自始至今，我是三名常務董事之一，為了不傷和氣，從未要求看帳簿、問財務，雖然這一切，都是法律所規定的責任和權利。為了化解和前「董座」的心結，曾經自我解嘲，「各有所長，互相信任」，他在大公司見識多，經驗豐富，他要總攬就由他去，自己謹守本分，祇管生產和銷售即可。

然而，儘管我苦心孤詣為維護和諧不遺餘力，尋求「同

舟共濟」用心良苦，卻因遭到他「妻黨」的攪局，一切終歸泡影。自此以後彼此之間，事實上祇剩「貌合神離」的假象，說話沒營養，也沒有感情。他的作風也顯得越發蠻橫不講理。

這一切，便是我多年來對他姑息養奸的後果，如今我能怪誰？咎由自取，真悔不當初！

（7）業界龍頭　合字難寫　解散
　　瞬間夷為平地　噓唏！

1991 年 6 月，前「董座」回鍋，隨即遵照董事會決議：「宣佈解散公司」，標售工廠和土地償還負債，遣送員工……。最後，所有股東都領到「超值」股金。龜某聰明一世，糊塗一時，機關算盡，自以為從此可以專橫獨斷，為所欲為，卻踢到鐵板，引起報復，其狼狽下場，恐始料未及！

得標買下我們工廠和土地的「怡進」「針董」，找我幫忙處理工廠裡的機械儀器，因為他們不了解這些東西的用途和價值。他發現廠裡開發部門有很多簇新的儀器，可能是花不少錢買進來的，還有六台未啟用的瑞典進口 Separator（分離機）和大大小小十幾個白鐵發酵槽。「針董」愛說笑，故意誇張的說，若能找到需要的人來買，不把它糟蹋當廢鐵處理，既可增加投資回收，心裡也不會因「暴殄天物」怕遭受天譴而產生芥蒂。

我當下答應幫他們處理，但有附帶條件，我說：「我厝前那一小塊地，經都市計劃被規劃為路地，但是我很需要。因為內子打算退休後，在自家辦一所幼稚園。屋前需有停車

位和通路……。」我剛說畢，他即滿口答應一定會把那一塊地留下來。

等我將他所託任務完成，讓他們回收近兩千萬，他即給我一個紅包。但有關那塊土地的事情卻故意裝蒜，始終避而不談。等我再次提起，他才承認，的確曾答應給我。他至今還為我保留著，不過希望我以市價每坪 25,000 元買下……。

我聞言一愕，不等他說完憤然掉頭就走。我怨嘆自己當初為何未向他要求「留個字據」。如今空口無憑，我能說什麼？有什麼立場跟人家計較？「人家根本就沒有說過要無償送給我」，是我自己太一廂情願，誤判時代環境。

自從蔣幫被他們的人民掃地出門，帶著 200 萬難民殘兵來台灣以後，這 40 多年來，台灣社會已被嚴重「中國化」。在生活面，因為「台灣牛」肯拚敢衝，手提「007」跑中東、非洲等國家，努力拓展市場，並將日本遺留下來的現代化工業基礎，加以發揚光大，讓台灣「科技水準」擠上與歐美先進國家並肩的地位，幾可與先進的日本分庭抗禮；人民生活也因而比戰前提升不少。

然而在文化面，由於蔣幫不分青紅皂白的「去日本化」，進而造成「去現代化」，且將 70 年前他們先人為救亡圖存，所提倡的「德先生」（Democracy）和「賽先生」（Science）都棄如敝屣，讓臭不堪聞的中國醬缸文化侵蝕台灣人的生活。

現在已經很少看到從前那種「信守不渝」的遺風。那種「說了就算」的豪邁氣節也早已看不到了。凡事必須「一筆存證」或經法院公證；否則，對造反臉不承認，又能奈他

何？

　　從零到有，不斷持續成長，即將發展成為世界第一Productivity（產量最多）的大工廠；正令人拭目以待，看我們如何「以量制價」來稱霸業界，讓全世界愛用者都能享受到物美價廉的 Chlorella，然而卻在短短不到三個月被夷為平地。目睹此景豈能不唏噓！內心的沉痛和不捨，又豈是言語所能形容？真令人不堪回首！然而，我能怨天尤人嗎？

　　我遇事因循苟且，沒有當機立斷挺身糾正，等到事態嚴重又誤判形勢，引狼入室。其間雖然有些巧合和意外情節，畢竟龜某是我找來的人，如此咎由自取我還能怪別人嗎？

　　又「B.G.E.」有那麼好的商機，只差臨門一腳──一紙蓋有「公社太鼓判」公印的證明。山口所暗示的辦法，也不是不可行，只是有些待斟酌的地方。不如親自找財團有福共享，鼓勵他們投資或透過國會議員出面關心，不就得了嗎？對國家有益，對人民健康有益，又能救台灣菸農，何樂而不為？

　　這一切都因為我是坐過長牢回來的浦島太郎（日本童話中的人物），視野狹隘，格局太小，老是在山口那一夥人的圈圈內打滾，浪費了不少時間。如果我兩年前能有現在這種想法，也許問題早已解決，我們公司也不會遭受到這種不幸的命運。

　　再仔細想想，這是否也是坐過 17 年長牢的「後遺症」？這 17 年台灣社會變化極大，我卻走不出歷史沉痾：從生活習慣，處理事物的價值觀，乃至思考模式……，還停留在 17 年前的──那個時代。

火的刻痕

29. 初見許世楷

　　1986 年 6 月中，我爲新開發「B.G.E.」打入「日本專賣公社」，再次赴日走訪山口博士等相關人士。爲了節省旅費，我還是從「成田」繞一大圈，經新宿改搭「中央線」到立川橫山太祐家借住。

　　橫山這裡比一般日本人住家稍微寬敞。飲食起居甚至換洗衣物也都有人幫忙處理。坐落「中央線」立川驛不遠的羽衣町，交通很方便。

　　有一天，前筑波大學教授張良澤來電告訴我說：有一位大人物曾幾次提起很想見我。但工作一忙都忘記告訴我！正好這幾天都下著毛毛雨，希望我能藉往都內辦事之便，在「中央線」武藏野小金井下車，在站前先打個電話給這位大人物，他會親自來接我。他的住家就在車站附近。

　　爲了張良澤那句「正好下著毛毛雨」，似有暗示的語氣，讓我大費心思，卻始終想不出其所以然。我遲疑片刻，終於恍然大悟；他是不是在暗示想見我的大人物，是一位被列入「黑名單」頗有來頭的人物？爲了顧及我經常往返台日兩國，深怕給我帶來麻煩，乃刻意安排要「打傘」的下雨

天，來掩遮彼此的身份。

次日中午前，我如約到武藏野小金井驛。走出車站，外面一片陰雨綿綿，我隨即打開雨傘，掃視周圍一番，東張西望裝作在找人，細心觀察有沒有人盯住我。然後進入電話亭打電話。我們都用最簡單的母語交談。不到一刻鐘，果然一位打著雨傘的中年男士，朝著我站立的地方直走過來。但他並未停下來，祇低聲示意我跟著他走，便轉身朝著原路走回去。我也與他保持約五公尺的距離，跟在他後面。

不久，我們便到達一間有小花園，外面停放一部紅色小轎車的房子。進去之前我又掃視四周一遍，然後才放心換拖鞋，隨一位操著高尚日語，彬彬有禮的夫人進入客廳。甫坐定，主人便告訴我：有一位住外縣的朋友很快就會到，等他到了之後我們才一起用餐。之後，主人改用台語問我：「常來日本嗎？生活過得如何？總共被關了幾年？是否遭到拷刑……等等。」

接著他和夫人開始自我介紹說：他們也是台中人，與我是同鄉。父親是律師，曾經在台中地方法院當過法官。而母親也在現在的台中平等街靠近中山路的地方，開婦產科醫院。彰化銀行總行後面那棟巴洛克式建築「全安堂」，即是夫人娘家。

聽他談到父親是律師，以前在「火車路坑」附近執業、「全安堂」又是他夫人娘家……時，我腦海裡已浮現 30 多年前與嘉義地方法院推事劉發清去拜訪過許乃邦先生的往事，盧安與代表台灣出國比賽的網球選手甘翠釵的影子也交互浮現……。我便迫不及待打斷他們的話，直問主人：「你

火的刻痕——鍾逸人後228滄桑奮鬥史

🔥左：許世楷、中：作者、右：盧千惠

是不是許乃邦先生的公子、《台灣新民報》記者許乃昌的姪子？」接著又問夫人：「盧安先生是妳的阿公嗎？」

　　我告訴他們1946年間，228前在嘉義辦報時，每禮拜六和嘉義地方法院劉發清推事一起回台中，一定都會先去拜訪許乃邦先生才回家。

　　1927——昭和2年4月29日，「台中一中」因「廚師事件」引發總罷課事件時，記得盧安先生坐「人力車」來過我們「石頭灘」——干城町的老家兩次。因我四叔鍾添福（鍾聰敏）被校方懷疑領導該事件。當時他是五年甲班級長，而「馬屁牌」的陳錫卿則爲乙班級長。身兼「台中一中」家長會長的盧安先生，則不辭勞苦前來瞭解罷課近因背景，是否受到校園外「台灣文化協會」指使？

我們談了半天，主人依然沒有告訴我他的真姓大名。或許他有什麼顧慮，隱而不宣，不讓我知道他的名字。卻讓我想起每次要回台灣時，都會提早三、四個小時到達「羽田」或「成田」候機 lobby，找個較隱密、沒有人的角落，如飢似渴地偷看「獨盟」的《台灣青年》。直到機場麥克風開始催客登機時，才將不能帶回台灣的《台灣青年》忍痛丟棄，飛也似的跑去登機。

因此，印象中覺得在《台灣青年》雜誌裡有一張與他酷似的照片，下面有註明「台灣獨立聯盟」日本本部主席許世楷。聯想起來，毫無疑問：他應該就是鼎鼎大名的許世楷。

忽然門鈴響起，不待主人開門，一位年約50多，身高170左右的男士已出現在門口，他是東京「明大」教授宮崎繁樹的得意門生，在他的指導下完成《228事件研究》一書的作者林啓旭。他是嘉義人，難怪對嘉義地區發生的事情能介紹得那麼詳細。近40年來，在國內不但沒有人敢寫228大屠殺的歷史，甚至連提都沒有人敢提。

林啓旭的大作，因他長年身處國外，對史料搜集難免受時空限制，加上228發生時，他侷處嘉南一隅，對其他縣市狀況或許有些疏略，然而在蔣幫深怕228真相一旦曝光，喚起台灣人覺醒時，勢將撼動他們統治結構，將228研究，乃至這方面的任何論述，視為禁忌的時代，這本《228事件研究》的問世，更加彌足珍貴。不啻給蔣幫敲下喪鐘，也勢必在台灣人社會掀起一陣巨大波浪。

相對於228之後，蔡慶榮、蘇新、楊克煌等一小撮人逃亡中國，在彼邦為求一官半職，向中共搖尾乞憐，迎合

「中南海」鼻息,配合統戰,爲中共爭取「歷史解釋權」,將228的發生扭曲成「中共策動」,爲未來併吞台灣預作鋪路,鼓勵一些台灣失意政客,篡改、變造歷史的今天,這本《228事件研究》正是對症下藥,可以給中共當頭棒喝、拆穿他們的謊言,也可以讓世人更加認清中共謀台野心的猙獰面目。

從外面送來的壽司,早已在餐桌上「招手」。夫人也示意女傭準備好一壺熱茶,許博士卻仍不打算讓大家坐下來用餐。他一看到林啓旭進來,就迫不及待當著他的面指著我,將隱藏多年的秘密攤開來。

他語帶興奮說:「就是他,沒有錯!當年我念台中一中,父親在台中地方法院當法官,官舍就在法院後面,距台中女中很近。因學校停課好幾天,想去市區探狀況,沿著台中女中後面外牆,朝著市政府方向走去,忽然聽到圍牆內操場有嘈雜聲,一時好奇,從圍牆破洞窺探究竟,發現有七、八個穿著日軍制服的青年,在搶修一輛前日軍遺留下來的戰車。在使命感驅使下,我也從破洞口爬進去,幫忙打雜搶修。那時候鍾桑就在那裡,我雖然不認識他,當時看他在那裡全神貫注,比手畫腳督促的神情,至今猶印象深刻。」

萬萬沒想到40年後的今天,我們竟然在東京相逢。從夫人驚訝的表情看來,連和他結縭30年的她,都不知道自己先生年輕的時候也有過這麼一段「武勇傳」——勇壯的事蹟。

餐畢,我們開始就林啓旭作品《228事件研究》裡面一些時空、地點、地名、人名有出入的部分,加以斟酌研討,並提供一些我個人親身經歷,給他做參考,也給他最大敬

意，肯定他的作品。我也因不能把這本書帶回台灣，給那些受過 K.M.T. 制式教育，迷迷糊糊不知道自己先人曾經遭到「支那兵」如何殘殺、凌虐的人看，而深感遺憾。如果這本揭露蔣幫見不得人、血腥殘暴的書，能在國內廣為披露，猶如投下炸彈般，蔣幫不抓狂「起乩」恐怕也難。

　　送走了林啟旭，夫人知道我今天不去「都內」，便把我留下來。因為同是台中人，又是公公的朋友，所以有很多家鄉話、台灣近況想和我聊。我們聊了約半個小時，許博士忽然問起我目前的生活狀況。由於他們的關心，我就不客氣，坦然告訴他們：最近生活確實緊一點。新開發的整味劑「B.G.E.」想打入「日本專賣公社」，為此已經投入不少心血和金錢。在台灣國內也同步進行有年，雖然已經被「公社」及台灣的「公賣局」證實確有奇效，也能大降成本，但是沒有背景、財團的支持引進，想打入公家機關，談何容易？

　　因此我這一兩年，每次來東京都到立川橫山家借住，雖然遠一點，也順便帶一兩桶十公斤裝的「克羅列拉」tabs 來這裡分售，補貼旅費。自己工廠生產的，純度高，又可以以日本國內市販零售的半價出售。我說到這裡，夫人即問我還有沒有？她知道「克羅列拉」和 Spirulina 是很好的健康補品，她們也常買來吃。如果還有的話，她們也想要多買一點分給朋友。一直躲在主人後面聽我們說話的女佣金丸加代子，也表示想買純度高、品質可靠，生產者直售的東西。

　　三天後，外面仍然「下著毛毛雨」，也正是訪問許世楷家的好時機。我從神田、神保町「存貨處」帶來一桶 10 公

斤裝的「克羅列拉」給許夫人。之後夫人隨即吩咐金丸加代子交給我一張書有她家地址和電話號碼的紙條，並要我以後聯絡或寄東西都寄到金丸桑家，她會轉交給我們。身為「獨盟」家族的她，對台灣來的朋友所做的安全顧慮，她都無微不至的考慮周到，實在令人感動。

30. 首次受邀訪北美

（1）由台北經東京到聖荷西

1987 年剛過新年不久，「世新學院」王曉波教授來電話，告訴我美國有一個台灣人團體想邀請我去演講，那邊有人會為我安排一切，時間大約一、兩個禮拜，而所有旅費都由他們負擔。如果我能去，他會即時跟美方聯絡。

我當晚即將這個事情報告董座，董座聞言初則為我恭喜，繼則為我擔憂；萬一被列入「黑名單」不能回來怎麼辦？美國是我嚮往許久的地方。我也想藉此機會，去看幾位心儀許久的前輩。隨即委託旅行社趕辦簽證。

詎料三天後，董座忽然來電話提醒我：「是否還記得吃尾牙那天，監察人要求召開『臨時股東會』的事情？」我聞言有點洩氣，隨即掛電話給王曉波教授，婉謝他的安排。

「臨時股東會」訂於 2 月 12 日下午在「北斗廠」二樓飯廳召開。除了對前幾年業況好時，紅利分配太少轉投資太多，部分股東噴有煩言外，對當前市場低迷都抱憂慮，寄望開發新產品也有共識。

「股東會」過後第二天，李喬來電話約我到彰化「賴和

紀念館」一敘。他也是專程來試探我能否去北美。美國台灣同鄉會要辦「228」四十週年紀念活動。陳芳明也準備為謝雪紅作傳，有些地方想求證，希望我能順便到他那裡住幾天。我聞言內心有點困惑。剛婉謝王曉波教授的安排，現在怎麼好意思接受他們的邀請。李喬看到我猶豫不定，便告訴我北美台灣人中關心 228 的就那麼幾個人，也許同一個團體，同一批人安排的也說不定。

我終於在徬徨猶豫中，聽任他的安排，於 1987 年 2 月 19 日出國。先到東京接受日本台灣同鄉會安排，住進 46 年前曾因涉嫌「反日」和「台獨」，被依「治安維持法」，坐過近一年的原「巢鴨監獄」（Sukamo prison）拆毀後，改建的 Sun Shine Hotel（太陽大飯店）。

次日，同鄉會成員都到成田機場接機，迎接剛從華府回來的「台灣民主運動研習會」學員，民主進步黨建黨委員：康寧祥、尤清、謝長廷、張德銘、黃煌雄、邱義仁、蘇貞昌、張貴木、許榮淑、周清玉和蔡式淵……等人。

這幾位勇敢可敬的前「黨外人士」，敢然挺身而出，在圓山大飯店宣佈成立台灣人長久以來，夢寐以求的台灣人政黨「民主進步黨」。當晚他們受到旅日同鄉的英雄式歡迎，在池袋 Sun Shine Hotel front lobby，響起暴風雨般的歡呼。給筑波大學教授張良澤和老康、林銀女士拉到前排的我，也沾到光彩。使我不覺想起四十年前，228 時，自己也曾經在台中、霧峰、草屯、埔里、彰化、斗六、嘉義……，受到同樣的歡呼。

當晚接待單位為我們分配房間時，以為逮到機會，高興

得忘了自我。竟然要求 C 女士和 Y 女士，兩位「美麗島事件」受難家族同住一個房間。儘管她們面露難色，我還是硬要她們住進同一個房間。我想當時她們一定很不高興！

然而當晚我何以有這種「顧人怨」吃力不討好的異常舉動？她們兩個人明爭暗鬥已有一些日子，凡參加黨外運動的人，幾乎無人不知。她們的先生 C 君和 Y 君給 K.M.T. 判重刑，尚蹲牢中，她們卻不思團結合作，一起對付 K.M.T.，而只為些芝麻小事互相鬥氣，抵銷實力，實屬不智。

「台權會」陳永興醫師有鑑於此，便心想一計，趁著春假令她夫人陳琰玉，出面分別邀請兩位到日月潭一日遊。想藉此機會，讓她們有親近說話機會，化解心裡的不健康心結。結果卻徹底失敗。難道她們還有比自己夫婿被拷打、判重刑更大的深仇大恨？儘管陳永興夫婦用心良苦，很細心的營造氣氛，讓她們有親近交談機會，她們卻毫不領情，一路上各走各路。

當我探知這些事情，便決心尋機會為她們排解，勸勸她們別再鬧笑話給敵人看。那天晚上剛好給我逮到機會，我並不因為自己年歲已 67，想倚老賣老教訓任何人。因為她們都是可憐的台灣查某囡仔，K.M.T. 欺侮她們，判她們夫婿重刑，我們就要讓她們通通當選，給那些中國人瞧瞧顏色。

如果我們不是很熟識的關係，她們每次參選，不是為她們跑腿、拉票、助選站台……，付出一些力，流過一些汗，也許就不會這麼「雞婆」，在意她們之間的賭氣。如果我自己不是曾經遭受 K.M.T. 十七年牢災，遭受百般凌辱，弄得家散人亡，我也不會這麼痛恨 K.M.T.，因此我更不能坐視她們

兩人爲了一些芝麻小事，意氣用事繼續鬧笑話，給那些中國人看衰。

次日早餐前，主辦單位宣佈上午十時訪問日本國會，和各政黨領袖。我被指派擔任訪問「社會民主黨」這一組的譯員。這一組由「拉巴」邱義仁當領隊，有周清玉、蔡式淵等五名。

因「社民黨」委員長土井多賀子適外出，改由一位五十多歲，自我介紹土井秘書的婦人，代理委員長召見我們。後來又來了三、四名「社民黨」籍眾議員陪座。所談內容依稀記得，介紹台灣特殊政治環境和這次「民主進步黨」組黨成功的經過。最後禮貌上邀請土井委員長，有機會來台灣觀光並多加指導……。

大概是第三天或第四天早餐後，有的回房忙著整理行李，有的到飯店前廳等候拍紀念照。我乘機擠到屏東縣選出的省議員蘇貞昌身旁，稍稍問他認不認識屏東火車站前，噴水池邊「一銀」附近江內科江清耀博士？談了半天，蘇貞昌始道出張清耀即爲他母舅，有關他舅媽228中的「傑作」，他也略有所聞。（請參照《辛酸六十年》上冊，頁542-543）

從華府回來的黨外人士，「民主進步黨」建黨委員離開太陽飯店，剩下我和四、五位曾經從林啓旭的《台灣228研究》知道我過去的人。他們當中有兩位曾經在美國唸過書，略悉美國台灣人社會概況的人告訴我：「到新大陸如遇困難，可以找陳都，他一定會幫你解決」，並掏出書有陳都聯絡電話的名片給我。他們的親切和熱情使我感動。我出國前，「太郎」也在電話中一再叮嚀我，到紐約找毛清芬和羅

🔥左1：毛昭江、左2：毛清芬、右2：作者、右1：廖史豪

福全，他們一定會照顧我，為我安排一切。我納悶，他與
毛、羅到底什麼關係？怎麼能肯定「只要提起他」，就一定
會受到他們夫妻的關照。

　　原來毛清芬父親毛昭江，1935 年「京都帝大」法學部畢
業，即赴中國，與吳三連等參與「華北建設」。因他的學識
為當道賞識，被邀任「副司令」。他與在「京大」教東洋史
的「太郎」父親廖溫仁教授是至交。「太郎」父親早故，從
小看著「太郎」長大的他，與「太郎」母親蔡秀鸞商議，介
紹他夫人堂姊李氏的女兒陳娟娟給「太郎」。

　　羅福全，嘉義人，「台南一中」、「台大」、日本早稻

田大學、費城賓州大學（Philadelphia University）經濟學博士，到紐約辦《台灣公論報》。他曾經在東南亞「國際救濟組織」工作。日本「聯合國大學」教授。父親曾經是「嘉義客運」大股東。夫人毛清芬「嘉義女中」、「台大」歷史系畢業，曾經是美國「台灣獨立聯盟」三女傑之一，長年在幕後默默從事人權工作。

「太郎」即廖史豪乳名。1923 年生於日本京都，中小學都在京都完成。東京「立教大學」在學中（1943年）被徵召進「千葉陸軍砲兵學校」，與K.M.T.副總統李登輝同期同學。1947 年考上上海「聖・約翰大學」（St. John's University）。因228 前三天離台赴滬，倖免於難。夫人陳娟娟天津「天主教學院」畢業，在 M.I.T.「美國在台協會」任職多年。

「太郎」曾為他三叔廖文毅博士的「台灣共和國臨時政府」案，累獄近二十年。初被處七年徒刑。K.M.T. 對廖文毅「招降納叛」遭拒，惱羞成怒，拿他當「祭品」，胡亂改判「無期徒刑」。未幾又改判「極刑」——死刑。連他臥病年邁的母親蔡秀鑾也不放過。

我們在飯店前廳咖啡屋吃完簡餐，抬頭遠望櫃台壁鐘，發現已過兩點半，是該走的時候，便起身和每一位在座朋友握別，提起皮箱想走時，他們當中有兩位將我的行李搶過去，表示他們要陪我到成田機場，送我上飛機。

距出境時間還有一個小時，我們便找個位子坐下來開聊。這裡是可以自由呼吸，自由暢所欲言、縱談國家大事的日本，不是白色恐怖籠罩下的台灣。這裡沒有「警總」，也沒有「聽壁隊」，沒有什麼可顧忌、驚惶的地方。而且這兩

位台灣囝仔，都是充滿著熱血，酷愛自己母親——台灣的青年。

我們開始恣意縱談，我希望能從他們那裡，得到更多那個「陌生世界」——北美洲台灣人社會的資訊（information）。他們卻抑不住求知慾的煽惑，老是打岔，問起有關228，台北、基隆、台中和嘉義……等地如何？或有關「謝雪娥」如何？台灣人總共被中國兵殺戮了多少人？等問題。

幸好，他們兩位對228多少還有點概念，畢竟在國外，可以接觸到許多比較客觀的資訊，不像國內「專制」統治下的一言堂。連一些自稱「高級知識份子」的人，問起228卻渾然不知，不然即是「台灣人毆打外省人的暴動」。他們兩位都是未曾經歷228的人，那時他們根本還未出生，難怪會對謝雪紅和謝娥兩位立場、背景和事變中扮演角色，截然不同的人，誤當同一個人。時間已經差不多，我得進去了。通過「檢證台」回頭一瞥，發現他們還站在 lobby 向我揮手，並以日本話大聲叫：「オダイジニ、キョゥッケテ！サヨナラ。」（珍重再見！）

我的艙位是經濟艙靠窗口的地方。鄰座是一位微胖中年女性，深褐色長髮，濃妝艷抹的白人。飛機起飛不久，她似乎發覺有人在偷瞟她，便側身面帶笑容跟我打招呼。我在毫無心理準備下，驟然受到異國女子這種近乎「熱情」的對待，一時慌張不知所措，也連忙強裝微笑點點頭回敬她，You're beautiful！讚美她。她的眼睛忽然亮起來，更嫵媚，片刻又含笑說聲 Thank you。

　　我到美國以後，向一位同鄉稍稍透露這件事，他告訴我別以為這是「艷遇」，西方文明國家的人，特別是女性發現有人偷瞟她，都會有禮貌的報以微笑。這些並不意味著她對你有意思，別想像太多，自作多情。

　　她喝完了咖啡，連同我的杯子都幫我交還空服員。片刻，發現她又在問我什麼？由於她說英語很快，加上自己已經五十年沒有說英語，如今連舌頭都打結，不靈活，祇能從對方表情和話裡單句去摸索猜測，她似乎在問我「從哪裡來，要到哪裡去？」

　　我雖然自以為捕捉到她大略意思，猜想她在說些什麼？卻一時語塞，不知道如何回答。後來心生一計，乾脆告訴她：「I can speak Japanese only, but I can't speak English, I am sorry!」（我是日本人，祇會說日語不會說英語，抱歉！）期盼對方能用日語和我交談，別再用我不習慣的語言為難我，使我狼狽不堪。

　　沒想到她一聽說我是「日本人」，即翹起她精心擦過丹朱的大拇指，表示日本人很了不起。片刻又說：「你剛才的英語不是說的很好嗎？」這下子我慘了，原以為當她知道我是日本人不會說英語，就會放過我，不會再用英語和我交談。

　　誰知她對日本特別有興趣，加上最近紐約幾棟知名大樓，都被日本人買走。使很多美國人，對日本這頭巨大的經濟動物（economic animal）不得不重新評估，既畏敬又嫉妒。然而美國人何嘗知道，這只是日本「虛胖經濟」的部分表象，他們的苦頭就在後面呢！

「西北航空」的「波音」飛抵新大陸舊金山（San Francisco），我抱著滿懷憧憬走出入境大廳，拖著笨重的皮箱在人群中穿梭，尋找至未謀面卻很熟悉的陳芳明，我在大廳人群中繞了幾圈，都沒有看到具有黃種人面孔的人。圍繞在那裡的幾乎都是白人和半黑人，而且佔一半以上的女人。

當中幾個白人和半黑女子，當我每次經過她們面前時，都好像在向我示意，邊叫邊招手，使我心頭驟然增添一層陰影和不安。因為出國前一位親戚來看我，並提醒我到美國如果碰到陌生女性無端示愛，千萬別當作天上掉下來的艷福，昏頭昏腦任人擺佈。

他說：他一位朋友曾經參加美東旅遊團，被安排到紐約一家飯店住宿，在飯店櫃檯辦完手續，正欲拿行李到房間，忽然出現一位濃妝豔抹，身上異味襲人的女人，走過來幫他提行李。他原以為她是飯店服務生。一進房，房門猶未關妥，這位女子便迫不及待，展開兩臂撲過來，把他緊緊摟進懷裡，並用她的舌頭舔遍他的雙頰、脖子…最後還被她強吻，使他幾乎喘不過氣。當他用力將這個女人推開，定神一掃周遭，發現行李不翼而飛，回頭也不見該女子蹤影，發現被設計，頓足懊悔慢矣！

我雖然聽不懂這些圍繞在入境大廳的女孩子在叫什麼？因為她們都不是我要尋找的人。陳芳明再怎麼樣，也不至於派這些白人或半黑人來接我吧！我不理睬她們的喧嚷，又走了六七圈，忽然聽到人群中有人用溫和明晰的英語，問剛擦過身的我：「你是不是來自台灣？」我聞聲停步，不假思索的回說：「Yes！」回頭一看，又是女人。我悵然若失，也

忘記辨清她是否爲黃種人，掉頭就走。直到再次繞到她面前時，她改用清晰台灣話問我：「你是不是鍾先生？」我一陣錯愕，這位陌生女人，怎麼會知道我姓鍾？我當即回她：「正是。」於是她又擠到更前面，用我們的母語小聲告訴我：「因爲陳芳明還在 D.C.，還未回來，所以同鄉們派我來接你。」接著她說要去開車子過來，要我帶行李到前面等她。

這位「女學生」模樣的少女自稱姓陳，所以我一路上祇稱呼她陳小姐。她要我坐前座，行李放後座，車子疾走中，我雖然保持沉默，不過有時候也會趁著她全心注視前面路況時，偷偷瞧她一眼。這位學生好面熟，彷彿曾經在什麼地方看過她，她不說，我也不方便問她。

車子走出舊金山市區，直奔聖荷西（San Jose）中，她似乎已經沒有那麼緊張，稍微放鬆便開始主動跟我聊天，她說同鄉們沒有人看過我，祇有她曾經在台北陳永興那裡和我見過面，多少還有點印象，所以才叫她來接我。

她又說：「陳芳明全家去華府前，拜託同鄉每天都一定要送貓飼料去餵食那十幾隻貓，順便看看傳眞和電話，有什麼緊急事情要處理。昨天早晨，剛好一位同鄉送貓飼料去陳芳明家，看到東京來的傳眞，說你今天上午八點會抵達舊金山。因爲陳芳明全家還在 D.C.，『台灣民主運動研習會』最後一期還未結訓，他要等到 2 月 24 日才能回聖荷西。剛好我到李宗海家聽到這個消息，便自告奮勇說：『我曾經在台北看過鍾先生，我去接他。』」如果不是巧合，今天他們不曉得要如何來接我？

　　她衹告訴我她姓陳，沒有告訴我其他的事，我對她開始有點好奇，交談中發現她不平凡，很聰明，談吐舉止都很大方，跟國內的女孩子不大一樣。難道來美國喝過洋水的女孩子，都會變得不一樣？

　　她不曉得有什麼隱情，問起她在台灣做過什麼事？她都含混其詞，我也不便因好奇而對初相逢的人太沒有

🔥何絹

禮貌，想打破沙鍋問到底。直到陳芳明回來，才知道她竟是鼎鼎大名的陳文茜。吾友何集璧外孫女，阿絹姊（何絹）的外甥女。

　　何集璧，台中市人，曾任日治時代唯一台灣人報紙——《台灣新民報》台中支局業務專員。1942 年台灣所有報紙被合併改為《台灣日報》，乃被遣送轉入「大東信託」。1945年終戰，台中仕紳成立「歡迎國民政府籌備會」台中分會，

兼任該會總務。是年 8、9 月間台灣全島呈現無政府狀態，有一天接獲台中公園「珍木老樹」橫遭莠民亂伐，我和集璧兄曾糾集七、八名青年，手持木棍急往台中公園驅散不顧公德、自私自利的莠民。陳文茜即是他的長女欣欣與羅東木材巨商陳氏所出。

何絹是我的義姊，我 1964 年出獄，工作無著，徬徨歧途時，她曾經鼓勵我說：「看哪一種行業可以做，就勇敢去做做看，資金問題我會想辦法。」我雖然沒有接受過她的金錢援助，但她在我剛出獄，情緒低落潦倒時，所給我的鼓勵，使我感激涕零，終身難忘。

我在李宗海家借住兩夜，陳芳明第三天回來即趕來看我，他一看到我，便頻頻向我陪失禮，對我說：「真歹勢」，重任在身，無法遽以離開華府。我們談得那麼親切，談了半天，我還不知道他就是陳芳明。

我原以為陳芳明是上年紀，至少也有五六十歲的人。看他成熟、理路整然，富有感性的文章，任誰也會產生這種錯覺。原來他也是「四七社」成員。難怪他一看到我即叫我：Ojisan。

走進陳芳明的家，我幾乎被嚇了一跳。映在眼簾的盡是圖書，入口處一台小風琴上面，和堆在壁角，客廳書架上、桌上，觸目皆是陳芳明的書。將行李搬進陳芳明九歲大兒子謙坊的房間，發現床上枕頭邊也都是一大堆看過的書報。放妥行李走出房間瞥見對面房，也是滿屋子的書。我因好奇悄悄進去一探，發現這裡是他的書齋，是他寫時評、政論和文學評論的地方。

　　次晨，謙坊兄妹由校車到家門口接走，夫人穗 misuho 桑，將房裡急急忙忙收拾一下，也開車去灣區一家公司上班。依我側面瞭解，當時是陳芳明一生中最潦倒、窮困的時候。他原在西雅圖（Seattle）華盛頓大學（Washington University）念 Ph.D.。1979 年 12 月 10 日，「美麗島事件」發生，國民黨伺機大肆搜捕台灣民主運動人士，肅殺之氣一時瀰漫全國。

　　消息傳到北美，憤怒的台灣人，紛紛走出來聲援營救。陳芳明也激於義憤，放棄隨手可得的博士學位，呼應許信良

🔥Syntex Lecture Hall舉辦「228四十週年學術研討會」與會人員合照（前排：左1廖述宗、左2蕭欣義、左3吳昱輝、右1謝聰敏；中排：左1張富美、左2鍾逸人、左3林宗義、右1謝善元、右2彭明敏；後排：左1林宗光、左2賴茂洲、左4張旭成、左5楊黃美幸、左6陳芳明、左7簡炯仁、左8陳菊、右1陳光復、右3林衡哲）

爲延續「美麗島」香火，在美國復刊「美麗島雜誌」，離家背井跑去加州，負起雜誌總編重擔。這時候兩個孩子和全家生活重擔，便落在夫人穗 misuho 桑肩上。因爲被列入「黑名單」，既不能回家，也無法接受國內接濟。

我出現北美的消息，經《國際日報》披露後，各地便陸陸續續打電話找陳芳明，試探是否也能安排我到他們那裡？都經陳芳明告以應向「全美台灣同鄉會」報備，再由「全美會」統籌安排。也要視我的滯美時間有多久？因爲我這次赴美是由「全美會」和「全美台灣人教授協會」共同邀請。

紀念會程序

I. 獻 唱
　　「蕃薯不驚落土爛」
II. 默 禱
　　宣讀「二二八和平日」宣言
III. 演 講
　　「二二八事件」前的幾個
　　　　重要事件　　鍾逸人
　　我的「二二八」經驗
　　　　　　　　　林宗義
IV. 問 答

二二八和平日宣言

四十年來，"二二八"事件像一片烏雲，檳榔的冤魂凝聚不散；又像你我心底的陰影，掩著我們最深刻的創傷。屈不得直，冤不得伸，真相不得大白。四十年來，死者無法安息，生者難以平安；這個島上因此沒有真正的和平。

但是 "和平" ——統治者與被統治者，本地人與外省人之間的和平——正是這個島上最重要的生存基礎。

因此，在 "二二八事件" 發生的第四十週年，我們呼籲全島住民共同來紀念這個日子，並祈求和平早日降臨在台灣島上。我們呼籲公佈真相，平反冤屈，讓死者的冤魂得以安息，讓生者的心靈得以平安，也讓這個島上的住民，得以因瞭解而諒解，因諒解而和解，因爲和解是邁向和平的開端。

我們懇切地向島上的每一位住民發出這個訊息：在第四十週年的 "二二八"，請讓我們以 "和平" 來紀念它，並訂這一天爲 "和平日"。

228紀念會的程序表

作者於228四十週年紀念大會演講

　　1987 年 2 月 28 日上午 9 時半在 Syntex Lecture Hall 舉辦
「228 四十週年學術研討會」。由北美對 228 素有專研的學
者、受難者或受難者遺族，和關心台灣民主運動人士……，
如蕭欣義、陳芳明、簡炯仁、彭明敏、林宗義兄弟、謝聰
敏、張富美、廖述宗、黃美幸、謝善元、林衡哲、張旭成、
洪順吾……等，約一百多人參加。

　　當晚 7：30 到 10：30 在 Palo Alto Culture Center 舉行的
「228 事件演講會」，則由 228 事件遺族林茂生博士哲嗣林
宗義，和來自台灣的事件見證人鍾逸人報告 228 發生經過，
及 228 前所發生的幾個事件。在座聽眾大多對歷史空白，或
出國前在國內接受過 K.M.T. 一言堂教育，思想被毒化的人，
我和林宗義兩人在這次「學術研討會」的演講，也許可以幫
助他們深入瞭解台灣的悲慘歷史。

　　次晨，吃過洋式簡餐，芳明又泡一杯熱咖啡給我，問我在台灣習慣喝咖啡麼？我點點頭回他：偶而也會喝一杯。片刻，我又告訴他，坐過長牢、走出娑婆的人，沒有什麼不能吃的，無論吃什麼都好吃。

　　想起 1947-48 那幾年，在台北監獄那一段日子，雖然每天也供應三餐，事實每一個人卻祇能吃到半碗爛蕃薯，加兩個小湯匙的米飯。因為囚糧被扣剋，便拿爛蕃薯充數。台灣米都被蔣黨運去中國打內戰，害得台灣到處鬧米荒。在娑婆的人尚且如此，囚犯又能奢望什麼？還能主張什麼人權？因而被餓死，從台北監獄「小南門」抬出去的不計其數。芳明聽得搖頭嘆息，穗桑也聽得眼眶泛紅。

　　孩子們都上學去，夫人穗桑也去上班。芳明又將還未對照好的老照片搬出來放在地毯上，錄音機也移到我面前，我們又開始「工作」。他邊問我邊指著手上老照片……。陳芳明為了寫一部一生坎坷的謝雪紅傳記，幾年前即開始多方搜集資料，甚至曾經為此跑幾趟香港。

　　不曉得他從哪裡聽到，我們鍾家過去與謝雪紅被抱去當「童養媳婦」的洪家鄰居世交，同是台中市干城町十六番地貧民窟的老住戶。她與先母同庚，曾經有一段時間常一起到台中「帝國會社」（日本人經營的製糖工廠）做工。她抱過我、很喜歡逗我……，可是這一切，我自己毫無印象。都是戰後她「重出江湖」以後，才從先母和幾位長輩那裡聽來的。尤其是謝雪紅「有名無實」的前夫，洪心婦么弟洪炳煌（我小學的同學），提供我一些有關她和張樹敏私奔前，在他們家那十幾年短暫日子的見聞。因此懷疑自己到底能幫陳芳明的「謝

雪紅傳」多少忙？

不過有一點，可以證明謝雪紅對我小時候的印象很深刻。她「重出江湖」在台中市成功路，前台中市長張溫鷹從前開業的「牙張牙科診所」對面小巷口左側刻印舖二樓，籌備她的「人民協會」時，我曾經奉三叔鍾添登先生之命，拿一大包鈔票（約兩萬圓的日本銀行券）給她。

記得當時，她一見到我，知道我是鍾家子弟，即用她纖細柔軟的手，抓住我的肩膀，把我拉到窗口，藉外面的光線從頭到腳端詳看了我一會兒，然後問我：「叫什麼名字？你還記得我麼？」我雖然對這位陌生女人突如其來的舉動，有點不自在，還是告訴她：「我阿爸是鍾玉成，大家都叫我阿母『阿權姑』。」我話猶未了，她「唉唷！」一聲尖叫，俄然劃破周遭靜寂，也將我弄糊塗。她緊接著問我：「你應該叫我什麼？」我說：「歐巴桑。」她初則搖頭，告訴我應該叫她「阿姨」，繼則補一句，「也可以」。

我看手錶時間差不多，便向她說聲：「莎喲哪啦」，急忙下樓奔回家，將剛才發生的事情詳告阿母和三叔。三叔則聞言失笑，問我：「有沒有給嚇壞了？」阿母則不顧我的說明和感受，祇管告訴我，她們以前如何如何和她如何逗我……。

（2）與古瑞雲在紐約會面

到美國一定要給陳都電話。這是日本同鄉怕我到美國無人接待會迷失，一再叮嚀的。我抵達舊金山，在入境大廳等陳芳明那一段時間，也曾幾次找公共電話，想先打個電話向

陳都報平安。如果陳芳明沒有來，也想請他來接我。然而，美國的公共電話如何打法？因沒有經驗，所以都沒有打通。

到陳芳明家，也請他代打過兩、三次，還是打不通。到底號碼有問題，還是他們電話沒有掛好？不久，聽到陳芳明在電話中，為我的行程問題與對方發生爭執。對方的意思，好像要我改行程先去紐約一趟。芳明即堅持有困難，無法改變。因為牽一髮動全身，各地同鄉會早已將我的行程與節目安排好，如果接受對方要求，更改行程，那些同鄉會的決定，則非跟著重新調整不可。因茲事體大，他無法答應。

大約又過了半個小時，「台美會」來電指示：因葉芸芸那邊也邀請三位與228有關流亡中國的同鄉，政府允許滯留美國時間不多，准帶出來的外幣美鈔也非常有限，希望在回中國之前能與我一敘。為兼顧情理，「全美會」乃不得不更改我的行程。

3月1日中午左右，我由舊金山搭機飛往科羅拉多州（Colorado State）丹佛（Denver），約三個多小時抵達。丹佛雖然是科羅拉多州的州都，因為地處高原偏僻，入境大廳不若舊金山機場，前來接機的人寥寥無幾。一下子我就找到前來接我的人──蕭廣志。

他手上捧著寫有我名字的紙牌，在人群中尋找我，我也袛找黃皮膚臉孔的人，當我瞥見書有自己名字的紙牌，即趨前自我介紹，並伸手向他握手。蕭廣志為人豪爽慷慨，說話幽默，所以有「肖公子」之外號。（用台灣母語讀時，「蕭廣志」與「肖公子」近音，而且「肖公子」即為喜劇裡「詼諧角色」，亦與他的個性很相似）

　　原來他是蕭來福（蕭有山）的侄子。他的住處同時也是電台。在「黑名單」未解除，電視未普遍時期，這種小型電台對北美台灣人社會確曾扮演很重要角色。此電台是否由同鄉集資設立由他主持，抑或他個人投資設立，服務性質播送「故鄉新聞」的，不得而知。

　　當他知道我昭和 16 年間（1941 年），在王添灯的文山茶行即跟他叔叔認識，後來變成《青年自由報》同事和好朋友後，我們的話題便集中到他叔叔蕭來福到香港和上海以後為什麼被清算鬥爭，最後會精神分裂「起肖」的不幸遭遇。

　　蕭廣志身處美國這個自由民主的國家，可以接觸到不同立場、思想意識的言論刊物。他就是透過從香港來的消息和新聞，略微知道 228 後亡命中國的台灣人，在彼邦所遭受的歧視和委屈。

　　1949 年 10 月 1 日，中國共產黨取代 K.M.T. 建立「中華人民共和國」，那些逃過蔣幫 228 大追殺亡命香港的人，除了少數幾個，如廖文毅、王育德，對中國歷史文化和支那人本質有深入瞭解者外，都一窩蜂奔馳中國，抱著滿腔熱血，想為初誕生的「新中國」盡一點力。

　　就在中共解放軍擦掌磨刀揮軍南下殲滅蔣軍時，派去中國調停的兩位將領，George C. Marshall（馬歇爾）和 Wedemeyer（魏德邁），也前後發表「放棄對腐化貪婪的 K.M.T. 任何調停和軍事援助」，被他們的人民掃地出門的 K.M.T. 餘孽，來到台灣仍不知懺悔，還想在台灣人頭上展現虛勢。事實上，已面臨內無奧援，外有共軍渡海攻台之憂，使受驚嚇未定、萎靡不振的蔣軍，增加不少壓力。

　　這時候，亡命中國的228參與者，如謝雪紅等人，一夜身價暴漲，成爲奇貨。陳毅的「三野」在東南沿海一帶開始佈局渡海攻台。他們想先採取心理戰，以收「不戰而屈人之兵」之效。遂找來謝雪紅等亡命客到電台，日夜對台灣作「心理攻勢」。除了煽動策反228犧牲者遺族，起來作解放軍內應，以報殺親之仇，也不忘推銷宣傳中國共產黨對工、農、兵無產階級如何照顧，歌頌毛主席如何關懷國民黨餘孽暴政下的台胞⋯⋯。

　　此時台灣人在中國，確曾受到重視和照顧，有些人甚至被捧成「革命英雄」，在他們的名字上，也忽然增加什麽委員，什麽代表，或什麽副主席的頭銜，極盡籠絡之能事。

　　然而，想跨海攻台，不是光靠大聲叫陣、嗆聲就可以成功；要考量自己既無海軍，也沒有空軍作掩護，何況又是完全陌生、不明狀況的地方。平心而論，他們的三年解放戰爭，除了「四平街」、「徐蚌」兩次戰役，確曾實兵對陣外，幾乎都是靠策反內應。所謂「勢如破竹」，說穿了也多是共軍未到敵營，即已聞聲舉手大開城門，因爲國民黨實在太爛，軍心渙散，紀律蕩然，人民都抱持迎「王師」心態。

　　台灣則情形完全不同，經過228大屠殺，精英份子幾乎被殺或被投獄。一般人民也大多變成驚弓之鳥，敢怒不敢言。很難期望他們起來作內應。加以中共「台灣工委會」頭子蔡孝乾一干人叛黨投降，向蔣黨輸誠交出關係，所有組織幾被一網打盡。在如此情形下，光靠對敵營廣播叫陣，就想解放台灣，未免太一廂情願。

　　加上前「滿洲國」陸軍和解放戰中各地俘獲蔣軍，也有

近百萬，這些戰俘留之不放心，暫時也派不上用場。光是供他們吃，糧餉即是一大問題。不如趁美國人還陶醉「二戰」勝利之際，另闢戰場，假敵人之手處理掉這些贅疣。

於是慫恿北朝鮮金日成揮軍南下，圖謀先統一朝鮮，再解放台灣。然而，美國也不是省油的燈，眼見國家利益受到挑戰，隨即派「太平洋艦隊」馳援，登陸仁川。從此美國介入，蘇聯也介入，中共「燙手冗兵問題」也一併解決。

美、蘇雙方三年「拉鋸戰」，美國總共付出比「二戰」東西兩戰場死傷總和更多的代價——十七萬多死傷，卻只贏得平局。而勝利者好似中共。他們將數十萬俘虜驅入戰場，在「人海戰術」美名下，讓美軍戰車大砲「幫忙」解決掉這些冗兵。因此合理估計，中共實際死傷恐數倍於美軍的損失。

北朝鮮的侵略引起美國朝野緊張，尤其是參議院保守派。他們認為：「蔣介石好歹立場算是反共。他因反共敗亡來台灣，同是反共的美國，卻視死不救，袖手旁觀，太豈有此理！」這是美國保守派的片面看法。不過他們的國會，獲悉中共在背後作怪，終於在國家利益至上的激昂聲浪下，表決不許中國染指台灣。並派第七艦隊駐防台灣海峽。宣佈「台灣地位未定論」，給嗆聲叫陣，要血洗台灣的中共當頭棒喝。

曾幾何時被捧為「革命英雄」，在上海嘶啞著嗓子，向將軍叫陣喊話的謝雪紅，對解放後一些「老八路」的得意忘形、脫序行徑憂心忡忡，曾經很誠懇的忠告中共：如將「漫無章法，不顧民情做法」，也搬到五十年來習慣法治、守

秩序的台灣，必將引發另一個「228」，最好能「由台人治台」；因而觸怒中共，惹禍招殃。

謝雪紅便在武力攻台無望，無須叫陣策反，失去利用價值時，被拉下來清算鬥爭，硬被戴上「右傾走資派」，「分裂主義份子」大帽子，甚至連三十多年前出獄後，在台中市榮町（現在繼光街）經營「三美堂」時，日本「特高」、便衣憲警常來光顧，也被誣指與日本特務「勾結」。唆使 1930 年「台共」為爭取 Hegemonie（領導權）時的對手王萬得，抓住她的頭髮，讓乳臭未乾的「紅衛兵」亂棍棒打。

試想，一個病弱古稀老嫗，堪挨幾下亂棒？她的「愛國」、愛台灣，最後卻換來莫須有的罪名，落此下場。她因骨折傷重，不到半年，於 1970 年 11 月 5 日慘死北京，其骨灰即被拿去當肥料。狡兔死，走狗烹，自古已然，於今尤甚！

中國對台政策，想硬碰已經行不通。經韓戰至 1951 年 9 月 8 日「舊金山對日和約」簽字，中共也不得不面對現實，重估形勢，務實一點。除非神經錯亂，還想「以卵擊石」挑戰「美帝」，否則祇有改用更軟的，拉長時間，期盼百年後台灣能自動「投懷祖國」，實現大一統民族大夢。

為了爭取台胞的向心，誘導他們認同祖國即為首務。於是派人四處找尋，曾經被他們丟棄荒野，可能被拿去當肥料的謝雪紅屍骨。因為遍尋無著，隨便找來一堆豬狗屍骨來矇混。並鄭重其事，加以遷葬北京郊外，具有少將以上官階才能享受的「八寶山國家公墓」，以示他們如何尊敬「228 革命」時，在偉大毛主席號召下，如何「領導」台胞與國民黨

政權抗爭的謝雪紅「總司令」。

　　我從蕭廣志那裡聽到許多在台灣聽不到的，有關台灣人在中國的不幸際遇。我也藉此機會，將我對中國所瞭解、所認識的地方告訴他，希望他能將我的話，透過他們的電台傳播給北美同鄉。也希望中共當局能聽到台灣人的心聲，別一味恐嚇台灣人。

　　「肖公子」擔心我晚上睡不好，會影響明天行程，我告訴他：「我可以在飛機上休息，不會影響。」次晨，「肖公子」用他的中型休旅車送我去機場，沿路欣賞高原風景，他告訴我：「這地方原為印地安人居住地，所以現在還有很多不是英語，也不像法語的『印地安語』地名，也有很多印地安人社區遺址，現在還有近萬人未被同化的印地安人散居附近。」

　　他還告訴我：「十六、七世紀，法國人和西班牙人曾經在這裡走動過。直到 1859 年被發現有金礦以後，白人才開始蜂擁此地，到美國獨立 100 週年，始建立科羅拉多州。科羅拉多州被稱為『百年州』則緣起於此。」

　　「這裡有美國最好的『避暑地』，也有最大的『滑雪場』。因此，不論夏天或冬天，從各地來渡假的人不斷。這裡有空軍基地，也有奧林匹克（Olympic）訓練中心。此外『二戰』時，美國政府對日裔不放心，把他們都集中到這裡，限制他們的自由。戰後美國政府遭到抨擊，人權組織也站出來為這些『連日語都不會說』的日裔爭取公道。迫使美國總統不得不出面表示，『政府確曾犯錯誤』而道歉。」

　　我們來到一家外觀像「小龍宮」、同鄉經營的餐廳。

「肖公子」帶我進去跟一位長期支持同鄉會的老闆認識。老闆很客氣，埋怨「肖公子」，爲何昨天沒有安排我到他們那裡，讓他們盡點地主之誼。「肖公子」聞言忙解說：「昨天鍾先生到丹佛已近黃昏，搭飛機、坐車子勞累一天，想先讓老先生休息。」我初次聽到人家稱呼我「老先生」，心裡感覺很不是滋味。我眞的已經老了嗎？

走出「小龍宮」，遠眺四周山峰，一片銀色世界。這裡是海拔 1500 多公尺高的高原，又是春寒料峭的時候。這些白雪將隨著季節的變化，慢慢融化，流入湖澤，成爲美國人口最密集大洲——加州（California）的水源。加州長年不下雨，也沒有颱風，端賴湖澤的水灌溉和飲用。

3 月 2 日飛抵紐約（New York）已近中夜。前來接機的有三位，除了一位一個禮拜前，在聖荷西「228 四十週年紀念會」見過面的「全美台灣同鄉會」會長黃美幸女士，以及來自中國、前《中外日報》記者吳克泰，還有週前在

古瑞雲

《國際日報》看到一篇介紹我的專欄報導，開始心慌意亂，吵著一定要見我，經《台灣與世界》主編葉芸芸出面，向「全美會」交涉，變更我的行程，要求我務必來紐約的古瑞雲。

古瑞雲投共後改名周明，1925 年生於台中州東勢，因父親在鐵路局工務段工作，遷居潭子。1945 年「中商」畢業。1944 年跟滿洲人曹玉波父女

蔡懋棠 (1972)

學中國話，因而認識蔡懋棠、吳崇雄等人。戰後，跟林西陸學拳。經林西陸介紹與謝雪紅認識，並透過謝的關係到台北《中外日報》任會計，得有機會親近中共潛台份子陳本江。228 時，任二七部隊副官。後來，他帶著變賣前日軍遺留下來的軍毯等等，和我交給他的錢，與謝雪紅、楊克煌三人，在蔡懋棠安排下從左營逃亡中國。

林西陸，台中潭子人。據葫蘆屯人「上大派」，前上海「反帝同盟」的王溪森所透露：林西陸 1925 年間遊學中國適逢「五卅」，書雖讀不成，卻練就一身內功拳術、走馬射箭，也常光顧「四馬路」……。他在一場群眾運動中邂逅謝雪紅，一見傾心。奈何此時謝已脫離張樹敏，投懷林木順，而這時候的林西陸在謝的眼裡，只是一名沒有意識的紈褲子弟，不可能成為她的「密友」。

　　直至1940年林獲悉謝雪紅獄中表現良好，加上患有肺癆，獲准提早出獄，在台中市榮町二丁目（現在繼光街）經營女紅雜貨店「三美堂」的消息，才喜獲至寶般，三天兩日便帶自己親自調配的「補藥酒」前往關照。

　　謝出獄後，獲悉老情人楊克培逃往中國，在汪精衛下面當縣長。楊克煌則出獄後又跟其他女子結婚生子。精神上大受打擊，一個人黯然過著淒慘孤單日子。林便乘虛而入，成為她的第五位「愛人」。林後來能當上台中縣農會理事長、台中縣議員及和平日報副經理，幾乎都是謝一手安排。

　　走出入境大廳，古瑞雲走過來幫我拿行李。坐進黃會長的車子，感覺三個大男人，讓一位女士為我們開車服務，在西方社會是很沒禮貌、不尊重女性的行為。幸好，黃會長並不計較，而且這部「別克」是她的愛車，由她自己駕駛，總是萬無一失。

　　車子在深夜暢通的highway朝向Long Island（長島）直奔。約半個小時，轉入一小巷，又向左拐一個彎……最後開入一棟花木扶疏的豪宅（黃會長住家）。一位約170公分高，直挺的男士出來迎接我們。他是黃美幸的先生楊次雄醫師，紐約第一銀行董事長。雖然時間已不早，他還是好奇的陪著我們，傾聽我們交談。

　　茶几上備有洋酒和茶點，古瑞雲看起來有點微胖垂腰。卻不改年輕時的「酒鬼」本性，剛喝過一小杯威士忌，自己又倒一杯，送到嘴邊時，忽然想起什麼似的，又把杯子放回去。片刻，他緊緊握住我的手說：「老鍾，真對不起。」頭也低下來，我覺得莫名其妙，到底發生什麼事？楊醫師夫婦

也被他的不尋常動作愕住！原來他日前從《國際日報》一則報導，獲悉我還健在，而且被邀請到美國，心情就一直忐忑不安、悶得發慌。所以，特地拜託葉芸芸一定要想辦法，邀請我來紐約。

原因是他在中國以及來美國之後，一直自稱是「二七部隊部隊長」。這是受到「上級指示」。因為大家的合理推測，都認為我把事情鬧得那麼大，也沒聽說過我已經逃離台灣，則認定已被殺害。所以由他頂替冒充，這樣要回復二七部隊結構，對外作具體說明比較有力……。他還想繼續說下去，卻給我加以攔阻，我說：「快凌晨三點了，有事情明天再談，不要影響黃會長他們的作息。」不過，我還是回他說：「敗軍之卒，誰當部隊長都一樣。既然事情沒成功，你們這些在中國的人，為何還要斤斤計較這些問題？我不介意！你也不用太自責，我知道就是了。」

楊會長夫婦回房，吳克泰也回到被安排的房間。剩下我和古瑞雲兩個人，他便顧左右低聲告訴我，吳克泰是陷害歐巴桑的共犯，與王萬得同一夥。他還接著告訴我歐巴桑在中國的不幸遭遇，如何受到清算鬥爭……。他所說的這些消息，有些我已從「肖公子」那裡聽說過，已不新鮮。不過，從他談話中，滿口「內地」、「國內」，讓我聽得很不爽。不過，我發現他們儘管遭受中共迫害，依然認賊作父，妄想中國就是他們的「祖國」。四十年來他們在彼邦備嚐鹹、酸、苦、辣，似乎已經麻木不仁，不覺得委屈。他們需要你時，把你捧上天，不需要時則一腳把你踢開，也無所謂。

他們對這些問題，似乎都很包容，寬宏大量。我即不

然，也許我患了日本人所謂「島國根性」，心胸狹窄，缺少大國風度。然而，我對國民黨餘孽和意圖併吞台灣的共匪，都一視同仁，別無妥協餘地。

次晨餐畢，吳克泰先行離去，回葉芸芸那裡。楊次雄也去上班，剩下我與古瑞雲。黃美幸要我到外面院子和她拍張紀念照。然後，告訴我明天要離開紐約，直飛休士頓（Houston），大致需要五個小時。那裡有四個點，大約需一個多禮拜，由美南德州經東南北上，一個月後再回到紐約。屆時，她們準備在「台灣會館」為我辦一場演講會。我的行程祇更改加州 L.A. 部份，其他均照原來行程。

說完，從手提包拿出六、七張機票和每個點的停留時間表、聯絡電話給我，並告訴我每到一個地方，同鄉會都會派人來接我，她還說：同鄉們知道我要去，都非常高興。萬一旅途中發生什麼意外，隨時給她電話，她會為我做最妥善處理。她無微不至的關心，真令人感動。她看起來不過三十出頭，竟然這麼能幹，真佩服！

黃美幸，台南市人，「東海大學」、紐約「復旦大學」（Fordham University）畢業。父親黃天縱，日本「早稻田大學」法學部畢業，在東京清瀨キヨセ執行律師。回國後，曾任法官，頗受高雄地方法院洪壽南院長賞識器重，幾次欲加調升職務，奈因堅拒入「黨」，K.M.T. 作梗，被打入冷宮長達八年。調職台中地院，也只當幾年庭長。母親高雅美是高俊明牧師的堂姊，東京「帝國音樂學院」聲樂系出身的校花，回國後曾經任教「靜宜文理學院」（靜宜大學前身）。她也曾經是東京台灣留學生心目中的偶像。

後排左：黃天縱（黃美幸之父）、後排中：辜振甫、後排右：高雅美（黃美幸之母）、前排右：黃昭華（黃天縱之妹妹亦是辜振甫的元配），1941年攝于東京穩田辜振甫住家

　　據名畫家謝里法和黃美幸父親「早稻田大學」同學史明老兄透露：1940年代，凡在東京受過高雅美招待的台灣留學生，散席時，還來不及向主人道謝，她卻反而彬彬有禮的向每位客人鞠躬致謝，她的舉動使人感到很新鮮，而被傳為佳話。

　　我明天一早就要離開這裡，直飛休士頓。儘管這裡有很多洋酒可以讓古瑞雲喝個痛快，但沒有理由讓他再繼續待下去。這傢伙「頭殼歹去」，滿口「內地」、「祖國」……，卻還想享受「資本主義生活」，連他在日本橫濱的女兒和女婿，都要我運用在日本的人脈關係，為他們爭取獎學金。

　　他幾次欲言又止，不知有何顧慮？最後他還是說了，說

他與何集淮遺孀之間的種種「謠言」，實在很冤枉，根本子虛烏有，絕無此事。希望我能相信他，回台灣能替他向阿絹姊求諒解，也向淮仔的其他親人解釋一下。他愈說愈激動，氣急敗壞辯解他那次去她們家住過三天，「主要是爲了照顧『病人』。淮仔遺孀生病我能袖手旁觀，撒手不管嗎？」

淮仔剛過世，他遺孀正需要人關心和安慰。她病倒在床上，去照顧她有什麼不對？爲什麼大家要大驚小怪？繪聲繪影？他簡直欲蓋彌彰。

我也聽得有點嘔氣。對這種糾纏不清的事情，我也懶得過問。但他既然自動提起，我也不得不替何集淮給共匪整死之後，在台灣的兄弟，因爲無法直接與中國通信，乃透過他三兄在美國的兒媳與她聯絡。淮仔的遺孀，確曾在信中哭訴過這些事情。

問題是出在「對方不願意，向你明白表示過」，「你卻硬要⋯⋯。」如今不管你怎麼說，淮仔的兄弟親戚到底要聽你的，還是相信淮仔寡妻的控訴？

我沉不住滿肚子憤怒，便挪揄他，你們的「祖國」，想必「有很好的法律」。你有困難蒙受不白之冤，你們的政府應該會替你排解吧？

何集淮，台中市人，1925年生。父母早亡，由其姊何絹一手照顧。1945年「中商」畢業。自少受長兄何集璧薰染，對幻想中的「祖國」頗爲嚮往。乃於1943年與拜把兄弟佐井桑，及周秀青、吳崇雄、蔡戀棠等人，跟滿洲人曹玉波父女學「北京話」。

戰後回母校任「北京語」教師，並受楊克煌啓蒙，開始

接觸《新民主主義》、《觀察週刊》、《大學評論》等「進步書刊」，與學生相處融洽，相當活躍。228時帶領「中商隊」投二七部隊。事後沉潛一時，最後在蔡懋棠安排下，到左營中國海軍「第三基地司令部」任少尉翻譯官。

因國民黨敗退台灣，從前埋伏全國各地的獵犬也慌慌張張，踉踉蹌蹌，隨軍逃來台灣。對付共匪無能的蔣黨獵犬，對善良守法的台灣人卻很會耀武揚威。何集淮雖隱身敵營，還是寢食難安。因此，求蔡懋棠幫忙，蔡即安排他搭乘前往上海的「中權艦」，到上海避風頭。他離開左營隔天，「司令部」發現數張重要「要塞圖」遭竊，是否被他給「順手牽羊」，不得而知。

他到上海不久，即邂逅一名蘇州姑娘，後來與她結婚，生有一男一女。1949年初，「在愛國心驅策下」，投「二野、劉伯承部」任「軍需補給員」。從軍幾年，昔日狂猖的愛國熱情逐漸冷卻，乃至覺醒。最後被戴上「分離主義份子」大帽子，被送去江西「勞改七年」，受盡折磨、凌辱……。回到上海老家，已是奄奄一息，不到一個禮拜，便含恨辭世。他的妻兒很快就與他三兄在美國的兒媳取得聯絡，並接受他們的接濟。

（3）在休士頓演講「228」

1987年3月4日下午3時，我搭「美國大陸航空」班機，由紐約飛抵休士頓。走出「入境大廳」，就發現兩位東方面孔的人，手上拿著寫有「歡迎鍾逸人」的紙牌站在大廳出口處，所以很快就找到前來接我的同鄉。

一位身高約 165 公分以上、粗腰、練過「柔道」類型的中年同鄉楊朝諭博士，和一位自我介紹郭正光，學者類型的三十出頭同鄉，趨前問我：「是鍾先生麼？」我點頭稱「是」，並緊握著他們的手，一再向他們道謝。

我被安頓在楊教授住處二樓，一間牆壁上掛滿獎狀、受獎紀念照和柔道賽獎牌的房間，這裡是楊教授的兒子老大和老二的書房。楊朝諭博士是德國 Gottingen University（格根丁大學）研究 Biochemical（生化）的學者。五年前由德國受聘來此，在美國 Baylor College of Medicine（貝勒醫學院）任教。他是台灣人的 élite，現任全美台灣同鄉會區理事長、台美學會會長。郭正光，新竹新埔人，德州農工大學博士，在 NASA（美國太空總署）擔任「太空糧食和水部門」的高級研究員，為人謙虛、熱心，現任休士頓同鄉會會長。

德國人對東洋這種「柔道」功夫很有興趣，也很重視，近年更蔚為風氣。楊教授出國前，曾是學校柔道部健將。難怪「虎門出虎子」，他三個孩子都是柔道選手。

傍晚，我被帶到一位台灣同鄉經營的「中華餐館」，那裡已經來了十幾位同鄉。他們大概認為我剛從台灣來，比較習慣吃「中菜」。甫坐定，一位三十出頭、身高約 168 公分、微胖的青年過來找我。他自我介紹是李筱峰的哥哥李席舟。我乍聽之下，趕緊站起來緊緊握住他的手，並問他什麼時候來美國、從事哪一行業？他說：「做文具生意。」片刻，又很謙虛的補一句：「還沒有什麼成就，正在努力中。」

李席舟，台南麻豆人，1950 年生。東吳大學經濟系與

他夫人陳麗里上下期畢業。1975 年為幫經營塑膠鞋類、文具的父親，拓展中東和非洲市場，開始跑中東和非洲。幾乎每三、四個月跑一趟 Sudan（蘇丹）、Ethiopia（衣索比亞）和 Saudi-Arabia（沙烏地阿拉伯）等國家。

1977 年，有一次，他到 Saudi-Arabia 首都 Riyadh（里雅德），往 Jeddan（吉達）途中，因計程車誤闖聖地 Mecca（麥加）而被捕，押送當地警局。依「伊斯蘭教禁條」：凡異教徒擅闖聖地，都必遭殺頭。這次他靠「虔誠信仰」和「超人鎮靜」，終獲從輕發落，僅被拘訊數小時，即被釋放。

我趁著還沒上菜，告訴對座的李席舟：「令弟筱峰是我至交好友，也是我的五名アクユウ（「惡友」）中的一個。他們明知我年紀不小，又沒讀過『中國冊』，也沒有接受過『漢文字訓練』，卻逼我寫自傳。特別是有關 228 大屠殺那一段悲慘歷史。」

「他們又不知道從哪裡聽來，說一位『算命仙』曾經信口開河，妄斷我『陽壽 63』，頂多活到 69。我今年已經 67，好像再過兩年就得跟大家『good by！』『蒙主恩召！』『莎喲哪啦！』害得他們都緊張兮兮，對我更加不放鬆。尤其是李喬、張炎憲和李筱峰三位アクユウ（『惡友』），『好狠心喔！』逼得我喘不過氣來。」引起在座同鄉哄堂大笑。接著便有人很關切的問我：「現在寫得怎麼樣？什麼時候可以寫好？」

楊朝諭和兩位曾經在《台灣公論報》，看過鄒武鑑的〈澄清一段被扭曲的歷史〉，和謝聰敏的〈楊逵身邊的同志〉兩篇文章的同鄉，說：「你的坎坷一生，便是台灣的歷

前左1：楊朝諭、前中：作者、前右：楊朝諄、中左2：李席舟、右一：郭正光

史。頗富傳奇性，一定要好好的寫下來。」羅滿蘭（楊博士夫人）和另一位小姐則很肯定的說：依她們看，我再活個三、四十年都沒問題，我聞言感到很欣慰。不過，我還是告訴她們：「人要活得有尊嚴、健康、快樂才重要，生活不如意、身體不健康，長壽反而是一種累贅、折磨。」她們聽了之後也都點頭，表示同感。

因為今天不是 weekend，同鄉們都要等到下班後才能來。而且德州土地遼闊，休士頓也不像紐約人口密集。同鄉們居住的地方也疏疏落落，不便硬性要求大家準時出席。前來參加餐會的人，幾乎都是雙雙對對，也沒有看到帶小孩來

的。這點是與台灣不一樣的地方。

在座同鄉一半以上都被列入黑名單，都好幾年沒有回台灣老家。因此，他們對台灣政治社會近況特別關心。今晚的座談會，話題便集中在近年來台灣政治社會的變化，不過，也有人問起 228 大屠殺時，台灣人死了多少人？聽說謝雪紅會「飛簷走壁」，是真的嗎？問我被捕時有沒有被拷刑？因為這些事情不是三言兩語能道盡，而且，明後天我們還會見面，到時候我會作很詳細的專題報告。

次晨，一位同鄉開車到楊會長家接我，要帶我去參觀NASA（太空總署）。順路到海邊吃生蠔。NASA 幾年前我到日本出差時，曾經在一本「科學雜誌」看過其梗概，所以，對它多少有點概念。

NASA 到底有多大？姑且不論其大小，反正一望無際。有僅能載送儀器升太空、作搜探大宇宙奧秘、測試各種物理反應的小型太空梭。有聳然屹立如彪形「怪獸」般的。也有數百公尺長，曾經載人和猿類等動物，升太空測試生物在太空中的適應性，現已退役躺在廠裡的。還有許許多多奇形怪狀的東西……。

郭正光博士已在那裡等我們。由郭正光權充嚮導，我們邊聽他的說明，邊看那些令人觸目驚心，橫躺在那裡大小不等的太空梭，使我看得眼花撩亂。我們也進去已被拆解的太空梭裡面，作極短暫的「太空人生活」體驗。幾個人擠進遠離地心、沒有引力的狹窄太空艙裡面。一進去即數月，飲食起居、生理處理和工作都在那裡。我們祇進去幾分鐘，就感到齷齪，渾身不自在。因此，不難想像太空人堅忍不拔的精

神是多麼偉大。可惜我對「太空科學」一竅不通。僅憑一點點似是而非、含含糊糊的概念，即想將 NASA 的精華刻畫出來，實在是有點不自量力。

晚上我們到一家門額下面橫掛白底染有褐色標誌布簾的日本料理店。出來接待的，都穿著背面染有標誌袢纏，不會說日語的白人女孩，一位像似帶班或經理級，同樣穿著袢纏的歐巴桑是唯一的黃種人，而且會說一口流利關西腔日語。我想她大概是這家料理店的老闆娘。

我們今晚有節目，同鄉們還在等我們去「演講」，所以

左：郭正光夫人、中：作者、右：郭正光

不能邊吃邊聊天。幸好，吃日本料理不論生魚片、甜不辣或烤肉類都是每人一份。只把自己點的料理吃完即可，無須顧慮別人。

七點半進入會場。會場雖然不算很大，卻已座無虛席。幾位義工正在搬補助椅。在座同鄉，有的前兩天已經見過，另有一大部份還是初次見面。當中有一位二十出頭的白人青年，頗引我好奇！因為，我是要用台灣母語演講。我納悶，他聽懂我說的話嗎？原來這位白人青年的「另一半」是 Made in Taiwan，他們是大學同班的佳偶。

今天這場晚會，演講者只有我，楊朝諭博士不過為我作些背景介紹，所以比較有充分的時間。然而，要談整套228，不是幾個小時即可講完。如果分成三部份，將「228 前三大事件」：即布袋事件、新營事件和員林事件，作一個講題。單「拆穿中共領導 228 的大謊言」這一部份，就可以講一個小時。至於「由民主保衛隊到二七部隊」，乃是自己親身經歷過的故事，我可以將聽眾帶回歷史，讓他（她）們親身體認，頂著「戰勝國」之虛假身分來台灣，如何劫收、掠奪、強暴婦女……，如何破壞日本人建設，摧殘日本人遺留下來的近代文化、守法精神、守秩序、衛生觀念，乃至 228時，如何計劃、屠殺台灣菁英的中國外來政權的廬山真面目。

楊博士對我的背景介紹，使我有點受寵若驚，愧不敢當，我並沒有如楊博士所說的那麼「偉大」。我不過是一介「敗軍之卒」，對台灣人民並沒有什麼實質貢獻，僅在二七部隊剛成立時，給大家一陣「狂歡」和「期盼」。

楊博士將麥克風交給我，雖然，我沒有用麥克風的習慣，自信自己「宏亮的聲音」比透過麥克風好控制，不過，我還是把它接過來。我等掌聲靜止，開口先徵求大家的意見，看大家喜歡聽哪一部份？結果對「二七部隊」和「謝雪紅」抱著好奇、興趣的人佔大多數。關心「中共領導228大謊言」的人，幾乎都沒有。

我長久以來，所以對歷史事實被扭曲耿耿於懷，不顧可能會被列入「黑名單」，甘冒身家危險，隻身潛入北美，主要就是為了要揭穿這件歷史大騙局。如果中共這個陰謀和謊言被大家接受，那等於幫下令屠殺兩萬多台灣人菁英的蔣介石推卸責任，讓他的詭計得逞，更使中共對台統戰陰謀加分。

儘管聽眾急欲瞭解「二七部隊」與「謝雪紅」之謎，不過，若沒有將228悲劇發生的歷史背景先作交代，驟然拋出「二七部隊」，出現「謝雪紅」這些陌生名詞和名字，恐怕很難讓聽眾瞭解問題的焦點，也有違我千里迢迢，從台灣來北美的目的。

因此，我還是從二次大戰結束，日本政府撒手不管，台灣人自己站出來維持治安、保護人民，過著比日本人統治下，更有尊嚴的生活開始，至10月初，蔣介石派穿草鞋、挑米籠、把槍當扁擔、槍管一端倒吊一隻雞，另一端槍托則綁一捆棉被、背上一支紙雨傘，腰帶還掛著飯盒、杯子和一雙筷子，叮叮噹噹擺動著的「垃圾鬼」，不但沒有衛生，又目無法紀，破壞秩序，連土匪都不如的「支那兵」進佔台灣。

工廠遭關閉，工人被趕走，產米的台灣，不到一年米

價暴漲兩百倍，城市人有錢卻買不到米……，僅有六百萬人口的台灣，失業者竟增加到六十多萬人。這時候，布袋事件、新營事件及員林事件相繼發生。美麗的台灣已經變成腐爛的蕃薯，用針輕輕一插，便會噴出惡臭膿汁。228 事件，便是在人民備嚐國民黨外來政權劫收、糟蹋，求生不得，求死不能的歷史悲劇下發生的。並不是我們這一代台灣人「好鬥」、「排外」；更不是國共雙方所謂的什麼「中共領導的革命」。

至於謝雪紅，1947 年 3 月 6 號傍晚，遭到軍統特務，外號「加納」的何鑾旗追殺，跑來二七部隊求救，我們就讓她留在營區保護她。萬沒想到竟因此給國民黨逮到藉口，妄指「二七部隊是謝雪紅指揮下的共產軍」。國民黨為推卸責任，中共則為併吞統戰陰謀，伸出雙手接國民黨踢給他的「球」。居然厚著臉皮，說台灣人受到偉大毛澤東思想「感召」，在中共地下黨領導下，起來反抗腐敗無能的國民黨政權。

謝雪紅 1925 年「五卅慘案」發生時，被日共吸收，並與她的愛人林木順一起被送去莫斯科受訓兩年。1931 年她因此給日本當局逮捕，處刑 13 年。她這段牢災，16 年後，竟然成為 228 屠夫國民黨推卸責任的有利藉口，是她始料未及。

228 發生緣起於 1947 年 2 月 27 日台北的「緝煙事件」，當時謝根本不在場，她也好幾個月沒去過台北。至同年 3 月 2 日，在台中戲院召開「市民大會」時，始「被群眾拖下水……」。這是她 228 後逃亡香港，在「中美招待所」向中共派駐香港《文匯報》總編輯金堯如親口訴苦的。

因此，在時間與空間上，將228事件推給中共乃至謝雪紅，不但不合 logic（邏輯），也與事實不符。而且，當時謝雪紅還不是中共黨員。經國民黨刻意渲染，硬將228責任推諉給她，讓她一下子變成事件焦點人物，成為國民黨媒體筆下的「罪魁禍首」、「中共地下黨領導人」。在台灣民間則被以訛傳訛，成為「雙手握槍」，也會「飛簷走壁」，比廖添丁更厲害的女俠。對二七部隊的建軍計劃，更造成無法挽回的衝擊。

首先在台中當律師的童炳輝、白福順和巫永昌醫師等埔里幫仕紳，將謝雪紅投入二七部隊的消息，電告能高區長廖德聰和童江立醫師。使本來在楊維命醫師居中協調下，約定「要合作，支持二七部隊」的廖、童兩位反悔，遂下令將「埔里隊」調回埔里。並通令仁愛、信義二鄉山地部落的山地青年，不得參加「共產黨的二七部隊」。軍統外圍組織「台灣省體育會」總幹事林朝權，也下令各地體育會成員（軍統特務）散播謠言，破壞二七部隊組織和建軍，並伺機暗殺謝雪紅、鍾逸人一干人。（參閱 P.477 國家檔案局資料）

3月12日撤退埔里當晚，我們即深深體會到人情冷暖！幾天前，我們每次經過霧峰、草屯、埔里，都會沿路受到民眾歡呼，送包子、肉粽、碗糕或烤地瓜……，到埔里更不用說了。然而，這次情形卻大不相同，先發隊伍抵達埔里，準備進駐「埔里國小」，即碰釘子，理由是「區長有吩咐」。

次日，更感覺到山城住民已經沒有以前那種親切感。不祇冷面相待，甚至視我們如瘟神蛇鬼般，不敢與我們接近。我們只好費盡口舌加以解說：「我們進駐埔里的目的」、

「我們並不是有些人惡意中傷的共產黨」、「謝雪紅也不是歹人，她是單純愛國、愛台灣的人」、「深怕國民黨軍隊來台中後，萬一像對基隆、台北、高雄那樣，隨便開槍，亂殺無辜，我們就準備趕回台中」……等等。

然而，言者諄諄，聽者藐藐。儘管我們說到聲嘶力竭，還是絲毫無動於衷。他們祇相信區長廖德聰和童江立醫師、童炳輝律師兄弟的話。對我們還是擺出一副愛理不理的冷面孔。

我也走訪過幾個山地部落，受到不一樣的待遇。因為，我一身近似日本「軍人」穿著，嚴肅的日本軍禮，用標準的日語摻雜些江戶腔，刻意營造「重義氣的日本古武士」形象，終於被那些戰時當過日本兵的部落酋長和長老們，誤當昔日同儕、袍澤，殷切餉以自釀粟酒，佐以烤斑鳩，一起唱日夜懷念、滾瓜爛熟的日本軍歌。

但是，一旦話題稍有觸及動員山地青年的問題時，臉色即變，似有難言苦衷。最後，他們還是坦誠告訴我：他們是徹底反共的，對共產黨的所作所為一點都無法容忍。「將我們的農具和水牛牽去充公，像什麼話？區長的『通令』對我們並不重要；主要是我們的利益會被侵犯。」而且「霧社事件」傷痕尚未痊癒，這也是原住民揮之不去的夢魘。

山城居民，受到當地仕紳、區長恐嚇、洗腦。部落長老們也受到日本根深柢固反共教育影響，加上對霧社事件的慘痛記憶……。想和山地部落住民合作，期望動員山地青年，已經完全不可能。埔里盆地的長守，受到謝雪紅出現的影響，加上國民黨的惡意渲染，已注定失敗。

　　因為，每次講到我們的兄姊，受到目無紀律的「支那兵」凌虐欺侮，無辜人民橫遭亂槍掃射……，我都會情不自禁，情緒激動，時間也無法控制，因而耽誤很多時間。雖然意猶未盡，很想繼續講下去，主辦單位已再次示意，乃一鞠躬，在一陣鼓掌喝采下回座。趁著楊會長上台，趕緊溜出去一會兒。

　　剛回到座位，楊會長又示意我上台，接受聽眾提問。第一個問題是我如何渡過十七年漫長的牢獄生活，是否遭受拷刑凌虐？第二個問題是後蔣經國時代的 K.M.T. 在台灣的可能變化和走向？第三個則鼓勵 228 受難者和遺族，應向 K.M.T. 索賠；並將罪魁禍首繩之以法，可參照「二戰」後德國人、光州事件後韓國人和「二戰」後美國總統對「二戰」中被送入「集中

🔥左：作者、右：羅滿蘭（楊朝諭夫人）

「營」日裔的處理方式……。

　僅回應這幾個問題，即已超過半個多小時。而且，會長也一再指著手錶示意，我便再鞠躬揮手告辭。最後我仍不忘鼓勵大家，「黑名單」取消後，一定要回台灣為母國打拚。

　回到楊朝諭家已十一點多，本想直接上樓回房整理行李，因為明早我就要離開這裡，往 Austin（奧斯汀）。

〔左：楊朝諭、右：作者〕

卻給楊會長請到客廳，他說：「明天中午前到奧斯汀即可，早上可以多休息。」接著夫人端出櫻桃和熱茶，我一看到熱茶就等不及，竟忘記自己是客人，拿起茶壺倒著就喝。楊朝諭知道我口渴，便說：「眞歹勢，會場沒有準備茶。」我聞言覺得更不好意思，忙解說是今晚的烤肉太好吃，貪嘴多吃了幾塊。

　他點點頭，片刻，開始對我今晚的演講，略表感想：

聽完這場演講後，才對228有點比較正確概念，更能瞭解K.M.T.的霸道惡質。然後問我目前的生活和子女求學情形。並告訴我「休士頓人權協會」設有政治受難者子弟獎學金，以我的條件可能適合，他要為我爭取看看。講完便拿一個信封袋給我，說：「一點小意思，給你補貼旅費。」我即向他道謝，起身準備回房，他又挽著我的肩膀說：「希望你有機會再來，大家都很喜歡聽你的故事。」

（4）台灣同鄉熱情接待

3月7日上午，一位年約三十出頭，中等身材少年家S君，開一部灰色小旅行車來接我。休士頓到奧斯汀約需兩個小時行程。S君一路上除了介紹德州地理環境和經濟動態，也告訴我幾位同鄉的事業成就。經過一片大草原，他指著路旁幾排已停業的Motel（汽車旅館）說：「隨著石油工業衰落，旅遊業也跟著受影響。」

那些Motel都是台灣同鄉投資經營的。早幾年景氣好的時候，幾乎每天都客滿，從東部、中西部湧進來的遊客，不僅去參觀NASA、遊南方農場，也在這裡分享石油工業帶來的繁榮。現在卻棄之不顧，任其荒廢。

他說如果我能早幾年來這裡，同鄉們的招待就不只這樣，也不會讓我兩、三天就離開這裡。S君新竹人，未婚，正在找尋對象，希望我能在台灣幫他找一位佳偶。聽說父親曾經是「新竹玻璃」董事。

我們在十二點準時抵達奧斯汀同鄉會會長陳春興厝。陳會長夫婦和兩位同鄉已在等我們。我們略作寒暄，便進

餐廳。餐桌上已擺滿各色各樣「家鄉小菜」和炒米粉、肉粽……等。這些都是在自己家裡先做好一、兩樣拿手菜，帶來這裡與客人同享的。因彼此間沒有事先講好，結果，光是炒米粉就有三大盤。雖然不同家庭，不同口味，但都各具特色，都很好吃，大家都吃得津津有味。不過，最後吃不完剩下來的，還是米粉。

用這種方式請客，感覺很新鮮，在沒有餐館的地方，共同招待客人，卻是一種富有人情味的方式。兩個禮拜前，在聖荷西，洪順吾家，我首次看過這種宴客方式。在工業社會，夫妻兩個人都要上班，台美人小家庭，想出這種聚餐方式很值得效法、鼓勵。

奧斯汀是拜中央鐵道通車以後才形成的小城鎮，卻是德州州政府所在地。次晨，3月8日禮拜日，我們去參觀著名的「奧斯汀大學」校園。經過細心裁剪、扶疏的樹木，看到池塘裡面鴛鴦親暱逗弄和白鳥展翅，鮮艷鬥妍的花草，鋪上白碎石的小徑……，似詩如繪，一眼望去宛如置身歐洲古宮庭園，令人心曠神怡。

下午2點至4點，我要在 U.T. Austin, Welch 演講。接著4點到6點則另有謝長廷和趙少康的「台灣與中國前途辯論會」錄音帶欣賞。今天的演講會是由奧斯汀台灣同鄉會與台灣學生會合辦。

我僅就228發生的來龍去脈，作簡略說明。有關二七部隊和謝雪紅的部份，即盡量避免言及，深怕一旦觸及，時間會拉長，不好收拾。至於「中共領導228」之說，則鼓勵他們去大學圖書館找前中共「高幹」、香港《文匯報》總編輯

金堯如發表於香港《明報》的〈謝雪紅告訴金堯如，台共根本沒有領導〉的文章，便會明瞭國共雙方的陰謀。

講到近 3 點半，我便將話告一段落。剩下的時間，開放給大家提問。前來聽講的不到 40 個人，雖然不多，舉手提問的人卻滿踴躍的。第一位提問的是：「台灣『光復』後，台灣人那麼歡迎『祖國』，他們難道一點都沒有感受到？」因為提問者的「光復」、「祖國」用詞不正確，很刺耳；我便僅就這一問題，先加以糾正。我說：「台灣一直到今天，根本就還未『光復』。有待大家繼續努力爭取。所謂『光復』，不過是中國人為逞霸佔台灣詭計，所撒播的煙幕。」

「至於『祖國』云云，幾百年來，確曾有少數父系為求生，零零星星從對岸到台灣，我們的母系卻是數百年來一直長住這個島上的。另部份父系，則由南方和少數來自歐洲，在台灣從事傳教、醫療和經商，建立小家庭。比方我外公的祖父，是『大雅社的紅毛番』。小女湞群，讀台中『曉明女中』時，全班獨她毛髮呈褐色。過去說我像『生番』的，也不只陳秀喜、李喬兩位。連陳文彥博士的丈母娘楊千鶴，也這麼說過。」於是，我又當著大家面前說：我像不像「生番」？請各位仔細看看。引得哄堂大笑。

反正台灣人的「祖國」，不是中國。如果一定要找「祖國」，也應該向南島國去找比較合理。我們的母系全是南島國來的。大部份父系，也是來自南方，加上少部份歐系。總而言之，無論從哪一個角度看，台灣才是我們台灣人的 Motherland，台灣人的 Motherland 就是台灣。早年 Portugal（葡萄牙）航海家經過台灣沿海，驚嘆台灣為 Formosa（美

🔥左：楊千鶴、中：作者、右：陳秀喜（同庚同年三隻雞）

麗之島）！捨棄連歐洲人都讚嘆的「美麗之島」，卻要去那
個「垃圾鬼」、不衛生的中國找「祖國」？不是「頭殼歹
去」，便是「神經錯亂」。這種人很危險，大家應該敬而遠
之。

　　第二位舉手提問的是一位學生模樣的少年家。他的問
題是：「聽說 228 時，被殺了很多台灣人，為什麼還有人要
嫁給中國人？」他剛說到這裡，接著一位女學生站起來，幾
次欲言又止，一直睜眼瞪著那位「男生」，好像很不服氣，
想反擊他。我能察言觀色，為了緩和氣氛，也為了糾正部份
台灣人的偏差不正確觀念，不惜引「鍾秋紅」的例子。她是
我四叔的長女，「東海大學」一期化工系「女狀元」，畢業
後，拿著獎學金赴美，很快就在美國拿到學位，並與一位舉
家逃離中國，正在 M.I.T.（麻省理工學院）攻讀太空物理學的

張姓男生結婚。張君在 M.I.T. 慶幸拿到學位。畢業那一年，卻很意外的面臨失業（幾年越戰竟將美國經濟拖垮，太空科學研究經費全數被國會凍結而動彈不得，連「太空總署」都面臨關門命運）。張君懷才不遇，幸得在某大藥廠任職的妻子秋紅支持鼓勵，渡過短暫幾年難關……。

此例不是特例個案，很多與來自中國的女子結婚，相處得很美滿的例子也不少，如：尤清、陳定南、林衡哲、孫慶餘、紀恆昭。反之嫁給中國人的台灣查某囡仔，如葉菊蘭、林黎彩、張金爵，及 Miami（邁阿密）的楊明倫醫師夫人、L.A. 的張志群夫人，夫妻感情也都很好。

這些問題，根本不是什麼族群問題。問題是：肯虛心認同台灣，肯拋棄中國醬缸文化，不被蔣幫 K.M.T. 牽著鼻子走，是否認清共匪霸權，不自由、不民主，不重視人權的本質。比方各位從台灣來到美國，也有早期從英國、法國、波蘭、德國或東歐，更有從東方的日本、韓國、中國和印度，乃至非洲的黑人。膚色、語言、生活習慣、思考模式、價值觀都完全不同。大家既然來到新大陸——美國，就要認同美國這塊土地，忠於這個國家。

反觀那些 1949 年，被他們的人民掃地出門，倉惶逃亡來台灣，在台灣生活四十年，喝台灣水、吃台灣米，享受台灣社會福利，受到台灣人照顧，卻至今死不認同台灣，嗆衰台灣，還恬不知恥，自稱自己是「在台灣的中國人」。

君不見，台北那些遊手好閒、闊步橫行台北衡陽路、重慶南路一帶的自稱「高級華人」、不是台灣人用選票選出來的「萬年國會」的老賊，每天在國會看報、喝茶、下棋、聊

天耍嘴皮，開會時只當「舉手部隊」。「黨」要你舉手，即舉手。什麼審查法案、發言質詢都免了。反正凡事一言堂，乖乖聽「黨」的指示做就對了。

像這種作踐台灣人四十年，不認同台灣的人，我們台灣人不歡迎。我們要摧毀他們的基地，拆卸他們的整個非法政治結構，還我台灣人民被矇混多年的應有地位。還給我們一個公道。別再拿那一部不是我們台灣人制定的「憲法」，不是台灣人民選出來的國會和政府繼續欺壓作踐台灣人。我講到這裡，忽然響起如雷般的掌聲，甚至有人站起來大聲高喊：「將 K.M.T. 拉下來，趕出去，台灣是台灣人的台灣！」呼應我的話。我凝視那些慷慨激昂的同鄉，不禁高興的流出眼淚。邊擦拭眼淚邊揮手告別同鄉們。

1987 年 3 月 9 日禮拜日吃早餐時，陳春興會長即吩咐我一個小時後出發。奧斯汀到 San Antonio（聖安東尼），雖然只有休士頓到奧斯汀的一半路程，因為我們還要去參觀「鐘乳洞」。這座「鐘乳洞」不僅在美國很有名，也是全世界有名的觀光勝地。遠從歐洲、日本、加拿大來的觀光客也不少。

今天不是 weekend，洞外停車場還是停滿，為另找停車位，我們耽誤了一些時間。這座「鐘乳洞」確實名不虛傳。在綠島山上「觀音洞」附近也有一座鐘乳石小洞。那座「鐘乳洞」與眼前這座相比較，簡直小巫見大巫。

因為參觀的人非常擁擠，我緊跟在陳會長後面。沒想到我們在這裡，竟又碰見半個月前才在舊金山金門大橋下，河濱公園邂逅的，以前在台灣「反對運動」和「選舉運動」中認識的賴茂洲、陳光復、陳菊、吳昱輝和陳忠孝等人，他們

🔥 左1：賴茂洲、左2：作者、右1：陳菊、右2：陳忠孝

都是很優秀、很勇敢的台灣人，他們也都是剛成立「民主進步黨」的創黨委員。他們是被推派來 D.C. 參加「台灣民主運動研習會」的學員。陳會長隨即拿出照相機，為我們拍了幾張紀念照。

因為我們中午前，必須趕到 San Antonio，便與他們一一握別。我們一路上欣賞路旁的牧場和麥田，大約半個小時，我們便到達 San Antonio 一家 Motel。原來這家 Motel 是聖安東尼台灣同鄉會會長梁金城經營的。因為今晚我要住在這裡，便將行李先放進房間，然後改坐梁會長的車子到他家。到梁會長家才發現陳春興不見了。原來陳會長將我交給梁金城即回 Austin。

San Antonio 是德州三大城市之一。原是西班牙屬地，住

民多是西班牙、墨西哥系後裔。因此，到處可以看到西班牙人遺留下來的軟硬體文化遺跡。至今還用西班牙語的人也不少。市區一座古城 Alamo（阿拉莫）即為早年「美墨戰爭」時的遺跡。

梁家除了老二剛回台灣，老三、姊姊和梁媽媽都在家等我們用餐。餐敘中，我發現他們也是台中人，而且住在「石頭灘」（日本時代「干城町」）我們老家附近。他媽媽很巧合，與我同庚。她很風趣、健談。我們談「大墩街仔」（台中市舊稱）的人與事、戰前與戰後的台中、日本人與中國人、她所看到的「228」，乃至謝雪紅的身世等等，她的超強記憶力，令人佩服。

她說她剛來美國時，對新的生活環境，完全無法適應，地理不熟又不會開車。孩子們要為生活打拚，無法陪她；一個人像啞巴，寸步難行，整日自囚屋裡，真苦不堪言。大約經過一年，開始有同鄉和教會姊妹來探望，也才會說簡單的日常用語。

讀過書，會說英語的，幾乎都到外面找工作。像她們什麼都不會的「老古董」，每日無所事事，呆在家裡也很無聊，只好找伴聊天渡日子。有一天，不曉得哪一位媽媽忽然想起，故鄉逢年過節都有廟會，演「亂彈戲」、「歌仔戲」。而且獲悉 C 太太在台灣曾經學過「歌仔戲」，是戲班出身的，大家便商議，邀請她出來教導。C 太太二話不說欣然答應。「後場」奏樂的，沒有人會，不得已託常跑台灣香港的 Broker（掮客）到艋舺、鹿港找「錄音帶」代配樂，戲服則自己裁剪縫製，一切克難。

她告訴我，她們聚在一起排演台灣「歌仔戲」作消遣，已經有好幾年了。她們演過「陳三五娘」和「山伯英台」，不但演得維妙維肖，博得觀眾喝采；其中一位扮演「英台」及「五娘」的L太太，演技、扮相、唱腔，完全不遜於台灣「歌仔戲」班的專業戲旦。她扭腰擺臀、風騷作態時，更不知迷倒多少男人！她簡直是「プロ」專家玄人（Professional）。

難怪每次演完，總有幾位同鄉會繞到後台，想窺探她的廬山眞面目。甚至還有人想跟她做朋友呢！如果有一天，想追她的那些「痴漢」，看到已經卸妝的L太太時，會不會還想去追已近六十歲的L太太呢？

隔天早晨，梁會長來Motel接我到他家吃早餐，飯後並帶我去「聖安東尼河」（San Antonio River）坐船遊運河。河岸兩旁聳立雲霄的古松巨木，襯托著運河的歷史。遊艇穿梭，運河兩邊到處都有啤酒屋、咖啡館和賣速食、飲料的攤子。每個攤子都圍滿客人，每家咖啡館都坐不虛席。大有重遊Venice（威尼斯）之慨。

我們坐到終點，就在附近找一家小餐館吃午餐。餐畢我們去看阿拉莫。這裡原是天主教堂，1835年德克薩斯人在這裡——聖安東尼建立「臨時政府」。爲爭取該地的控制權，他們派200名志願兵駐守這座教堂。次年（1836年）3月，墨西哥軍以4000名優勢兵力猛攻阿拉莫。兩百守軍寡不敵眾，全軍覆沒。後來聖安東尼還是歸屬「德克薩斯政府」。爲紀念守軍壯烈犧牲，乃將此地列爲歷史紀念遺跡。

這裡有四個空軍基地，也有陸軍營區。梁會長也帶我去

看一、兩處基地和營區，站在山崗遠眺掃視，讓我看得目瞪口呆。加上一個禮拜前，在 NASA 參觀時的深刻印象，覺得美國這個國家的確名不虛傳，是世界最強大的國家。

「二戰」日本所以慘敗，幾至亡國，乃肇禍於他們的「陸軍參謀本部」與「海軍軍令部」爭霸不休。陸軍掌權者坐井觀天、目光如豆，只看到眼前抽鴉片的「支那兵」、蔣介石和張作霖之輩，從未看過太平洋對岸，科技進步，國家潛力雄厚的「美利堅合眾國」。僅憑天天喊叫「大和魂」（Yamato Tamashie）的口號，和一些「柴骨木架、貼麻布塗上篦麻油」的飛機，即妄想制霸亞洲，實現他們的「大東亞共榮圈」？他們此舉，已犯「不知己、不知彼」的兵法大忌，簡直是囈言夢想！

我很想多停留一會兒，奈何梁會長已再次示意，晚上要與同鄉們座談、聚餐，須提早回去。我們就直接前往一家事前訂好，同鄉經營的餐館。

1987 年 3 月 12 日早晨，我辭別梁媽媽一家人，由梁金城送我到機場，趕搭 7 點半起飛的「AA135」班機飛往達拉斯，飛程約一個小時便到達。達拉斯在 1963 年 11 月發生過轟動世界的暗殺事件，是曾經很成功處理過「古巴危機」和「東德危機」的美國最年輕、處事最果敢的總統甘迺迪（John Kennedy），慘遭政治謀殺的地方。

達拉斯是僅次於休斯頓的德州大城市，曾經是佔有全美40% 產量的棉花集產地。1930 年代開發大油田以後，此地便漸次成為美國西南地區的金融、保險業中心。我拖著笨重行李，抱著好奇與幾分不安的心情，東張西望走出「入境大

廳」，即發現迎機人群中有一位東方人面孔的男士，手拿著書有我名字的紙牌，凝視著從窄門走出來的人群，我即快步趨前自我介紹，並感謝他們來接機。

我被接到吳明基博士郊區住宅安頓。略作休息，又被帶到一家「台灣人教會」，與在那裡等我的台灣同鄉們見面。午餐就在教會吃同鄉們從家裡各自帶來的拿手菜。

晚上回到吳明基住處。吳明基在達拉斯大學（Dallas University）教「生物化學」（Bio-chemical），夫人也在同一個大學生物研究所當研究員。閒聊中發覺他們竟是我的「小同鄉」，台灣老家就在距離北斗不遠的「二八水」（二水）後山，松柏坑東南方的「名間」（俗稱「湳仔」），一座坐北朝南，磚造三合院，稍具歷史古蹟的「種德堂」。不過在他們父親那一代已經遷到濁水村。

因而我們的話題便轉到名間庄的地理與人事，「名間」古早叫做「湳仔」，日治時代是僅次於集集、南投的香蕉、鳳梨產地。大線火車「集集線」和「明治製糖會社」的社線「五分車」，由濁水村穿過名間，使濁水溪上流堤岸崁頂香蕉，和大肚山麓大庄一帶的鳳梨，也可藉社線「五分車」運到台中，再由大線火車運至高雄港，出口日本、朝鮮、甚至滿洲國。

我們也談到「湳仔」的人物：昭和2年（1927年）4月，「台中一中」因「廚師事件」引發總罷課時，很多富有血性、正義感的學生，都義憤填膺參加總罷課，唯獨五年乙班班長、「馬屁牌」的陳錫卿不動如山。這位「湳仔」人戰後趨炎附勢、攀附「重慶」，又從中國學會「逢迎術」，很會

拍馬屁，頗受當道賞識。

1960 年間，他之所以能連任兩屆彰化縣長，說穿了還不是靠 K 黨幫他「操盤」，用他們的老套「三票」：即「買票」、「作票」和「組織票」，並唆使「警總」特務「三不五時」找對手——「黨外」石錫勳「談話」、「尾隨」，製造困擾。開票時又故意「停電」，方便埋伏各投票所的狗腿子動手腳，方便作弊……。

對另一位北斗參選人林伯餘，則暗中指使彰化縣另一派「忠貞黨員」和特務放聲威脅：以他縱容涉案 228 的兒子——林仲琡逃入中國匪區為由，無所不用其極干擾，脅迫他退選。

相對於同是名間人的陳彩龍，戰後繼李佑吉之後接任台中醫院院長。228 時和夫人丘阿慎兩人所表現的，至今猶為老一輩的大墩街仔（台中）人所懷念！

228 時「台中教化會館」（二戰期間為日軍「誠師團」參謀部，戰後改為蔣軍「空軍機械廠」）被民軍攻陷時，活俘 300 多名蔣軍送台中監獄，另 24 名棘手女軍眷，則為陳彩龍夫婦欣然接受照顧。丘阿慎也動員全院女性護理人員，日夜不休為民軍做飯糰……。

與吳明基夫婦聊到晚間近 10 點即回房。

次日，3 月 13 日禮拜六中午，在一位屏東人蔡琨所經營的台菜館接受同鄉們的歡宴。下午 2 點在當地台灣人教會作專題演講，演講內容大體上與前幾場一樣，有關 228 發生背景，乃至事變後台灣人如何慘遭蔣軍有計劃屠殺……等等。同鄉們所提問的議題也都大同小異，故不重述。

因明早要搭 8 點 30 分的班機飛往 New Orleans（紐奧良）。因而吃完夫人特為我們準備好的宵夜點心，我即回房整理行李。不知是否因為要趕時間有些緊張，天未亮我就起床，將行李搬到客廳時，夫人也已經在 Kitchen 為我們準備早點。

車子向機場方向疾馳，再幾分鐘就要與吳明基離別，我便將悶在心裡的疑問，提出來問吳明基：「你何時加入『台獨聯盟』？你被列入『黑名單』是否與此有關？」吳明基雙手緊握方向盤，兩眼依然直視前方，他點點頭回我說：「當然有關係，為台灣獨立建國，這一點犧牲算什麼？每個人都早有心理準備，無怨無悔！」我聞言，肅然起敬！抵達機場後，吳明基怕我走錯登機門，一直陪我到登機，才放心離去。

（5）往紐奧良、亞特蘭大、紐約等地演講

大約 11 點前飛抵紐奧良機場。走出入境 lobby，抬頭望四周，即發現一對約 30 歲左右的東方人年輕夫婦向我招手。我楞然怔怔望著他們；心想他們怎麼能斷定就是我？是否吳明基打電話告訴過他們我的模樣，身上穿著顏色……。

我隨即趨前向兩位自我介紹，並確認是否前來接我的？從兩位伸出熱情有力，緊緊握著我的手，讓我感受到有如久未見面故友重逢般的親切。他們兩位果然是同鄉會會長林辰吉教授夫婦。林辰吉去開車，夫人幫我提行李，因為快近中午而且同鄉們已經在餐廳等我，我們便逕往餐廳與同鄉們一起用餐。

🔥 林辰吉教授

　　這家餐廳雖然不算很大，在餐桌間穿梭的服務生卻有
「小黑」、「大黑」，也有兩、三位近似拉丁種的白人少
女，而端出來的菜卻清一色的「中菜」。包廂裡面已有 30 多
位同鄉分坐三桌，一看到我們進來即拍手歡呼。

　　因為今天是禮拜天，同鄉們幾乎都要去教會做禮拜，之
後才趕來這裡聚餐，所以時間上緊迫一點。餐畢我們便就地
座談。因為人數不多，我不做專題演講，反而要求在座同鄉
對 228 有任何疑問，想知道的儘管提問，我會配合大家作伙
探討。

　　同鄉們的提問非常踴躍，令我感到很意外。除了有關
228 的問題外，也有人問及蔣幫非法佔領台灣 40 年，台灣人

似乎已麻木不仁，習而不怪！難道台灣人都已經認命或準備當「支那人」？

有一位看起來約 40 歲左右的女同鄉問及：「共匪」與「蔣幫」彼此鬥得那麼厲害，連一些非常無恥、令人難以啓齒的髒話都罵得出口，真是「擁有五千年中華文化的泱泱大國子民」的傑作！真是「教歹囝仔大細」，給台灣人最惡劣、不道德的示範。也有人說他們是一對「雙胞胎」，我倒覺得他們是中國五千年醬缸文化所醃漬出來的濫污貨。

海外同鄉，因身處自由民主國家，言論自由，資訊也比較靈通，有機會涉獵各方訊息，博覽全世界「關心台灣問題」學者專家的各種論述，自然對台灣問題能深入瞭解，不像我們在台灣遭受 30 多年戒嚴，言論受到箝制，想看外國書刊都不可能。

因此我們常被嘲笑「井底水蛙」，事實也是如此，並不冤枉。除非有出國機會，在國外偷看《台灣青年》、《台灣公論報》或《太平洋時報》，否則祇有忍受 K 黨的「黑白講」與「一言堂」。

我們回到林辰吉距紐奧良市區約 10 多公里外住處已近黃昏。他們家裡除了夫妻小倆口外，還有一個乖巧可愛，很會跟父母撒嬌，看起來約兩、三歲的男孩。小弟弟好像一點也不怕生疏、不畏怯。我試著伸出雙手示意抱他，一對亮晶晶的大眼睛一直看著我，一會兒看看他父母，猶豫了一下，突然撲過來讓我抱抱。

次晨九點左右陳榮儒從 Baton Rouge（巴頓魯治，路易西安那州首府）開車來接我到他的新居豪宅，及他投資經營的兩家

「中荣館」。我們沒有進去，僅站在外面聽他的成功經驗。這地方的馬路又直又乾淨，兩旁路樹修剪得很整齊，綿綿不斷，看似兩道綠色高牆。

日沒西沉，近黃昏時陳榮儒送我回林辰吉住處，因為晚上林辰吉要帶我去遊紐奧良港區，看那些遠航船員經過十幾天枯燥的航海生活，抵達這富有羅曼蒂克（romantic）情調的前法蘭西（Francáis）屬地紐奧良，如何遊蕩渡夜。

紐奧良曾經是美國第二大港，也是世界第四大商港。原為法國領土，1762 年間一度歸西班牙統治，1800 年路易斯安那（Louisiana）復歸法國，3 年後法國又將它賣給美國。

因此今天我們還可以在這裡看到兩、三百年前遺留下來的西班牙和法蘭西古代建築物，和兩、三棟哥德式（Gothic）、拜佔庭（Byzantium）風格圓頂寺院，以及巴洛克式（Baroque）的機關大樓。1812 年「英美二次大戰」發生，出乎意料竟給紐奧良帶來不少「戰難財」：棉花的出口暴增，金融業俄然活潑起來。

臨港大道一整排都是酒吧和小吃店。路樹旁有移動式酒吧。屋簷下有蓬頭垢面留長鬍鬚，彈曼陀林、拉手風琴、自彈自唱，也有在路旁跳舞的，令人彷彿看到 gypsy（吉普塞）。

對那些高聳入雲的哥德式寺院建築，以及那些紅磚砌造的巴洛克建築是什麼行舘？林辰吉都惟恐我聽不懂，不厭其煩地一一為我說明。

忽然間一位吉普賽模樣的人走過來找我跳舞，我被他突如其來的動作嚇得不知所措。林辰吉說他們不會傷害人，也

鼓勵我如有興趣，不妨跟他們跳跳看，很好玩的。

3月19日早晨，我結束在紐奧良旅次，辭別林辰吉家人，搭乘10人座，必須彎腰縮頭才能擠進艙位的 propeller（螺旋槳推進小飛機），經 Nashville（那什維爾，田納西州首府）到 Knoxville，接受林哲雄安排與當地同鄉聚餐座談。

3月21日早晨，我又飛向東南喬治亞州的亞特蘭大（Atlanta）。亞特蘭大是喬治亞州的首府，聯邦政府在東南區的活動中心，也是東南區的交通樞紐。聽說銷遍全世界的「美國汽水」Coca Cola（可口可樂），本舖就在 Atlanta。

因為人地生疏，所以節目活動全由同鄉會長曾恆輝安排。這地方的同鄉所關心的問題，大多與前幾個地方的同鄉所關心的略同。有一位學醫的同鄉，自我介紹他也是台中人。台中「中山醫專」（現在中山醫科大學）創辦人即是他伯父和父親。原來他是我們「木曜會」會長周汝南醫師之子。異鄉相逢倍感親切。

「木曜會」是由台中「澄清醫院」老院長林澄清女婿賴耀輝、周汝南等十數名老醫師所成立，每週木曜日（禮拜四）中午在台中市前「大和村」「築地」日本餐館聚餐，交換一週來的時事，尤其對日、美、中與台灣政治經濟和軍事方面相關新聞的看法。我是唯一非醫師身份的會員。

第四天早晨，我搭「AA」中型120人座噴射機直飛洛麗城（Raleigh, North Carolina）。陳瑞潼會長和劉格正來接我。在洛麗城期間，除了與同鄉們聚餐，參加座談會外，幾乎都在劉格正家打擾。劉格正和太太謝金朱夫妻，既要照顧 baby，還要兼顧學業，為了我這個台灣來的歐吉桑盡點鄉誼，讓他

🔥左：作者、右：劉格正

🔥東西部同鄉全家福

們忙得團團轉，實在有點過意不去。幸好 baby 不怕陌生，肯
讓我抱跟我玩。

　　我從洛麗城飛往費城（Philadelphia），一個多小時即到。
因為今天不是 weekend，入境 lobby 沒有幾個人，我很快就
找到來接我的人；是三位女士，先過來和我握手的是費城同
鄉會會長周慧英小姐。因時間已近中午，便逕自送我到費城
一家日本餐館吃午餐。

　　費城的市街沒有紐約那麼熱鬧擁擠，在街上往來的多是
「大黑」「中黑」，白人倒是很少。一進餐館，即聽到幾位
女士用台灣母語說：「來啦！」「到啦！」原來包廂裡面已
經來了幾位同鄉在那裡等我們。

🔥左：周慧英、右：作者 攝於費城

　　為了方便和大家講話，我被安排坐在兩個桌子中間的位子。剛喝一口周慧英倒給我的果汁，就聽到一位女士說出她心裡的疑惑。她在一個月前從報端獲知我已經來到北美，正猜想我長得怎麼樣？是否被關得不成人形？現在看到近 70 歲的我是那麼的健壯，真不可思議！到底在監獄和火燒島的苦日子，是怎麼熬過來的？真令人納悶！

　　這時候我才注意到兩桌的人數加起來不到二十個同鄉，而且多是女士。因為不是假日，所以她們的先生這時候都在上班，有的是在大學教書，有的是在「通用電器」、「杜邦」、「蒙森托化學」及「維斯可斯公司」上班。必須等到禮拜五晚上或禮拜六我們才有機會見面。

🔥 費城同鄉合照

費城同鄉合照

　　不過在費城四天，我卻被安排到三個不同的家庭住，以方便跟白天去上班，晚上才有時間見我的同鄉餐敍。他們的住家都很豪華，金碧輝煌，院子裡有大噴水池、籃球場和花圃……。由此不難想像他們事業的成就以及在美國人公司的地位。

　　幾位同鄉都希望我能多待幾天，weekend 要帶我去逛費城，參觀「美國獨立紀念堂」，美國最早的公共圖書館和國家獨立公園……。可惜我的行程早已排定，無法更改，祇有留待將來。

　　費城是美國獨立戰爭的名城，1776 年「美國獨立宣言」

作者與同鄉合照

就是在這裡宣佈的。1787 年也在這裡舉行憲政會議，制定
「聯邦憲法」。因此美國乃定都費城 10 年，1770 至 1780 年
間。費城擁有這麼多輝煌建國歷史和古蹟，可惜我這次沒有
機會去參觀。

3 月 27 日禮拜六，周會長和兩位女性同鄉陪我逛國家公
園。然後到附近一家速食店吃簡餐。餐畢就直往機場，搭往
N.Y. 的小飛機。「全美會」會長黃美幸親自開車來接我到她
長島優雅的社區住處。

紐約是世界屈指，美國最大城市。這地方曾經是印地
安人的土地，荷蘭人買下來以後，經英格蘭、愛爾蘭、義大
利、猶太人、黑人……，現在為黑白共營的城市。

　　曼哈頓（Manhattan）為紐約市代表地標：聯合國總部、百老匯大街（Broadway）、華爾街（Wall street）、金融區、帝國大廈、大眾媒介中心、近代美術館，乃至 1912 年 4 月詳細報導「鐵達尼號」（Titanic）撞冰山沉沒，造成 1513 人喪命，空前未有的大海難事件，因而聲譽大增，成為世界第一大報的《紐約時報》（*New York Times*）總社亦在這裡。

　　黃會長與夫婿楊次雄醫師對我一個多月來跑了美南、東南區近十個城鎮，旅途勞頓，無微不至的關心，怕我這個「上年紀」的人體力是否撐得下去；也詢問了同鄉們待我如何等等問題。

🔥左：作者、右：楊黃美幸

因為隔天 3 月 28 日早晨，同鄉黃再添會來接我，晚上「台美會」要在法拉盛台灣會館為我辦一場演講會。因為是禮拜天，預估參加人數一定會很踴躍，聽眾想提問的議題可能也不少，要我早一點休息。接著又說：如果會冷想取暖，可以喝點威士忌（whisky），茶几上的都可以喝。

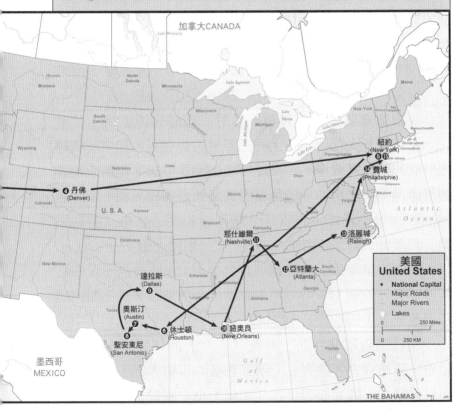

作者訪美的第一段旅程

❶舊金山→❷聖荷西→❸舊金山→❹丹佛→❺紐約→❻休士頓→❼奧斯汀→❽聖安東尼→❾達拉斯→❿紐奧良→⓫那什維爾→⓬亞特蘭大→⓭洛麗城→⓮費城→⓯紐約

　　她們走了以後，我即找來晚餐時開瓶過的 whisky，想借酒澆愁；我已離家五十多天，說不會想家那是騙人的。我已經喝了兩小杯，還是無法排遣鄉愁。我看著電話機，猶豫不決，最後還是拿起聽筒直撥家裡問平安！家人告訴我《台灣時報》特派員王世勛打來幾次電話，催我趕緊回國。

　　王世勛說我在美國出了什麼紕漏，《人間》月刊那一小撮人在嗆聲：「要好好教訓我，給我好看。」到底我在美國講些什麼他們不中聽的話？或在什麼地方得罪過人家？

　　我安慰家人說：我暫時還不能回台灣。我在這裡講的話句句實言，都是有憑有據的，也沒有得罪過任何人。《人間》月刊那一小撮「在台灣的中國人」會不爽，那是意料中，別管他們說什麼。等我回國自會處理，我很好，沒有事。

　　我掛斷電話，閉目養神，忽然一把怒火湧上來；什麼「228 是台灣人民受到偉大的毛澤東思想感召，起來反抗腐敗無能的國民黨政權」，又什麼「228 是中國共產黨所領導的革命運動一部份」，這種自慰式毫無根據的濫調，和蔣黨為推卸大屠殺責任，將責任一腳踢給中共，妄指「中共策動」共產份子謝雪紅指揮，一唱一和，如出一轍。

　　謝雪紅早年確曾參加過「日共」。228 時她還不是中共黨員。而且整個 228 中，她未曾踏出台中地區一步，如何能證明她是中共領導下 228 的 agitator（首謀份子）？

　　她為了與軍統特務，外號「ガラ」的何鑾旗爭奪七支短槍，險遭殺害，逃奔二七部隊求援的事情，已不是新聞。而且這時候，國共雙方正在「和談」桌上廝殺。中共敢於此

時，不顧人民殷殷期盼早日結束內戰讓人民有休息機會，而隨便發表不利己的言論？台灣是孤懸太平洋上的島嶼，一個沒有海軍、對完全不明狀況的台灣，中共會跨海干預？簡直不可思議。

何況中共老窩——延安，1947年3月1日已被蔣軍胡宗南的「西北軍」攻陷。自顧不暇，更不可能對台灣有所企圖。再說中共台灣工作委員會省一級組織，也是228之後5月左右才成立的。在此之前中共在台灣還未建立任何組織。

至於中共自1950年以後，每年煞有介事舉辦盛大的「228紀念會」，是為了統一台灣鋪路：強調對台灣擁有主權，想藉此欺矇台灣人罷了。

因為我來美國以後，每場演講都會尋機會拆穿國共雙方的謊言和陰謀，糾正被扭曲被誤導的歷史，嚴正指出「228與中國無關」，是台灣人的文化水準價值觀與中國人的差距很大，加上戰後隨蔣黨來台灣劫收的官員，那種甚於日本人的「征服者姿態」，駕凌台灣人頭上耀武揚威，作威作福，欺壓剝削凌辱婦弱……。

因為這些話被傳到台灣，引起統派的不滿，他們痛恨我，說我反革命，破壞他們多年辛苦、多年經營雕琢的「金字塔」；傷害「兩岸」中國人的感情；在走向統一的道路上，投下無可挽回的障礙。難怪這些自稱「在台灣的中國人」的統派會跳腳嗆聲。

3月28日早晨，黃再添接我去布魯克林（Brooklyn）看「台灣革命黨」主席洪哲勝，也帶我去看他夫人「阿卿」。他們是鄰居，布魯克林是老市區，住在那裡的人是黑白參

左：黃再添、中：作者、右：陳淑卿

半。黃再添和洪哲勝兩位前「獨盟」幹部，何以選擇住這些地方？令人納悶。聽說他們兩位在「越南移民潮」期間，做不動產做得很成功。

　　直到親訪洪哲勝與他長談之後，始發現他們除了熱愛我們的母親——台灣，也帶有濃厚社會主義傾向。他們的「台灣革命黨」黨綱宗旨多少偏左。這是台灣人為擺脫蔣幫羈絆的另一條路，另一個選擇。也是比較照顧 proletariat（勞動階級）的政黨。在台灣和美國，能否生根發展，帶台灣人走出中國惡霸的專制統治，斬斷中國羈絆？我們可以拭目以待。

　　黃再添和夫人阿卿，都是明尼蘇達大學（Minnesota University）出身的佼佼之士，也是努力奮鬥型的人物。他們對

於從台灣來美國的「黨外人士」都很照顧。台灣每有選舉活動，都有他們兩個人的身影。他們為了給「台灣革命黨」積存資金，無休無假拚不動產生意。黃再添原名黃國民。現在名字黃再添乃是「獨盟」前主席張燦鍙給他取的。

近黃昏，黃再添送我回長島黃會長家，然後由黃美幸夫婦陪我前往法拉盛台灣會館。剛進台灣會館，即看到很多站著閒聊的人，也有人坐在長椅上側頭傾聽站著的高談闊論，228 時他們雖然還沒出世，但聽長輩說如何如何又是如何……。

也許那幾位年輕人想像力太豐富，說得太離譜，讓坐在長椅上的老先生覺得又好奇又好笑，抿笑搖頭。忽然一位依偎在老先生身旁，約四十歲、Style schön（時髦、前衛）的女士，指著剛剛跟她擦身而過的我，問老先生說：「那個人是不是今晚的演講者部隊長？」「聽那些沒有看過 228 的人胡猜亂講，說得天花亂墜，口沫橫飛，還不如聽聽親歷 228，拿槍跟老 K 拚命過的人的經驗談。」老先生點頭表示同感，抬頭望前面顧左右好似在找尋些什麼。

我被帶到前面講台旁，因時間差不多，站著閒談的人都找到位子。沒有位子的人也都自動靠邊站。主持人便走上講台介紹今晚的節目，和我的簡歷背景。然後在一陣熱烈掌聲下換我上台。

我先向在座同鄉深深表示歉意：「今天禮拜天 weekend 應該是一家人去郊遊、逛街，或去聚餐的日子，卻讓大家來這裡聽我『講古』。今晚我要講的是歷史，是一部我們的先人用血寫成的抗爭史，與中國外來政權 K 黨抗爭挫折失敗的

來龍去脈。不是各位耳熟能詳的廖添丁如何打扮成女人劫富助貧，如何飛簷走壁，如何與日本警察鬥法……的精采富有dramatic的故事。所以各位如果感到我講的話太枯燥無味，不想聽想打盹，別客氣，請隨便養神吧。」

我略停片刻，掃視站在後面和兩旁晃蕩的聽眾，然後正式介紹我今晚的講題：「澄清一段被扭曲的歷史」。我講了差不多一個多小時，仍然感到不盡滿意，台下卻響起暴雷般掌聲。讓我更加愧不敢當。平心而論，今晚這場演講並沒有成功，一些應該強調的、該講明白的地方，我都草率帶過去，如果主辦單位能多給我一點時間，也許可以講得更完整。他們給我的掌聲，我實在受之有愧！

我向聽眾鞠躬轉身想回座，卻給主持人攔下來，因為聽眾有問題提問。主持人隨向聽眾宣佈：現在開始對剛才鍾先生所講的有疑問，或想更深入瞭解，甚至與 228 相關問題……都可以提出來討論，大家作伙研究。

他話猶未了，台下便有七、八位同鄉唯恐失去提問機會競相舉手；有舉雙手，也有站起來的。我正為該讓哪一位先發問猶豫不決，發現坐在最前排，一開始即埋頭忙做筆記的年輕人，高舉拿著稿紙的手要求讓他先提問，他衹想弄清楚謝雪紅對二七部隊造成的影響有多深？

我便針對他的問題，舉出兩個深具負面影響的例子加以補充說明：許多一向對二七部隊有期待、熱心支持的人，因謝雪紅的出現一陣錯愕之後，便開始動搖、冷漠，甚至背離……，建軍計劃便被打亂。在幾個地方已被組織起來粗具規模的隊伍，也在謠言中傷中瓦解……。

在蔣幫刻意渲染扭曲下，二七部隊變成謝雪紅的部隊，就是共產黨部隊，於是蔣軍便「師出有名」，可以毫無忌憚，對台灣人恣意捕殺掠奪。在國際上也有一個好藉口，強調「228 是共產黨作亂」。

這位看起來不過 30 歲左右，身材魁梧的年輕人，事後獲悉他是「獨盟」盟員鄒武鑑。他為《台灣公論報》作「專題介紹」，特地前來採訪的。沒多久，我便在郭尚五家看到《台灣公論報》上一篇以鄒文哲筆名發表的〈鍾逸人與二七部隊──澄清一段被扭曲的歷史〉。

鄒武鑑 1953 年生，南投人。中興大學畢業後，即回「南投高中」執教。次年取得紐約哥倫比亞大學（Columbia University）獎學金赴美，不久取得數學博士學位，並與出身紐約大學（New York University）的蘇惠珍小姐結婚。

3 月 29 日禮拜天，早晨一位同鄉開車帶我去逛曼哈頓，參觀聯合國總部、帝國大廈（Empire State building）、華爾街和百老匯，很遺憾時間有限，因為黃昏前還要趕到紐澤西（New Jersey）王淑英家。雖然沒有走馬看花那麼可憐，還是冒著「交警」的眼線，將車子違規停放路肩，草草看一下，又匆匆忙忙轉到別的地方……。

傍晚回到長島楊黃美幸家，她一看到我們回來，即催我進去收拾行李，說黃再添要來接我。紐澤西那裡有一群人想聽我演講，晚上就住在王淑英家。以後的行程她會給我安排，此去就不會再回來 N.Y.。一路經 D.C. 到紐哈芬（New haven）、波士頓（Boston）……再回聖荷西陳芳明家，大約一個月的時間再到 L.A.，北美的任務也就差不多了。

　　接著她從手提包裡拿出幾張支票給我，說：「這是各地同鄉們的一點心意，為感謝你的辛勞，要給你補貼旅費。沿路各地同鄉也都會給，到 L.A. 時將所有的支票交給『全美會』秘書長謝清志，他會幫你處理。」

　　她又說：「昨晚的演講很成功，大家都聽得很感動，甚至還有人流淚。內容新鮮，都是『台美人』聞所未聞的珍貴史料。尤其指正國共雙方無恥、見不得人的勾當那一段，台灣人要睜大眼睛，千萬別再被矇騙！應認真考慮，要如何擺脫中國人霸權統治，走台灣人自己的路。你這一趟北美行，讓我們四十年來第一次聽到真正的 228 歷史，讓我們更加瞭解台灣人的悲慘命運……。」她講到這裡忽然咽塞，眼眶泛紅，連忙躲進室內。一會兒出來，要我跟她們進後庭園拍紀念照。

　　黃美幸的先生是醫師，又是紐約「第一銀行」董事長。聽說她競選「全美台灣同鄉會」會長時，曾經招惹部分男性同鄉妒恨。有人說因為她暗助搞什麼「海外組織」的許信良而惹出來的。

　　我倒認為一個美麗女強人在「半開」的台美人社會，要跟男性同鄉「爭霸」，事先應有幾分心理準備。這麼一點委屈和妒嫉，不忍也得忍。只要她能創造出亮麗佳績讓競爭者心服口服，不就得了嗎？

（6）紐澤西、華府之行

　　黃再添準時來接我，和他一起來的同鄉，忙幫我提行李。等黃美幸給黃再添吩咐交待得差不多，我們便在黃會長

🔥作者與同鄉於Community Center前合照

　　夫婦揮手送行下離開。大概走過一座長橋，距紐澤西還有一
半路的時候，車子忽然拋錨動彈不得，黃再添和他的朋友下
車檢視半天，還是束手無策。便開始打手機討救兵。周遭一
片漆黑，除了遠處稀稀落落的路燈。

　　大概等了差不多兩個小時，從紐澤西那邊來了一部轎
車接我們走。再添的休旅車即暫時棄置路旁等保險公司去處
理。到王淑英、蔡明殿小夫妻經營的「農場」時已近午夜，
前來聽講的同鄉多已散場。地下室權充會場的小圖書館，杯
盤狼藉，不難想見同鄉們在這裡枯坐等我們，等得如何無
聊！

　　黃再添將我交給王淑英會長，準備上車回 N.Y.，忽又下

車，掏出一個裝有數張「Franklin」的信封塞進我的衣袋，說：這是一點「小意思」，就上車回去了。

他們走了以後，我有些感慨，黃再添和夫人「阿卿」他們兩位都具有高學歷，在越南「逃難潮」期間，做不動產也有點成就，卻為「台灣革命黨」累積政治資金，為台灣獨立建國，幫助「黨外」不惜擲千金，自己卻終年「牛仔褲、夾克」，開幾可讓它「退休」送進廢鐵堆的車子。類此克己奉公為台灣、為社會犧牲奉獻的人，雖然不是絕無僅有，在現今社會卻並不多見。

次晨蔡明殿帶我去看他們的「農場」，我的天啊！那祇不過是一片荒蕪，仍有殘雪的小山丘，既無爭妍待放的花朵，也沒有綠色的葉茱類，怎麼能算是農場？原來他們已改行換業，經營農場既費工又費時，而且還要看天吃飯，不合現代企業經營。

現在是作專門收購機關銀行、公司行號汰舊的電腦交換機、電子儀器和舊汽車……，運往台灣賣給那些專門拆卸分類出售的金屬商人。也因為這樣，所以近年常回台灣。

蔡明殿，嘉義朴子人，「台大」農業推廣系畢業。服役後於1971年赴美，進波士頓學院（Boston College），取得「特教」碩士。王淑英，台北人，「台大」農業推廣系1971年畢業。赴美與「台大」同系早兩屆學長蔡明殿結婚，並進波士頓學院讀「幼教」完成碩士，然後在 Rutyers University 取得博士學位 Ph.D.。

他們兩人資質家世都很不錯，卻不同於好高鶩遠、追逐榮華富貴的時下一般學子，選擇為台灣受政治迫害、低層社

會貧苦殘障、為社會所遺忘的一群人服務。

　鑑於蔣幫霸佔台灣實施長達 38 年戒嚴，在「白色恐怖」下，人權受蹂躪，思想受箝制，動輒得咎，拷刑投獄，甚至死刑伺候……。這段黑暗時期「國際特赦組織」（Amnesty International）不斷幫助我們營救遭政治迫害，徘徊死亡邊緣的受難者。解嚴以後台灣社會稍微回復正常，正是我們回報「國際特赦組織」，關心還受政治迫害苦難國家人民，幫助他們向「國際特赦組織」求援。

　蔡明殿回台灣以後即專心投入這方面的工作。即使後來到大學教書，這方面的工作也未曾間斷。王淑英擁有 Ph.D.，到大學教書可以享受很好的待遇，卻選擇到高雄縣政府，忍受每月不到 3 萬元的「臨時雇員」低薪待遇，為高雄縣創建「婦幼中心」；為提升婦女生活品質，建立整套軟硬體婦幼教育制度……等。她功成身退，北上「文化大學」任教，又被邀聘當「樹德大學」院長。現任「崑山科大」教授。

　4 月 31 日 8 點多，王淑英送我到紐澤西首府特倫頓（Trenton），搭火車南下往華府。這是我來北美第一次搭乘火車。美國的火車是寬軌，速度快，車廂也比日本、台灣的高寬一些。坐在那裡卻並未令人感到舒服。乘客多是沒有受過好教育的貧窮階級的黑人，有不顧周遭愛瞎聊的年輕人，也有多嘴的老太婆，一路上嘰哩咕嚕，喋喋不休令人厭煩。

　資本主義高度發達，富甲天下的美國，在二十世紀八十年代的今天，竟然還有過著貧赤生活的這麼一層人民，實在夠諷刺！乘務員都是體格高大的黑人。火車開始滑動乘務員便來問明「Where are you going?」（往何處？）並將車票收去

火的刻痕——鍾逸人後228滄桑奮鬥史

🔥右1：彭明敏、中：作者

保管。等到快抵車站時，又將車票還給我們。這種制度很多歐洲國家也是這樣。

不到十一點抵達華府。D.C. 同鄉會長李賢淇接我到一家台灣同鄉開的 Motel 放下行李，隨即驅車帶我去拜訪 FAPA 會長彭明敏教授。李賢淇會長將我交給一位白人青年，他即回去。這位年輕白人很久以後才知道是彭教授的荷蘭人秘書。

彭教授不是初識，今年 228 那天在 San Jose 舉辦「228 四十週年學術研討會」時，我們即已見過面，而且我的座位每次都被安排在彭教授鄰席。也許因為我是唯一遠從台灣來的客人。也有可能我們兩個人年齡差不多，彭先生 1923 年生，我則 1921 年生。雖然我們兩個人始終靠得很近，但除

了禮貌上寒暄，幾乎沒有機會深談。白人秘書引我到樓上辦公室，爲我們拍下幾張紀念照。等秘書下去後，彭教授開始關心我十七年苦牢是如何熬過來的？是否受到拷刑？身體如何？目前生活好不好？……等。直到中午要出去吃午餐時，幾乎都是彭教授問，我答。

這時候我對 FAPA 一點概念都沒有，對他的「台灣人自救宣言」也完全白紙。我 1964 年 2 月出獄，是由一座有高牆和荷槍實彈獄卒監視下的監獄，走進另一個 24 小時都受特務抓耙仔監視尾隨，雖然沒有圍牆，卻是「一座」很恐怖的「監獄」。想要跟至親朋友見面說話，都得非常小心。連報紙時論雜誌也不敢去碰。所以我對彭教授儘管充滿著好奇，卻又不知道從何談起，跟他談些什麼？

彭教授「二戰」中，在日本長崎被炸斷左手，卻會用那單支手結領帶、穿皮鞋，甚至自己開車子……，讓我看得目瞪口呆，驚訝不已。人類爲求生存，往往「窮則通」。彭教授的旺盛生命力自不例外。

約四點，李會長前來接我回 Motel。略作休息，六點半又來接我去參加餐會，餐畢我們便就地座談。參加座談的人約一半是學生，另一半則是聯邦政府「吃頭路」的人。他們關心的問題與各地台灣同鄉的大同小異。不過有的人已經在報紙上看過我對 228 事件以後「國共雙方如何爭奪 228 解釋權」問題特感興趣，想另以自己角度跟我討論……。華府的台灣同鄉對「神秘」謎般的 228，現在都有起碼的概念。我覺得不虛此行。

九點左右，我就被送回來 Motel。今晚是難得清靜的一

夜。我頓然覺得輕鬆自由，可以做許多自己想做的事情。因為明天傍晚才會離開這裡去 Potomac Maryland 黃娟那裡。我便將所有髒衣服都拿出來洗，使整個房間懸滿「萬國旗」。

4月1日吃完早餐，李賢淇陪我去參觀國會、白宮和五角大廈。美國國會是一棟巍然聳立富麗堂皇可以傲視天下的建築物。每個會議廳和走廊、樓梯間牆壁上，都懸掛歷屆國會議長副議長和歷任總統的油繪胸像。相對於國會的豪華壯麗，美國總統起居辦公、接待外賓的地方，美國人僅稱它為「白色房子」（White House），中國人卻以天朝「賜封」它「白宮」。宮者宮廷也，帝王居住辦公的地方。這種恭維拍馬屁的封號，對美國這種民主國家不啻無聊，簡直愚蠢、荒謬！甚至是對美國人民的一種侮辱。它不過是一棟白色洋館，論坪數、建築物大小和氣派，都無法與國會媲美。

反觀「君主立憲」的日本，和披上「自由民主」外衣、專制統治下的台灣：日本天皇居住的「皇城」，即為德川幕府時代的「江戶城」，面積為國會的數十倍以上；台灣的總統府是日治時代的台灣總督府，也佔有立法院的十倍以上面積土地。這便是民主國家與專制國家不一樣的地方。連台灣最基層的鄉鎮公所的建築物，也比小小警察分局矮一大截。真是夠諷刺！

Democracy 不是用嘴巴喊爽的，要看他們的人民素質和自覺性如何？且看我們那個「惡鄰歹厝邊」，自1919年「五四」開始喊民主，要「德先生」「賽先生」九十年，卻越喊越倒退，豈不諷刺！比方說，馬克思主義、社會主義本來也是人道主義的社會理想，可是一旦交到中國人手上，馬

上變質，變成共產中國欺矇剝削人民的工具。

被中國人民掃地出門，逃亡來台灣的蔣幫也不遑多讓。他們來台灣以後，也煞有介事，跟歐美先進國家唱「民主自由」，標榜「自由中國」。那是唱給美國佬聽的；為了騙美援，騙美國軍事援助……。對台灣則實施 30 年戒嚴、箝制言論，使台灣人幾無喘息翻身機會，以逞永遠霸佔台灣的詭計。

近黃昏，李會長送我回來 Motel 收拾行李，要送我去位於馬里蘭州 Potomac River 河邊的黃娟家。黃娟是舊識，1986 在台南「南鯤鯓文藝營」經李喬、鍾肇政介紹認識的。她從報上探悉我來北美，透過「全美會」追蹤才找到我。

黃娟是「台灣文學」戰後第二代後起之秀。出國前曾任中學老師，並受鍾肇政鼓勵。結婚後隨夫翁登山赴美定居。停筆一段時間，又開始寫作。她初期作品多是寫女性情感問題的文章。筆調細膩刻畫入微，妙筆生花頗受年輕一代歡迎。中年以後的作品，則多以「為苦難坎坷的台灣，遭受中國外來政權糟蹋蹂躪的土地，發出憤怒關愛的聲音」，越發受重視。

黃娟先生翁登山聽到我今天會來，特地提早下班。餐敘間《台灣與世界》月刊的葉芸芸，探悉我已經來到黃娟這裡，為商議明晚能否讓我到他們那裡住一夜？黃娟擱下話機跑來徵求我的意見，我是從台灣來的，旅程是「全美會」安排，身不由己，反問黃娟明天的旅程如何？如果沒有其他安排，可以考慮。

我接著告訴黃娟：「我們在台灣曾經見過面。而且他父

親曾經是我『三青團』時代的『頂頭上司』……」，黃娟隨即代我答應，並約定明天來接我的時間。

黃娟和翁登山兩位，對北台灣的 228 多少有點概念。不過對中南部，尤其台中地區至嘉義一帶的情形，並不瞭解。因此熱心問起二七部隊、謝雪紅、前輩作家楊逵，乃至水上機場和我們退入埔里以後……的相關問題。也關心我坐獄的生活，在「21 師」軍法處被帶上腳鐐手銬「待斬」時的心境？

他們兩位出國前，可能在鍾肇政那裡看過一些吳濁流遺墨，不然怎麼會知道一些有關台北方面的 228？時間過得很快，我們竟談到近午夜，因為翁先生明早還要上班，雖然意猶未盡，還是各自回房休息。

次晨翁登山上班去，我和黃娟又繼續談故鄉的人與事。特別有關二戰前，台灣著名小說家呂赫若的「生死謎」、他的思想轉變，乃至「高砂鐵工廠」老闆娘顏碧霞被牽連的內幕。

午後四點，門鈴忽響，是葉芸芸派人前來接我。一位同鄉上樓要幫我提行李。我請他稍等，並告訴他想在這裡先洗個澡以後才走。到葉芸芸那裡，如果又聊到深夜，恐怕會影響到明天搭火車的時間。我明天一早就要去完全陌生的哈特佛（ Hartford ），在那裡想洗澡，恐怕沒有這麼方便。這位同鄉果然耐心等我。一看到我出來，即起身忙將我的行李搬下樓放入車後座。我握別黃娟，期盼今秋能在台南「南鯤鯓文藝營」見面。

葉芸芸住處，好像距離這裡不遠，不到半個小時即到。

我被帶上二樓客廳。他們這種房子的一樓,一般多被當作車庫、倉庫或儲藏室,Living Room(居家)則在二樓。聽說七、八年前楊逵和他大媳婦素梅來美國時,也曾經在這裡住過。228後投共的吳克泰和古瑞雲,月前受邀來美國參加「228四十週年紀念」時,也在這裡住過幾天。

葉芸芸所以要我來她們這裡過夜,主要是想深入瞭解「台中32市民大會」前後,她父親葉榮鐘參與程度和扮演角色?她出國前曾經問過他父親,那時代他做過什麼?他父親都始終守口如瓶,不肯透露。

直到他父親走了以後,才從他舅舅施繼堯那裡聽到一點有關父親與台中228的事情,但多是不太確定的,不是「好像」便是「大概」。七、八年前,楊逵來這裡時始悉父親1947年2月28日當晚,在台中「中央書局」二樓成立「輿論調查所」時,確曾扮演過很重要角色。但對其他的事情,他還是三問四不知。要他回台灣時,找我或可從我這裡得到更完整的資料。楊逵告訴他,我參與頗深,接觸的面也廣,認識的人也不少。

葉芸芸還說回台灣時也曾經找過我,卻始終聯絡不上;也許台灣還籠罩在白色恐怖中,所以我不想跟不太熟識的人談及這種敏感問題。她也問及幾件228中發生過的重要問題,「中共」當時介入程度?謝雪紅真正能掌握的兵力?楊逵與「人民協會」派之間的私怨糾葛?乃至她父親,戰後在「歡迎國民政府籌備會」成立之後,至接任「三青團」台中分團總務股長短暫幾個月中,作過哪些令人感動、值得記念的事情?

　　葉芸芸進去以後，她先生仍留在客廳陪我閒談。我因為想起明天一早要趕路搭火車去哈特佛，便也告辭。

　　4月3日禮拜五，剛吃過早餐，忽聽到門鈴響，一位中年婦女進來表示要送我去車站搭火車。葉芸芸的先生隨即幫我提行李。葉芸芸也拿著照相機跟在後面，發現車子裡還有人，探頭一看竟是陳菊。葉芸芸隨即跑過去請她出來作伙拍紀念照。

　　那位中年婦人開車子，不知何故，一路上都不說話，只有陳菊和我閒談幾句，才知道她是要搭機去英國領「人權獎」。她們先送我去火車站，女同鄉幫我提行李，並告訴我，到哈佛特有人會來接我，萬一找不到人可以打電話聯絡她們……。說畢，並將寫有電話號碼的紙條交給我。

左1：作者、左2：葉芸芸先生、右2：陳菊、右1：葉芸芸

這位女同鄉沒有告訴我她「尊姓大名」，我姑且稱她「女同鄉」。

1988 年 6 月拙作《辛酸六十年》上冊，由鄭南榕的「自由時代」出書。由於此書為國內 228 當事人所發表的第一本書，加上專研 228 史的李喬、張炎憲、陳芳明、李筱峰等學者極力推薦，一時洛陽紙貴。不到半年，即再版多次。而且不久又出現兩種不同版本的「海盜版」，讓洪貴參律師幫我提訟大忙一場。

從美國回來參加「南鯤鯓文藝營」的黃娟、翁登山夫婦聞訊也來關心。當晚在寒舍客廳閒談中，她們將心中的疑惑透露出來。去年我離開華府不久，即聽到一些謠言：說我也是「統派」啦！質疑我接近「統派」，又在他們家過夜，殊非尋常，後悔邀請我來 D.C.。

黃娟接著又說：當她聽到這些謠言時也很驚訝！很想為我挺身說幾句，也想找我回來問清楚……。到底這個謠言緣何而起？關係重大，一定要查個水落石出。她又說：她這次回來，除了參加文藝營找鍾肇政和李喬，聽聽他們對我的理解，也是她們回國的目的之一。結果兩位所言也與她們所想的差不多，228 時率領民兵直接與中國人拚命，差一點連老命都不保，這種人哪有可能「認賊作父」親近中國？簡直不可思議！

我覺得問題一定出在葉芸芸那裡，她本人是否「統派」我不清楚，但她辦的《台灣與世界》聽說立場偏統，不明底細的我竟茫然受邀而招惹誤會。然而這種事情外界的人怎麼會知道？

陳菊和那位中年女同鄉也在葉芸芸家門口和我們合照，這件事葉芸芸沒有必要宣揚出去，更不會無故陷我於不義。陳菊當天即搭機去英國，暫時不會來美國。剩下來的便是那位女同鄉。是不是她造出來的謠言？雖然沒有證據，不過可以做「合理的懷疑」。連彼此名字都叫不出來，完全陌生，也不知道我與葉芸芸父親關係，只憑我到過她們家，便貿然斷定我是「統派」，順口開河到處張揚，不管會給人帶來多大傷害。這種隨便給人戴「紅帽子」的人，與「國特」、「職業學生」之輩有何不同？我最瞧不起這種人。

車廂裡只有我一個黃色異國人。對當地語言地理並不十分熟悉，抱著緊張不安的心情，壯著膽子坐過五個小時長途火車，好不容易挨到車速減弱，車務員開始挨座發還車票。我拿到車票，為慎重確認，往窗外站牌看，果然是哈特佛，提著行李跟在一群好像逛 N.Y. 剛回來，興高采烈的黑妞後面。車站給上下車旅客擠得有點混亂。

忽然聽到有人用台語問我：「是不是從台灣來的？」回頭一看，果然是前來接我的台灣同鄉。我們「殺出重圍」，走出站外已經過午，便在一輛「飲食售貨車」前站著吃午餐。餐畢，兩位同鄉即送我去搭巴士，到瀕臨長島的紐哈芬。

抵達紐哈芬，發現站牌前有一男一女兩位學生模樣黃種青年站在那裡，原來她們是專程來接我的。男生是陳弱水、女生是周婉窈，都是在耶魯大學（Yale University）攻讀博士學位的台灣學生。我的住宿問題被安頓妥當，她們便帶我去參觀耶魯校園，指著建校 300 年，老建築磚造教室，門楣上深

具社會百態的石雕，不厭其煩給我說明；其中兩幅富有幽默感頗引我注意的「良師遇散漫學生，啞然無奈！」另一幅則寓意：「學生興趣勃勃，庸師窮應付，乾脆找周公……。」

次晨屋外陰雨綿綿，她們兩位撐著雨傘再帶我到耶魯校園，看一個在不民主、不自由、不重視人權的台灣，所看不到的「奇景」：幾個「半黑」和白人學生擠進用廢材、破碎塑膠布、廢棄鐵皮搭棚，高不到一米，寬約三、四坪大小的狗窩、豬圈不如的矮屋。

這些學生是爲了抗議美國政府和耶魯大學支持種族歧視的「南非共和國」。希望耶魯大學能撤回援助南非建圖書館的巨款，支持南非白人政權的美國政府能給南非共和國施加壓力的 demonstration（示威運動）。

因爲晚上要在耶魯校內舉辦一場演講會，陳周兩位同學需要作一些準備，及聯絡、鼓勵那些擔心給臥底學園 K 黨狗腿子找麻煩，畏首畏尾的台灣學生勇敢站出來參加。改由一名 H 同學陪我去參觀麻省理工學院（M.I.T.）和哈佛大學（Harvard University）做半日遊。

在哈佛校園無意中看到一些男女學生，從容不迫做出各種親熱動作，覺得很新鮮。相較於「二戰」前，在日本求學時的我們那一代，傳情示愛也僅止於言談、眉目傳情，不敢在大庭廣眾如此大膽縱情。

回到紐哈芬已近黃昏，便直往餐廳。那裡已有十幾名學生和同鄉會的人在等我們。餐敘中，一位同鄉柯民憲勇敢地站起來，鼓勵幾位一直生活在「警總」陰影下的學生，他說：「美國是自由民主重視人權的國家，在這裡沒什麼可害

怕，自由民主是普世價值，也是我們台灣人努力爭取的目標，大家要勇敢站出來，踴躍參加同鄉會的活動……。」

餐後，我們到耶魯歷史學院的教室開座談會。人數雖不多，同鄉們的提問卻很踴躍，大多是針對 K 黨要害痛處，對台灣人現階段要努力爭取的方向及目標；228 的慘痛經驗即是一面鏡子，我們千萬不能忘記！這些學生雖然年紀都很輕，卻很用功，能用銳利眼光透視，分析歷史，令人欣慰。

柯民憲是有名的建築師，與夫人顏瑪莉長住紐哈芬，他是台灣名畫家顏水龍女婿。對台灣同鄉會事務非常熱心，也很照顧台灣留學生。

周婉窈，嘉義大林人，「台大」歷史系畢業，取得碩士，1981 年請得史丹佛大學（Standford University）獎學金赴美。父周進國為大埔林教育界耆宿，對 1950 年間受害的前阿里山鄉長高一生冤情有深入瞭解。

陳弱水，屏東東港人，「台大」歷史系與周婉窈同期同班，役畢請得耶魯大學獎學金於 1982 年赴美，到耶魯大學進修。周婉窈也由史丹佛大學轉來耶魯大學，與陳弱水一起攻讀 Ph.D.。

4 月 4 日禮拜六，近午周婉窈和陳弱水送我到紐哈芬站，搭乘開往波士頓的火車。坐了大約 3 個多小時便抵達，郭尚五和曾元愷開車來接我。郭尚五是個耳熟能詳的名字，凡涉案政治案件，參與民主運動的人士，到過美東的幾乎都接受過他家族的照顧。

車子在波士頓市區繞一大圈，即轉東北向，進入兩旁古杉高聳入雲、仍留有殘雪的羊腸小徑，終於抵達建在山腰一

🔥 耶魯大學演講會（前左：陳弱水、中：作者、右：周婉窈）

棟木造二樓半寬敞別墅。地下室是尚五夫人楊葆菲的 atelier
（工作室）。二樓有大客廳、餐廳和廚房。臥房、小客廳則在
三樓。

　　將行李放好，我加穿一件毛上衣來到客廳，看到一位好
像郭尚五女兒的小女孩，依偎他身邊，和一位穿旗袍、中等
身材、談吐高雅、舉止大方的中年夫人。談話中，發現郭尚
五竟是大林郭柱醫師的兒子。難怪他的身材、談吐舉止，連
他的 symbol ——上唇那一小撮「仁丹標」都酷似他父親。

　　郭柱醫師曾經是「三青團」大林區隊長。228 前我在嘉
義分團擔任組訓股長時，我們每週至少見面一次，不是他來

分團部找書記和我，就是我到大林區隊幫他們處理與當地國民黨系鎮長劉萬得之間的紛爭。

這些事雖然都已是 40 年前的往事，且郭區隊長與劉鎮長也早已作古。但是在見到郭尚五時，彷彿又看到當年充滿鬥志的郭區隊長！也勾起我對過去那一段浪漫狂狷愛國熱情的反悔，不禁苦笑！因為台灣人太老實，太愛自己的鄉土，所以易受狡猾、土匪不如的中國人詐騙。

對座這位婦人，原來是郭尚五的丈母娘。當我獲悉她即是新竹林冬桂之女林麗清那一刻，我的心臟便開始猛跳蕩漾，甚至情不自禁，差點衝過去問她，是否還記得 50 年前在台北大龍峒町的往事？

林麗清這個名字，我非常熟悉。在我的記憶中，1937-1938 年間剛從廈門回來 17 歲豆蔻年華的她，不但活潑可愛，而且衣著新潮，在當年台北城可說是絕無僅有，敢著無袖、下襬僅及膝蓋的旗袍，露出雪白四肢，坐上「台北放送局」派來的人力車到新公園放送局，播放「北京語新聞」的她，無不令人目瞪口呆，羨慕不已。

50 年前 1937 年，林冬桂從廈門攜眷回台，定居台北「大橋國小」後面，大龍峒町一丁目十番地二樓。我四叔鍾聰敏就住在隔壁大龍峒町一丁目十二番地二樓。

日本陸軍 1931 年進軍中國東北，抬出「溥儀」成立「滿洲國」。迨內部控制就緒，對國際壓力亦能妥予應付，便食髓知味，得寸進尺，於 1937 年又進軍「關內」製造「蘆溝橋事件」，逐步攻城掠地，席捲中原、沿海城鎮。

這時候，台灣也興起一股躍進滿洲，去中國發展的狂

潮。於是學習「北京語」便蔚成一種風氣。自從台灣文化協
會左右分裂，遠走中國經商多年的林冬桂，能把握機會，選
於此時攜眷回台，眞是有慧眼。果然，不久他們父女便受到
「日本放送協會」台北分會邀聘，出任「北京語解說員」和
「北京語新聞報導員」，並著手編著《北京語の基礎》和
《北京官話指南》兩冊，由任職《台灣新民報》的鍾聰敏
（我的四叔）給予校正。因此他們林家與我四叔家關係應非一
般鄰居。

　　依偎郭尚五身邊那位留學生頭的女孩，竟是郭尚五夫
人，林麗清的女兒楊葆菲，已經是兩個孩子的媽媽。都怪郭
尚五上唇那撮髭鬚，楊葆菲又留學生頭，任誰見到都會當她

左1：作者、左2：郭尚五、左3：楊葆菲

是一名「學生」。事實，發生過這種錯覺的，我不是第一個，凡是到過郭尚五家作客的朋友，十之八九都曾經發生過同樣的錯覺。

楊葆菲的父親楊思松，228 前任職「三青團」新竹分團總務股長。與被羅織「匪諜」自囚穀倉壁縫裡 17 年的施儒珍，和被處刑 12 年徒刑的楊進發同事。楊葆菲在芝加哥的大哥楊錫鈿，也娶前嘉義分團總務股長賴木川長女賴毓芬。

妙哉！他們這幾個家庭，都與 228 前「三青團」幹部子女締結姻緣。到底是刻意撮合，抑是偶然巧合？實在太妙了。

4 月 5 日 weekend，不到中午，客廳已坐滿男女同鄉，大約有 20 多名。餐桌上有各自帶來的「家鄉菜」，單是炒米粉就有三碟。這裡離市區很遠，附近沒有餐館，用這種方式聚餐最簡便，也可以享受到不同家庭做出來的口味。

餐畢，我們便就地開座談會，縱談 228，談及最近「匪情」，乃至「四二事件」「蔣太子」遭黃文雄、鄭自才刺殺未成，兩位志士棄保所引發的後遺症，與各派同鄉如何協力營救的一些小插曲。到了 4 點，已有部分同鄉準備回去。郭尚五也覺得時間差不多，便宣佈散會。不過仍有一、兩位同鄉意猶未盡，留下來閒談。

（7）參加美國「亞洲學會」，為台灣發聲

次晨，寒雨綿綿猶未停，楊葆菲卻要帶我去看「獨立戰爭」時的古戰場與古蹟。準備上班的郭尚五也說：「機會難得，來到這裡不去看看，你會遺憾！」因此我改變想留下來

與林麗清敘舊的計劃，接下葆菲給我的雨傘，跟她上車。

黃昏時回到家，正想回房休息，外面忽然出現一位戴深度近視眼鏡學生模樣的人。郭尚五也剛好下班回來，便請她進客廳。客人看到我，不待主人介紹就主動走過來跟我握手，並問我：「是不是那位 228 的鍾先生？」我點點頭，她即自我介紹她是呂秀蓮。這個名字很熟悉，好像在哪裡聽說過？忽然想起她是「美麗島軍法大審」時的一位被告。

她透過「全美會」的追蹤才找到這裡來。原來她今天是專程來找我的。她說：「我今天能找到你很高興，如果找不到會很遺憾。」我不清楚她的話意，就直截了當問她：「有何指教？」她似乎有點喜形於色，從容不迫告訴我：

鍾逸人 先生：
　　　謹向
一位用她的青春與生命來證明
台灣人靈魂的英勇先輩致敬！

晚　6/4. 1987
呂秀蓮 于哈佛

呂秀蓮向作者致意的卡片

「所以急急忙忙來找你，是因為 4 月 10 日美國『亞洲學會』（Association for Asian Studies）年會，將首次『討論台灣 228 事件』。希望直接參與、親歷其境的你，能站出來指正被扭曲、被誤導的歷史。」

今年適逢 228 四十週年，這個 K.M.T. 最痛的大禁忌，今年 228 當天，在台灣終於給「台灣人權促進會」會長陳永興，及《自由時代》週刊負責人鄭南榕等人成立的「228 和平日公義促進會」所突破。雖然這些勇敢的台灣人，遭受暴警百般阻擋、毆辱、頭破血流，還是很勇敢地在台灣各地同步進行遊行演講……。

這個活動果然奏效，不僅突破國民黨 40 年的大禁忌，更讓許多 40 年來受壓制，言論受箝制，但知有 228 卻不明真相，甚至被扭曲誤導「228 是日本軍屠殺台灣人的事件，不然就是台灣暴民殺害外省人的事件……」的民眾開始認識 228。

有些跑香港的掮客，在彼地坊間書攤看到中共慫恿 228 後逃往中國，向中共搖尾乞憐求官求職的亡命客，依循中共旨意，將 228 說成台灣人民受到偉大毛澤東思想感召，起來反抗國民黨反動統治的偉大起義，是中共領導下的解放鬥爭和人民革命的一部份。

經這次運動，突破大禁忌，台灣人都像睡夢中醒過來般，開始關心 228。國民黨眼見民情沸騰無法壓制，深怕因而影響國際觀感，尤其對「台灣地位問題」利害攸關的美國。遂邀中山大學魏萼、中央研究院賴澤涵、史丹佛大學胡佛研究所東亞圖書館長馬若孟（Ramon H. Myers）等三位學

者，假以「學術討論」包裝，搬上 4 月 10 日在美國波士頓喜來登飯店（Sheraton Boston Hotel）舉辦的「亞洲學會」年會中，企圖一手遮天，繼續掩飾 40 年前那段見不得人的血腥歷史。

呂秀蓮獲悉我來美國，因此，覺得我是 228 當事人，出來揭發國民黨大謊言最適當。她才追蹤到這裡來。我覺得呂秀蓮的構想很不錯，也很想挺身而出，藉此機會導正國際視聽，讓國際人士別一味聽信「國、共」雙方胡言亂語。

然而我的英語不行，美國人說英語又那麼快，我能捕捉聽懂幾句？連自己都沒自信。我怎能出現那些國際會議場合？而且我還有幾個地方要去，日程都已排定，我話猶未說完，呂秀蓮便迫不及待告訴我：「那幾個地方都沒去也沒關係。這次的國際會議關係到那段被扭曲、誤導的血腥 228 史，也關係到台灣未來的命運，讓美國人知道他們所支持的政府，是個非常糟糕、踐踏蹂躪人權的政府。」

聽完呂秀蓮的說明，郭尚五也說：「語言沒有問題！到時候，我們會坐在旁邊當你的譯員，幫忙發言、提問。所以不必顧慮那麼多；至於後天去 Albany（奧爾巴尼）的事你不用擔心，打個電話給他們，延幾天去也無妨。其他的地方就勞『全美會』去處理。」

次晨，郭尚五接到威斯康辛大學（Wisconsin University）田弘茂教授電話，說要跟呂秀蓮來看我。郭尚五便向公司請半天假，在家等他們。雖然與田弘茂教授是初見面，在國內報章雜誌有時會看到他的政治評論，所以並不陌生。他是這次「亞洲學會」「228 事件，一個新的解說」兩名評論員

之一。另一位則是伊利諾大學（Illinois University）的易勞逸（Lloyd Eastman）教授，他是對腐化的國民黨有深入研究的學者，寫過《毀滅的種子》一書，揭穿國民黨的醜陋內幕。

田弘茂是專程來給我「加油」的。他一再強調這次會議的重要性，要我好好把握機會為台灣發聲。他接著又說他們有很多同情台灣人的美國朋友和同鄉都會來聽，不用怕，勇敢發言吧！

近午，呂秀蓮和田弘茂都回去後，郭尚五也去上班。稍後葆菲和她媽媽也要出去 Shopping，祇剩我看家；等大家都走了，我也經地下室穿過葆菲的 atelier 去小山坡蹓躂，順便去看池塘裡，那幾尾沒有受到照顧、營養不良、長不大的可憐錦鯉魚。

因為我家也有小魚池，養有近百尾各色錦鯉，已經累積20多年飼養經驗，很想藉此機會幫他們改善池塘濾水設備。奈何 Lexington 距 Boston 有近百公里，想找材料不易，而且我滯留這裡的時間也剩下無多。

日落西山，樹梢上烏鴉和小鶯飛來飛去，定是公母在追逐，煞是精采！主人大概也該回來了吧！我也該回去了。進後門在地下室 atelier 停留片刻，流覽葆菲的作品，覺得一個「台大」生物系出身的女人，變成一名成功的版畫家，能有這麼了不起的成就，豈止天份而已！

回到客廳，站在窗口欣賞後院風景，凝視盡頭古松枝梢，發現六、七隻鵲鳥追一隻母鵲，飛來飛去，彷彿不達目的不罷休。鳥類世界如此，其他動物又何嘗不是？

我忽然想起日前郭尚五告訴我，他們這裡嚴冬時分，後

左1：蔡式宜、左2：作者、右2：吳美芬（蔡式宜夫人）

院樹林裡，有時候會出現黑熊。山坡被雪掩蓋成一片銀河，
鳥獸無處覓食，有時三更半夜會偷偷走到後院，找廚餘充
飢。如果我們誤當小偷，衝出去想抓盜，定會「中計」，反
被噬傷。

2:00 p.m.   Session 17   Fairfax A/B (3rd Floor)

THE FEBRUARY 28TH, 1947 INCIDENT: A NEW INTERPRETATION

Chaired by: Shao-ch'uan Leng, University of Virginia

Prevailing Interpretations of the February 28th, 1947 Incident
Lai Tse-han, Academia Sinica
A Methodology and New Historical Materials
Wei Wou, National Sun Yat-sen University
A New Interpretation of the February 28th, 1947 Incident
Ramon H. Myers, Hoover Institution

Discussant: Lloyd E. Eastman, University of Illinois-Urbana

亞洲學會討論228的議程表

4月10日禮拜五「亞洲學會」年會，蔣幫端出來的議題：「1947的228事件，一個新的解釋」，排在下午2時。因為下午同時有17場會議，在喜來登飯店召開。我們決定上午10點左右到達會場，所以大約九點半就吃完「早午餐」。

抵達飯店，郭尚五先讓我下車，到front lobby等他，不久呂秀蓮與田弘茂也來找我，我們隨即找一個比較隱蔽的地方，聚首商議今天的「應戰策略」。田弘茂因要去查資料先離開，稍後呂秀蓮也走了。

我和郭尚五則留在原地看著來往與會人士；有像白人和黑人學生似的，也有來自印度東南亞地區的。另有幾位像似日本學者，和不顧周遭講話大小聲的中國人。

距開會時間雖還有半個小時，我們還是提早進會場。我們的座位在前三排，呂秀蓮和郭尚五坐在我的左右邊，他們兩位「磨刀擦掌」準備隨時應戰，一直盯著三位蔣幫安排的學者，看他們會耍什麼花招。

三位學者一開始即強調：「228是歷史的必然」，台灣受過日本統治50年，台灣與中國的文化差距，使228的發生為不可避免。像這類的事件，戰後凡「重慶客」到過的地方：北京、上海、南京，乃至山東的「威海衛」，也曾經發生過，都是淪陷區人民受日本影響太深，對政府要求太多，太奢求所引發的。

台灣人深受「皇民化」，不明狀況的「國軍」，「為解放被日本奴役的台胞，卻發現台灣人太像他們八年抗戰，在中國所看到的日本人」，於是心生疑懼，加上糧食物資被運去打內戰，造成島內糧食匱乏而引起衝突，乃是不可避免。

因此不能將 228 歸罪於國民黨壓迫台灣人。

對於被殺害人數，三位學者則一致強調「死傷大約六千人，實際死亡也不過三千人」，簡直是明眼說瞎話，避重就輕想矇混世人。結果遭到評論員之一的易勞逸嚴詞批評：「這種推卸責任、矇欺世人的言詞令人失望。」他又說：「我 228 後曾經去過台灣，在台北中山北路『美軍顧問團』附近，黃金地帶發現一堆垃墟，後來才知道那地方是 228 時，槍殺台灣人的大屠場，曾經有數百台北市民在這裡被槍殺。像這類荒塚台灣各地都有。」

接著他又指責：「什麼皇民化？是『重慶客』對淪陷區人民的劫收所引起的反感。指責台灣人被奴化云云，不過是『重慶客』和『浙江財閥』的遁詞藉口罷了！」易勞逸最後指出：「人民要求參政，希望政治清明有什麼不對？事件發生的根本原因，是政治經濟惡化，軍隊亂紀，欺負台灣人所引起的。國民黨被勝利沖昏了頭，太得意忘形！」他的結論獲得熱烈的掌聲。

另一位評論員田弘茂，除了表示同意易勞逸的看法，另舉出他東海大學老師徐道鄰（曾任台灣省政府秘書長）曾透露：終戰前重慶就出現一派很有來頭的人，主張：「將來對待台灣人，也應與對待日本人同樣加以懲罰。」他們沒有看過台灣人戰後曾經如何追打日本警察，和高舉青天白日旗歡迎「國軍」……，所以硬指台灣人都受過「皇民化」遺毒，並不恰當。

至於起用 64% 台灣人，比日治時代還多許多之說，也是笑話。日治時代台灣人當過高等官有：杜聰明、林茂生、朱

昭陽、劉明朝、黃演渥、林恭平……等約 30 名。李讚生、劉茂雲、林益謙、楊基詮等 4 名郡守。另在日本本國，任高等官的則有周頭、王育霖、饒維岳等約 20 名。

陳儀的行政長官公署，卻僅起用宋斐如一名台灣人當教育處副處長點綴一下。其餘的多是些地方小吏、警察人員……。

接近尾聲時，三位學者都一致認為「日本的台灣獨立運動」乃緣起於 228。中共所以居功，強調在「中共領導下的起義」，每年例行舉辦 228 紀念，即是統戰伎倆。

我已經按捺不住，恨不得即刻站出來給予嚴詞糾正。郭尚五知道我有點沉不住氣，急著想發言，便舉手要求發言，隨即用英語介紹我為 228 當事人，曾經率領抗暴軍與蔣軍周旋過……。我因考慮三位學者中有兩位來自台灣，以及在場許多來自香港和中國的學者，能直接聽到台灣人心聲，決定用他們聽得懂的中國話發言。

我受到全場的注目，我沒有拿麥克風，直接發聲，略帶激動大聲指斥：「中共不要臉！連用台灣人血淚寫成的 228 史，都想塗改搶功。各位如果不健忘，日本是全世界『反共』最先驅的國家。曾經是日、德、意『三國反共同盟』的首倡者。在這種國家統治下的台灣人，有可能接觸共產黨，知道什麼是共產主義嗎？又台灣人受到偉大毛澤東思想的感召，在中共領導下起義……，這種世紀大謊言，實在令人啼笑皆非！」

至於事件中被殺害的確實數字只有 3000 人之說，僅 1947 年 3 月 8 日蔣黨援軍分別由基隆和高雄登陸時，在路

口架起重機槍掃射，當場被亂槍打死的碼頭工人、過路的無辜百姓就有上千人。事件後，在持續兩個月的所謂「清鄉」期間，每日逐戶稽查戶口被帶走，有去無回的至少也有上萬人。

尤其對一些未參與、未涉任何相關活動，甚至連外面發生什麼事都渾然不知的人下手，例如臥病床上的「大公企業」創辦人陳炘。甚至很多台灣菁英：如「四方醫院」的施江南、「台大」文學院長林茂生、律師公會理事長李瑞漢、高等法院法官吳鴻祺、王育霖、國民參政員林連宗、黃媽典、湯德章、郭章垣、吳金鍊、林界、蘇憲章……等，多不勝枚舉，全都遭到株連。

我剛講完這段沾滿血腥的恐怖歷史，郭尙五和呂秀蓮隨即情緒激動，憤怒的大聲用英語重述一遍。四座靜悄悄，他們兩位剛講完猶未回座，忽然響起一陣暴雷般的掌聲。

我覺得我們三個人，今天做得很成功，做了一件非常有意義的事情。能給不仁不義、企圖偷天換日欺矇天下的蔣黨，當頭棒喝，將他們的廬山眞面目攤在國際人士聚集的「亞洲學會」會場。

散會後，我在 front lobby 靠近正門的地方等去開車的郭尙五，忽然從人群中聽到有人用親切的母語問我：「眞有那麼多人被殺害嗎？我們查過的資料中都沒有記載這麼多數字。」我定神一看，發現這位年輕人竟是三位學者之一的賴澤涵。

因爲他態度誠懇，很可能 228 發生時他還未出生，所受教育也一定是 K 黨制式教育，沒有機會去接觸、瞭解眞正的

美國亞洲研究協會相關報導

228。我便告訴他：「『大禁忌』已經被突破，回台灣以後可以多做些田野調查，親自去探訪那些40年來隱居飲泣的受難者遺屬，或對那些目睹228尚存者多做些口述歷史。別一味啃那些蔣黨提供，經過包裝、被扭曲塗改過的不實史料。」

我又告訴他：「剛才我在會場舉出的，不過當中較為一般所熟悉的人物。還有很多更殘酷、更悲慘的，有待你們去挖掘……。」他聽完我的話，點點頭說他回去以後會去瞭解。

回到 Lexington 郭家已近黃昏，呂秀蓮與田弘茂已先足抵達。發現客廳多了兩位稀客，一位是葆菲父親、麗清的先生、久違40年、前「三青團」新竹分團的楊思松；另一位則是當地台灣人教會姊妹 S 女士。S 女士是麗清的朋友，她會作一手很好的台菜，特地請她來幫忙。

　　因為今晚的「慶功會」中有「美麗島事件」的呂秀蓮，和名政論家田弘茂教授光臨，我們又做了一件有意義的事。我是尚五父親郭柱醫師 40 年前的「老同志」，又是丈母娘的老朋友，兩天後就要離開這裡，去 Albany N.Y.，也因此藉此機會為我餞行。

　　呂秀蓮與田弘茂對今天有機會在一群國際學者面前拆穿被隱瞞 40 年的 228，似乎很興奮，不斷與郭尚五高談闊論。我因為難得見到久違 40 年的老朋友楊思松，很高興的與他暢談、敘舊，探問 228 中新竹市長兼「三青團」新竹分團幹事長郭紹宗的惡行惡狀；他洗劫市產……，作惡多端，派人殺害王育霖檢察官，逮捕彭德（國民黨黨部主委、客家人）及

🔥左2：林麗清、中：楊思松、右2：作者、右1：楊葆菲

分團「同志」施儒珍下落。也談及蔡淑和鄭翩翩兩位的近況……。

因此對鄰席三位朋友的談論很少留意。不過偶而會聽到提及我的名字，還聽到他們說我能一針見血，毫無留情的痛擊Ｋ黨，並對「中共」一味想居功的地方予以強烈反駁，不僅驚醒四座，連台上的學者都臉色鐵青，措手不及，真是大快人心。這時我也會側耳傾聽，附和兩句。

Dessert course（正餐後，吃甜食的時間）前，郭尚五又當著今天沒有去參加的楊思松夫婦等人說：「今天如果沒有Ojisan以當事人的身份，當場拆穿Ｋ黨的假面具，這場會議恐怕又要流於一言堂了。」他話一說完，四對眼睛都向我這邊看，讓我有點不好意思，我只不過講些身為台灣人應該說的話罷了。

散席後，呂秀蓮與田弘茂各自開車回去。楊思松夫婦和Ｓ女士則留下來。尚五明早要上班，先回房休息。麗清和葆菲母女則到廚房收拾。我和楊思松留在客廳繼續聊天。我們又談起兩位昔日同志——蔡淑和鄭翩翩兩人不同的命運；鄭翩翩與新港林金生結婚，生下一男林懷民，在舞蹈界漸露頭角……。蔡淑就沒有翩翩那麼好命。儘管她的條件並不比翩翩差，論家世、氣質、外表與學歷都不差。紅顏薄命也無可奈何！

她1945年年底北上受訓，在「三青團」團幹班認識一名台中青年，愛上他，幾經交往滿以為可托終身，詎料這位青年突然失蹤，遍查無著。她遭此打擊，心靈受創。聽說不久她就被一名「新竹女中」綽號「廈門囝仔」的音樂老師，騙

到台北草山欺負。騙她的那個人，小她三歲，其貌不揚，已經虎視眈眈覬覦她很久了。沒多久她拖著疲憊憔悴的身子，出現「新竹女中」，向姜校長請辭，便俏然離開「風城」，從此再也沒有人看到她。唉！她以前那種威儀，華麗的風采，只能深留親友的腦海裡。

我聞言感觸良多，內心充滿懊惱與自責。都是去台北受訓，結訓前夕聯誼會席上，自我介紹時，所有男女同學都已婚，唯有我們兩個人「未婚」。引來在場同學王溪森、施儒珍、歐滋英三個人半開玩笑的一句話所惹出來的，王溪森提議：「趁此機會幫他們撮合、做媒如何？」

當即得到施儒珍、歐滋英、洪金園三人附和，其餘的同學也跟著鼓掌支持。我把同學們的玩笑話當成一齣鬧劇。她卻很認真，很癡情，真是出乎意料！不過當時我對她確實有點傾心。她在「東京女大」修英文學，我在「東京外國語學校」選修法文學。我們算是文學同好。也被她高雅的氣質和美麗的身段所吸引。在「壁報事件」（參照《辛酸六十年》上冊，頁 317-322）那一段時間，我躲到新竹避風頭，也接受她熱情的邀約和安排，頻頻出入她家，跟著她去看她的至親好友，「風城」名媛劉玉瑛等人。

她的癡情步步為營，我都能感受到。然而此刻我內心也有點徬徨，在與她相處歡敘時，心頭仍不免被一層隱憂所牽動。我雖然從未存心欺騙任何人，我確實未婚，不過在一年前，已訂過婚。雖然「訂婚」與「結婚」位次截然不同，可以理直氣壯自圓其說，我還是無法把過去與未婚妻那一段情忘掉。

我徬徨掙扎，經一陣激烈天人交戰，終於選擇回頭。幸好那次受訓，新竹分團僅派施儒珍、鄭翩翩和蔡淑三名參加。楊思松沒有參加，所以不知道那位害蔡淑的台中青年就在他眼前。否則我一定會被他們整得很慘！尤其是他夫人，我17歲時曾經暗中愛慕過的她——林麗清。

（8）趕赴Albany、水牛城、多倫多 巧遇「海獨案」許昭榮

我原來的行程是4月7日禮拜二，搭「東方EA3807」由波士頓飛往 Albany N.Y.。因為4月10日參加「亞洲學會」，故順延一天。又因波士頓的曾元愷、林能傑、陳其誠、楊克俊、張信楷等同鄉，堅持要在一家日本料理店舉辦餐敘會，又不得不再順延一天。故於4月12日搭原班機飛往Albany。

Albany 是紐約州都府，紐約州立大學、協和大學都在這裡。環顧市區：機關、公共建築、教會寺院，幾乎都是Gothic 建築。

前來接我的是施安雅小姐，她是我們台灣人第二位取得醫學博士（第一位取得的是杜聰明）的前「台灣總督府熱帶醫學研究所」，專研「瘧疾」的著名學者、台北「四方醫院」院長施江南博士的千金。她目前任職紐約州政府衛生行政單位。

由於她在228受難的父親施江南博士，是我四嬸朱彩霞鹿港同鄉老友。又她的大伯父是嘉義「四方醫院」院長施江東醫師，也是我們旅嘉「台中州同鄉會」會長。我便從她

父親談到施江東在嘉義處事待人，鮮為人知一些有趣的小故事，乃至她二伯父施江西議員遭受鹿港警察所刑事組長，黑道出身的巫重力如何毆辱……以致引發驚動台灣法曹界的「員林事件」……。

吃過晚餐回到客廳閒聊時，施小姐以略帶不自在的口吻要求我：「今晚的演講能不能用中國話？因為我的先生是中國來的，聽不懂台灣話，不過他很關心228，也很想知道228真相。」

我聞言初則驚訝，繼則想起林黎彩與廖中山教授這一對受難者遺族，同樣與來自中國的青年結婚，但都很熱心參與228平反活動，便點頭答應。並告訴她：抓走她父親的那個國軍，雖然是操廣西腔的人，但主使228大屠殺的血腥元凶，是後來被他們的人民掃地出門，跟蹌逃來台灣的蔣介石。

228中，也有與蔣幫理念不同的中國人被抓。只要認同台灣，願意跟台灣人鬥陣作伙打拚的，都是我們的朋友。如前「台大」教授殷海光、雷震都是出生中國，他們都同樣受到台灣人的尊敬與愛戴。

因為我是1955年間，由司法監獄移送來新店「國防部軍人監獄」代監執行，唯一228案「帶有228原罪」的人──228被刻意誤導為「台灣人企圖叛離中國，打殺中國人的暴動事件」。乃被一些所謂「流亡學生」，被蔣幫化妝成「反共義士」韓戰中給美軍俘獲的中共「解放軍」，和從「大陳島」抓來的「匪諜」進行「清算」「鬥爭」，被送到綠島和小琉球，再受中國人獄卒的百般折磨凌虐。因此痛切

體驗到台灣人要在不文明、不尊重人權，霸道、蠻橫的中國人社會求生存實在不易。出獄後便發誓要疏遠中國的一切。

今晚的演講會，由同鄉會和 FAPA 主辦。地點在 Golf course Restaurant，時間是下午 6 點到 7 點半先餐敘，接著開始演講：由施安雅小姐介紹我的背景簡歷，然後由我即席開講。我先從「二戰」結束，盟軍統帥麥克阿瑟（Douglas MacArthur）將軍，命令文化、語言、歷史較接近台灣的中國戰區總司令蔣介石，代表盟軍接受台灣日軍投降講起，數落蔣幫非法、暴政及台灣人所蒙受災難……，然後便將 228 發生的來龍去脈做一簡單解說，並強調 228 與中共無關，當年在「和談」席上與國民黨廝殺的中共，絕不可能冒然干預；何況是對一個海峽彼方狀況不明的台灣……，舉出各種主客觀因素予以反駁。

最後我再次重提施江南受難與施江西受毆辱，以致引發「員林事件」的始末做為結論。其實我覺得今晚的演講沒有很成功，講得零零落落、發音生硬、紕漏百出，卻仍然博得全場鼓掌。我很納悶，是否大家怕我會難堪，特地給我「禮貌上的鼓掌」？

不過從後續的踴躍提問，才讓我稍微放心。我講的不太標準的「台灣北京話」還是勉強讓大家聽得懂。

4 月 14 日禮拜二，我辭別施小姐家人，由 Albany 經 Utica. Syracuse，於 4 月 16 日黃昏抵達 Rochester（羅契斯特）。在周三郎、曹克昌、鄭英哲等同鄉安排下，到一家中菜館餐敘；我告訴他們：「228 前，台灣已經被蔣幫搞得像一條爛地瓜，經不起輕輕一碰即會臭氣四溢，228 乃是不可

避免的不幸事件，即使沒在 1947 年 2 月 27 日晚發生，遲早也會在其他地方發生。」並強調 228 與中共無關，絕非他們策動的什麼革命。

我也與在座同鄉認真探討台灣的前途問題，經熱烈討論的結果是：「台灣人自己當家做主，台灣獨立建國便是我們的共識。除此之外，台灣人別無選擇。」

次晨，他們開車帶我去遊 Lake Ontario（安大略湖）湖畔欣賞湖景，來往船舶，和對岸盡處隱約露出的陸地及山影……。那裡即是我後天要去的加拿大（Canada）。

4 月 17 日過午辭別 Rochester 鄉親，到水牛城（Buffalo）。我們一路沿湖濱欣賞遊蕩湖面的海鷗、白鳥和來往汽艇，穿過工業城，於下午 3 點左右抵達水牛城周敦仁博士家。周敦仁博士是屏東人，他與夫人都是心理醫師。

水牛城學生會和同鄉會共同主辦的 Seminar（討論會），原定 4 月 12 日（禮拜日）1：00 PM 要在當地 Norton 的 Amherest 校園舉辦 Seminar。因為 4 月 10 日要出席「亞洲學會」，故順延 6 天，改在 4 月 18 日（禮拜六）下午 1 點在原訂校園舉辦。

晚上在一家餐廳另與 20 多名學生和同鄉餐敘，餐敘中和白天討論會所談的，也多與兩個月來在各地所講的大同小異。像是 1947 年 3 月 15 日到 5 月 16 日短短兩個月，近兩萬台灣菁英如何就此消失……，蔣幫藉口台灣人深受日本「皇民化」遺毒，破壞台灣人的生活文化和日本人遺留下來的守法、守秩序、講究衛生的美德……，蔣幫如何用「殺雞取卵」手法，剝削、掠奪、榨乾台灣經濟……。也不忘強調

228 絕非中共領導。

次日，4 月 19 日（禮拜日）天氣晴朗，我就要暫時離開美國，跨國境到加拿大多倫多（Toronto）。我們近午出發，由周敦仁開車，夫人與小寶寶坐後座，我則被安排坐方便觀賞湖景的前座。約 2 個小時即抵達尼亞加拉瀑布城（Niagara Falls）。

跨越 100 公尺前方那座鐵橋，就是加拿大境內。距鐵橋約 20 公尺前方一磚造平房，即是關卡。凡是進出加拿大的，都必須在這裡辦妥手續。因預定前來接我的多倫多同鄉，要兩個小時以後才會抵達；我們就藉此機會坐遊艇遊尼亞加拉瀑布。

一上遊艇，水手即發雨衣給我們，因為瀑布是從高五、

作者於Niagara Falls

六十公尺的懸崖洶湧狂洩下來，為避免被水沫橫濺淋得全身溼透，水手用「半命令式」的口氣大聲要我們將雨衣穿上。真是壯觀，天下奇景！這不僅在北美有名，也是聞名世界的瀑布。每年吸引約 50 萬以上的遊客。我們在湖上遊蕩了近兩個小時才上岸。步行跨越鐵橋走近關卡（セキショ），發現有一男一女的黃種人向我們招手，走近一看竟是多年不見的許昭榮，和一位依偎他身邊的女人，及一位留有「仁丹標」鬍鬚的男士。

周敦仁幫我辦妥入境手續，經關務員作簡單幾句口頭訊問，並在護照上蓋個橡皮圖章，便告 OK。許昭榮看到我已辦妥手續，就迫不及待走過來緊緊擁抱我，並介紹一位笑容滿面，留有「仁丹標」鬍鬚的朋友與我認識。他是林正宏牧師（台南市人，「台獨聯盟」盟員），讓我對他感到好奇和親切。

緊挽著許昭榮的手，依偎身旁的女人，怎麼看都不像從前和他到北斗 Chlorella 公司找我的那位。我還記得那位女人的外表雖然華麗，卻老是自炫自己與立法院長倪文亞夫人郭婉容是「長榮女中」的同窗密友。稍後獲悉這位喜歡攀關係的女人，是許昭榮從綠島回來，發現「元配」早已琵琶別抱後，而二次結婚的妻子。她也是「再婚夫人」，前夫是 K.M.T. 特務，育有子女。

不過她也確曾為許昭榮挽救一命。緣於許昭榮在高雄小港「加工區」，一家生產縫紉機，專售非洲中南美國家的「日商」公司當業務課長時，因忿懣蔣幫的專制鴨霸，在一批正裝貨櫃中的縫紉機紙箱上面，臨時加上「made in

🔥 右：林正宏、左：作者

Taiwan」幾個字。

　　事後經海關查獲，鋃鐺「二進宮」，拘進壽山「要塞」大牢。極危急時，這位「再婚夫人」透過關係奔走營救，始挽回他一命。但，後來趁著許昭榮出差日本，捲走細軟和存款，拖垮他慘澹經營的公司，迫使他不得不離開台灣、逃亡海外的，也是這個女人。

　　現在許昭榮身邊這個女人，即是許昭榮偷渡來 L.A. 時，在一個偶然機會邂逅的新寡婦人。她先夫留下一家 Motel 和一些房地產給她。她希望許昭榮能跟她回 L.A. 共同經營新家庭。這位婦人穿著樸素，牛仔褲和球鞋，沒有以前那個「再

婚夫人」那麼會穿戴打扮，素材還不錯，看起來也比較單純。奈何！許昭榮不想長留北美做「政治難民」。他很想早日回台灣東山再起，重建事業。

　　我與許昭榮認識是在綠島，大概是 1960 年間，涉「海軍台獨案」，由軍法局判刑定讞，送來綠島時。他們這批前台籍海軍技術員兵：許昭榮、張幹男、陳肇基和陳水清……等，在幾乎為「統派」所盤據的綠島，難得有這幾位頭腦清醒愛台灣的新鮮人，我當然會交他們做朋友。出獄後張幹男經營旅行社之餘，也經營一家「柏木公司」，專營日本顧客

🔥左1：許昭榮女友、左2：許昭榮、中：作者、右1、2：周敦仁夫婦

左：荒針社長、中：作者、右：張幹男

趣向的藝品土產，並代表日本「荒針產業會社」在台灣搜購當年最奇缺的「克羅列拉」而來找我。許昭榮也在高雄經營一家每個月僅靠我們特別供應給他們幾百公斤「克羅列拉」勉強維生的小型出口公司。陳肇基則加入我們的生產團隊，任課長助理。

蔣幫原本沒有海軍。「二戰」後用美國海軍報廢，棄置沖繩、珍珠港和從日本海軍擄獲的幾艘小艦艇勉強湊成，卻找不到具有駕駛技術，能到美國接艦，開回台灣的人才。1947 年，時任國府海軍總司令桂永清有鑑於此，乃於左營海軍「第三基地」成立「海軍技術員兵大隊」，招募自前日本海軍的台籍技術士官兵，授予中、英語言，派往沖繩、珍珠

港和美國接艦。

當中被派去美國接艦的許昭榮等幾個人，即乘黑悄悄登岸接受滯美台灣同鄉招待，並暗中接受他們分贈宣揚「台灣獨立建國」的書刊小冊子，偷偷帶回台灣，在營區祕密傳閱好一陣子。最後還是逃不過蔣幫臥底的眼線，全部被逮，被依「叛亂罪」判刑，定讞後送來綠島。

1950 年至 1965 年間的綠島，是清一色為所謂「祖國派」──統派所盤據。極少數被歸類「獨派」的，則備受歧視、排斥。如涉廖文毅「台灣共和國」案的廖史豪、黃紀男、鍾謙順、許劍雄，以及涉案 228 唯一被留下來的筆者等少數幾名。至 1960 年間送來這批「海獨案」的，才使我們不再有過去那種「孤鳥插人群」的感受。

抵達多倫多已近傍晚。我被安頓在多倫多同鄉給許昭榮居住的房子。

然後被帶去拜訪施明雄，我們雖然初識，卻一見如故。他是「醉詩人」施明正之弟。三年前，才經由香港移民來此地。他也是曾經受過「警總」照顧，在警總監所滯過的人。也算是我們的「同學」。

傍晚台灣同鄉會會長羅益世接我們到一家同鄉經營的北京烤鴨為主的「華新餐館」與同鄉們聚餐，然後到一家台灣人教會演講。禮拜堂內座無虛席，因為今天是禮拜天，他們卻說是為了來聽我的演講，專程來參加。我講了約莫一個半小時，留半個小時給同鄉們提問。因提問的人太踴躍，結果延到近十點才結束。散會後，幾位熱心同鄉要請我去喝咖啡，因勞頓一天，有點疲倦，便加以婉謝。

作者訪美的第二段旅程

①紐約→②特倫頓→③華盛頓→④波科莫克→⑤哈特佛→⑥紐哈芬→⑦波士頓
→⑧奧爾巴尼→⑨羅契斯特→⑩水牛城→⑪尼亞加拉瀑布城→⑫多倫多

回房準備休息，忽然聽到敲門聲，開門一看是許昭榮。他一進來便用日語，略帶歉意和不安，一再求我原諒，說他絕對沒有欺騙我的意思，乃事出有因，希望我聽聽他的解釋。我也正想瞭解他何以兩筆貨款未入帳，而從此消聲匿跡？倒想聽他作何解釋。為這件事曾經讓我在「董事會」被質疑，使我啞口莫辯，幾乎抬不起頭。

在一貨難求，日本人都得透過關係，帶「禮品」來搶貨，原有固定客戶要求增加數量，即使調高點單價，也願意配合的時候，我反而削減給他們的貨量，移撥給他，結果引起董事們譁然，用異色眼光看著我，在公司裡的信用地位也差點被他毀掉。

他聽了我對他的怨言，感到無限歉意，用日語頻頻說ス
ミマセン（很抱歉）。然後告訴我對他有救命之恩的「再婚
夫人」，如何有計劃欺騙他，拖垮公司的經過。他爲此曾經
想採取「斷然措施」，可是想到當年他因「made in Taiwan」
事件「二進宮」時，她曾經從「鬼門關」救他出來，可說是
他的救命恩人，他豈能忘恩負義……。他因此陷入「恩仇交
迫」，眞不知如何是好！最後，他選擇暫時離開台灣避風
頭，卻因而陷我於不義，甚覺內疚。

我聞言，惻隱之情油然而生。反正這些事是發生於七、
八年前，聽起來也情有可原，如今何不賣個人情寬容他、鼓
勵他多爲台灣打拚，便告訴他我完全瞭解，以後不用再提，
公司方面我會幫他妥善處理。只要大家肯爲苦命的台灣多關
心打拚，不管他繼續留在北美或回台灣，我從此不會再提。

次晨許昭榮和女友來報「喜訊」：施明雄在多倫多一
棟位於十字路口的樓房，昨天給一位急欲開「越南菜館」的
新來越南難民所看中，以原初買來時的倍價頂讓出去。這棟
樓房是施明雄從香港移民此地時，買下來經營雜貨店，做南
北貨的。聽說他本來並沒認眞考慮頂讓，不過隨便說說，半
開玩笑開個數目。沒想到對方竟是正經認眞，二話不說便將
這棟樓房買下來，讓他們喜出望外。因此打算今晚要在一家
「台菜館」宴請同鄉來慶祝兼爲我接風。

近午，林正宏牧師帶我去見一位留有長鬍鬚的林哲夫
教授。林哲夫，宜蘭人，來多倫多多年，爲人親切，人緣極
好。當他從林正宏牧師那裡聽過有關我的「過去」，及這次
受邀訪美演講，一路上的言論多是觸及 K.M.T 痛處，深恐回

台灣後會有麻煩,便帶我去「國際特赦組織」見一位彷彿挪威人的先生,請他們能關心我回台灣以後的安危問題。然後又帶我去看幾位同鄉。

多倫多的台灣同鄉,因為加拿大的移民條件比美國寬鬆,雖然來自各不同社會背景和職業,還算和諧,有困難都會彼此照顧,只是沒幾個台灣人的多倫多,竟然有七、八家「台灣人教會」,殊屬罕見。

(9) 驚聞228遊行隊伍突遭暴警襲擊
　　劫後餘生40年後　「芝城」遇見賴木川

4 月 21 日（禮拜二）我辭別許昭榮、林正宏與施明雄家人,經水牛城搭 N.W.774 在底特律（Detroit）換機,再搭 N.W.176 飛辛辛那提（Cincinnati）。

抵達辛辛那提已近黃昏,前來接機的是「辛辛那提同鄉會」會長陳子琛。我被安頓陳會長家,然後到台灣同鄉陳天來經營的台菜館參加歡迎會。約有三、四十名同鄉在那裡等我們;有大學教授、尚在攻讀學位的留學生,也有在機關服務「吃頭路」的。

他們都關心我旅途太勞頓,「這麼一大把年紀」,一個人跑那麼多地方……。也有關心我「牢獄生活」……。卻沒有人問及有關 228 的。也許他們知道明天晚上演講會的主題即是有關 228,不想在此刻佔時間。

辛辛那提是四周被丘陵環繞,位於密西西比河（Mississippi River）、俄亥俄河（Ohio River）和邁阿密運河（Miami River）三大河流匯合處,風景甚佳。除了擁有大規

模的「肉品加工業」，也有著名「交響樂團」、聞名全美的「芭蕾舞團」，是一座人口不到 40 萬的小城。

4 月 22 日（禮拜二）晚上 7 點，我在一所學校的校園「演講」，講題是「我與 228」。這裡的台灣留學生並不多，也不是台灣人密集的地方，而且今天又不是 weekend，來聽演講的人竟然滿座，坐無虛席。大約有 60 多人，令人驚訝！也許是同鄉會事前聯絡周到，可能也有想探「228 之謎」的。不過，也不能忽略「台灣學生會」在這地方的影響。

這些留學生的無私爲台灣，他們所構造的 design 藍圖，也許只是一張 desk plan。對台灣近現代史的關心研究，對共匪與蔣幫，這對學生孽種的銳利批評，獨得見解，令人嘆爲觀止！

演講會準時開始，先由主持人、同鄉會長陳子琛爲我作簡單背景介紹，然後將 microphone 交給我。我在一陣掌聲停了之後，就從 1947「台中 32 市民大會」前後講起，之後跑過哪些地方、作過哪些事情，如何整合各地自動蜂起隊伍，成立二七部隊，如何找尋日軍遺留下來的裝備武器，派人修理飛機和戰車……。

後來，因收留被蔣軍特務何鑾旗追殺的前「日共」謝雪紅和她的「人民協會派」人馬，引起市民疑慮。又因「埔里幫」童江立等渲染造謠 boycott。原爲與蔣軍「談判籌碼」的建軍計劃，被迫飲恨作罷。這是我最大的失策也是終身遺憾。

我說著說著便哽咽起來眼眶泛紅，略停片刻，本欲繼續

講下去,因時間也已差不多,便就此告一段落。進而接受提問。提問非常踴躍:有問及被殺害台灣人的數目?謝雪紅在整個228中的定位如何?建軍計劃如果成功,蔣幫可能接受台灣人的要求嗎?

最後一位提問者約50歲左右的男士,他說:「二戰後他親眼看過把槍當扁擔,穿草鞋背雨傘的支那兵。他們來到台灣,發現台灣人的食、衣、住、行生活文化完全『日本化』很享受,而感到驚訝。」

「反觀他們自己,為收復台灣,拯救台胞八年抗戰,挨餓受凍,襤褸蔽身,備嘗辛苦……。乃油然生嫉,時時刻刻想教訓他們心目中的『忘恩負義』被『皇民化』的不肖台灣人。於是便在228乘亂報復。造成比虛構的『南京大屠殺』更殘忍,更多的傷亡。」

他又指出:台灣人與中國人的文化層次、道德水準、政治理念,甚至連血統都完全不同,要勉強和他們作伙,接受近百倍於台灣人口的中國統治,不被「黃禍」淹沒才怪!因此台灣人應該睜開眼睛,認清「黃禍」的恐怖,努力擺脫霸權中國,自己當家做主……。他的發言贏得一陣熱烈喝采。

散會後,回到陳會長家,看見客廳裡已坐滿早一步來的同鄉。這幾位最近在《台灣公論報》上看過署名「晚輩」和鄒武鑑用「鄒文哲」筆名發表的〈澄清一段被扭曲的歷史〉及〈228大俠 鍾逸人……〉兩篇專題訪問記,意猶未盡,想進一步瞭解二七部隊最後潰散的原因。

這幾位同鄉記得是高惠陽、李宜堅、鄭榮祿等人。王泰澤教授好像也在座,另有三位男女同鄉。他們臨走時又送我

🔥 李宜堅、陳子琛（右）

最新《台灣學生月刊》，很想把這些珍貴刊物帶回台灣，給
大家傳閱分享，然而我能帶回去嗎？

4月23日（禮拜四）陳子琛和另一位同鄉開車帶我去哥
倫布（Columbus）。中午前抵達哥大（Columbus University）校
區與當地「學生社」同學餐敘。然後在當地同鄉會與「學生
社」共同主辦的演講會，作近兩個小時的演講。並接受「學
生社」贈送的書刊，於傍晚回到辛辛那提。

這次哥倫布之行，雖然匆匆忙忙地來回，在那裡的時
間，連5個小時都不到，卻能看到生氣蓬勃、熱情沸騰的台
灣「學生社」諸君子。特別是施正峰、廖宜恩等人，可說是
我此行最大的收穫。

4月24日（禮拜五）吃過早餐，即趕路往機場，搭
「AA233」10：30 A.M.飛往芝加哥，不到2個小時就抵達。

前來接機的是一個月前，在北加州「北美洲台灣人教授協會」、「全美台灣同鄉會」、「台灣文化社」等共同主辦的「228四十週年活動」之一「228學術討論會」發表：《228事變前夜的台灣社會結構》的簡炯仁教授。他接我到他家。

晚上「芝加哥台灣同鄉會」在一家日本料理店爲我洗塵。同桌的有簡炯仁、林德隆、林景泉、林敬賢、林開世和王文隆等十幾位同鄉。

餐敘中發現在座同鄉幾乎都是早期留學生。雖然有的早已完成學業，拿到學位，在當地大學任教，有的在公司機關服務，在此成家，卻多是被列入「黑名單」，已經幾十年不能回台灣。難怪他們抓住我問長問短，打聽故鄉訊息。

雖然近年已有傳眞機，可以閃避「警總」檢查，直接與故鄉親人傳訊。但是長年在蔣幫箝制下的親人心上，那一層揮之不去的「警總」陰影，依然使他們不敢輕易嘗試。受到「黑名單」影響，不能回台灣的留學生，日夜思念親人，望天興嘆，一年復一年不能回家，那種失魂落魄實在令人同情。

4月25日（禮拜六）近午，簡炯仁陪我逛密西根湖濱（Michigan Lake）觀賞湖景。湖景雖美，但最吸引我注目的，是那些在沙灘上享受日光浴的女生。尤其是那些僅保留三點，露出雪白的裸體，在沙灘上嬉戲跳躍玩耍的女孩。還有一些「歐巴桑」級的，乾脆把那個老雜碎的胸罩也拿掉，只留著肚臍下那一點。任胸前那「兩個」搖動，讓人大吃「冰淇淋」！

也有將身體埋在沙堆裡，僅露出頭臉享受著沙灘浴。也

中：廖述宗、右1：楊朝諭

有撐起遮陽大傘，躺在摺疊式的涼椅上，讓另一半做大腿、
腳底和背部按摩。搔到癢處奇聲怪叫，令人聽得起雞皮疙
瘩。

　　我們在附近吃過簡餐，便去拜訪這次共同邀請我來北美
參加「228 四十週年」活動，到各地演講的「北美洲台灣人
教授協會」會長廖述宗博士。廖述宗博士，豐原人，芝加哥
大學（Chicago University）生化（Bio-chemistry）教授，是個專研
「賀爾蒙」（hormone），很可能拿到「諾貝爾（Nobel）獎」
的世界級學者。他父親廖繼春則是 40 年代至「二戰」後台灣
美術界泰斗，「師大」教授，桃李滿天下。他的作品頗受重
視，曾經受美國政府邀請到美國演講。

　　他 1918 年（大正 7 年）與「府城」台灣革命僧林秋梧和
「二戰」後曾任監察委員的陳慶華考入「北師」前身「台灣

🔥突破228四十週年大禁忌遊行（前排左2：張溫鷹、左3：范政佑、左4：陳永興）

總督府國語學校」。林秋梧於 1922 年 3 月畢業前 11 天，因涉嫌在同學間鼓吹「民族自決」被退學，赴日考入「駒澤大學」。

廖繼春則考入上野（ウエノ）國立東京美術學校（現東京藝大）西畫科。他完全靠自己的銳利觀察、深入思考和功力，不像一些光靠一張嘴巴，遊走朝野，靠政治操作出名的。也不像台中地區一名以「畫家」自居，到處膨風，逢人論畫，論到天花亂墜，到頭來畫虎不成反類犬，只剩下一張嘴巴的「話家」。

因爲簡炯仁事前與廖述宗博士約好，我們便逕自上廖博士居所公寓大樓，開門的正是廖博士，我們略作寒暄，他隨即放日昨托一位美國朋友，從台灣偷偷挾帶進來的「錄影帶」給我們看。

「錄影帶」內容是陳永興、鄭南榕與李勝雄等人成立的「228 和平日促進會」在 228 四十週年當天，爲突破蔣幫 40 年來，威權統治大禁忌，在台灣各地舉辦活動，遊行隊伍來到彰化縣政府前，突遭暴警襲擊，帶頭召集人陳永興遭到亂棍棒打，頭破血流，令人驚心動魄的影像畫面。

遊行隊伍中，高舉標語旗幟，呼口號的鄭南榕、林宗正、蕭裕珍、蔡有全、蘇治芬、張溫鷹、翁金珠、范政祐、林濁水、劉峰松……等人，並未因暴警揮棍嚇阻而畏怯，依然挺胸昂首繼續前進，充分展現台灣人寧死不屈的剛毅鬥志，令人動容！

看畢，心情沉痛，五味雜陳；既敬佩他們的勇敢，也爲他們遭毆受傷悲憤感慨，巴不得立即飛回台灣，投入抗暴陣

營。等大家情緒稍微穩定，緊閉雙眼若有所思的廖博士喟然嘆曰：「台灣人太憨直、太善良，才會被深染五千年醬缸文化、自尊自大、『垃圾鬼』、沒衛生的民族欺辱。台灣人要覺醒，千萬別再被那些狡詐陰險的中國人的甜言蜜語、高明騙術所矇騙。」

然後問我：你還要去哪些地方？預定什麼時候回台灣？並指示我將剛才從錄影帶看到的，轉告各地同鄉，聽聽他們的反應。回到台灣若見到陳永興等人，務必代為致意，轉告他們：我們台美人全力支持他們，需要我們做什麼，我們都願意配合聲援等等，殷殷致意。

今晚7：00要在當地台灣人教會演講。5點半我們即到距教會不遠的一家預約餐館與同鄉們聚餐。一進包廂，看到久違多年的老朋友賴木川與他女兒賴毓芬、女婿楊錫鈿，已經在那裡等我們。我坐在賴木川鄰席，我們有很多話要談。可是在這種場面，有這麼多同鄉，又在短短不到一個小時的時間，根本就不可能。

幸好簡炯仁能察言觀色，知道我心裡急著想與賴木川談往事。趕緊走過來告訴我散會後，賴先生要帶我到他們那裡住兩天，他已經把行李搬到他們的車子裡，我聞言放下一顆心，便告訴賴木川：「今晚到府上打擾，我們有很多時間可以談個痛快。」然後轉身舉杯向初識同鄉們互祝平安，建國成功。就開始自我介紹……。

餐畢，我坐楊錫鈿的車子，和賴木川並坐後座。直到會場我們話舊不斷，萬沒想到我們竟然在40年後，還能劫後餘生在異國相逢。有關嘉義228，尤其關於陳復志一些被誤導

的冤情，也必須加以釐清還其清白。

今晚的演講，我僅就 228 中，大台中和嘉義地區民軍動態，特別是有關二七部隊在嘉義及與斗六「陳纂地部」互動，在大安溪頂佈防，建軍受挫退入埔里以後，如何遭受中傷，被誣指「共產軍」，雖然努力闢謠，企圖扭轉困局，奈何敵方援軍已由奸人引入山城……。雖經幾場「奇襲」，「遭遇戰」略有斬獲，因動員山胞未果，後援無著，難望持久，乃至潰敗命運……。

主持人已經再次暗示 Time，我點頭回意。但心一急，為爭取最後一刻，乃提高分貝，「快馬加鞭」強調 228 絕非中共策動，是蔣幫為推卸責任，指鹿為馬刻意誤導的，那是純屬台灣人民為保衛故土，自動蜂起的，與中共根本風馬牛不相及。

接著我又報告最近國內在紀念「228 四十週年」活動中所發生的不幸事件，並喚起同鄉們應認清蔣幫暴警血腥真面目。然後鞠躬道別。

與簡炯仁握別，坐上楊錫鈿車子，為了與木川方便講話，我們便坐後座。因為今晚要住賴木川女兒家。還有明後天兩天的時間，所以時間較充足沒有急迫感，暫時可以不問他 228 後的遭遇，和其他朋友的下落。

而改以半好奇、半嘲弄的口吻問他：你的女兒嫁給楊思松的兒子楊錫鈿，大林區隊長郭柱醫師的兒子郭尚吾娶楊思松女兒楊葆菲，到底你們這種 combination 是誰給你們撮合的？賴木川只微笑不答，似乎未打算即時為我「解謎」。我呆呆的看著他，他依然笑而不答。

　　我便換個話題，告訴他：他的親家母林麗清（楊思松夫
人）曾經是我的「青春偶像」，當年十六荳蔻年華的林麗清
活潑大方，打扮新潮，而且會說一口流利「北京官話」，不
曉得因此迷惑過多少「台北少年家」。

　　那是 51 年前的事了，1936 年「七七事變」發生前一
年，他們舉家從廈門回來，定居俗稱「細姨街」，大橋國小
後面，台北市大龍峒町一丁目 10 番地 2 樓。我四叔則住 12
番地 2 樓，是僅隔一層壁的緊鄰。她雖然與我同庚，看起來
似乎很成熟，論外表談吐舉止，宛如一個成熟的柿子，一點
都不像才 16 歲的小女孩。

　　每天下午四點，「台北放送局」的人力車（黃包車）都定
時來接她去新公園電台，向中國播送華語新聞，她坐上人力
車，習慣上必抬頭檢視 2 樓門窗一番。然後示意車伕上路。
那時我如果被發現躲在陽台偷瞄她，她都會「禮貌上」報我
焉然一笑，呆若木雞的我，受此「禮遇」，反而臉紅心跳，
不知所措，急想找個地方躲起來。

　　賴木川聽得哈哈大笑。倒是楊錫鈿聽到自己母親年輕
時，曾經是風華絕代，為眾多少年家所傾慕，不覺喜形於
色，不斷問我：「既然那麼喜歡我媽媽，為何當年沒有追求
她？」我回他說：「當年你媽媽雖然才 16 歲，卻是『過鹹
水』見過大世面，也在陳家庚辦的『集美』讀過書，思想開
明，生活新潮。反觀自己，成長『下港』『草地』保守家
庭，接受過近似斯巴達式（Sparta）教育。而且那時候，我正
準備出國去日本求學，只能把她當一幅畫，深藏在心裡。」

　　4 月 27 日上午，原計劃去參觀洛克菲勒（John

Rockefeller）捐款建立的芝加哥大學及幾個名勝古蹟。因為想多瞭解 1947 年「三二事件」以後「嘉義大屠殺」幾位朋友的遇難情形，尤其有關陳主任（復志）與盧炳欽的遇難，坊間多有不同傳說，也需加釐清。便婉謝同鄉會安排，留下來與當年目擊慘案，死裡逃生，闊別四十年的老朋友賴木川膝談。

賴木川似乎也知道我不去逛街要留下來的意思，便請我到二樓不會受干擾的房間。我千頭萬緒，正猶豫從何問起；他卻迫不及待，問我對陳復志有何看法？我被他突然一問，也不知該如何回答。他是指陳復志 228 中的不幸遭遇，或是指他經營團務時，那種軍人本色的硬漢作風？

我遲疑片刻，僅就與陳復志同事一年來的觀感，略表私見。然後肯定他，雖然在中國當官，娶「阿山婆」，進「保定軍校」，卻不像一般半山份子，投機取巧，勾結中國人欺負台灣人，霸佔日產，詐騙台灣人產業，無惡不作。

他是一位剛毅木訥的人。對能當上一名「工兵中校」、營長，「參加抗戰」這段歷史，頗引以為榮。儘管戰爭早已結束，所有部隊也早已復員歸田，他卻捨不得那套戎裝，不想投入民間，也不多培養人際關係。加上「光復」、「歡迎祖國」狂潮，早已退溫。所謂「祖國」的廬山真面目，以及中國人的狡猾不誠實、野蠻本性也已露出馬腳。台灣人的憤怒、懊惱可想而知！流傳街頭巷尾的「狗去豬來」的訕謗，令人啼笑皆非！羞愧頓足。

在短短不到一年，即已接二連三發生過「布袋事件」「新營事件」和「員林事件」，星星之火可以燎原。人民的不滿已瀰漫全國。這時候陳復志依然不在意，留戀著那套釘

有「白色三角星」階章戎裝，每天出入公共場所。

不過他對地方惡霸，勾結「山老鼠」和官署盜竊公共財物，乃至一些貪贓官吏，從不寬待；只要下級團隊有所反應，他都必簽報上級，交由相關單位法辦。因此他與想掩護吃案的嘉義憲兵隊長李士榮、「地檢署」謝仲棠結怨自屬難免。

228後，陳復志所以被羅織嘉義「三二事件」首謀，頭一個被李士榮下令押出去遊街示眾，在車站前，從卡車上猛推下來，從後腦開槍斃命，刻意凌虐。顯與此輩秋後算帳挾恨報復有關。

賴木川是否同意我對陳復志平素處事風格的批評，不得而知。不過從他急欲為陳復志所蒙受冤屈打抱不平看來，一定有很多話要說。他說：「陳主任『三二』確曾去過『處理委員會』，發現大家都很勇敢的挺身出來，但都很情緒化，迷失方向和理智。由前『志願兵』退伍軍人和學生所組成的『主戰派』，與士紳地主和商賈為主的『主和派』針鋒相對，互不相讓，議論紛紜，莫衷一是。時局不許人民有所猶豫，卻始終無法定出一個可行目標，徒逞口舌磨時間。他憂心如焚，徒嘆奈何！乃忍痛退出『處理委員會』閉門謝客。」

「直到3月11日，『主和派』受到來自台北的半山份子陳漢平、劉傳能遊說蠱惑，欲成立什麼『和平團』，要前往水上要塞『求和』，乃想起從中國回來的陳復志。請他出來收拾殘局，帶領『和平團』與蔣軍談判。這時候，對方援軍已空運抵水上，我方鬥志幾乎已為陳漢平等半山所瓦解，殊

難以對等地位與對方談判。與其一心想『求和』——投降，不如多想想中國人會採取何種報復手段？他過去在中國看多了。」

「然而此時，他怎麼嘶聲力竭呼叫，說什麼都沒有人聽得進去，『主和派』一心一意想投降，保護身家財產。鬥志被瓦解的『主戰派』，雖然仍有人想負嵎頑抗，戰到一兵一卒也要保護故土。但有更多的人採隔岸觀火，好像事不干己。卻要推派別人去『求和、投降』，『送肉就砧』，當刀上俎肉。」

這時候，陳復志的住處已被一群跟著「處理委員會」代表們來的人所包圍。恐嚇揚言若不去水上為市民「求和」，則拆他的厝蓋。因此，他很無奈地含著眼淚跟隨「和平團」到水上去。

據後來被釋放出來的邱鴛鴦、林文樹說：「他們一干人抵水上要塞，隨即被控制行動，一個一個被五花大綁，待如死囚。沒多久，李士榮露出冷笑得意洋洋的出現，直接找陳復志問罪，說『我們又見面了！你當陸海空軍總司令很威風吧？你假「三青團」訓練一些奸黨暴徒，想叛亂推翻陳長官？真是膽大包天！枉費國家栽培。現在我就好好犒賞你。』言畢，示意打手開始行動。」

「他們用槍把猛擊陳復志胸部，另有亂棍伺候。他被擊倒又被抓起來再打，如此反覆凌虐約半個小時，便把已動彈不得的陳復志甩在牆角，任他抽筋滴血，令人慘不忍睹。」

賴木川說到這裡，聲音哽咽，眼眶泛紅。他接著喟然嘆曰：「『處理委員會』的人，初則諷他半山，排擠他，不

 左：賴木川、中：作者、右：賴木川夫人

許他有任何主張。等到事態不妙，則要他出來『擦屁股』收
拾殘局，當什麼『和平使』，被『押進』敵營。因此連生命
都賠上去！豈不是死得太冤枉？事後 K.M.T. 誣指他擔任什
麼『陸海空軍總司令』指揮暴動，簡直是欲加之罪，何患無
辭。」說到此賴木川整個人攤在椅背，閉目不語。我也因陳
復志的不幸遭遇，為台灣人背十字架，慷慨就義，肅然起
敬！

　　4 月 28 日（禮拜二）早餐後，木川女兒賴毓芬小姐原安
排帶我和她父母去逛街。因下午我就要辭別她們，離開芝城
飛往聖路易（St. Louis），故珍惜與老友相處的短暫時間，而
加以婉謝。

　　整個上午，我與木川仍然留在二樓客廳促膝談心。近

午，夫人和毓芬也來聽我們話舊。當我說到被移送到綠島那一段，毓芬小姐以驚訝的口吻問我：「那漫長 17 年，是怎麼熬過來的？」我告訴她：「因為我沒有作過虧心事，所以沒有犯罪感。我也沒有犯法，連他們的政府我都不加承認，何況他們的法律！我只不過為保衛故土與不義的支那兵戰鬥，不幸『落馬被俘』罷了。才不會像一些想不開的人發瘋『起肖』，鬧自殺。」

「因我精神上沒有絲毫愧疚和壓力，所以雖然身繫囹圄，備受獄卒特務百般凌辱，都能坦然處之；活得灑脫自在。我也未曾憂患過。事實我也沒什麼『撇步』。只要心安理得，心情自會爽朗，也不會感覺時間的流逝。」

「不過 1954 年『一二三』從韓國濟州島送來一批『反共義士』，『被查出』半數以上的潛伏匪諜份子。被移送來新店軍人監獄，與由『大陳島』抓來的土共，台灣國內的『半吊子毛主義份子』，沆瀣一氣，興風作浪，為響應中共在中國大陸的『勝利』，成立什麼『小蘇區』，強迫所有在監的人，接受學習朗誦『毛語錄』詞句中的隻字片語和口號。練唱『解放軍歌』。家人省吃儉用特為我們準備、送來的一些食品、日用品，都得接受共產黨式分配：如內衣褲共用；仁丹、胃散、食品，你有，他也要有。你一粒，他也要一粒。不管你身體強弱，年歲多大，刑期多長，一律平等共享。」

「稍有難色，表示抗拒，則打入『右傾小資派』『反動份子』孤立，清算鬥爭，無所不至，搞得人心惶惶，烏煙瘴氣，不得安寧。為此我確曾一時氣短，準備與這些『毛主義份子』拚個你死我活。甚至打算同歸於盡！除了這段使我終

生揮之不去的夢魘，我 17 年牢獄生涯，可以說，都過得很平靜。」

（10）228中為我潤喉的李烏棕醫師竟是李嵩斌父親

4 月 28 日我搭 TW147 下午 5：15 由芝加哥飛往聖路易，約一個小時飛程即到。當地同鄉會林逸民和林益顯等人前來接機。上 Highway 不久，林逸民即告訴我彭教授（明敏）前兩天來看病，原定昨天回 D.C.，因為聽說我今天會來聖路易，特地留下來。晚上他會參加我們的餐會。

4 月初，我訪問華府時，與彭教授雖然見過面，並接受他的招待，多承他關懷，尤其對我被捕後，是否遭到拷刑、獄中生活如何等等，無微不至的關心。我對他反而一片空白，因為我是剛從「白色恐怖」籠罩下的台灣出來的人，連彭教授的大作《自由的滋味》都還沒看過。對他為何失去一隻手？抱著很多好奇和疑惑！對他單手還能開車子，穿梭華府大街小巷，頗為驚訝。因此也想藉此機會多瞭解。

我們進餐廳，即已看到彭教授站在裡面與兩位同鄉在聊天，我們隨即各就指定位子。我與彭教授及林逸民的父親，三位上年紀的被安排坐在裡頭，依次林逸民、夫人陳倫美、林益顯夫婦、廖坤塗夫婦、丘泰猛、蘇希三、高銘憲、謝照寅……等。約 10 數對同鄉來參加聚餐會。

原來林逸民也是台中豐原人，華盛頓大學（Washington University）眼科研究所出身，現在聖路易經營一家頗具規模的眼科專門醫院。

聖路易位於密西西比河畔，五大湖通往墨西哥灣（Gulf of

🔥 左：作者、右：林逸民之父

Mexico）水路的中心。該市有一座聞名全美、191.9 公尺高的白鐵建造的拱門，是為紀念聖路易通往西部門戶的歷史而建造的。

次日因為不是 weekend，同鄉們都要上班上課。我的演講又定在晚上七點，於是便由林逸民醫師的父親陪我去逛街，去看「白鐵拱門」和紀念八世紀拜占庭風格的大教堂，果然不虛此行。遠眺雄壯屹然聳立的拱門，和東羅馬時代的拜占庭式的大教堂，令人流連不忍遽離。我們還在拱門下和大寺院前拍下幾張紀念照。回到 Alton 已近黃昏。

一進會場，我即東張西望找彭教授。遍尋無著，經主辦單位一名同鄉告知，彭教授因接到 D.C. 來電，於昨晚餐畢匆匆忙忙搭機回華府。我聞言惘然若失，自責沒好好把握機會，主動找彭教授請益。因他是一位忙人，我們恐怕再也沒有機會見面。

演講準時 7 點開始。主持人先簡略介紹我的背景，以及兩個月來我在北美各地活動經過……，然後將 Microphone 交給我。在一陣掌聲之後，我從戰後台灣人曾經如何經歷過一段浪漫情懷「回歸祖國」，認賊作父狂潮醜態開始說起。之後，我們又看到「狗去豬來」的極諷刺，令台灣人啼笑皆非的情景。將狡詐陰險、滿口謊言、隨地吐痰，沒有衛生「垃圾鬼」的中國人當「同胞」，待以「上客」「貴賓」。

直到 1947 發生 228，蔣禿頭又如何藉機「蓄意計劃的」殺戮近三萬台灣菁英。讓本來即已缺乏實質內容，徒有虛名的「民主代議」假象，盜名欺世的各級議會，靠鄉鎮農漁會、「民眾服務站」買票、做票的江湖術士、地痞流氓、狗

腿子，沐猴而冠充數，方便掌控，「抽薪止沸」，閹割去勢，釀成「橡皮圖章」，以圖非法永久霸佔台灣……。

我說到這裡，略停片刻，看看在座聽眾的反應。然後提高分貝，呼喚憨直、古意的台美人兄姐，千萬別再上當，對蔣幫和共匪這對 made in China 的孿生餘孽，抱持任何期望。也不要眼睜睜看著中國，用「溫水煮青蛙」式來痲醉台灣人的心，或拿含有毒素的糖果來餵食，等到中毒，全身癱瘓，才猛然覺醒，則爲時已晚矣！我說到這裡，台下就響起一陣雷雨般的掌聲。

4 月 30 日吃過早餐，林逸民醫師即催我上路，因爲要趕搭上午 9 點，西北「 N.W.648 」班機飛往底特律。他還特別叮嚀我，抵達底特律千萬別亂跑，等同鄉洪國治來接我。萬一找不到人，可以打（313）**** 電話找到洪國治。

約一個多小時飛程，即抵底特律。在入境大廳即看到一位東方人，想必他就是洪國治。果然他在向我招手，而且用親切的台灣母語向我問話。他確認是我，便向前來幫我提行李。我們先找一家餐館吃午餐。茶敘中，他略帶抱怨的語氣跟我說：當地台灣同鄉本來就不多，因爲聽說我 25 號禮拜六會來，同鄉們聞訊雀躍不已，都抱著好奇，想親聆我的演講，看看在 228 被關進黑牢 17 年，劫後餘生的我，被摧殘成什麼模樣？可是當天等不到你，同鄉們都敗興而歸。

我告訴洪國治說：我是身不由己，到波士頓郭尙五家隔天，田弘茂和呂秀蓮前來找我，要我以「 228 見證人」身份，出席 4 月 10 日在波士頓喜來登飯店舉辦的「亞洲學會」，反駁 K.M.T. 派來的三名學者的不實歪論，在國際人

士面前，暴露他們殘酷的血腥史。爲此我在波士頓多耽擱5天，之後的行程便無法如期。

因爲今天不是 weekend，能夠來參加的人恐怕不多，便改在一家餐廳，以餐敘會方式與同鄉們見面。近2個小時的餐敘，雖然無法讓我盡情發揮，報告所有228的經過，我還是把握機會強調：「228與中共無關」，絕非中國共產黨領導。

蔣幫的「去日本皇民化」雖然能理解，但台灣人民換來的，卻是腐蝕殘害台灣的醬缸文化，那是中國人民自「五四運動」熱烈要求「賽先生」、「德先生」，以及文化大革命高呼打倒「孔家店」以來，棄之惟恐不及的東西。因此，日本人遺留下來的法治、守法、守秩序、守衛生……等美德，在1949年中國移民潮聚集台北「上流社會」時，殆已看不到。

次晨，我搭上午10點「N.W.329」班機由底特律飛往堪薩斯市（Kansas City）。約2個小時，即抵堪薩斯市。前來接機的吳樹民醫師，正是吳三連先生之子。吳三連是出身日本名校「東京一橋」國立東京商科大學的台灣 élite，曾經擔任過日本大報《每日新聞》特別報道員、《台灣新民報》東京支局長，他228後由華北回國，1951年當選台北市首屆民選市長，後來並創辦《自立晚報》，爲窮鄉僻壤的北門人揚眉吐氣，也給蔣幫顏色瞧。

當晚我被安頓在賴其萬、張燕惠家。賴其萬教授，台北人，是一位著名「神經外科」癲癇症（俗稱羊角瘋）的學者，在「台大」取得學位後赴美。目前任教「堪大」（Kansas

🔥左：張燕惠（賴其萬夫人）、後：賴其萬、右：作者

University），也是「堪城台灣同鄉會」會長。

晚上，我們在城內一家餐廳以餐敘會方式與同鄉們聚會。同鄉們所關心的，大致相同，不離 228 血腥慘情、台灣人的覺醒，以及如何面對蔣幫的非法霸佔台灣，乃至今後台美人應有的關心。

次日上午 9 點左右，我被接到曼哈頓刁明華家。午餐後略作休息，然後帶我到附近學區，參加當地同鄉的聚會。室內已有二、三十名同鄉在那裡，有黃金來、劉素蘭、林啓東、陳淑美和刁明華夫人……等。這裡台灣同鄉雖然不多，這個時候能有這麼多熱心的人來參加，實在難得。

我們從國內政治環境稍微改變談起，再回到 40 年前的228，我們先人曾經如何犧牲、奮鬥……，並要求在座同鄉，務必記取這一段血淋淋的歷史。

火的刻痕——鍾逸人後228滄桑奮鬥史

🔥 作者與中西部同鄉合影

　　回到刁明華家已近黃昏。晚餐時，刁明華問起《台灣文藝》在國內的銷售情形，因為我只是個固定訂戶，並未直接參與經營，不甚了解。刁明華接著喟然嘆曰：在目前這種政治環境下，《台灣文藝》能改頭換面，辦到這個地步，讓我們台美人也能分享，已是難能可貴。

　　只是很少台美人會主動去看它，還先入為主，妄斷《台灣文藝》不過是一本「談風月，哀嘆情天恨海」的奢侈品，並非迫切需要。他們這些連看都不看一眼、自以為是、妄自尊大的人，實在可嘆！他說畢，從衣袋裡拿出一個裝有美鈔的信封給我，是《台灣文藝》新訂戶的款項和名單，要我回台灣轉交給陳永興。

隔日過午，多畢卡（Topeka）同鄉會派人來接我。傍晚抵李嵩斌醫師家。李嵩斌醫師也是在「台大」取得學位後來美，在多畢卡開一間「耳鼻喉科」專門醫院。他是舊台中州草鞋屯人。我們閒談中，發現他竟是 228 中，我沙啞不能言語時，幫我「潤嗓子」那位老醫師的兒子。

大概是 1947 年 3 月 8 日，我第三次經過草鞋屯往埔里時，在草鞋屯街上一個很熱鬧的十字路口，被當地關心時局的鄉親攔下來，要求告訴他們有關台北方面的動態和台中方面的狀況如何？

我發現我們的車子已被群眾團團圍住，動彈不得，便將車子停靠在前面一家醫院牆外一棵大榕樹下。我從前座爬出來，站到後車斗準備向群眾報告，奈何連日來大聲演講、喊話，嗓子已沙啞不能言語。

忽然看到一位戴黑框眼鏡，微胖，約 165 公分高，穿白衣的醫生帶一名女護士，給兩位壯漢攙扶著爬上車，拿著沾有「Lugo 碘溶液」棉棒為我潤嗓子。他就是李嵩斌的父親——李烏棕老先生。

這件事 40 年來一直牢記在我心裡。然而，天下竟有這麼巧合的事情。這位為我潤嗓子的老醫師，竟然 40 年後，在北美從他的兒媳那裡得到證實。李嵩斌夫人陳麗英，是「嘉義女中」優等生，在台美人社會相當活躍，曾經被選任「北美台灣婦女會」會長。我在多畢卡僅住一晚，就到維其大（Wichita）。在這三天中，我們曾經到過「獨立城」附近一家庭景「巧奪天工」、花木扶疏的摩門教（Mormon）教堂。原定上午 10 點要借用教堂辦「演講會」，卻因教會執事一時失

右：李嵩斌、左：夫人陳麗英

愼，另借自家教友舉辦婚禮。

我們被拒門外，不得不到教堂外面樹蔭下，「欣賞」在教堂前踱來踱去，20來歲，棕髮、碧眼、尖鼻、象牙膚色的女孩，一律穿著粉紅色低胸絲質長袍，2吋高粉紅色高跟鞋。男孩則一律黑色西裝，配繡有花蝴蝶的淺藍色領帶。這20名穿著同樣服飾的年輕人，我原以爲是教會裡面的「聖歌隊」，經一位同鄉說明才知道是婚禮時的 Bride mate（儐相）。

5月2日（禮拜六），我辭別李嵩斌夫婦和楊信吉、鍾茂華、許金壽、吳毅次……，結束3天訪問，搭下午4點30分「C.D.4439」班機由堪城經丹佛

（Denver）往西雅圖（Seattle）。約 2 個小時即抵達丹佛。

　　承蒙蕭廣志專程趕來幫我辦「換機手續」。他在候機室陪我一個多小時，閒聊中讓我了解一些美國人的奇風異俗，和兩個月來在中國與台灣所發生的新「新聞」，以及對我走過的地方、演講的反應……等等。蕭廣志非常健談。他的

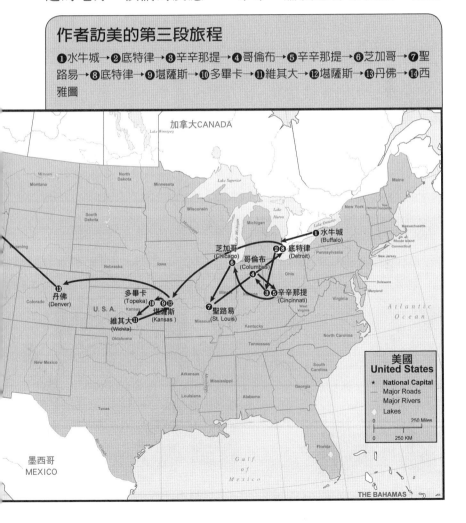

作者訪美的第三段旅程

❶水牛城→❷底特律→❸辛辛那提→❹哥倫布→❺辛辛那提→❻芝加哥→❼聖路易→❽底特律→❾堪薩斯→❿多畢卡→⓫維其大→⓬堪薩斯→⓭丹佛→⓮西雅圖

「電台」收聽率也一直在 growth（成長）。

　　近午夜抵達 Sea Tec 機場。前來接機的是陳芳明的朋友周昭亮。他是陳芳明華盛頓大學的同學，讀土木工程，做房地產業。我被安排住他家。傍晚我們到一家稍具規模的餐廳參加同鄉會的歡迎餐會。然後出席「大西雅圖台灣同鄉會」、「台灣文化促進會」、「全美台灣同鄉會」、「台灣文化」社聯合主辦，訂晚上 7 點 30 分在華盛頓大學民族文化中心（Ethnic Cultural Center）的演講會。

　　講堂雖然不算很寬敞，卻座無虛席，連補助椅也都坐滿。可能今天是 weekend，再加上「大西雅圖同鄉會」的動員成功。而且這一類講題：「228 事件」，在這地方還是破天荒第一次。很多留學生對什麼是 228？聽都沒有聽說過，發生 228 時他們都還未出生。何況 228 是蔣幫大禁忌，即使

🔥作者於民族文化中心（Ethnic Cultural Center）的演講會

🔥 左1：張邦良、左2：周昭亮、左3：作者

🔥 作者與西雅圖同鄉合影

風聞其事或親睹慘情，也都懾於「警總」陰影，守口如瓶，絕少提及。

然而我今天有備而來，早已做好心理準備，即使我今天所言被視為「偏激」，被戴上紅帽子「為匪宣傳」，因而被列入「黑名單」不能回台灣，我也可以幫人洗車子、做Garden boy（園丁），相信同鄉們也會助我度過難關。

因為我是親身參與228，親睹中國兵如何屠殺台灣人，且事後如何將責任推諉，踢給中共。在台灣則將前「日共」的謝雪紅抬出來當祭品，指她「受命中共」策動叛亂。

然而，到底謝雪紅是個什麼三頭六臂的人物？為什麼要費那麼多精神、付那麼多代價來逮捕她？因為這樣他們才能向國際輿論和「中央」交代。於是我被捕後，他們便捏造事實，誣指我與謝雪紅有親密關係、「二七部隊」變成「紅軍」——謝的基幹部隊。她在國共雙方爭奪228解釋權時，變成我的上級——總司令。由此可見謝雪紅在蔣幫為擺脫大屠殺責任中的重要地位，他們為了轉移目標，因而使盡各種詭計來佈局。

對蔣幫特務來說，至今未謀面、不知下落的謝雪紅，只要一天不歸案，就一天無法交差。於是，與其現在槍斃我，不如暫時把我留下來，當誘捕謝雪紅的「釣餌」，可能更有益。

然而人算不如天算。10天後——1947年5月4日「省府」改組，228劊子手陳儀被撤職，調回南京……，新任省主席魏道明「為收攬民心」，席不暇暖即下令「解嚴」，「……非軍人身份既判者，一律原判撤銷，改由司法重新審

判」。因而讓我得以撿回一命。

蔣幫又因內戰失利，陽差陰錯，不讓我依「戰時監犯臨時疏散條例」假釋出獄，才讓我在 50 年代「白色恐怖」下，能保住這條老命。我們能理解，蔣幫被他們的人民掃地出門，逃亡來台灣，苟延殘喘，其心理的不平衡。但是卻無法忍受他們將受自共匪的怨恨，反過來對給他們水喝，蓬萊米吃，有恩無仇的台灣人出氣。

像我具備這種「身份」的人，還能奢望他們給我真正的自由，不亂扣紅帽子，不再羅織加罪嗎？連佇候多年、望子早歸的寡母，和所有親人都不希望我在這時候出獄。蔣幫的特務鷹犬的算計，是不管「政府決策」如何，就是藉故不放人。

然而這是多令人啼笑皆非的事啊！他們玩弄的花招，正中風聞我可以提早出獄，開始寢食難安、憂心忡忡，不希望我這個時候出獄的寡母，和許多關心我安危的朋友下懷！也讓我這條老命能苟延殘喘到今天，有機會在這裡和大家見面。

聽眾的搖頭嘆氣和慶幸的掌聲打斷我的話，我趁此空檔喝口水。然後言歸正傳開始報告 228 所以發生的遠近原因，以及二七部隊當時成立的政治訴求──愛爾蘭模式的最高自治，及為準備與蔣幫最後攤牌時的「籌碼」……、如何為建軍奔波……、搜尋日軍遺留下來的武器、派人修理飛機和戰車。

很多海軍工具出身的技術人員和青年學生都自動投入，連當年「台中一中」學生、日本「台灣青年社」的許世楷博

🔥左1：作者、右1：林榮祿

士也到「台中女中」校庭，看到我們修理戰車時幫忙打雜（依他自敘）。當說到人民因愚蠢而誤信蔣幫謠言，視二七部隊為「共產黨」，蛇鬼瘟神般可怕，以致建軍功敗垂成，部隊潰散時，我情不自禁哽咽眼眶泛紅……。

　　主持人同鄉會會長林榮祿目睹此情，隨即拿起Microphone宣佈，時間已差不多，演講到此結束。接下來接受提問，限3名，每人不超過2分鐘。他話還沒講完，就有7、8位聽眾舉手要求提問。為回應提問，又耽擱了大約半個多小時，於10點多結束。

　　我在林榮祿和周昭亮引導下，一走出會場，即碰到7、8位早一步到門口等我們的鄉親。他們伸出手熱情的與我握別。有一位在燈光晦暗下，看起來身高約167公分左右，戴

beret 帽的婦人，用親切標準日語喊我：「鍾桑，還認得我嗎？我是輕音。」我一時愕然，看著她，想不起她是誰。

直到她告訴我：「我是素吟的姊姊顏輕音。」我才恍然大悟。連忙擁抱她，緊緊握著她的手，問：「妳怎麼會在這裡？關心妳們的朋友都以為妳們姊妹早已被抓去碰！碰！」我言猶未了，她即截斷我的話，反問我：「你當年在台中撒傳單，街頭演講，指揮民兵……，事後也沒聽說你有逃出來，大家都擔心你如果落入蔣軍手裡，一定很慘……。若不是今天聆聽你的演講，我們真不敢相信你還活著呢！」

陳素吟是早期「銀鈴會」member（同人）。她的「俳句」，曾經一鳴驚人。與屯仔腳張彥芬、半線陳錦連、北斗林亨泰、阿罩霧許育誠等人常發表詩作於《銀鈴》。

因為幾位同鄉，想另找個地方茶敘，多了解一些 228 中的懸疑問題。所以要趕路，車子已發動且在催我們上車，我當即邀她同行，卻遭婉謝。因為她還要一個人開夜車跑 20 多英里回 Tacoma（塔科馬）。而且再過兩天，她還要來接我去 Tacoma。

顏輕音和陳素吟為一對「二戰」後，在台中市頗受注目的開明派姊妹花。她們是彰化市人，父親在彰化經營木材廠，與「瘦蛙」吳崇雄家屬世交。我們大概是在「二戰」中，她們到台中滿洲人曹玉波父女辦的「北京話講習班」時認識的。戰後她們常到「鹿鳴」聽「長輩們討論」，看上海寄來的進步雜誌、刊物。

「鹿鳴」是謝雪紅繼佔地近八百坪、台中公園前的「大華酒家」和現「居仁國中」前面「工藝學校」，榮町三町目

的「大陸行」之後，運用她的「特殊關係」接收過來的第四棟日產大樓（前日人經營的台中最大的百貨店清水支店），掛牌「鹿鳴」，專供青年學生做交誼處所（現爲謝雪紅的「人民協會」老幹林兌女婿所有）。

因爲這棟大樓就在「三青團」台中分團部附近，有時候我也會進去看看。記得那時「狂追」素吟的古瑞雲也經常在那裡出現。還有 228 後忽然消失，很久以後才被發現潛逃日本的「三女傑」之一——鑾鷹，也是一位頗受注目的「鹿鳴」座上客。

記得溫哥華（Vancouver）同鄉會派人前來接我的兩天前，輕音叫她兒子開一部 Wagon 接我去 Tacoma 她家，在那裡初次見到她先生。她們經營一家 Motel。當晚就住宿在那裡。次晨，她們原計劃帶我去遊山觀雪，因溫哥華那邊的活動時間早已排定，因此我加以婉謝。回程我與輕音同坐後座，一路上聽她「講古」，講 40 年前台中的人與事。她很健談，記性也很好，而且讓人覺得「大有今天不講，恐會遺憾」。

她說了很多我所不知的趣聞。因爲我 1946 年 3 月 8 日「壁報事件」發生後，即被逼離開台中，那時候輕音、素吟、鑾鷹及月英四位「前衛少女」才不過 20 來歲，情竇初開，對人生充滿好奇，目睹長輩們的奇異親密互動……，如「阿婆仔、白毛仔與鴉片仙」三個人的關係，乃至將蔡鐵城的女友月英拉去當「備胎」……。讓她們目瞪口呆、大開眼界，但也感到相當迷惑，道德觀錯亂。

蔡鐵城獲悉此情，非常憤怒，從此離開台中，傷心地到和平日報嘉義分社。月英的「開明」雖受肯定，卻也受不

了周遭異樣眼光，黯然離開台灣去日本。兩年後傳來她得肺癆，玉殞香消神戶。

輕音因長年身處自由民主的美國，資訊靈通。尤其對228後逃亡中國，在「竹幕」苟延殘喘的台灣人訊息，如228後幾位前輩各遭不同命運，謝雪紅和楊克煌去中國曾經風光一時，卻在「文化大革命」時，被打入冷宮，被清算，被鬥爭，遭受紅衛兵亂棍棒打。現在她們的屍骨又被撿回來，安葬在北京郊外的「八寶山」國家公墓來騙騙「呆胞子」。「白毛仔」則幾年牢災出獄後，給他早年門生拱上「科泉金屬」「董座」。每晚在「南夜」、「小夜曲」兩舞廳，疲於應酬外賓。

輕音似乎預感我們都已近古稀，此次見面，說不定將成為我們最後一次。所以將40年前的往事趣聞，憑記憶所及，惟恐我聽漏，小心翼翼一再反覆重述。然而她何嘗知道我這趟「北美行」，沿途修理蔣幫，揭發他們的血腥殘暴真相，指責他們對228的刻意誤導，扭曲歷史，混淆是非……。恐怕也會被列入「黑名單」，回不了台灣，說不定還會跑回來Tacoma找她呢！

西雅圖（Seattle）的地名由來，是早年一位當地印地安酋長，對白人殖民者非常友善，支持白人政策，所以白人居民感激他，為了紀念他長年支持，便以他的名字做為這個城鎮的名稱。它雖不是華盛頓州（Washington state）的首府，卻是美國西北部太平洋岸最大城市，為通往阿拉斯加（Alaska）和亞洲國家的港口。自從巴拿馬運河（Panama Canal）通航，美國出口歐洲的木材、玉米……等，都改由此港出口。

周圍自然景色極為秀麗，每年都吸引很多遊客。「華盛頓大學」和著名的「波音」總公司都在這裡。「波音」曾經開發生產過首架噴射機和噴射軍用機，也生產繞月球、火星的火箭……等。

（11）驚聞許子哲「賣友」　林宗義嘆氣
　　　陳清鈺二珠想當「料亭女將」

5月7日早晨我暫別西雅圖，跨國境到加拿大溫哥華，由西雅圖同鄉會派人送我去溫哥華一家頗有規模的「中菜館」，參加當地同鄉的歡迎餐會。

在座同鄉，除了兩個月前在北加州「228四十週年紀念會」席上發表過「我的228經驗」的精神科學者——林宗義博士（前《民報》社長、228時慘遭「秋後算帳」、被蔣幫殺害的台灣第一名哲學博士林茂生教授的長子），和另一位彰化「台灣大飯店」老闆——游秀隆（前東京外國語學校支那語科，昭和19年生，在台灣「東京外語會」認識的學友）外，幾乎都是初識同鄉。

溫哥華是加拿大太平洋不列顛哥倫比亞省（Colombia British）的西北大城市。200年前是鋸木工人聚集的小地方。自巴拿馬運河通航後，就成為穀物、木材的集散地，經過這裡出口到歐洲，是唯一多天不凍的深水港口。這裡有僅次於舊金山的「華人街」，多是來自港粵一帶的移民。近年對蔣幫逐漸失去信心的台灣移民也明顯增加。

此地的台灣同鄉，與我兩個多月來所經過的城鎮，多少有不同的地方。早年的留學生比較少，都是事業上有成就，

🔥左：陳清鈺、中：愛輝（陳清鈺夫人）、右：作者

生活比較安定的一群。如游秀隆從事由台灣、香港、日本、東南亞等國家進口蔬果，批發北美洲各地。

「歡迎會」散會後，我由同鄉會陳清鈺會長和夫人江愛輝招待，接去他們最近向一位剛離婚的白人婦人購得的一棟山崗上背山面海的花園別墅。別墅四周花木扶疏，綠油油的山崗間散舖著紫、紅、棕、白不同顏色的花草。置身其間令人心曠神怡！猶如人間仙境。

這位白人婦人與前夫離婚後，依法獲得一份龐大的財產，這棟別墅即其中之一。「沒尪沒猴」的「老姑婆」孑然一身，守在偌大別墅也不是辦法，想回歐洲老家，與其侄輩度晚年，乃急欲脫手。陳會長夫婦探悉，便以超低行情的價碼取得，等於是便宜撿到的房子，真是好運氣。

陳清鈺，宜蘭人，定居溫哥華已經 6、7 年，來加拿大前，曾在新竹一家生產鐘錶的美商「天美時」服務，夫人則在台北馬偕醫院當護理師。膝下兩個女孩，目前都在溫哥華日人經營的「日本料亭」當學徒，打算將來自己經營一家純日本式「料亭」。在她們通曉英、日語，和日本生活文化的父母呵護鼓勵下，一定會成功。

5 月 9 日（禮拜六）早晨，陳清鈺接到林宗義的電話，探問我今天的行程。說他很想見我，想了解一些懸疑問題，如果沒有安排節目，要請我到他家吃午餐。我也正想了解一些有關他父親的不幸遭遇。

大約經過一個小時，我們便抵達林宗義博士住處。那是一棟頗為幽靜的住宅。一進門，即聞到讓人垂涎三尺的香味，主人已準備好幾樣令人懷念的家鄉菜。餐畢，我們回到客廳喝茶。林宗義有點迫不及待，看我喝完茶，即問我是怎麼認識許子哲的。原來許子哲是他留日時「千葉醫大」的同窗好友，雖然已經很久沒有聯絡，還是很關心。

他兩個多月前，在北加州「228 四十週年紀念會」時，聽過我提起「我的被捕與許子哲有關」，很驚訝！一直無法釋懷。所以想藉我來溫哥華之便，當面問個究竟。

於是我便將當時逃亡的經過告訴林宗義：我曾經去過彰化縣二林、沙山、王功、漢寶沿海一帶兩趟，都找不到可以讓我偷渡出海的船隻，我就決定北上到汐止找李舜卿（我早年留日時的好友。二戰後，留日台灣同鄉，在東京創刊的日文版《中華日報》與蔡慶榮曾經是同事）。這件事情，唯一知情的蔡慶榮（許子哲表親，台中一中同期生。投共以後，曾任中共駐日大使館參

🔥 左：許青鸞、中：李鴻禧、右：作者

事，並改名蔡子民）將我藏匿在李舜卿家的事情暗中告訴許子哲，他隨即跑來汐止探虛實。獲悉我近日中，可能由淡水偷渡出去，即密告「憲四團」，在次日中午帶 40 名便衣憲兵，到汐止李舜卿家逮捕我。

我說到這裡，看林宗義邊聽邊搖頭嘆息！自言自語連說：「完了！……他的一生都完了！」他對許子哲的愚蠢失節感到無限惋惜！我接著告訴他：「我出獄後曾經到二林找過許子哲的妹妹許青鸞和妹婿翁啓樵醫師。他們早已知道這件事情，在我坐牢期間，曾經到北斗找過內子和她父母幾次，試探有否補救辦法，他們都願意配合。」

當許青鸞和她先生關心我出獄後的生活，考慮怎麼幫我的時候，許青鸞突然問我：「想不想開計程車？」大有如果

我有此意，她們願意為我想辦法。我當即加以婉謝，並告訴她們我的生活沒有問題，很多關心我的朋友，都幫我安排好工作了，不必替我操心。

倒不如轉告許子哲，祇要他今後不做任何對不起台灣人的事情，我都不會再追究。反正我的命已經撿回來了，凡事都能看得開，但如果給我逮到他的言行有違背台灣人的地方，我絕對不會放過他……。我的生命、我的家庭曾經毀在他手上，我就沒有理由去寬恕一隻不知悔過的狗。我說畢，憤然離開翁外科診所。一路上牽掛回味許青鸞那句「想不想開計程車？」我再落魄潦倒，也不會向他們搖尾乞憐。我差一點葬身刑場，17年牢獄，寡母受盡周遭歧視凌辱，內子的青春又豈能用金錢贖回？

我們辭別林宗義，便前往參加張邦良等同鄉安排的「餐敘會」。他們平素都忙於工作，祇有weekend才有機會和同鄉們聚一聚。這次餐敘會大家談的除了228後的台灣人自覺，還有今後台灣人應如何努力掙脫蔣幫羈絆，讓台灣早日回到自由民主的社會，台灣人沒有悲觀的權利。只有繼續努力打拚，去爭取開拓自己的命運……。

今晚這場餐會，幾乎都在「激辯」。他們的觀點較諸美國中西部早期留學生的，為「務實一點」，要求層次似乎也不太高。要求「自己當家做主」的聲音，不是沒有，不過寥寥無幾，很微弱。

也許這裡是新興城鎮，台灣新移民比較多，不像留學生歷盡滄桑，受盡蔣幫臥底職業學生百般欺辱，徹底覺醒，了解蔣幫體制和醬缸文化的可怕，台灣人要和這些高傲、落

伍、不文明的族群「作伙」之困難，因此對台灣前途的要求，也「直截了當」不含糊、不苟且。

回到陳清鈺山崗上別墅已近午夜。次晨 10 點左右，我們照原定計劃，搭渡輪到維多利亞島（Victoria Island）。我們沿途欣賞疾走而過的遊艇（Yacht）和緩步慢行的貨輪，悠然而逝的海燕，海面飛翔的海鷗⋯⋯。

偶而洄近我們，浮出上半身、噴出 5、6 公尺高的水柱，向渡輪上遊客撒嬌的小鯨魚，煞是壯觀。遠近島嶼住民的悠然自得，也令住慣城市的人羨慕嚮往。

不到兩個小時航程，我們的渡輪終於抵達維多利亞碼頭，我們魚貫上岸。維多利亞是加拿大哥倫比亞省會，位於

維多利亞大學校園內（左：蕭欣義、中：作者、右：陳清鈺）

溫哥華南端西太平洋，氣候宜人。每年吸引不少遊客，蔚然成為北美洲旅遊休閒勝地。

島嶼面積比台灣大許多，人口卻只有台灣的五十分之一，整個島嶼像似一座天然公園。樹木扶疏，綠油油的草坪，襯托著各色草花，令人流連不忍離去。

我們自理午餐，然後電約蕭欣義教授到維多利亞大學（Victoria University）前等我們。我們在蕭欣義教授引導下，在大學園區瀏覽，聽他談當地歷史、大學沿革，原來蕭欣義教授是台中「東海大學」專攻歷史的一期生，也是「草鞋屯」人。

早於兩個月前，我們即已在北加州「228四十週年紀念會」會場認識。記得當天他發表的「論文」，指出228發生的原因是「官逼民反」，確有獨到見地。很想找機會就此問題討教。當晚我們在島上過夜。

我因麻雀吱吱喳喳的叫聲醒來，如果沒有給鳥語吵醒，我可能還在睡覺。因為這裡太清靜了。早餐後，幾位同鄉帶我們去看一處著名森林景觀。11點前我們又到一家西餐館，和島上為數不多的幾名熱心同鄉餐聚。這裡台灣同鄉本來就沒有幾個，幾乎全部都出來聚會，令人感動。

我們不拘主題，無所不談。不過所談的還是集中在今後的台灣問題。蕭教授和楊明川的看法，頗值大家參考。下午3點前，我們與島上的同鄉一一握別，回碼頭搭渡輪回溫哥華。晚餐在陳清鈺家享夫人「親手菜」。兩位千金、可能未來會成為當地最成功的「日本料亭」總掌櫃也及時趕回來。

餐敘中，我發現這兩位未來的「女將」（オカミサン），

的確從日本師傅那裡學到不少東西，爲了激發她們用日語與顧客處理「小誤會」時，應如何應對，我故意裝糊塗試探她們的應變能力。陳清鈺和夫人在一旁看得很開心，眼看著兩個女兒的成熟，和越來越接近她們的美夢，感到很欣慰。

5月11日（禮拜一）我就要辭別陳清鈺一家人，有點依依不捨。陳清鈺與我堂弟鍾世豪（我三叔的老么）通過電話確認路標後，便用他們的休旅車（Wagon）向溫哥華東邊方向 Coquitlam D.C. 疾馳。約一個小時，終於找到一棟標示 T.W.S. Machinery Co., 的大型倉庫兼公司的龐大建築物。他們是專營從台灣、日本和香港進口各種土木機械，在美加幾個重要點都設有 Branch（分店）。

（12）「胡佛研究所」所閱覽的珍貴史料，使我終生難忘

我在堂弟世豪家住三天兩夜，於 5 月 13 日（禮拜三），由世豪開車逕自送我至西雅圖周昭亮家。這一趟，我可能要在周昭亮家多打擾幾天。因爲下一站聖荷西，原來預定安置我的陳芳明還滯留香港，追討給香港的中國人出版商騙去的 10 萬美金，暫時還無法返回美國。

陳芳明是「文化醫師」林衡哲等人出資的《台灣文化》「總編」。爲了負責出版兩本用中文寫成的「文化論集」，先在舊金山灣區找「中僑」出版業者洽商，發現設備簡陋、品質粗劣，成本又太高，乃轉往香港探詢，經人介紹一家出版商，經洽妥訂約，並先付 10 萬美金作訂金。結果沒有下文，經多次電詢，依然不得要領。因爲責任所在，不得不再

次飛往香港處理。

因此我去聖荷西，陳芳明不在辦不了事情，連住的地方都有問題，故請託周昭亮、謝雪月夫婦，讓我在西雅圖他們那裡多待幾天。

回到周昭亮家，小別幾天發現開始牙牙學語的小寶寶睜大眼睛一直盯著我看，似乎已卸下戒心？沒有之前那麼膽怯，我便順勢伸出兩手示意抱抱，他果然搖搖晃晃走過來讓我抱。周昭亮、謝雪月夫婦看到寶寶漸漸懂事、逗人喜歡，也笑得很開心。

次晨 9 點左右，4 位女同鄉開一部 Wagon 車前來接我逛街。因為她們的另一半都上班去，便由她們「代夫出征」，「披甲上陣」。她們原來說要帶我去逛街，卻帶我去看 Snoqualmie Falls，鮭魚群每逢季節都會成群結伴，逆流衝向原鄉產卵的地方。

聽完臨時導遊 T 太太說明後，感慨萬千。這幾位「代夫出征」的娘子軍，今天所以特地帶我來 Snoqualmie Falls，寓意深遠，必有所圖；大概要讓我瞭解散居北美各地，因「黑名單」望洋興嘆，不能回故國台灣的台美人心境，也與這些衝向逆流回原鄉產卵的鮭魚一般，盼望有一天「黑名單」被解除，要像鮭魚一樣結伴奔回原鄉，投懷母親——台灣。

近黃昏，我們回到市郊一家仿日式餐館，一進預訂包廂，發現已有 20 幾位男女同鄉在裡面等我們。其中有幾位好像在什麼地方見過，其餘的都是初次見面。我們略去寒暄，即舉杯互道平安，邊吃邊聊，沒有主題，無所不談。

我們談到繼「韓戰」之後，「越戰」雖然差一點拖垮美

國經濟，卻給台灣帶來一些繁榮假象。加上蔣幫運用媒體刻意渲染，自誇自擂「十大建設」成果，讓台灣人幾乎把40年前那段血腥歷史淡忘，陶醉於眼前物質享受，是否準備接受非法佔領台灣的蔣幫？

這個炸彈般的問題，讓在座同鄉開始沉思。我沉默片刻，終於按捺不住，大聲說出我的看法：有些被麻醉得「昏頭昏腦、馬西馬西」的人確實存在，不過應該不會太多。僅最近一、兩年，有自覺性的台灣人，不顧身家安全，蹶然起來「組黨」，突破K黨最痛的「228大禁忌」，走上街頭怒吼要求解嚴，取消「黑名單」，給台灣民主和自由……。那種情景難道你們都沒有看到嗎？

我這次來北美，除了向各位台美人介紹40年前「228血腥歷史」，「拆穿蔣幫大謊言」：「企圖永久佔領台灣」為非法、「228」與中共無關、台灣人與中國人的文化差距，以及中國霸權思想才是「228」的遠因等，也是問題的焦點。

散會後，我改坐周昭亮的車子，他告訴我要我在西雅圖再住幾天。因為陳芳明還在香港，那邊的事情還沒解決。這裡每天都有「同鄉」會來接我去逛街。次日近午，另兩位「娘子軍」和一位約60歲左右男士來接我，要去看一家慈善機構的「大賣場」。這位男士自我介紹他姓吳，基隆人，四個月前頭一次來此地，依親女兒。他說：白天兩少上班去，他一個人看家，語言不通，地理又不熟，想出去蹓躂蹓躂都不敢，終日關在屋裡像個囚犯。他聽說我可能會在此地多待幾天，便自告奮勇表示要天天「陪我」逛逛。反正有當地「同鄉」會輪流開車來接我出去，他也可以搭便車。

大約半個小時，我們便到達「大賣場」，裡面分隔很多專櫃，掛滿男女老幼的洋裝、套裝、皮大衣、牛仔裝，連睡袍、女內衣、絲巾、皮帶領帶都有。另一個 corner 則是鐘錶、古董、別針、耳環、項鍊等裝飾品專櫃。甚至連阿拉伯壁毯、南北戰爭時「仿製軍旗」也有，五光十色，令人看得眼花撩亂。我隨便揀選一條帶有色彩 made in French 絲巾和一條 made in Italy 領帶，看標價只 2 角美金，絲巾不分大小一律 1.8 角美金，真是讓人不敢相信。又拿起鱷皮手提包看看標價，每個 70 美金。

這種價值連城的珍品，如果在東京的百貨公司，至少也要 10 萬日幣才能買得到。將這些時下流行名牌服飾搬回台灣「委託行」，加上 20 倍價格還是很搶市，一定會招來很多仕女光顧。

那些東西的原產地大概沒有什麼問題，至少沒有 made in China（中國製）的。然而它的貨源呢？不外乎教會兄姊、社會仕女捐獻出來的。而最大宗的貨源很可能是「往生者」的遺族清理故人遺物時，或將孩子們長大不合身的衣物，清倉出來捐獻的。

想到「往生者」遺物，也許有人心裡會感到毛毛，其實不挑剔也沒有什麼。如因意外事故「往生者」遺物，根本沒有什麼可以掛慮，即使因疾住院接受治療的病患，合理的推測他們往生前一段很長的時間，也可能沒有機會和心情去穿這些衣物。何況捐出來的東西，都一定經過熱氣殺菌和紫外線燈透視處理以後，才拿出來「大賣場」義賣。

我也挑揀幾件休閒服、牛仔褲、及法國絲巾，和一件

「16 世紀針繡航海圖」掛畫。總共 100 美金還有找呢！實在太便宜了，我覺得不虛此行。我們將買來的東西暫放周昭亮家，然後到餐館吃晚餐。

餐敘中，吳先生忽然談及 1947 年 2 月 28 日台北「長官公署」前大屠殺時，他就在現場目睹大屠殺慘劇，那時他是「警總」警衛營被派去「行政長官公署」前站崗的一名上等兵。當時他親眼看到群眾、學生從大稻埕、圓山仔、牛埔仔、雙蓮、艋舺、松山一帶敲鑼打鼓，湧進來聚集「長官公署」前，要求陳儀聽聽人民的陳情。身無寸鐵的人民只要求「殺人當償命」，應將前晚在大稻埕非法開槍殺人的緝煙人員繩之以法、改善政治、制止飛漲的物價、約束亂紀欺辱百姓的軍警……等。

詎料，老奸巨猾的陳儀，表面裝無辜，卻暗中示意開槍掃射，當場死亡七、八人，受傷倒地的也有二十幾人，自此台北變成「阿修羅場」。聽說全國都有激烈反應，但詳情他並不清楚，因為他們當天晚上，即被調防。吳先生說畢，一片寂然！彷彿大家都被帶到血腥歷史回憶中，久久無法平息。

回到周昭亮家，夫人謝雪月一看到我回來，即告訴我已訂好機票，是明天早上 7 點 45 分「Alaska 航空」170 班機，大約 10 點會抵達聖荷西，穗桑（陳芳明夫人）會來接我。接著她又提醒我，這些日子同鄉們給我的書刊和我自己買的東西一定不少，如果攜帶不方便，可以考慮先留著，由她們幫我交郵寄回台灣。她們無微不至的關照，令人感動！兩次西雅圖之行，在周昭亮家打擾近 10 天，也受到久違 40 年的顏

左：陳芳明、中：作者、右：夫人穗桑、女兒：July

輕音、張邦良、廖繼坤、吳燕美、蕭玉原等同鄉熱誠歡待，帶我到處去遊名勝，增廣見聞。

次晨5月16日，我身穿輕便裝，手提簡單行李，與這些日子打擾最多的周昭亮夫婦道別，到Sea Tec機場，飛機準時起飛，約兩個半小時抵達聖荷西，在入境lobby看到穗桑在揮手。

我繞了美國一圈，現在又回到兩個半月前打擾過的陳芳明家，不過這次僅住一晚，因為陳芳明還沒回來，穗桑白天又要上班，留下我一個人在她們家，食住無人照顧，所以改由張富美接去她們家暫住幾天。

　　白天張富美到史丹佛大學上班，我可以跟她去史丹佛大學研究戰爭、革命與和平的「胡佛研究所」（Hoover Institute）東亞圖書館，如飢渴似的貪婪閱覽那些在台灣看不到的珍貴歷史資料，以及 40 年前的台灣報紙，如：《民報》、《人民導報》、《和平日報》和《中外日報》……等立場比較超然客觀的報紙。在「胡佛研究所」三天，我所閱覽的珍貴史料和報紙，是我近三個月來的「北美行」收穫最多、最難忘的日子。

　　張富美，台灣虎尾人，父親張木林為員林名醫張木筆長兄，「二戰」前「中商」畢業，一度回鄉任教，旋入「台糖公司」虎尾總廠，曾任農務處副處長，業績卓然，年資已足早該被調升，因堅拒加入 K.M.T.，為「人二」單位所阻，乃憤而提早退休。

　　張富美為張木林長女，1957 年由「嘉義女中」唯一被保送「台大」法律系才女，「台大」畢業即取得獎學金赴美，到芝加哥「西北大學」（North West University）取得碩士，然後隨孔德榮博士到「柏克萊大學」（Berkeley California University）研究年餘，進「哈佛大學」攻讀 Ph.D.。任史丹佛大學教授，「胡佛研究所」研究員，史丹佛大學東亞圖書館副館長。

　　5 月 20 日傍晚，陳芳明回來即馬不停蹄趕來張富美家接我，當晚我們談到深夜。次晨，我們仍快馬加鞭，繼續做有關謝雪紅的種種傳說辨識和對照他手上的照片……。

　　陳芳明處事一絲不苟，令人感動。可是我所能提供的非常有限，僅憑記憶所及和 228 前後親自接觸所得到的印象，及從楊逵等人對她的意見，與「鹿鳴」裡面她們自家人所透

露出來的點點滴滴，提供他做參考。

　　然而在沒有線索又欠缺資訊，又因「黑名單」無法回台做詳查的陳芳明，把我當作最瞭解謝雪紅的人，是可以理解的。不過，等到他日後透過香港朋友，搭上228後依附中國的「老台共」所提供的「另類謝雪紅」時，他也許會發現他今天所作的一切，都是枉然白忙一場，而後悔不已吧？

　　我們的研討暫告一段落。回房整理行李時，發現皮箱裡還有兩小瓶 Chlorella 錠，便拿給陳芳明。他看到 Chlorella 錠，忽然想起兩個月前謝里法來訪，訴苦他的胃腸老是不爭氣，看過醫生，吃過胃藥，還是老樣子……。他聞言，即將我以前留給他的 Chlorella 錠，分一點給他試用，沒想到幾天後，他從紐約來電「報佳音」，說胃腸好多了，效果確實不

左：謝里法、中：作者、右：王世勛

錯。準備近日中再來聖荷西，希望能多給他一點。過幾天他果然從紐約搭飛機來，把剩下的 Chlorella 錠統統「搜括而去」。

謝里法這個名字似曾相識，好像曾經在《台灣文藝》或其他報章看過他的《日據時代台灣美術運動史》的文章。他是台北迪化街人，台灣「師大」藝術系畢業後，1964 年搭船經香港赴法，進「巴黎美術學院」，1968 年遷居美國紐約後，暫擱下畫筆，寫文章，他的作品中以《日據時代台灣美術運動史》最為膾炙人口。

次晨，看著活潑可愛的建坊兄妹上校車，穗桑也去上班，剩下我們兩人對坐閒聊，忽然聽到有人敲門，原來是從

左：作者、右：廖萬夫

Saratoga 開車來接我去洛杉磯（Los Angeles）的廖萬夫。他是雲林二崙人，是關心台灣、熱心民主的「台灣人的希望」。多幾個像他這種人，還怕台灣人不會出頭天嗎？

我們一路沿著海濱朝南馳，奔跑了約兩個小時，在一座公園裡的「簡餐攤」吃簡餐。餐畢，在公園裡散步，欣賞造景、花木和來往的黑白人。半個小時後我們又上路，走了大約半個小時，發現海灘上一艘黑色鐵殼船，經當地住民說明，始知道那是中國「偷渡船」。

聽說大概是三、四年前，這艘「偷渡船」趁黑夜企圖靠岸，不意忽被一陣狂風大浪打上沙灘，動彈不得，船主為顧自身安全，隨即棄船逃離。該船遭難沒多久，當地一群青年男女到海灘玩水，經過遭難船附近聞到一股屍臭味。經F.B.I. 派人來搜查，結果打開鐵殼船艙門，赫然發現窄艙裡有6 具腐爛的女屍和2 具男屍。

F.B.I. 原以為這艘船是越南難民的偷渡船，經仔細搜查，始發現那艘粗造鐵殼船是中國建造的。男女亡者遺物中，有人民幣和中國地址，因此確認死者是中國偷渡客。然而自鳴得意，自誇世界第二強國的中國人民，何以甘冒生命危險偷渡出國求生呢？這豈不是有違常理很諷刺？

我們4 點左右抵達洛杉磯，前往「洛杉磯台灣同鄉會」會長歐煌坤家。歐會長是苑裡人，退休後全家移住 L.A.。

我出現北美的事情，1987 年3 月下旬初抵聖荷西時，首先由當地報紙《國際日報》披露，3 月中《台灣公論報》也分別以「晚輩」與「鄒文哲」筆名發表兩大篇「專題訪問」。4 月10 日在「亞洲學會」年會中為台灣發聲，當著眾

🔥 謝聰敏、邱靜香夫婦

多國際人士面前，痛斥蔣幫無恥，偷天換日，拆穿他們的大謊言，也經當地報章報導……。

因此，我抵達 L.A. 時，便引起「洛城」同鄉們的關切，紛紛打電話找曾經在《台灣文庫》發表過〈楊逵和他的同志〉一文的謝聰敏，探詢我的行蹤，請他安排見面。於是由歐煌坤和謝聰敏分別帶我去訪問正「緊鑼密鼓」籌備中的《太平洋時報》董事長吳西面和胡忠信。

此行我也見到了《亞洲商報》的王桂榮社長，他曾經目睹 228 前夕，「菸酒公賣局」中國來的緝煙人員如何毆辱擺攤賣私煙的林江邁、射殺陳文溪；以及名政論家孫慶餘，他是前《美麗島雜誌》總編、《太平洋時報》記者，強調「統

獨靠兩邊，民主自由排第一」，嘲笑中國人永遠不可能會有民主和自由。

之後，我也在 Hunting Beach 會見了許世楷博士和夫人盧千惠。許世楷是 UCLA 客座教授、前「台獨聯盟」日本本部主席，他們夫妻倆為剛由 N.Y. 遷來 L.A. 的《台灣公論報》權充義工。

我也在「洛城」北方山崗 Glendale 別墅見到了「萬通銀行」總裁、「福爾摩沙基金會」創辦人兼董事長吳澧培。也看到「山水亭」古井兄的兒子王鵬勳。還有早年在台灣省議會和陳博文、吳哲朗等人辦《潮流》，投下一顆「民主炸彈」，讓 K 黨跳腳吐血，來 L.A. 後曾任《美麗島雜誌》總編，目前在此地經營東方書局的張維嘉夫人陳婉眞，以及「文化醫師」、「台灣文庫」社長林衡哲。

左：劉明、右：作者

　　另外還有陳希寬，他是陳逸松的兒子。陳逸松，「東京帝大」「馬克斯研究所」出身的台灣才子，是戰後首任「三青團」台北分團主任，與蘇新辦過《政經報》周刊，228時曾與金礦大亨、為「延平學院」出力最大的劉明被分別貼上「軍統」系「別動隊」副隊長和參謀長標籤，遭受反對派C.C.系「政治建設協會」蔣渭川、張邦傑、張靖川等人質疑。我也見到了明尼蘇達大學（Minnesota University）胡維碩博士二哥胡維剛律師。

　　我也見到了前「廣東台灣革命青年團」創立人之一、228前，任「台中師範」總務組長的郭德欽，和舊「農組」之花陳崑崙愛人、住Monterey Park附近的簡娥。以及「書法家、音樂家」，懷才不遇，來此地經營「台榮館」的霧峰許丕龍。乃至前桃園縣長、「海外組織」的許信良，熱心發展FAPA組織的楊嘉猷，「全美台灣同鄉會」執行長謝清志，以及曾經張燦鍙邀任美國「獨盟」主席的鄭邦良。還有前台北市長高玉樹派下的前台北市議員林水泉、李淑貞和江昭儀會計師……等人。他們這些同鄉都很熱心親切，也很關心台灣政治近況，和我的案情及我17年牢獄生活……。

　　我2月19日（1987年）出國，在東京池袋「太陽飯店」參加日本台灣同鄉各界，迎接三個月前剛成立「民主進步黨」的首批建黨黨員，前往「華府」接受台美人祝福，並參加「民主講習會」回來的康寧祥、尤清、謝長廷、邱義仁、蘇貞昌……等人。並陪他們訪問日本國會議員，權充翻譯。

　　然後「單槍匹馬」飛往北美，三個月內跑了40個點，耳聞目睹海外台灣人如何殷切渴望，台灣母國能早日擺脫中國

霸權桎梏，自己當家做主。因而有 228 後逃往香港，左右兩派成立「台灣再解放同盟」。分裂後，離開香港左派到日本的廖文毅、簡文介等人，則在日本東京成立「台灣共和國臨時政府」。

228 遺族王育德和許世楷、黃昭堂、周英明等人也在東京出版《台灣青年》，繼而成立「台灣青年社」。介紹：台灣先民曾經如何開墾……荷、西、日本前後殖民，至 1945 年日本戰敗撤離，由霸權、野蠻非文明的中國強佔……，228 大屠殺，台灣人覺醒，要求獨立建國，當家作主……。

史明（施朝輝）緣於「二戰」前，他父親即已在華北經商，有機會進出中國，懷著浪漫情懷跑去「解放區」，參加中共游擊隊，目睹中共腐敗落伍，並不多讓蔣幫，備受歧視排斥。他逃出「解放區」後，來日本成立「獨立台灣會」，揭起「社會主義武裝革命」旗幟。

由一群在北美讀理工的早期留學生成立的「台灣獨立聯盟」，因「容不下」讀法政文史出身的台灣人精英，造成不少人才流失。不過他們仍不失為「台灣人希望」和迷失航道飄蕩中的「台灣人燈塔」地位。

由於「獨盟」旗幟鮮明，組織嚴密，聲勢浩大，樹大招風不免引起蔣幫注意，於是暗中佈線埋伏特務，策反破壞，無所不至。如策動洩漏「會議記錄」和「與會人名單」的陳純真，偷錄《台灣公論報》訂戶讀者名單給《波士頓通訊》。

又讓一名自稱「盟員」州政府小吏，「三不五時」寫一些讓親痛仇快、沒有營養、無中生有的文章，中傷、誹謗自

「4·24刺蔣事件」黃文雄被捕現場

己同志，打擊台灣人士氣的「蘇麼介」。這種人如果在「兩萬五千里長征」時，早已成為被扔棄路旁的破草鞋。可是紀律嚴明的「組織」似乎不大重視台灣人的感受，一直未加處理。

又 1970 年「4·24 刺蔣事件」的處理所引發的爭議。具「盟員」身份的鄭自才、黃文雄兩位志士，在紐約 Hotel Plaza 廣場混進安全人員裡面，開槍刺殺「蔣太子」事件，造成巨大震撼。尤其在台美人社會所激起的振奮和給蔣幫內部帶來的震懾，可想而知。由所有「黨營」媒體鮮少提及，一直冷處理，則不難想像蔣幫內虛一斑。

為營救鄭自才、黃文雄兩位，台美人曾經如何奔走募款，當時有一位窮學生為了要聘請最好的律師，不惜將自己的房子典當籌款，實在令人感動。不過典當下來的錢，後來因為鄭自才、黃文雄棄保潛逃，遂使整個事件逆轉，整筆保金被法院沒收，遭到房子被流當拍賣，落得那位窮學生無家可歸，實在令人同情。

然而當刺蔣事件發生第一時間，理應把握機會乘勝追擊，大事鼓動士氣，向全世界發聲，讓全世界重視「台灣問題」，知道蔣幫外來政權如何非法霸佔台灣的真相，幫助台灣人早日獨立建國……。

可是當時「獨盟」卻坐失良機，沒有好好把握輿情，利用民氣推動獨立建國運動。爲撇清「4‧24刺蔣事件」與「獨盟」無關，鄭自才、黃文雄兩位雖具「盟員」身份，其行爲與「獨盟」無涉。事前既未與「聯盟」做任何溝通，事後也未悉其企圖。於是逢人解說，找媒體撇清「很無辜」、「很冤枉」……，完全看不到他們以前那種昂然氣概。

然而當年「美國獨盟」爲何無視正沸騰中的輿情及可用的民氣，反其道而行，孜孜汲汲於撇清「聯盟」與「4‧24刺蔣事件」無關，到處洗刷「聯盟」絕非「暴力黨」。這種說辭很牽強，與「聯盟」一向標榜的 slogan 也很不一樣……。給人印象中的「聯盟」是組織嚴密，紀律嚴明，做事慓悍不苟且，爲台灣獨立建國不含糊的。這種反常低姿勢，令人不敢想像，也委實令人驚訝！

不過當年「獨盟」確實有苦衷：「4‧24刺蔣」這類事件，儘管是台灣人渴望許久的，也符合「聯盟」戰略目標，可是「美國獨盟」事先未有準備，主客觀條件均未成熟，突然釀出這類事件。此刻，「獨盟」是否也要隨波逐流，傾黨賭進去？即使因而被 F.B.I. 烙印「暴力黨」，不准在美國繼續存在，也在所不惜嗎？如果「獨盟」站出來承擔責任，公開聲明是「獨盟」所策劃的，起義當事人鄭自才、黃文雄會接受嗎？會不會認爲「獨盟」想搶功，想「斬他們的稻仔尾」？

眼睜睜看著正生長中，爲多數台灣人視爲救台灣人燈塔的「獨盟」被腰斬，從此消失，不是兒戲，不是幾名主席、部長即能擔當得起的問題。他們爲了維護「聯盟」延續而努

力，儘管外界對他們所作所為毀譽參半。然而在「獨盟」立場而言，絕對正確，是理所當然的選擇。

雖然這些事情是十幾年前往事，如今聽到台美人朋友重提，我總覺得蔡同榮和陳隆志兩位所作所為絕對正確，應該給予肯定。

直到經歷 1977 年「中壢事件」當選桃園縣長，又因跑去「橋頭」聲援余登發，被蔣幫逮到機會「秋後算帳」，以「擅離崗位，怠忽職守」遭受停職兩年處分的許信良出現美國加州，引起了一陣漣漪，被當「奇貨」。尤其是遊離份子，那些沒有共同台獨理念，只有「共同敵人——蔣幫」的台灣人，一窩蜂撲進去。

不久，那些為台灣前途願捐棄私見、共同打拚，前來「投入」的「組織」都很失望，如「獨盟」因理念不同不相為謀，首先離去。繼而彭明敏教授、洪哲勝的「台灣革命黨」和史明的「獨立台灣會」……，還有一些早期留學生，也不想跟那些「不敢說台獨的政客」隨波逐浪而拂袖而去。

儘管如此，許信良當年在 N.Y. 和 L.A. 兩個台灣人聚居城市，還是擁有不少支持者。因為他高倡「組黨返台」，間接的要承認現體制，從事體制內政治運動，多少符合貪近利，厭倦做「政治難民」，抱著「只要能回台灣」「蝦米攏嘸驚」一夥「生意人」胃口。

他們的《美麗島雜誌》也辦得很成功，其讀者聽說遙遙領先當地所有台灣人報紙。兩位博士學位垂手可得的華盛頓大學博士班學生陳芳明和孫慶餘，前後從西雅圖來擔任總編。在省議會辦過地下刊物《潮流》，轟動一時被 K.M.T. 開

除黨籍的陳婉眞也不讓鬚眉，在《美麗島雜誌》發揮她的銳利筆鋒，大批蔣幫惡政。

不過使我百思莫解的是，彭明敏教授得意門生、爲「台灣自救宣言」案被判刑最重，出獄後又因「兩個羊羹」事件被羅織「美國花旗銀行爆炸」事件，被蔣幫刑求、拷打得最厲害，遍體鱗傷，還以「非暴力主義者」自居的謝聰敏，竟然是許信良「海外組織」的秘書長。

不過他們兩個人回國以後，又分道揚鑣，許信良爲完成他童年時代的「皇帝夢」，頻跑中國。謝聰敏則全身投入「228」、「白色恐怖」年代政治受難者平反復權救濟工作。這種沒有「甜頭」的賠本生意，謝聰敏卻樂此不疲，令人感動。

禮拜六午後，謝聰敏送我去「洛城」郊區 Glendale 山上別墅看吳澧培。和吳澧培雖是「初相逢」，卻一見如故。他對我的家庭背景，我的案情，乃至小舅仲祺、仲祐交情頗深。與堂弟鍾瓊璋是「台中一中」同期同班。怪不得他對我的事情知道得那麼多。

他現在是當地「萬通銀行」董事長兼總裁，之前是美國人投資的「阿拉斯加銀行」總裁。他「台大」經濟系畢業後赴美，分別在辛辛那提大學和哥倫比亞大學進修財經金融管理。目前他也是「福爾摩沙基金會」董事長。

兩天來我們天南地北無所不談，特別談到有關 228 後「清鄉」時，特務如何假藉查戶口，抓人時恐怖的情形。只要給看到 20 至 50 歲的青壯年，不拘有無涉案，都一律被帶走，而且幾乎一去不返。他說到這裡忽然問我：「你 228 時

作者訪美的第四段旅程

❶西雅圖→❷塔科馬→❸西雅圖→❹溫哥華→❺維多利亞→❻溫哥華→❼西雅圖→❽聖荷西→❾洛杉磯→❿舊金山→日本

做過那麼多『事情』，卻還能回來，算是異數特例。」我回他：「如果不是謝雪紅牽成，想留下我做將來緝捕謝雪紅的『釣餌』，我的骨頭恐怕也早已酥了。所以讓謝雪紅來二七部隊是對？還是不對？都很難說……。」

我們又談到 1964 年彭教授和謝聰敏、魏廷朝三個人被逮當時情景，他當時就在台北他們居住的附近，看得一清二楚。「警總」捕手早已埋伏，他又不敢跑去走告，一直甚覺過意不去。他對台灣政治現況，也比我深入瞭解。我是從言論受箝制不自由的台灣出來的人。他在自由民主資訊靈通的美國住過 20 多年，每天都可以看到各國報刊相關文獻和資料，能深入瞭解台灣各方面狀況。我雖然和吳灃培談過很多有關台灣過去和現在，卻絕口不提有關「洛城」的人與事。

聽說這裡是全美國台灣人社會最複雜的地方。說話要小心，千萬別說溜嘴，否則必遭不同派系人物給予冷面相待。我是出外人，對這地方又不熟悉，更不能掉以輕心。萬一被「炒魷魚」我就慘了。吳灃培面帶微笑，安慰我說：「不會的，沒有那麼嚴重，這種事情絕對不會發生在你身上。大家都認識你，知道你的過去……。」

過午不久，歐煌坤前來接我，逕往鄭邦良家。甫坐定，略作寒暄，忽見外面有個人影，等他進客廳，才知道是許信良。他們都事先約好時間，所以很準時。我與許信良雖是「初見面」，出國前在報章雜誌看過他的照片，也略悉他的人和做事風格。

我是來做「禮貌上拜訪」，對他們目前在美國所做的運動，避而不談，與其他組織間的恩恩怨怨，也絕不觸及。僅

就台灣政局未來發展，交換些看法。他知道我已經跑過全美幾十個地方，比他們走過的地方還多，他很想知道各地台美人對他們運動的看法？我有禮貌的予以躲開，不表示任何意見。事實上，我從未關心過他們的事情。自己的事情已經夠忙，而且也不明狀況，我還能說什麼呢？

辭別鄭紹良夫婦和許信良，我又回到歐煌坤家，次晨謝聰敏帶我去看簡娥。甫進門即發現一位白頭髮、瘦小身材的男士站起迎我，差一點誤以為是簡娥「又」再婚的先生。談話中始發現他竟是 228 中，我在「中師」成立「民主保衛隊」時，與張深切、廖忠雄、洪富美（洪元煌女兒，許世楷母親洪金雀醫師遠房親戚），鼓勵支持我們的郭德欽。

🔥 前排：左：作者、右：許信良　後排：右：歐煌坤、中：鄭紹良、左：鄭紹良夫人

他是接到簡娥電話，特地來這裡想看「怎麼沒有被槍斃」的我。他們都認為我把事情鬧大，必然被處死。沒有想到我沒有死，還來美國，甚覺訝異。簡娥比我多一齒年（ 12 歲），今年剛好 80 歲。謝聰敏說：「她是我的愛人」，真會開玩笑。

我與簡娥已經四十三、四年沒有見面，記得最後一次是 1943 年，在台中「梅枝町警察派出所」後面，前「賴兄弟商會」廢窯，楊逵住所。當時是「二戰」中，物資奇缺，每天苦於衣食的時候，她雖僅著一件日本農村婦女下田做活時所穿的吊肩寬腰、束褲管黑色粗布褲（俗稱 Bom pei ），拖著日本木屐，但仍不失為盛開的一朵花。她那時大概只有 35 歲左右，很有氣質，談吐舉止令人不敢想像她曾經是 30 年代的農民運動「女鬥士」。他與楊逵夫人「葉陶先生」，是個很好的對照。葉陶演講聲音嘹喨，比手畫腳動作滑稽，宛然像個「雄辯家」，所以有「葉陶先生」美稱……。

簡娥目不轉睛，一直瞪著我，好像在我身上摸索些什麼似的，她大概事前從郭德欽或謝聰敏那裡聽過我的過去，認為我一定被拷刑，被打得不成人形，卻一點也看不出我身上有異樣殘障的地方，而感到很納悶。

簡娥雖然是舊識老友，現在卻是 Lady，找不到以前從事「農運」時的 proletarian 身影。看她現在的生活「級數」，很可能是大戶的「阿奶」貴夫人。所以跟她說話，我都小心翼翼，不敢造次。所以都找郭德欽敘舊。

不過她還是不斷插嘴，打斷我們的話，問東問西，有關她們姊妹淘「葉陶先生」和謝雪紅的事情。我和郭德欽談得

左：作者、中：郭德欽、右：簡娥

很愉快，從日治時代，他們在華北，我們在台灣戰後、228、我與雪紅的摩擦、與楊逵的合作，乃至在綠島與大個子張信義、王溪森、蘇紅松、顏錦華⋯⋯等人相處那段日子。

也談到228中，他們「中師」同事，體育組的吳振武「自傷大腿事件」，郭德欽用很不屑的口氣，拆穿那幕陰謀。他說：「那齣戲完全是林朝權一手導演，要吳振武演給『警總』看，以示謝雪紅二七部隊一干人馬如何『手辣心毒』，他吳振武是如何『深明大義』，『忠黨愛國』。後來他受桂永清器重，命他籌建『海軍陸戰大隊』，並任他擔任大隊長，則緣於此。」

辭別兩位老友，我們便去許丕龍開的「台荣館」吃午餐，因為幾天前我們已經給許丕龍請過一頓飯，這次婉謝許丕龍好意，由謝聰敏請客。然後去「東方書局」看陳婉真。

晚上則到另一家「中榮館」參加「餐敘會」。三個桌子座無虛席，幾乎都是上班族的夫妻檔，約有一半的人對於 40 年前的 228，曾聽長輩們提起過，其餘的人則完全空白，甚至也有「誰殺誰」都搞不清楚的人。

我在「洛城」的時間，只剩下四天，預定 5 月 31 日（禮拜日）搭西北航空（North West），經舊金山飛往東京成田（Narita）。至今演講的日子都還未定，是否租借場地有問題，抑有其他原因？

我來此地主要目的就是要演講，要介紹 228 慘案，揭穿蔣幫如何陰謀算計，殺害台灣菁英，如何扭曲歷史及揭露中共統戰陰謀……。至於訪友或接受訪問參加餐敘會，都是次要，不一定要去參加。

而且我也很想回家，儘管我已離開公司未直接參與經營，卻仍保留三席「常董」之一，而且投下不少心血，辛苦開發的「B.G.E.」問題也懸而未決，因為這個問題的成敗，關係到公司將來命運甚鉅，我總不能棄而不管呀！

我們在孫慶餘家談天說地，不覺已近中午。我們婉謝他們的午餐招待，到街上一家「小館子」自理。謝聰敏說：大多數台美人生活並不怎麼富裕，除了像王桂榮、吳西面那種企業家或吳澧培那種大銀行家，大學教授、在大公司工作、做房地產的，一般「吃頭路人」的生活都很節儉。所以他不喜歡隨便接受別人招待。

孫慶餘的「228 觀」很進步，他可能很用功，涉獵過不少相關資料和文獻。他的「台灣論」，也令人覺得很新鮮。希望台灣前途，能完全朝著他所指望方向發展……。

左：孫慶餘、右：作者

　　吃完午餐，謝聰敏提議先去看吳西面，因為他很想看我，然後再去許世楷那裡。他們要我今晚住他們那裡，我點頭表示 ok！照他的意思。吳西面是一位實業家，也是一名虔誠基督徒，默默為教會奉獻。為「4‧24 刺蔣事件」的救濟，也默默為 FAPA 和海外組織捐獻。他與休士頓（Houston）的顏永財（莊和子的先生），都是「為善不為人知」的典型人物。

　　如林義雄遭到慘烈家變以後，攜妻女來北美療傷，求學深造時，暗中資助他們的，即是休士頓的顏永財。吳西面也曾經包一個大紅包給林義雄。

　　1989 年，鄭南榕自焚，震撼全世界，尤其是海外的台灣人。吳西面也不顧自己的健康跟許多台美人專程趕回來，為 Nylon（鄭南榕）奔喪，參加「519 告別式」。他一眼看到

我，即為 Nylon 的壯烈自焚嘆息不已，旋即為我道喜說：「你的書《辛酸六十年》（上冊）銷路很不錯，Nylon 帶去美國的，通通被搶光，一本不留。當然要恭喜你。」我聞言頗不以為然，當面回他說：「書剛出來還不到兩個月，坊間即已出現兩種不同版本的『海盜版』，Nylon 正想拿《狂風暴雨一小舟——辛酸六十年（上冊）》的暢銷所得來彌補每期遭受『警總』查封沒收的《自由時代》周刊的虧損負債。如今變成這個樣子，他很不甘心，也很在意，即命胡慧玲找洪貴參律師向『台北地院檢查處』提告……。」

吳西面接著以更肯定的口吻反駁我說：「就是有人看，很多人想要看，才會有人想盜版撈一筆。如果沒有人看的書，還會有人想盜版嗎？彭明敏教授的書《自由的滋味》和史明的《台灣人四百年史》即是最好的例子……。」

我被吳西面說得啞口無言，不覺一股成就感油然而生。我自此才發現，自己寫的東西確實受到肯定。也深深感謝那四位不斷鼓勵我、迫我的「惡友」（アクユウ）——李喬、李筱峰、張炎憲和陳芳明。

因為還要去看許世楷，我們便提早離開《太平洋時報》籌備處，逕往 Hunting Beach 附近許世楷住處。謝聰敏將我交給許世楷夫婦，約好前來接我的時間後，便驅車回去。

我和許世楷夫婦的認識是 1986 年 6 月間，在東京郊外，武藏野小金井一個小鎮寓所，雖然還不到一年，彼此卻很熟識。不僅因生活文化日常用語相同，也因許世楷父親，許乃邦先生是我素所敬仰的長輩，夫人盧千惠阿公盧安老先生，與我們鍾家也有交情，而且 228 時我們即已見過面。

他們聽說我已經出國三個多月……，跑過數十個城鎮，卻看不出我有絲毫疲倦的地方，而暗中稱奇。盧千惠問我：「年近古稀，單槍匹馬，遙遠跋涉尚能保持旺盛體力，難道靠你的 Chlorella 功效？」我微笑點頭。隨即補上：「我也不知道，不過我從未間斷，每天 10 粒。」許世楷博士和盧千惠夫婦倆在日本住過 30 多年，習慣於日本人的生活和飲食保健方式。聽說在日本時也每天服用 Chlorella 錠片。

因為時間不早，他們要去「公論報社」當義工，幫忙處理一些雜事，我也自告奮勇要求跟他們去。「公論報社」從紐約搬遷過來此地沒有多久，為了讓報紙不至於中斷；雖然社內雜亂無章，諸事待理，為出報第一，又無法多雇人員，一些拉雜的事情，便由剛受 UCLA 邀聘兩年的許教授和教授娘盧千惠，及來自巴西的「馬沙」權充義工幫忙，教授娘掃地、燒開水、泡茶，為印刷廠裡的員工服務。我和「馬沙」在大櫃上摺疊報紙，許教授則從印刷廠裡搬出來印好的報紙，一捆一捆交給我們。這種有點吃力的工作，許世楷夫婦都做得不亦樂乎！

「馬沙」邊摺疊報紙邊介紹巴西土人的生活風俗、台灣人社會和當地的歷史文化。他一再鼓勵我找機會去觀光，如果想去，他會幫我安排一切……。我也希望有生之年能去一趟。

瞥見壁鐘，已近九點，廠裡已熄燈打烊，剩下我們這一部份。許世楷夫婦則開始打掃收拾，待我們將最後一捆報紙摺疊的差不多，我們便回家。我連續兩天（可能三天，已記不清），跟他們到報社當義工，親睹許先生夫婦捲起兩袖，紮

頭巾,在那裡忙得那麼開心,不覺令人肅敬!

報社剛從紐約搬來,千頭萬緒,又限於經費,一切從簡克難……。但為了台灣獨立建國理念,能早日傳佈到每一位關心台灣的《台灣公論報》讀者手上;為此,他們也不得不每天晚上吃過簡餐即趕來「報社」當義工。

過午,歐煌坤來電說半個小時後來接我。我沒有機會再跟許世楷夫婦去「公論報社」當義工。下次要和他們見面,又不知道要再等幾年……。而且我這趟將蔣幫「修理」得「金閃閃」,揭穿他們最痛的瘡疤,拆穿他們的大騙局、大謊言,將他們曾經如何計劃的「228大屠殺」真相,攤在國際人士面前(在波士頓「亞洲學會年會」席上),所以能否平安回家,沒有把握。很可能一抵達桃園機場,即被「調查局」或「警總」特務請去「秋後算帳」。

美國中文報,如《中報》、《國際日報》、《台灣公論報》,還有很多我未收集到的,和國內《新新聞》週刊也有轉載,可謂證據確鑿,無法抵賴,絕對逃不了的。反正,我早有心理準備,到多倫多時,承蒙林正宏牧師和林哲夫教授(盟員)帶我去見「國際特赦組織」。

總而言之,什麼大風大浪我都經過了,祇要不被判死刑,「啥咪我攏嘸驚!」這是我當時不斷鼓勵自己的話。歐煌坤會長親自開車子來接我,我辭別兩位好友,有點依依不捨。想到過去兩天到《台灣公論報》當義工時的光景,更是令人感慨。

晚餐後歐會長告訴我,我不在時,有幾位台灣同鄉打電話來找過我,又告訴我決定明天下午三時,在 UCLA Campus

一棟講堂辦演講。我們要提早一點到會場。而後天（即5月31日禮拜日）我就要從這裡經舊金山直飛成田。日本那邊張良澤教授會來接機。至於什麼時候回台灣，看日本那邊如何安排。反正我是買往返全票，到時候打個電話給航空公司訂個位子即可。

原來歐煌坤會長家裡最近出了一點狀況，聽說他的孩子健康出了問題。我還以為對我的立場、交友有什麼質疑？因為我來洛杉磯便有一些同鄉朋友打電話來探問、邀約或來找我。我都來者不拒，一視同仁，甚至到他們那邊住一、兩天。

我一路上也聽到一些雜音和「忠告」，某人立場有問題，很可疑，要小心，別跟他走得太近……。台美人社會雖然有很多可歌可泣、值得我們學習的地方，但也很不單純，派系林立，雖然大家目標相同，要打倒蔣幫的願望一致，做法卻諸多分歧。有左、有極左、有右、也有極右。光是對「馬克思主義」的詮釋即不下十種。

也聽說某些極右「組織」為爭取「同鄉會」領導權，不擇手段，無所不用其極，一旦不得逞，便不顧念「昔日同志」加以中傷、誹謗，非置之死地不罷休。還不斷放話，「那個組織如何不好」，不覺令人想起「民進黨」大老黃信介先生，訓斥一些不爭氣黨員所說的話：「吃不到餅，就說那個餅有毒。」心胸狹窄、不夠風度，如何帶領台灣人邁向獨立之路？

30日（禮拜六）下午2點40分，我們提早20分抵UCLA Campus一棟大講堂，許世楷夫婦和5、60名學生模樣聽眾，

已經在台下長凳靜候。這麼偌大講堂，只有5、60名聽眾？尤其讓我想不通的是，自我來此地，招待我吃飯，約我出去茶敘，談話討論台灣問題，談得很愉快，多有共識的同鄉，幾乎都沒有看到。連「最親密的朋友」謝聰敏也沒有來。

散會後，聽到幾位年輕同鄉訴苦：「他們沒有接到任何通知，如果不是有人在校園裡看到『海報』去走告，他們還不曉得今天有這一場演講會呢？」傍晚看到謝聰敏時，我也帶著半責備口吻問他：「為什麼沒來『捧場』？」他也說很多人根本沒接到通知……。事情已經很明朗，就是主辦單位沒有發通知。

然而主辦單位為什麼沒有通知？依他們事後解釋：「因為場地租借，至29日下午才確定。匆忙中要發通知函已來不及，故改以貼『海報』。」理由堂皇，言之成理，我還是覺得被耍了一場，依然無法釋懷。因為自己太「鐵齒」、太「海派」，到處亂衝亂跑沒禁嘸忌，而且都公然，所以引人側目。

不過我自己也應該多檢點，更謙抑一點。別因為謝聰敏在《台灣文庫》發表過〈楊逵和他的同志〉，鄒文哲「晚輩」等人也在《台灣公論報》發表專題訪問記，「獨盟」前主席許世楷是舊識同鄉，便以為所有的人也同樣了解我，知道我的過去。被問到某些人與事，又隨便發表意見，因而得罪多少人，卻不自知。

我真像一隻「誤闖森林的小白兔」，亂竄、亂哮，到處惹人怨，所以才遭到這種被冷落下場……。謝聰敏和同座幾位朋友，都以斬釘截鐵口吻說：「不會！」「絕對不是！」

「我們不要想太多」，安慰我，並要我相信主辦單位的解釋。

（13）揮別「北美」轉往日本 岸本將軍關心戰後台灣政治

我終於連絡上謝清志。這幾天我一直在找他，也透過同鄉會的人打聽他的下落。因為他是「全美台灣同鄉會」秘書長，在紐約時，會長楊黃美幸一再叮嚀到洛杉磯時，將各地同鄉會「給我的東西」，交給謝清志處理，因此我在回台灣之前一定要找到他。

謝清志是著名太空學者，1965 年「成大」土木系畢業，1967 年在「台大」拿到碩士，即赴美。1973 年取得「密西根大學」航空碩士，1975 年獲太空物理 Ph.D.。他也是「海外組織」核心人物。

31 日臨走當天上午，楊嘉猷聞風趕來找我。要我回到東京務必找洪育盛、何昭明趕緊著手發展 FAPA 組織。彭教授秋季會去日本，希望到時候能看到佳績。不過，後來日本方面好像改由何昭明、林榮桔兩人接手打下組織基礎。

我揮別「洛城」，結束北美 96 天巡迴演講，並帶回各地同鄉們的熱情；也為母親——台灣能早日擺脫蔣幫桎梏所做的努力，博得各地同鄉熱烈響應。也為部分同鄉「大目標」雖然無庸置疑，卻為意氣之爭，路線分歧，虛耗實力而感到憂心。

我搭7:20 p.m.洛杉磯經舊金山直飛日本成田「N.W.276」班機，於次晨8時左右抵達。為辦入境手續、領行李，大約耗

了半個多小時才到「入境大廳」。

我很快找到張良澤教授，我們略作寒暄，張教授即伸手要幫我提行李，我連忙加以攔阻，我說：「你這麼瘦，像個『鴉片仙』，萬一被我的皮箱壓扁怎麼辦？因爲皮箱裡面裝的都是書，很重，還是我自己來，你的好意我心領了。」

我們走出「入境大廳」，便搭「京成線」電車到「上野」，然後改乘「山手線」到「大森」下車，坐計程車到「高輪」，距「明治學院大學」約 600 公尺一棟佔地約 200 坪洋館，美國「I.B.M. 公司」所有的龐大建築物。住在這裡面的是「I.B.M. 公司」派駐東京的電腦高級分析師黃耀勳及其家屬。夫人秀蘭是北美「台灣派」女流中，可與張丁蘭、毛清芬媲美的熱心活躍份子，無論示威遊行、抗爭都常搶頭陣。茶敘中，才知道黃耀勳是豐原人，他在「I.B.M.」地位不低，頗受公司器重，所以被派來日本擔任要職。他們家人包括與我同庚的母親，台灣意識都很強。對台灣目前政治狀況也很關心。對我的過去，他們也抱著好奇和同情。對 228 眞相及戰後台灣人對自己國家前途的想法也很想了解。

黃耀勳的母親既然與我同庚，那他們夫妻很可能是 228 以後才出生的，所以對 228 的了解，多半是從外國的報刊雜誌所得到的片言隻字，未必能深入了解。因爲他們是《台灣青年》的熱心讀者，對 228 的了解應該有個概念，對台灣目前所面臨的問題也應該比一般人多了解一點。

因此我僅就他們可能未曾聽過，《台灣青年》也可能未介紹過的零星個案、插曲，乃至道聽塗說、捕風捉影的一些「路邊社」新聞，加以分析，辨認眞僞。

左1：黃耀勳之母、左2：黃耀勳、左3：黃夫人秀蘭、右3：黃耀勳幼女、右
1：黃耀勳幼子

　　我說：「中共地下黨策動 228？這乃是蔣幫沒有擔當，
為推卸責任混淆視聽的遁辭。台灣人受到『偉大毛澤東思想
感召』，起來反抗腐敗無能的國民黨政權？這更是無稽之
談。治台 50 年的『君主立憲』國家的日本，豈能容忍共產
黨？終戰才一年多，台灣人俄頃之間，遂變成共產黨徒，聽
懂毛澤東一干人政治語言，起義革命……？這豈不是比《天
方夜譚》更傑作？」

　　謝雪紅不過是給蔣幫找來當「替死鬼」的一個棋子。
她逃亡香港時，曾經向中共駐港的《文匯報》總編金堯如訴
苦說：她是被群眾拖下水……，那時候她還不是中共黨員，
何來上級？群眾會聽她指揮嗎？又坊間盛傳謝雪紅變裝「新
娘」坐花轎，搭帆船從鹿港出海……，確曾有這種傳說。不
過正確地點是「梧棲港」，轎子裡的新娘子也不是謝雪紅，

而是一位中年婦女，她爲了要救涉案228的獨子一命，誤闖門路，被特務強暴繼而迫婚。這位與獨子相依爲命的中年寡婦，爲救獨子，在萬般無奈之下，不得不姑且忍辱。

至於特務爲何如此鋪張，大張旗鼓？聽說是要帶新娘子回福建祖厝，在親族面前炫耀他在台灣的「官位」，能娶到「識字」又「貌美」的台灣女子⋯⋯。這些事是1947年8月間，在「台北監獄一區看守所，5舍6房」時，在梧棲經營「船頭行」的蔡惠宗所透露。當時同房的難友有李漢堂、張庚申、李炳焜、蔡鐵城等人。這個消息可信度相當高。

不過，謝雪紅是從「左營」出海，不是「鹿港」。是由海軍第三基地搭往廈門、福州的「光明炮艇」，不是傳說中的junk（中國帆船）。

坊間還有更無稽的傳說：「說『謝雪娥』腰間插兩把槍，會『飛簷走壁』，比日治時代的廖添丁還厲害⋯⋯。」這一類的傳說，很可能出自看太多「布袋戲」，想像力太豐富的「庄腳人」編造出來的笑話。他們又將依附蔣幫的台北謝娥與住台中的謝雪紅誤當同一個人。她們兩個人只是同爲女人，同是姓謝而已，她們的政治立場也截然不同。我說到這裡，張良澤有事要先走。我也藉此機會回主人爲我安排的房間休息。

張良澤，彰化永靖人，「成大」中文系畢業後赴日，在大阪「關西大學」中國文學研究所專研「魯迅文學」取得碩士，回母校「成大」中文系執教。看他個子瘦小，卻「膽大包天」，掛「羊頭」卻賣起「狗肉」，假中文系而教授「台灣文學」。

左：張良澤、右：作者

現今台灣文
學界，許多後起之
秀，幾乎都是出其
門下，如：張恆
豪、陳明昌、張德
本、許素蘭、陳國
城（舞鶴）、王麗
華……等。他因在
「成大」假中國文
學系，卻暗中教授
「台灣文學」獲罪
當道。不久，果然
發現校園內臥底開
始搜證，調查局

左：張恆豪、右：作者

🔥左：作者、右：許素蘭

也介入，校長也不得不對他採取「留校查看」，並警告不得
再教授「台灣文學」。經一、兩年「陽奉陰違」，發現調查
局介入愈來愈緊，乃決然離開台灣，到東京「筑波大學」任
教，並在林銀創辦的「東京語言學院」兼任教務長。

　　次晨，張良澤帶我去見洪育盛（林銀桑的先生），將洛杉
磯楊嘉猷交代的，在日本發展組織 FAPA 分支機構的事情，
轉告他們。洪育盛與楊嘉猷等「洛城幫」本就很熟悉，聽到
彭教授會親自來參加「日本分會」成立典禮，高興得幾乎跳
起來。可見彭教授在海外台灣人心目中的地位。

　　談話中，我不小心談及台美人都很優秀，也很愛國，對
台灣前途的構想也沒有什麼太大出入，只是路線分歧，派別

林立，有時會爲了一些芝麻小事，募款問題明爭暗鬥，甚至將昨天的同志當仇人打擊詆毀，自耗實力，感到很心寒。

洪育盛和夫人雖然能了解我的感受，他們似乎抱持著比較樂觀的看法。他們安慰我說，雖然「台灣人放尿攪沙，嘜做堆」，可是一旦有事，大家都很團結。不只是朝鮮人及猶太人才有這種團結精神，我們台灣人，尤其在海外的台灣人，幾乎都有這樣的例子。

午餐，我們到洪育盛投資的「台菜館」接受招待。張教授是這家餐館的常客，服務生對他都不陌生。餐畢，我與張教授坐「地鐵」，大概換了兩次車，然後步行約 10 分鐘，即到「神宮大通」的「台灣青年社」看黃有仁兄。我與有仁兄（黃昭堂）認識，大概是在兩年前，經張良澤介紹的。

🔥 左：李旺台、中：黃昭堂、右：作者

　　有仁兄他好像是台南州北門郡七股一帶的人。「台大」經濟系畢業即赴日，考進「東大」，到 1967 年取得「國際關係學」碩士，和「社會學」博士學位，隨即受聘「昭和大學」和「東京大學」任教。他 1976 年與彭明敏教授合著、由「東大」出版社出版的《台灣の法的地位》，曾經給台灣獨立建國運動者投下一顆「定心丸」，也給一小撮「在台灣的中國人」搥胸頓足。

　　有仁兄雖然少我一齒年，我還是尊稱他「有仁兄」，因為他有成就，也比我成熟許多，大有「老大」之概，所以這樣尊稱他並無不妥。

　　有一次（大概是昭和 62 年），我想到東京郊區練馬町，找二戰中駐防台中的「誠師團」參謀長岸本重一將軍，因為他終戰後未被遣送回日本前，曾經留下兩張戰時日軍為戰略考量，疏散隱藏武器裝備的地圖給我，使我在 228 中堅定地決定建軍。當時，被指派陪我去練馬的廖雪美小姐，將相機鏡頭朝向我和有仁兄站著的地方，引起有仁兄緊張，大聲喝令「不准拍照」，讓不明狀況的廖雪美小姐花容失色，周遭的人也被嚇了一大跳。

　　原來有仁兄顧慮到我是經常跑日本的商人，萬一讓他和我的合照落入「警總」，一定會牽連到我。因為「獨盟」是蔣幫欲拔之為快的眼中釘，被視為「叛亂組織」，有這張合照相片的話，恐將成為參加「叛亂組織」的證據，而牽累到我。

　　我與廖雪美小姐非初識，之前在「筑波大學」張良澤研究室認識她。她在巴黎一家大學研究「社會科學」。她雖非

「盟員」，卻與「盟員」走得很近，凡「獨盟」主辦的任何活動，都有她的身影，很熱心。

這次她「受命」陪我去拜訪歷任「北海道長官」「自衛隊大學」校長退休的岸本重一將軍，要幫我錄影。因為她看到我與有仁兄勾肩站在「台灣青年社」門口的鏡頭很不錯，便拿起相機要為我們拍一張紀念照，卻莫名

🔥 日本「自衛隊大學」校長岸本重一將軍

🔥 左：岸本重一、右：廖雪美

其妙的被喝斥。她內心一定感到很委屈，我便將有仁兄的善意、顧慮與利害關係，委婉予以解釋化解。

因為事前已用電話與岸本將軍聯絡好，對方也表示歡迎，所以我們到訪時，並未造成太大的打擾。我們敘舊，談戰前戰後，乃至他們被遣送回日本不久，發生228，之後台灣人的思想如何轉變……。也談及他回日本時，特地留給我那兩張地圖的事情。

這時候，我發現對座將軍夫人表情有異，有點不自在。又悄悄靠近將軍耳邊，喊喊喳喳說些什麼？不過後面幾句卻被我隱約聽出來；是說我太情緒化，老是罵中國「支那」、「清國奴」、「チヤンコロ」太危險，為什麼要讓我們來？將軍卻不動如山，示意我繼續說下去，夫人似乎也知趣，便離座進內室，直到我們辭別，她都沒有出來。曾任「自衛隊大學」校長的岸本將軍，對當前世界大勢和未來可能發展趨勢，都會掌握，用他們軍人專業眼光去觀察、分析、了解。

1945 年 12 月，他從抽屜拿出二張「陸軍省測繪局」和「台灣軍司令部測量隊」製地圖給我時，曾經對我說過：「這兩張地圖你們將來是否用得到，不知道。不過我還是留給你好了。」隱約意有所指。儘管他現在是一名已退伍的將領，還是很關心台灣問題，他一直靜坐，傾聽我的訴說。

戰後日本出現對「中國看法」截然不同的兩種人。一種對蔣總統「以德報怨」放棄索賠感恩涕零，能快速將中國各淪陷區的日本軍，在極短時間內遣回日本，也讓許多日本出征軍人家族感恩不盡。

另一種日本人，則認為日本未戰敗於中國。日本天皇宣

佈投降時，整個中國戰區仍爲日本佔領軍所控制。

然而蔣介石果眞「以德報怨」，從未向日本求償嗎？爲體諒歸心似箭的日本軍，大發慈悲乎？「重慶客」一聽到日本已戰敗，即急急忙忙想趕回淪陷區劫收。可是一看到日本軍即發抖，不敢造次，也考慮到萬一給「老八路」搶先一步，將日軍留下來的武器裝備都給搜括去，他「八年抗戰」要讓日軍吃掉「八路」的精心算計，豈不枉然。於是即向美軍求援，商借運輸貨輪，將所有日軍優先遣送回國。

二戰後，備嚐敗戰之苦的日本人，尤其是以「征服者駕臨中國戰區八年的日本軍人」，敗戰後尚能在蔣介石的「以德報怨」恩澤下，安然返回日本，這種感恩情結我們能理解。祇是「以德報怨」四個字，是在那些背景經緯之下，蔣介石才認清大勢，放棄他的硬拗求償念頭。

葉公超與日本談判代表木村四郎七兩個人，曾經在談判桌上厮殺，始終無法達成協議，接受蔣介石有違「舊金山和約」條文，近乎勒索般的要求，爲此憤然離席回日本七次，直到蔣幫駐美大使顧維鈞提出警告，「在美國參議院正式批准和約」之後，日本可以不理蔣幫任何要求，即使想退而求其次，也殆無可能，一切遵循和約。

至此，蔣介石才驚覺大勢已去，隨即命葉公超要求日方代表，至少能在「雙邊條約」文裡，加註：本總統「以德報怨」主動放棄一切求償字樣，這便是所謂「以德報怨」的內幕眞相。

我在東京六天，也去池袋西口驛前小巷，一家「台灣水餃店」找過史明兩次，每次都乘興而往，敗興而歸。因爲

史明

深怕被蔣幫餘孽鷹犬發現，特選在晚上打烊前密訪，按址好不容易找到這家「水餃店」，樓下只留一盞小燈，三樓有燈光，偶而也看到人影，他們很可能都住在三樓。

我到樓梯口，大聲喊叫「施桑、史明兄」，但都沒有反應，我便拖著疲憊惆悵沉重的腳步回高輪台。幾年後，在台灣見到他時，提起這段往事，史明兄竟說直接上三樓即可，何必那麼客氣。我是外國人，初次拜訪，萬一被誤當闖空門的小偷，被扭送警察局還得了。

我在聖荷西陳芳明家時，他曾經一再鼓勵我一定要找機會去見史明。史明是他的偶像，他是從「解放區」出來的人。他帶著「曾經是日本人」的台灣人原罪，備嚐中共對台灣人的歧視凌辱，才幡然離開解放區的人。

6月4日上午，大概9點左右，依稀聽到嘈雜聲，彷彿

有人在客廳談些什麼，哈哈大笑……。原來是女主人秀蘭與張良澤在談台灣某一位政客的某些動作，和講話時的嘴臉習慣，酷似日本諧星榎木健一（エノケン）而拍手大笑。

張良澤看到我出來，隨即問我晚上睡得好嗎？然後告訴我：已經決定後天 6 月 6 日晚上，請我演講。當天晚上 5 點半左右他會來接我去「會舘」。我乍然聞訊啞口無言，不知所措。

事前沒有接到要我演講的任何商量，等到我決定要回台灣，才說要我演講，豈不是強人所難？因為我才決定禮拜六（6 日）搭「西北航空」4：30 pm 回台灣，已經和台北方面聯絡過，屆時會有人來接我。萬一他們接不到我，他們會誤當我出岔子，可能被送去「調查單位」。

因為我心裡早有準備：在北美三個月，一路上所演講的，足夠條件讓我「二進宮」，被依「為匪宣傳」定罪，送回綠島。也有可能「暗中被做掉」。萬一我果真出狀況，讓接機的人接不到我，也必須在第一時間讓所有關心我的人知道，尤其是 Amnesty International（國際特赦組織）方面。我總不能死得不明不白！

張良澤聽到我的訴苦，目瞪口呆，幾次欲言又止，片刻，喟然太息曰：「太可惜了，大家都在等著聽你的精彩演講，能再延一、兩天回台灣不知多好……。」

我也覺得來日本，沒有在這裡演講，好像欠他們什麼，實在太可惜。而且要用日語演講，更是我長久以來所盼望的。我卻不得不加以婉拒。我的回程已定，即使想更改順延幾天，恐怕也來不及。都怪自己是蔣幫黑牢出來的人，顧慮

太多。也因張良澤事前未說一聲，便私自決定。

　　不過在張教授的單純想法：我去北美爲的是要向台美人介紹 228 眞相，拆穿蔣幫扭曲歷史的謊言……，對留日台灣學生，和關心台灣政治歷史的日本朋友也同樣可以講給他們聽，何須事前做什麼溝通？上台向他們「打個招呼」有這麼困難嗎？

　　然而我此刻，歸心如箭，回到台灣可能的遭遇，更是我不能不關切的問題。我最後還是選擇放棄張良澤爲我所做的安排，向那些想聽我演講的留日學生和日本朋友說聲「抱歉」。在一旁聆聽我們「爭論」的耀勳夫人秀蘭，也忍不住發表她的看法，她說：「既然有被抓走的顧慮，不如暫時不回台灣，乾脆住下來，靜觀狀況，再做行止。」她接著又說：「我們這裡雖不算很好的地方，如果你想繼續住下來就住下來，『麥想歹勢』就住下來啦。」

　　秀蘭的好意和鼓勵，我只有心領，我還是想「闖關」看看，反正我的行李，早已做適當處理，應疏散的都疏散，除了美國同鄉賞給孩子的玩具，就是一堆髒衣服。有敏感性書刊、照片都早已交給同鄉們代爲處理。

（14）入境台灣未受刁難滿腹狐疑

　　禮拜六近午，張良澤似乎並未死心，又來試探我的行止，及至發現我歸意甚堅，便想留下來給我送行，我婉謝他好意，並告訴他，東京我比他熟悉。二戰前我曾經在這裡住過五、六年，出獄後經營 Chlorella 時，也每年來此地出差三、四次，不用再麻煩他們。我打算乘 Taxi 到新宿北口，

改搭往成田的「高速巴士」。省得在上野驛換搭「京成線」時，帶著行李步行一段路。我到機場出境大廳，還不到兩點。我先辦完出境手續，到候機室找一個沒有人的 Corner（角落）坐下來，拿出夾帶出來的《台灣青年》如飢似渴、很貪婪的把它看完，直到廣播催登機，才把這些無法帶回台灣的雜誌，忍痛拋擲垃圾桶。

直到飛機起飛前一刻鐘，我才半跑趕去登機，雖不是最後一名登機者，卻因隨手攜帶的行李多一點，擠進座艙時多花些時間，也給鄰席座客增添一些麻煩，甚覺歉疚。

我的艙位是機尾後艙中排，左鄰一位衣著華貴中年日本女客。右鄰則為一名操「汕潮腔」的「新加坡」華僑，他誤認我是日本人，喜歡用不太流利的日本話找我搭訕。左鄰日本女客，則態度矜持，不隨便找人搭訕。不過偶而轉動坐勢，稍微碰觸鄰人手肘，或小腿碰觸，都會很有禮貌的表示歉意，頻頻「スミマセン」（很抱歉）。真是「禮多不怪」！

我很想閉目養神，卻為抵桃園下機後，能否平安回家？會不會被擋下來，送去調查單位，甚至送回綠島「二進宮」？腦裡不斷盤旋著遇到不同狀況時，可能的遭遇和命運……。

下機後，我跨大步搶先到「檢照台」，主動將所有行李打開等檢查。沒有想到「關警」連瞧都不瞧一眼，一直注視著電腦螢幕，約莫 10 分鐘，在我的證照上面蓋上「橡皮圖章」，並示意我「可以走」。

我一時被搞糊塗，也半故意提醒「關警」：「你還沒檢查我的行李。」他依然木坐不語，動也不動，只用右拇指示

意我可以走。因為後面還有很多人等著受檢。

我納悶，也很驚訝！我這三個月在北美的言行，他們應該都知道。除了報章雜誌所披露介紹的，埋伏各地的「職業學生」、鷹犬抓耙的「小報告」，也應該早已傳回台灣，何以反常如此？連問都沒有問半句？只注視電腦螢幕裡的文字？我百思莫解，無法用一般常識來看待今晚的事情。

我走出「入境大廳」，左張右望，掃視週遭沒有看到前來接我的人。約莫半個小時，發現一輛灰色轎車駛近我，從車裡出來的，竟是「中央研究院」的張炎憲，他緊握著我的手，問平安，並以不可思議的口吻問我：「怎麼會這麼快？」

張炎憲為我能平安回來，入境未被刁難，雖然感到很欣慰，卻也很納悶，滿腹狐疑。回到台北，所有關心我的朋友，也都感到很不可思議！

今晚這個「謎」般的大疑問，直到一個月後的 1987 年 7月 15 日，我們才得到解答。台灣人不斷要求自由民主，尊重人權，解除戒嚴的呼聲，蔣幫終於不得不重視、傾聽。地球上哪一個國家實施過長達 38 年的長期戒嚴？在一個被非法佔領的土地上，連那一些被騙來台灣的所謂「外省人」朋友，都看不過去，和我們站在同一個戰線，並肩打拚攜手合作呢！

31. 事業的根在台灣

　　記得 1988 年入秋一個下午，王玲和她先生（時任「台糖」屏東總廠長歐陽象才）陪一位 60 歲出頭，操廣東腔的朋友來找我。這位朋友，好像叫做「趙先生」。當時他是否留下名片？已記不清。他週前剛從紐約回來，目前在「聯合國」一個幫助落後國家改善環境衛生的單位工作。

　　幾年前「聯合國」派他到東南亞地區考察，發現「泰北」幾個落後民族聚居地區，飲水都汲自 As（砷）、Pb（鉛）含量超高的河川水，普遍感染類似「烏腳病」的症狀，從腳趾

ᘉ左：王玲、右：歐陽象才

一直腐爛到膝蓋，臭氣四溢，蒼蠅趕不盡，令人慘不忍睹！為了解決這些為文明社會所遺棄，與病魔纏鬥掙扎的少數民族的飲水問題，乃向「聯合國」申請撥款鑿井。

暫且開鑿六口，不料湧出來的水，水質竟與中國青海、四川一帶湧出來的地下水同樣鹹滋滋，根本不適合人類飲用。

投下巨款鑿掘的水井，棄之可惜，自己也有失斟酌的責任，便想有效利用這些鹹水做他途之用。

為此他特地來台灣，找他「中央訓練團」同期生歐陽。因風聞歐陽任職的「台糖」，早於二十多年前即已開始在台南「糖業試驗所」宋炳南博士指導下，由徐榕生等人做各種藻類培養實驗，想藉他的關係從「糖業試驗所」得到一些這方面 Information（資訊）。沒想到「糖業試驗所」所研究培養

左：作者、中：李漢堂之妹、右：張金爵

的，竟是些「畜牧飼料」用的 Scenedesmns 菱藻之類。而且都不適合鹹水培養。

歐陽與王玲是我六十年前故交老友。夫人王玲與台北「馬偕醫院」營養部主任沈彩葉、鹿港施梅卿都是 1945 年代「台中衛生院」有名的「三女傑」。她們也是我們「中興書局」股東，曾經「高舉掃把」參加過 1945 年「新生活促進隊」活動，並與李漢堂、張金爵兄妹、賴瓊煙、許青鸞等人常去梅枝町「瓦窯寮」向楊逵請益。

因「三青團」「壁報事件」，我被蔣幫暴警抓去台中市警察局，當天半夜拉著衛生局胡局長，衝進警局為我「療傷」，並勇敢衝向洪宇民局長，怒號「你們警察非法逮人，把人打得死去活來，還不把他送醫……」的便是她。

歐陽象才則因 1946 年 5 月間，和台南「三青團」書記曾溪水等「中訓團」同學，來嘉義想遊阿里山，那時「阿里山林場」僅有一部「日皇」裕仁尚是皇太子時，來台灣遊阿里山，「台灣拓殖會社」特為「皇室」趕造的「貴賓車」，尹仲容（阿里山林場場長）早已借給我們報社。曾溪水便來商量是否讓他們一起搭乘「貴賓車」？他們人數不多，曾溪水又是自家人，便點頭讓他們上車。歐陽便是那個時候初次見到，早年隨做「大甲笠」外銷生意的父親去日本神戶，在那裡長大唸書，氣質非凡、頗有日本韻味的王玲。

後來他們如何交往、結婚？我因不久涉案 228，直到 1964 年出獄，妻始透露王玲與歐陽結婚，並曾幾次遠從台北來北斗關心我獄中生活……。1978 年探悉歐陽任「台糖」麻佳總廠長。又從麻佳總廠轄下善化廠總務主任陳建發先生

（陳永興醫師的父親）那裡，探知歐陽為人清廉，毫無「中國官僚惡習」，始放下一顆心。

歐陽夫婦以前曾經來過我們工廠，對我們這一行業也有點興趣。所以帶這位從美國回來的朋友來找我，希望我能幫他解決這幾口事前未做好勘測貿然開鑿、讓「聯合國」蒙受損失的「鹹水井」。

當我了解他們問題所在，便乘機將兩年前，東京「大日本 INK」也曾經派人來找過我，提起到泰國生產 spirulina 的事情告訴他們。當時我因為正在研發新產品，無法抽身加以婉拒。

Spirulina 即藍藻，又名「螺旋藻」。牠在健康食品中價位甚高，在醫藥方面還有很大的開發空間。日本人、歐洲先進國家的人，都視牠與「克羅列拉」同為「珍貴補品」。Mexico（墨西哥）許多「死火山」窪坑，就曾經在鹹濺濺的水裡繁殖著 spirulina。

因有歐陽與王玲的特別關照，我遂表示可以當他們顧問。但不能常駐泰國，頂多每個月去一、兩趟，視情形或可為他們組五人 team 派去泰國。到傍晚他們都如獲至寶般流露著滿意的笑容。臨走時，還一再稱謝，並表示還要再來。

一個禮拜後，歐陽夫婦和「趙先生」果然又來訪。對「計劃中的事業」他們似乎很認真準備全力投入，大有拋下目前這份優異工作也在所不惜，還想藉此機會舉家移民。

他們很熱心的說明他們的計劃，談了半天，發現我始終沒有反應，便很納悶，詢問我「是否捨不得放棄這家公司？」我抬頭望他們一眼，依然保持沉默。兩眼炯炯，凝視

王玲和歐陽，希望從他們臉上尋出端倪。我懷疑他們連著落都沒有，會冒然放棄這份人人羨慕、得來不易的「總廠長」？

接著「趙先生」探問我：「如果暫時無法放棄這個公司，或先考慮做些投資，除了『技術投資』，也做點象徵性現金投資如何？暫且六十萬美金即可。」六十萬美金對他們也許是個小 case、小數目，但對坐過長牢、出獄不久的我，簡直是一筆不敢想像的龐大數目，而且要如何看待我的knowhow，也未言及。

無論如何我不可能放棄我一手創辦的事業。對於台灣前途我也覺得不必看得那麼悲觀。台灣是生我育我的母親，我們不會像中國逃難客，只將台灣當作「反共復國」的基地，如固守「竹籬笆」享受特權，不與台灣人為鄰，不思認同台灣這塊土地，落葉卻不想歸根，也不願留下來作伙打拚，共同耕耘自由民主台灣的園地。那一夥人，目睹中共日益囂張殘暴，留在中國的親人朋友，曾經在「三反」、「五反」、「文化大革命」和「六四天安門事件」中，如何遭到清算鬥爭的消息也陸陸續續經香港和美國傳出來，便慌張焦慮、不知所措。

我能理解他們內心的焦慮和徬徨。有家歸不得，對台灣前途又沒有信心，想越洋到新大陸的美國，卻又考慮到語言不通、水土不服、生活習慣也不同……。如今有泰國這個地方可以考慮，他們當然不會錯過這個好機會。

「趙先生」又說：「泰國人與閩粵一帶的人血緣近似，看外表皮膚幾乎無法識別。所以生活習慣也應該差不到哪裡去。」他最後還充滿信心的強調：「我們有現成的『水

源』，有技術和可靠銷路，還怕無法在那裡生存？」

　　他們這些在台灣已經住過近半世紀的人，竟然一昧的想出去、移民國外。他們這些人幾乎都在這裡成家立業，娶台灣某、兒孫滿堂、親戚朋友也不少，難道對這塊土地，一點感情都沒有？都不會留戀？

　　50年前1945年，由於「美國一時糊塗」，造成台灣歷史悲局，讓台灣淪落到連日本殖民統治都不如。他們1945年10月25日，隨蔣介石派來的陳儀踏上台灣，即開始以征服者姿態，高高在上，享受特權：舉凡就學、就業、就醫、軍旅、稅捐，乃至為了穩固「蔣政權」，對軍、公、教的超級優撫……，都由所有台灣人為他們背負埋單。

　　這些人不但沒有絲毫感恩，也不覺得「歹勢」，還以得天獨厚、理所當然的高姿態，在台灣人頭上逞威風。

　　過了兩個禮拜，「趙先生」又來電話試探我，對去泰國的問題，是否認真考慮過？對我也能做些現金投資的要求，是為了對其他投資者的「起碼保證」。至於給我的「技術股」，他們會從優考量，一定會給我相當優厚、令我滿意的條件。因為未來公司產銷完全靠我，我是公司的「頂樑大柱」，如果沒有我，這家公司便無法存在。

　　為了給投資者一顆「定心丸」，我的現金投資是必須，而且應早些做決定。他們又說：如果對現金投資金額有問題，他們都希望我能坦白說出來，大家再做研究酌辦。虧他們顧慮得面面俱到。那些要求事實上並不過份，如果換個立場我也會想到這些問題。

　　可是我根本就不想離開台灣。什麼移民，也從未想過，

我們合夥事業，雖然沒有作成，我與歐陽家的交情依舊，有時候也會互相探望，互通音訊。他們也曾遠從屏東開車到北斗，帶我們倆去「合歡山」賞雪呢！

32. 陳秀喜與她的閨友

記得是 1974 年工廠牆外印度櫻盛開的時候，一個下午，一輛黑色「朋馳」開進工廠（我服務的「Chlorella 工業公司」）。從車裡走出來兩位男士和三位女士。帶眼鏡的女士是常董蔡瑞洋醫師的夫人。一位衣著華貴、指甲丹紅、戴白色無沿呢帽的，經瑞洋兄介紹後才認識的詩人陳秀喜女士。另一位著白地藍花洋裝，氣質高雅年約四十五、六歲的女士，則為故友吳新榮醫師夫人吳英良女士。另一位男士則為瑞洋醫院的 X 光技師兼司機的劉桑。

未進客廳前瑞洋兄當著圍觀的公司職員說：「這部車子十天前還是韓國駐台大使的座車，因為聽說金大使即將調回韓國，便託某管道高價把它買下來的。僅僅跑過六千多哩，連一萬公里都不到，還滿新的。」在外國車還不准進口的二十年前，能擁有這麼一部高級車的人，聽說在「府城」也屈指可數，無怪乎瑞洋兄會那麼高興得意。

這是我頭一次看到秀喜姊。第二次大概是次年—— 1975年春季在關仔嶺瑞洋兄別墅，一次「文化界」大聚會時。一共來了二十多人。飯後我們席地而坐，天南地北無所不談。

但大家談得最多、最熱烈的，還是有關中國的「紅衛兵作亂」和「台灣前途」問題。與會前輩中，仍然堅信「造反有理」、稱讚「毛主席的偉大」的有之；同情中國人民的不幸，義憤填膺的也不少。一向將「希望」寄託在並未謀面的「祖國」，帶有幾分自由主義色彩的人，雖不敢在眾人面前明目張膽公然批評「紅衛兵」和「毛主席」，卻仍禁不住內心的隱憂，很婉轉地透露心聲的也有幾個。瑞洋兄、秀喜姐和張良澤便是屬於這一類。

楊逵兄和二崙的廖清纏、台中的張慶璋三位則頗能察言觀色，對「偉大毛主席」和「革命小將」紅衛兵的「造反有理」，雖以略帶含蓄語句作分析和說明，卻仍掩不住他們內心的興奮和對「走資派」的終將失敗的喜悅。

當晚瑞洋兄將自己的臥房讓給逵兄等三位先輩。他的姑姑、嫂嫂（1950年給羅織參加「台灣省教育會」案，被槍決的蔡瑞欽夫人）、秀喜姊、吳英良女士和他的太太湘雲，則擠在另一個房間，他本人和我們約十六、七名便分別在一、二樓客廳地板上席地而睡。我睡樓上靠近梯口的地方，右側是帶著與王麗華生的女兒來參加的「成大」張良澤。左側為詩人何瑞雄，再過去便是「幽默大師」潘榮禮。

我真正成為秀喜姊的摯友，是1977年她從台北搬來關仔嶺笠園以後的事情。初時她的兒女們和前夫張以謀先生，因怕她一個人住在山上太孤單，幾乎每個禮拜六都從台北開車子來陪她度週末。後來看到她漸能適應山上的生活，張文環去世後已沒有「理由」再往日月潭跑的蔡瑞洋，也將每週三天半的時間移來關仔嶺陪她。許多「笠」的同仁文友知道關

仔嶺的景色優美空氣好，夏天山上溫度又常比平地低三、四度。加上到陳姑媽那裡有吃有玩，也可以親睹台灣「傳奇人物」陳姑媽的風采，來笠園的人也逐漸地多起來。因此兒女們和張以謀先生也就放心多了。

當年秋節過後不久，我趁到台南糖業試驗所辦事之便，順道到笠園看秀喜姊。到笠園已近傍晚，便決定留下來。晚飯後我們到外面走了一圈。回到客廳剛坐下，她便指著餐桌邊一堆月餅說：「這麼多，我一個人吃半年也吃不完。」要我幫她處理。我當即答應明早帶三盒「義美」的回去。她聞言瞪大眼睛笑我「歪嘴雞吃好米」，專挑「名家」做的。

她很健談，記性也很好。從她生下來不久，給陳家抱過去撫養開始，一直談到她要去投考「新竹高女」那一天，巧遇「初潮」。被養在封建保守的深宅大院，對女性生理常識全無的她，的確是個打擊。她驚慌之餘，一個人躲在房裡焦慮暗泣。及至奶母覺有蹊蹺推門進來問明緣故，反而陪笑向她「道喜」時，更把她弄得莫名其妙。她因此喪失了投考「高女」的機會。所以才當一輩子的「公學士」（小學畢業的學歷）。

她滔滔不絕一直談，談到隨調職「三井」上海支店的張先生到上海，住在租界如何與租界的外國人周旋，如何學習求進……，她的烹調、花道、書法，乃至英、日文的基礎便是在這時候奠定。她的文學細胞也是這時候開始萌芽。當她再次說到去日本參加「國際詩人大會」，日本著名詩人山口大學先生誇讚她的日文時，她即正氣凜然地回答他：「這是被殖民者的悲哀」，使這位聞名國際年逾九十的老詩人，

不得不當面向她謝罪的時候，我禁不住內心的興奮，走到她面前，用日語對她說聲：「太偉大了，比攻下十座城池還有效！」

當她從廚房端茶回來，猶未坐定，我便指著書櫥裡一張略呈斑污的舊照問她：「這三個黃毛丫頭是誰？」她回頭瞥了那張舊照一眼，嘆氣回我說：「這二個人都和我同庚同班同學，都曾走過各自不同命運的崎嶇道路，都是曾經『紅極一時』，便銷聲匿跡。」站在中央的是十歲時的她。站在左邊的是鼎鼎大名的「何媽媽」──何秀子。她是「第三高女」出身，歷盡辛酸萬苦熬出來的。曾經在台北中山區高張艷幟，一時使國府黨政軍，許多達官顯要不得不拜倒她石榴裙下，叫她「何媽媽」。也使許多外國朋友因慕名為親睹她的風采和旗下娘子軍，千里迢迢前來台灣，不惜一夜擲千金。

她壓低聲音，又悄悄告訴我，何秀子曾經是國府「坐上客」，為國府解決不少「疑難雜症」；找她旗下「美艷小將」替「台灣選出」的諾蘭議員解決夜裡寂寞……。然而她現在卻淪為「階下囚」，以「女流氓」被送去「土城」感訓。祇因為美國《時代》雜誌曾經刊載一位美國朋友說他「台灣祇認識兩個人，一個是蔣總統，另一個是何媽媽。」蔣介石聞言龍心大怒，也不顧何媽媽過去為國盡瘁，替他們解決過多少「難題」，替他們辦過多少更有效率的「國民外交」，使許多「番邦寨主」望色歸漢。

相片裡的另一位蔡姓女士，現在已改名做「佐井淑」，她也紅顏薄命。

　　蔡女士生長於富有家庭，人也長得滿不錯。昭和十八年即已畢業「東京女大」英國文學科。戰時曾經在日本海軍燃料廠官拜「海軍雇員」，戰後經姜校長邀聘到「新竹女中」任英文老師，也在「三青團」兼婦運工作。

　　那個年代，台灣的查某囝仔能到國外唸大學的，可謂鳳毛麟角，她在風城受人羨慕自不在言下。想交她做朋友，想親暱她的更不知凡幾。1945 年底「三青團」派她到台北受訓時，卻交上一位台中青年。她曾經跟這位青年交往一陣子，也帶他到婦女會長劉玉瑛處和幾位親戚長輩那裡，請人「鑑定豬胚」，結果都一致誇讚她慧眼識英雄，爲她慶幸不已。然而曾幾何時，這位似可託終身的青年卻忽然失蹤。不但從此未見蹤影，連寄出去的信也如石沉大海……，到處探聽也不得要領。

　　剛弄到手的寶貝，忽被奪走般，她悵然若失，每天以淚洗臉……。不久卻傳來她跟一位一直追她，少她三歲，不大上眼的音樂老師（廈門人）私奔了。

　　不知「廈門囝仔」用什麼花言巧語，將正陷於失戀悲劇中的她拐走，還是她自己也需要療傷而糊里糊塗地跟人家出去？那時，她們剛從上海回來，台灣社會正在轉變，她們自己對正在劇變中的台北政治社會環境也還摸不清，對蔡的不幸遭遇，也祇好抱著隔岸觀火，事實上也是愛莫能助。反正她們都不是小孩，「米都已成熟飯」，旁人又能如何？

　　秀喜姊似乎已注意到我的緊張，認事有蹊蹺，便問我是否也認識蔡？我隨即點頭表示認識。她便緊追不捨地問我如何認識，是否到台北受訓時認識的？經她這麼一問，我心

裡顯得更慌張，惶惶然不知所措。我遲疑片刻，仍以點頭作答。她似乎已經看出我的破綻，抓住我的尾巴。但她卻故作鎮靜，故意採用迂迴戰略，壓低聲音問我害蔡那個青年也是台中人，我一定也知道這樁事情。那麼他到底是誰？秀喜姊眼巴巴地等著我的回答。等了半天仍等不到我的滿意回答。她兩眼光芒更如利劍，直刺我的心窩。我無法抵賴，便祇好「俯首認罪」。

我將來龍去脈徐徐告訴秀喜姊說：我從未存心欺騙她。祇因一句話的解釋不同，才釀成那麼大的誤會。「聯誼會」自我介紹時，我說過「未婚」。就是為了這麼一句話。當時我與妻雖然已經訂過婚，但是還未正式結婚，所以說「未婚」沒有什麼不對。那知班上所有男同學都是既婚者，祇我一個尚是「未婚」。很巧，蔡也是女學員中唯一的未婚者。因此他們便提議藉此機會撮合我們。

這時候我內心很緊張，也很矛盾。既興奮又懊悔，對同學們的熱誠，既驚且喜，對蔡的才華和脫俗高雅的氣質，委實也有點傾心。但已訂過婚的妻，她已給我太多，也未曾或忘。

「壁報事件」發生後，我不得不到處逃生。既然暫時不能回台中，我就藉此機會到外縣市觀摩別人的團務推展情形，也順便往新竹走；在那裡我能親睹她的風采，聽她彈蕭邦和莫札特……。對她的熱情和關心，我不但未曾加以拒絕，事實上我也盼望有人能幫我排遣這旅途的孤寂。因而被人牽著去「鑑定豬胚」也不自知。人家已將自己視為「準姑爺」，也毫不自覺。

　　直到未婚妻的溫柔呼聲，嘵過我的耳際，才猛然醒悟。原來我在夢中遇到久違許久的未婚妻。我渾身大汗，起床略整思緒，發現自己與蔡雙雙沉溺愛河，而且頗深。於是我便「緊急煞車」。後來，我意欲繼續說下去，卻看到秀喜姊猛用手攔住我，示意我別再說下去。她似乎已聽不進去。她與蔡何兩人都是竹馬之友，也都是女人。而且她自己也曾經備嚐類似經驗，所以不得不與相隨相伴三十年的張先生鬧婚變，實則與此類問題有關。因此她同情蔡甚於同情我，更為她大抱不平，毋寧是很自然的事情。

　　她長吁短嘆，頓足不已。她遲疑片刻，隨即改以嚴肅口吻，責備我「簡直像個生番」。人家對我一片痴情，我卻心腸如鐵，說斷就斷，也不替人家設想，太自我本位，太自私。她又深深嘆了一口氣，然後又告訴我：蔡與「廈門囝仔」的婚姻關係並不美滿，不過維持半年。水準那麼差又長得不怎麼樣，也不大講究衛生，如何能長相守。她現在總算了解蔡何以會受那麼大的打擊而出走，就是我這個「生番」的緣故。如果別人也許不致做出近乎自暴自棄，下場也不會那麼慘。

　　接著她又悄悄告訴我，蔡已於六年前悄然離台往日本，現已正式歸化做日本人，說誓死不回台灣這塊傷心地，她每次去日本都一定去看她。她也希望我去日本出差時，能到東京看她。她現在雖然已近古稀，性情也還是那麼灑脫。我的出現，她一定會非常高興。她曾經對我那麼癡情過，如果知道我並未把她忘記，她當然會很高興。

　　自此「生番」的稱呼，便成為秀喜姊對我的專用名詞。

我和秀喜姊、瑞洋兄、吳英良女士、何秀子、蔡女士都是
1921年出生。說實在，我比秀喜姊還早一個月生，照理她應
該叫我哥哥才對。因爲她老成、有成就，我還是拜她爲姊。

　　她於1991年2月25日去世。我寫下此文時，不覺已一
年又二十天。她人去，「笠園」也已易主。然而她的作品和
詩集，尤其是那首「美麗島之歌」，已愈來愈普遍地爲台灣
人所愛唱。她在世時我們每個月至少還可以見兩、三次面，
如今她已去，祇剩下她的舊照，高掛在二樓客廳牆壁上的
「魚」和詩集，可以幫我回顧她的過去。

33. 懷璧台灣人，所以他有罪
——我看李友邦之死

中日戰中，從福建省政府（當時福建省主席正是陳儀）一所專門關台灣人的收容所，救出數百名被歸類「日本人」的台灣人，組織台灣義勇總隊，在閩浙敵後，從事「特殊任務」參加抗戰的李友邦，戰後回到台灣又糾合早期參加反日運動的舊「文協」、「農組」、「自治聯盟」，和爲爭取擺脫日本殖民地統治，主張「台灣獨立」的舊同志參加三民主義青年團。

正當他把「三青團」經營得有聲有色，幾乎成爲風雨飄搖中的台民唯一避風港時，卻爲中國「劫收大員」所疑懼，也使一小撮誤國殃民，被中國人民唾棄，趕出大陸的老賊所忌妒，因而終爲「蔣政權」羅織莫須有之罪，拖出去槍斃。

據當年曾任國府高級特工谷先生回憶，當年蔣介石覺得李友邦這種人不除，必後患無窮，乃命令帶他到「草山」問話，當場怒斥他：「如果你是匪諜，你太太也許會不知道，可是妳太太做匪諜，你怎麼會不知道？！再說你早年與共黨

一些糾纏不清的事情，又作何解釋？……，不用狡辯，拖出去……。」本患嚴重高血壓症的李友邦，聽蔣介石這麼說，當場昏倒。

1952 年 4 月 22 日押他往刑場時，不顧他已癱瘓，不能動彈，仍令武裝憲兵強加架去馬場町（即現在的台北市青年公園）。

李友邦是所有「半山」中，比較關心台灣，真正想為台灣做事情，無時不為台灣政經社會日甚一日惡化憂心如焚的人。目睹跟隨陳儀來台劫收，盛氣凌人的「戰勝國」官員和軍隊，橫行霸道，「不認養」台胞，卻以新征服者姿態駕臨台民頭上作威作福，予取予求……。悍然將民隱輿情反映中央而觸犯忌諱。

228 事件爆發，陳儀和柯遠芬早已向南京討救兵，並已得到層峰承諾，即將派遣「廿一師」來台鎮壓，卻仍要他到廣播電台向全島台民強調「政府的改革誠意」和「願接受『處委會』所提出的處理條件……」。其實李友邦早已洞悉其奸。他誓不為國府的「緩兵計」所利用，做出對不起台胞的事情，便稱病不起，閉門謝客，拒絕陳儀和柯遠芬的要求。

因為他屢次冒犯國府，遂被誣指他所領導的「三青團」為 228 的始作俑者，簡直是指鹿為馬時空倒置，顛倒是非。除了下令捕殺各地團幹，也很狡猾地設計誘捕他，不到兩天即將他移送南京打入天牢。

1949 年 1 月 5 日東南軍政長官陳誠將軍，繼魏道明兼任台灣省主席。陳誠一上任便起用 228 後唯一為台民所能接受

的「半山」李友邦，任省政府委員和國民黨台灣省黨部副主委（主委乃由陳誠兼任）。此外，許多黨營事業的董事長，陳誠也因某些政治考慮，都屬意李友邦兼任，不料陳誠對他的器重厚愛，卻反而害死他。

1949 年 12 月 7 日國府全面撤出中國大陸，並正式將台北定為「陪都」（國都之外另設的都城）。跟隨國府跟蹌逃來台灣的那些老賊，不好好思過反省，卻反而像餓虎般地饞涎欲滴，張牙舞爪，虎視眈眈，想找塊「肥肉」、油水豐富的官位或公營事業棲身。

當這些老賊發現所有黨營事業的董事長，幾乎都是同一個人李友邦，他們目瞪口呆，頗覺驚訝。然而李友邦為何方神聖？他哪裡來這麼大的本事，能一把抓？於是老賊們隨即聚首密商對策，分別洗垢索瘢李友邦的過去。他們當然知道李友邦是東南軍政長官陳誠身邊的「紅人」，不能硬碰，祇可計取。

對中共膽怯如老鼠、內鬥勇猛如老虎的老賊們，終於決定送給李友邦一頂「紅帽子」。祇要能查出一點點蛛絲馬跡，便可以借題發揮。反正搖筆桿舞文弄墨是他們的專業，他們自信必能勝任愉快。

不久，他們果然查出 1927 年「寧漢分裂」前，國民黨總理孫文走「聯俄容共」路線，聘任俄人鮑羅廷為顧問的時候，李友邦曾經參加過「左派青年團」，而 1932 年給秋後算帳，被逮投獄兩年的紀錄。

又查出中日戰爭爆發次年，李友邦在浙江金華成立「台灣獨立革命黨」，並以此名義向「中央」申請成立「台灣義

勇總隊」。參加抗日期間曾經與共黨份子接觸，又有容共黨份子在他的義勇總隊裡面。

接著老賊們又指出李友邦起用共黨份子潘華爲「三青團」台灣區團部書記。讓潘華以「三青團」爲掩護，替中共搜集情報云云……。

由老賊們的檢舉，及「國防部 41 年 4 月 21 日（41）防隆字 831 號判決書」觀之，此判決完全無視時空因素，縱然所檢舉即令確有其事，既而國民黨的國父採用「聯俄容共」政策，聘任俄國共產黨人鮑羅廷做顧問。黃埔軍校校長蔣中正既然可以請周恩來當軍校政治部主任，與郭沫若等人同事，身爲黃埔學生的李友邦參加左派青年團又何罪之有？

再說李友邦 1938 年之所以成立「台灣獨立革命黨」，是爲了對付日本帝國主義者，因爲那時台灣還處在日本殖民統治下。後來成立台灣「義勇總隊」，也是完全爲了參加抗日戰爭。但此時，卻被誣指「容共黨份子在部隊裡面！」「他本人也曾與共黨接觸！」

1936 年西安事件發生第三天，蔣介石與周恩來促膝懇談國是。從此「國共二次合作」便水到渠成。抗日戰爭中，國共雙方都併肩抗戰。國家存亡悉繫此戰，大家都在拚命爲抗戰、爲勝利，哪裡還有閒情去關心別人所接觸交談的人，是否爲共黨份子？豈不太無聊。

至於「三青團」台灣區團書記潘華，是否指余陽？因爲「三青團」台灣區團部書記，自始即爲余陽。他，個子不高，兩顆眼睛圓圓、人很嚴肅，年約 35、6 歲（1946 年時），彷彿是汕頭人。如果潘華即爲余陽，這個責任更不應該算到

李友邦頭上來，余陽是中央團部還在重慶時，由第二處（負責組訓）直派來台灣的。當時第二處長正是蔣經國，第一處長為倪文亞，而第三處長則為已投共的邵力子。

如果潘華即是余陽，反正他是由蔣經國派來台灣的，要追究責任應該找蔣經國才算合理。

總而言之，欲之死何患無辭！在中國誤國殃民的老賊們，奔命來到台灣不思過反省，反而在台灣這塊乾淨土地上惹是生非、爭權奪利，其心態實可誅。蔣介石又何以非將李友邦處死不可？儘管陳誠幾次往草山求情，蔣介石最後還是聽信老賊們的誣陷，把他殺了，難道因為他是228的漏網之魚，因為他是台灣人，曾經組織「台灣獨立革命黨」，想搞台灣獨立的緣故？

李友邦被槍決的時間是 1952 年 4 月 22 日凌晨。

34. 五十年與五百天

1895 年台灣被抽鴉片的滿清政府割讓給日本償還戰債。台灣人的父祖認爲「甲午之役」純爲清國與日本之事，與台灣人無關，他們沒有權力將台灣割給日本，便開始作激烈反抗。

初期武裝抗日，因用土銃土炮對抗日本的現代軍隊，犧牲慘重沒有成功。乃自 1920 年代起改以和平抗爭：台灣文化協會、民眾黨、自治聯盟，均以溫和的文化演講啓蒙民智，灌輸「民族自決」和爭取自由的思想。謝雪紅的「日共」台灣民族支部，則在「第三國際」支持下計畫推翻帝國主義統治，實現台灣獨立。

儘管武裝抗日和 1920 年以後的和平抗爭都沒有成功，但在日本領台 50 年，歷次抗爭陣亡或事後被捕殺的人數，根據史料上面的數字，並未超過兩萬人。

除了 1895 年日軍從澳底登陸開始，清廷守軍不但臨陣潰散，連負責「台灣民主國」防務的唐景崧、丘逢甲、劉永福及各要津守將孫道義、張兆連、徐邦德……等都先後逃回中國。因此這段時間可以說並未發生激烈戰鬥，死傷也寥寥無

幾。

1896 年在蘭陽平原各地抗暴中陣亡及經審判被處死者 2831 人。雲林大屠殺則有 2053 人。1902 年間，包括「騙降事件」、林杞埔事件、崁頭厝、西螺及林少貓事件的大屠殺，戰鬥中陣亡和經法院審判處死刑的計有 2260 人。

1912 年配合中國革命，轟動海內外的「羅福星事件」，則僅羅福星等首謀者 20 人被判死刑，餘 258 人均被處徒刑。最後一次發生於 1915 年的武裝抗暴——台南玉井的噍吧哖事件，在玉井山中混戰中陣亡 309 人，用詐騙誘降，再捕送法院起訴者 1957 人，而經判死刑者，雖達 866 人，但因該案引起日本國內輿論激烈責難，國會也出面干涉，結果經再審，事實被處死在台南監獄的也僅 95 人，餘均獲減刑或赦免。如果連同 1930 年的「霧社事件」參加抗暴的約 500 人也加上去，在日本領台 50 年間被殺戮的數字即 13760 人。即令連未參加抗暴，卻因居住霧社或玉井，而遭到「斬草除根」飛禍的，總共計有 14260 人。

1945 年 8 月 15 日大戰結束，10 月 25 日來台接收的陳儀及接著來台駐防的中國軍隊，台灣人曾經建造牌樓、宰殺豬羊、任雨淋漓、佇立路旁，揮舞著青天白日旗歡迎他們，滿以為從此台灣人將回到「祖國」懷抱……。然而歡呼之聲仍盪漾於耳，有些居住城市的人卻早已看穿「祖國」的廬山真面目。「祖國」根本未將我們當做自己「同胞」看待。對自「甲午」以來台灣人所蒙受的委屈、所付出的犧牲，不僅未有一言半語的慰藉，反而以征服者的姿態駕臨台灣人頭上。

他們等到最後一批日軍上船被遣走，便開始將日本人經

50 年時間建立起來的法治制度和社會秩序，藉口「日人遺毒」刻意加以摧毀破壞並予一一「劫收」。

　　隨即開始搜刮糧食，連儲藏各地農會的民糧，也不放過，架起機槍如強盜般地搶走。他們不了解「原子彈」這個洋玩意兒，多數中國人也不相信日本已真正戰敗。因此對日本的投降一直都抱著疑懼。加上目睹已被解除武裝的日軍，依然保持嚴明紀律，隊伍整然，走起路來都是挺胸昂頭，絲毫未有頹喪之態，他們多以為日本軍還會回來，便將工廠裡面凡是可以變賣換成金條的機械設備、原料物料，都換成容易帶走的金條，而置成千上萬依靠工廠維生的農民和工人於不顧。

　　他們又拿金條騙走台灣的女人，等到部隊要調動，他們又將已正式結婚的女人送回來索回金條。如果要求不遂，便將妻子帶到基隆押入花街，換取金條上船揚長而去。

　　台灣人受到這般凌辱欺壓，都一直飲淚隱忍，忍受到第 490 天，即 1947 年 2 月 27 日晚上，台北市大稻埕天馬茶房前的緝菸事件為導火線，爆發驚動中外的 228 事件。

　　第 499 天上午陳儀獲悉南京援軍已近基隆和高雄港外，即命柯遠芬、彭孟緝分別由士林圓山和高雄壽山攻入市區，他們除了用槍射殺身無寸鐵的無辜百姓外，另命特務便衣人員四處按單捕殺成千上萬、在地方上稍具名氣的台灣菁英。

　　這些人多未涉案，也未參加任何活動，然而這些人何以在每個地方都遭到被捕殺的厄運？他們的皮輕輕用刀一畫，就會迸出鮮血，他們對陳儀一夥人的劫收作弊，非法亂權不能視而無睹，也許這才是蔣幫欲殺盡台灣菁英的理由。

他們的手段殘忍；有用「八番」粗鐵絲穿過手掌，六、七個一串被推入海中。有裝入麻袋丟到河裡。有反綁雙手，從背後用刺刀刺殺後，踢入土坑。又如文山茶行的王添灯，也被裝入汽油桶裡，再用火烤死丟棄淡水河。台灣高等法院推事吳鴻麒（吳伯雄的伯父），被槍殺後再割去陽具塞入嘴裡。還有被割掉奶頭，裸露下體被棄屍荒野的女人……等等，不勝枚舉。

這 2 萬多至 3 萬人的被虐殺與「被帶走」，都未經任何法律程序與審判。他們多不是什麼爲非作歹、作奸犯科之徒，也非地痞流氓之輩，而是中央與地方的各級民意代表、學者教授、校長教員和律師、醫師、推檢人員及人民團體的首長、三民主義青年團各級幹部。也有殷商巨賈、慈善團體的主持人及許許多多學生和剛從戰地回來的退伍軍人……。

2 萬至 3 萬的數字，是陳儀所代表的國民黨踏上台灣土地第 500 天大屠殺及其後接連四個月間藉「清鄉」被帶走，至今一直未回來的人也加上去的大約數目。海內外很多刊物和報告，有說 10 數萬，也有說 4 萬或 5 萬。我的數字似乎很保守，而且恐怕還有遺漏的地方。然而這個最保守的數字，已經比日本領台 50 年在歷次抗日鬥爭中被殺害的數字總和，還多出一倍。

「祖國」這一起悶棍委實早在 43 年前即已把台灣人打醒。國民黨在 43 年後的今天，仍然不顧歷史和現實環境，繼續掩蓋事實，推卸責任，請一小撮御用學人用筆墨塗改扭曲這一部用台灣人的鮮血寫成的歷史。他們還不祇一次要求台灣人「應往前看，別老提往事……」。

國民黨如果執迷不悟，不肯面對現實，仍東塗西抹，指鹿爲馬，台灣人民心頭怒火將永遠無法平息。

35. 關於楊逵「和平宣言」的幾點疑問

　　自 1943 年 6 月，我從東京回台灣，開始出入楊逵在台中市梅枝町的住所「瓦窯寮」算起，到他於 1985 年 3 月 12 日去世爲止，我和楊逵的交往，幾近半個世紀。

　　終戰後和 228 前後，我們兩人都曾經共同經歷過幾件頗具歷史意義的事情。後來，在台北監獄和綠島新生訓導處那一段期間，我們雖然不屬同一個大隊——他在第一大隊二中隊，我在第三大隊十中隊；但每天還是可以見面。

　　當時他被大隊長派來虷鰻溝游泳池邊，一間小茅屋「管理舊報紙」，而我們每天做完工作都要來游泳池沖洗身上的泥污或作半個小時的游泳，之後都必去楊逵的小茅屋看看他，交換一些新聞。又每禮拜天下午，他也會帶些雞蛋或一瓶烏梅酒、花生米之類，和七隊的大胖子張信義，來「桃花源」三大隊山麓，菜圃茅草寮找我喝酒。我們每禮拜日下午定期聚飲，參加的人除了楊逵、張信義外，還有十一隊的王溪森，九隊顏錦華和蘇紅松。

因此，我對楊逵的瞭解，雖然不敢說百分之百，但敢說至少比一般人知道得多一點。也因此，對於他那篇長久以來，一直備受爭議的「和平宣言」，想提出個人一些淺見，供有心的人參考。

記得 1949 年春節過後不久，楊逵和李炳崑兩人曾來台中監獄看我，並送我幾本《大學評論》、《觀察週刊》、《時代》……等雜誌，和一份上海《大公報》，楊逵臨走時，還提醒我：《大公報》第二版有他的文章，要我回監房仔細看。

回房後，我一看才知道：原來在該報第二版中段，有一篇以「專欄」形式刊出，楊逵所寫的「和平宣言」。

依當時記憶，此份「和平宣言」（大約 500 字不到）的主要內容，大致是：呼籲國共雙方立即放下武器，謀求和平，讓經八年抗戰，背井離鄉，到處奔逃的人民有喘息的機會，回鄉重整受戰禍破壞的家園。

據我所知，楊逵這篇寫於 1948 年年底的「和平宣言」，曾經於 1949 年 1 月初，由當時台灣新生報台中辦事處主任鍾平山（山東人），轉寄台北新生報編輯部，經一個多禮拜，始終未見刊出，楊逵遂要求鍾平山索回，再由鍾輾轉改投上海《大公報》，《大公報》隨即在該報第二版中段以專欄刊出。

沒想到楊逵和鍾平山竟因此而分別被判刑 12 年與 10年。

在當時，祇要幾個人聚在一起看一本中國或香港方面出版的書刊，或將《中央日報》、《新生報》上的一些特定記

事抄錄下來，三、五個朋友聚首談一談，便構成「懲治叛亂條例」二條一項：意圖顛覆政府而著手實行的罪，就有可能被判有期徒刑10年至死刑。

依此「行情」，楊逵被判十二年徒刑，無寧是被判得太輕。而且執行徒刑於監獄、綠島那一段期間，他都能享受到別人享受不到的特別照顧。這當然是楊逵本身具備了特殊條件。如眾所周知，他是一位十足的「馬克思主義者」，又是名聲遠播中國的台灣作家。

他曾經給台灣農民組合（日治時代的抗日組織）灌輸新鬥爭理論，而一躍被選為「農組」中央常務委員，兼政治、文化、教育等部長；另外，他在日本也擁有幾分知名度。或許因為這樣，讓當局有所顧慮，甚或認為與其「殺掉」，不如「留下來」，將來或許可以「釣上更多更大的魚」也說不定。

果然不出所料，1950年初，當廖文毅一干人的「台灣民主共和國」，在日本聲勢正盛的時候，當局就想到楊逵這一張王牌，便從綠島把他接回來台北，先放他回台中與家人團聚一陣子，才告訴他任務：「是要他去日本工作。」當然是要他去和「台灣民主共和國」「作戰」。

可是楊逵也不是省油的燈，他欣然答應，然後要求讓老伴葉陶也能跟他一起去。他的理由是一個人無法完成這麼艱鉅的任務。葉陶有她獨特的「魅力」和「口才」，由他們兩個互相配合才能完成這個重任。

當時「情治單位」從一些「小報告」得來的情報，認為楊逵一直念念不忘他的「北京祖國」，如果讓他也把葉陶帶

出去，豈不等於「縱虎歸山」？因此，經一個多月的慎重考慮之後，大概認爲「冒險太大」，終於又把他送回綠島。

至於那篇害楊逵被關上 12 年的「和平宣言」，除了前面所提，在台中監獄，從楊逵帶給我的上海《大公報》裡，我看過一次之外，直到楊逵過世後，我才又在幾本雜誌上看到相關訊息。

首先是，1985年6月出版的《文季》第二卷第五期，刊出楊逵寫於1974年的〈台灣文學對抗日運動的影響——11年前一項文藝座談會上的書面意見〉，在文中，楊逵即提到「和平宣言」的大意：其內容主要在於呼籲政府：「在台灣並沒有共產黨武力，無須和談，只要政府切實革除腐化，切實保障人民的言論、集會、結社、自由，釋放228事件的政治犯，當可保證台灣爲一片乾淨土。」（《文季》2：5，p. 23）

同期《文季》，同時也刊登了戴國煇、若林正丈〈台灣老社會運動家的回憶與展望——楊逵關於日本・台灣・中國大陸的談話紀錄〉—— 1982 年 9 月，楊逵從美國返台，途經日本與戴國煇、若林正丈會面時的談話紀錄，文中，楊逵同樣提到，他撰寫「和平宣言」，是爲了「呼籲國共停止內戰，謀求和平」。（《文季》2：5，p. 38）

隔年，1986 年 9 月的《台灣新文化》創刊號，也刊出「和平宣言」全文，其重點如下：

一、請社會各方面一致協力消滅所謂的獨立以及託管的一切企圖，避免類似 228 事件的重演。

二、請政府從速還政於民。確切保障人民的言論、集會、結社、出版、思想、信仰的自由。

三、請政府釋放一切政治犯，停止政治性的捕人，保證各黨派隨政黨政治的常軌公開活動，共謀和平建設，不要迫他們走上梁山。

四、增加生產合理分配，打破經濟上不平等的畸形現象。

五、遵照國父遺教，由下而上，實施地方自治。為使人民意志不被包辦，各地公正人士需要從速組織地方自治促進會、人權保證委員會等，動員廣大人民，監視不法行為與整肅不法份子。又強調：「我們相信，以台灣文化界的理性結合，人民的愛國熱情，就可以泯滅省內、省外無謂的隔閡……。」

這幾篇文章裡所提到的「和平宣言」內容，所關心、所強調的都是些要求統治當局改善政治，台灣島上的外省人和本省人之間的鴻溝隔膜應如何來消滅……。這種文章如果也登在上海《大公報》，到底給誰看？這些事情與中國大陸的人，根本風馬牛不相及，何況《大公報》當時在台灣的讀者也寥寥無幾。（依據 1946 年底該報台灣負責人何添福告訴筆者的數字，全島總共也不過一百多份）

由此，我敢斷言這些文章，與 1949 年 1 月中刊登在上海《大公報》的「和平宣言」有異。它祇是一種應景文章，為 1949 年以後的台灣島內的「某些需要」而作的。至於它是否也冠以「和平宣言」而發表，我不知道。反正這篇文章定是距 1949 年 1 月很久以後才寫的。而且楊逵當時的「中文」也沒有那麼好，說不定楊逵在獄中或出獄以後應某些方面的要求而作，或由「別人」執筆，再以他的名字發表也不一定。

如很多機關首長、部分民意代表的質詢稿也多出自別人手筆一般。

至於《台灣新文化》所刊登的「和平宣言」，據同誌張恒豪〈關於「和平宣言」及其他〉一文所敘，「係透過日本年輕學者的協助，自日本國會圖書館的典藏一字一字筆記下來，其眞實性，殆無可疑。」（《台灣新文化》創刊號，p. 37）

爲此，我曾透過許世楷先生，請日本友人（台灣獨立建國聯盟中常委）宋重陽先生，特地前往日本國會圖書館查證，結果得到的答覆（傳眞原文如附圖所示），其內容大意爲：

「許世楷先生，有關上海『大公報』，日本國會圖書館的亞細亞資料室，保存有 1946 年 7 月至 1952 年末的報紙。但經查尋發現 1949 年（民國 38 年）1 月份的報紙，只有到 1 月 19 日的；1 月 20 日至 31 日的報紙竟然闕如。委託查詢 1 月 21 日發行報紙，始終找不到。11 月 7 日宋重陽。」

'96 11/07 16:54

宋重陽to許世楷Fax

　　因此，我頗爲懷疑張恒豪所說：「其眞實性，殆無可疑」的說法。

　　更何況，此篇「和平宣言」的重點：「第一，從社會各方面一致協力消滅所謂獨立以及託管的一切企圖，避免類似228事件的重演」，更可窺其「時、空」的錯誤。再就語意看：「社會各方面一致協力」是很奇怪的指涉；「所謂獨立」之「所謂」二字在當時的楊逵而言，就其心境說，也是「異樣」的——請細細體會全句，是否有此感覺？

　　這篇所謂「宣言」明確地是以居住台灣的人爲對象，並不是國共和談瀕於破裂邊緣而呼籲國共雙方放下武器，不要再打內戰時所作的「和平宣言」。而且當時所謂「台灣獨立」，可能有人作此主張，但從未囂傳於市。至於要求「聯合國託管」之類論調亦然。

　　1946間雖然有楊肇嘉和廖文毅等人的「聯邦自治」與「聯省自治」之議，也未曾造成社會上的議論或任何行動。228中，王添灯等人也不過要求回復「正常省制」，甚而「高度自治」而已。二七部隊前身「民主保衛隊」在台中師範學校成立時，所標榜的，也不過要求准許我們「愛爾蘭模式的自治」。

　　因此更可以證明，楊逵除了1949年1月間發表於上海《大公報》「呼籲國共和談」的「和平宣言」以外的所謂「和平宣言」，在時空上都值得商榷。是否也冠以「和平宣言」？不無疑問。

36. 楊逵回首之姿
——與楊逵的最後會面

　　1985 年 3 月 9 日，楊逵去世前三天，逵兄催我來台中。他早年患肺癆，加上「綠島 12 年的折磨」，健康狀況已大不如前。1981 年 3 月，一場大病驚動兒女們，遂由楊建從「東海花園」接去大甲照顧，繼由資崩接去大溪靜養，後來又給桃園簡醫師接去鶯歌「國際新城」。

　　之後他又悄悄回來台中港路二段「教師新村」杏林路尾么女楊碧家。在台中「光復國小」教書的次女素絹也住在「教師新村」，姊妹倆可就近照顧。

　　楊碧帶我到二樓小書房，瞥見一位身材魁梧的少年家，正埋首為逵兄作口述歷史，那位少年家看到我即謙虛讓座，他好像也認識我。原來他早已從逵兄那裡聽過我的「過去」。他就是以後由台中市議員、省議員、立法委員一路參選，每次都高票當選的《台灣時報》特派員王世勛。

　　逵兄找我來的目的，是要我隔天（3 月 10 日）用我的車子送他到台北看幾個朋友。剛下了一場雨，氣溫驟降，峭寒濛

雨；而公司內部需我親自關照的地方也很多，心裡雖然有點躊躇，我還是點頭。

逵兄以前要我送他去日月潭看張文環，去白河看呂水閣，台南看蔡瑞洋，到關仔嶺找陳秀喜，到美濃南鯤鯓……等等，我都欣然答應，這次我不只對天氣的顧慮，委實也有隱情。

次日，準時九點到達楊碧家門口。車猶未停妥，就見逵兄從屋裡迫不及待的走出來。王世勛一手扶他上車，另一隻手則提著大小包「糧草」。在中央書局當會計的陳景陽（楊碧夫婿）也特地留下來送我們。

我們從台中港路上高速公路。才過大甲溪橋，逵兄即暗示要「如廁」。於是，我們在泰安休息站略停片刻才上路。過了新竹不久，逵兄又要求到休息站「方便」，我們便到湖口休息站再度休息；在停留大約半個多鐘頭的時間裡，一邊吃著王世勛為我們準備的點心，一邊談到「美麗島事件」以後，如雨後春筍般的黨外雜誌，雖然無一不被腰斬、被查禁、被停刊，勇敢的台灣人還是前仆後繼。言下之意，對黨外人士的衝刺，相當肯定。尤其對他的「義女」楊祖珺的表現，更是讚不絕口。

楊祖珺這個名字，我曾經聽說過，她是在北台灣黨外活動場合常出現的名字。聽說 1979 年 12 月 2 日，轟動海內外的「美麗島事件」發生八天前，素有「台灣蕭伯納」之稱的潘榮禮，座落社頭鄉山腳路朝興新廈落成，潘君以慶祝之名，讓黨外人士和一些關心台灣前途的朋友聚集，其中一位身材中等，披長髮，著球靴，手彈吉他大唱「大家來聽我的

歌」，給大家打氣助興的「女學生」模樣的女孩子——即是
楊祖珺。

在逵兄指引下，我將車子開到台北市安和路接近信義
路，一條被出版界人士譏稱「盜版街」的小巷裡一棟小公
寓。從狹小樓梯間上三樓，一位身材瘦瘦，帶著深度近視眼
鏡，抱著小孩的中年人出來向逵兄打招呼。

逵兄剛抽完了一支煙，忽心血來潮，開始打電話找楊祖
珺，因找不到人，便叫我們留在那裡稍等，他要出去找她。
過了大約兩個小時，他終於拖著疲憊的腳步回來。沒找到他
的「義女」，臉色顯得有點悵然若失。不曉得他有何要事，
非得今天找到她不可？那位抱小孩的中年人，即為常幫某些
黨外人士作「文宣」的吳祥輝。

我們辭別吳祥輝，又冒著濛濛細雨來到安和路一家診
所。來開門的是女主人，我們被領到擺滿「台灣學」圖書的
寬敞客廳兼書房。坐在柔軟沙發椅上，喝熱茶，稍解身心疲
憊。等主人看完患者，進來和我們打招呼，逵兄隨即介紹我
與他相識。這位給人老成持重印象的醫師，竟是才三十出頭
的陳永興醫師。

聽說他 1979 年大膽接辦瀕臨停刊狀態，在當年唯一富
有「台灣味」，吳濁流創辦的《台灣文藝》。在短短兩年大
加整頓，不但使它起死回生，更一鼓作氣，在國內外召募到
2000 多訂戶。在國民黨專制統治下，「台灣人聲音」幾受箝
制，動輒得咎，竟能創下這種佳績，除了《美麗島》雜誌，
幾乎沒有任何一本雜誌的固定訂戶能與《台灣文藝》比高
下。

　　逵兄又說：陳永興做事有幹勁，也有群眾魅力，是一顆不可多得的明日之星。如非他具備這些優異條件，怎能一呼百應，在短短時間內能迅速增加那麼多訂戶？

　　王世勛與陳永興應是舊識，因為他也是《台灣文藝》成員。他們所談多是有關《台灣文藝》未來走向和如何鼓勵海外台灣人作家投稿。不過，有時候也會談及「陳文成事件」和《美麗島》雜誌所造成的震撼。

　　陳永興這個名字我並不陌生，這次我們雖然是「初相逢」，他待我倒是有如多年老友，既熱忱又關懷，頻頻探問我的起居作息，獄中蒙受委屈？目前的健康狀況和生活……等等。辭別後，忽想起李喬是《台灣文藝》總編輯，他們一定常見面，有關「我的過去」想必早已告訴他們了。

　　抬頭看到壁上掛鐘已6點，要去新北投李舜卿那裡泡溫泉，也是該走的時候了。我很不禮貌地打斷陳永興與逵兄兩人的「討論」，提醒逵兄要到新北投的事情，逵兄如夢初醒，連忙站起來準備要走，卻遭主人攔截，因為陳永興準備帶我們出去吃飯。

　　外面正下著濛濛細雨，且氣溫也似乎降了許多，趕快到新北投泡溫泉休息才是正經，吃的問題等到那裡才解決。逵兄和王世勛都同意我的建議。泡溫泉對他們兩位來說是很大的誘惑。而且，跑了一整天的路大家都累了，很想早一點休息。

　　李舜卿是我留日時的摯友，二次大戰前1937年到1943年期間，我們一起生活情同手足。他東京「昭和醫大」畢業後回國，繼承父業，現為汐止最大綜合醫院「濟仁醫院」院

長。他在新北投擁有三間溫泉公寓，其中一間是長期借給我住的。所以我每次到台北出差，都來這裡陪他喝兩杯，泡溫泉過夜。

到新北投公寓，本想直接往三樓「自己房間」，聽到二樓房間有人高歌，因好奇到門口探個究竟，發現有七、八個人在飲酒作樂，除了李舜卿與夫人，還有濟仁醫院婦產科主任蔣醫師及剛從美國回來的女兒及其夫婿等。我本想僅打個招呼即直往三樓，不料竟被李舜卿發現叫進去。日式餐桌本來就不大，一下子擠進三個人，有點動彈不得。又得顧慮鄰席女性客人，禮貌上也得保持一點距離，實在受罪。

杯中物是逵兄嗜好，王世勛也很會喝。今晚不開車，我也樂得輕鬆舉杯與李舜卿和蔣醫師乾杯。酒餚是日式火鍋（スキヤキ）。我們三個人都還未進晚餐，空腹喝酒易醉，得先把肚子填飽。

當我們已經喝得差不多，肚子也填飽了，正想離席往三樓，李舜卿卻挽住我的手臂低聲告訴我：「今晚房間要給剛從美國回來的女兒一家人住，請你委屈一晚，到外面住飯店。」我聞言一時愣住了，心跳加速，血壓驟升，不由自主，但為保持風度仍故作鎮靜，唯唯諾諾，點頭表示「瞭解」。

這都怪我事前未向李舜卿打招呼就對兩位朋友說得太自信、太有把握，如今落到這種狼狽下場，實在尷尬。

回到車子上，時間已經過 10 點，正徬徨猶豫時，逵兄要我開往烏來，找他舊「農組」同志謝神財。他那裡雖然遠一點，地方卻很寬敞，有地方讓我們住。

可是，時間已經這麼晚，雨又下個不停，往烏來要走山徑小路，我從來沒去過那個地方。路不熟，三更半夜在山上找人問路也有問題，可是逵兄的堅持我又不好意思拒絕，祇好硬著頭皮，咬緊牙關，小心翼翼往山上行駛。經新店進山區，靠路燈微弱的光線找路標，在山徑彎來彎去，雨勢愈來愈大，視線不佳，此刻內心委實害怕，萬一不小心衝向山壁，滑落山谷，豈不是一切都完了。

大概十二點左右，我們終於找到警察分駐所。逵兄曾經來過幾次，對他老友謝神財住處多少有點印象，便進去問路。幸好，值班警察是一位當地出身的山地警察，熱心幫我們找到謝神財的地址。承那位值班警察的親切指示，我們很快就找到一間蓋鐵皮的房子。

「就是這裡，我們終於找到了。」逵兄的歡呼，將我自走進山區以來，一直籠罩心頭的緊張和不安驅散掉。我深吸一口氣，揉揉脖子，搖擺頭部，放鬆筋骨，然後拉下車窗等逵兄的消息。逵兄站在籬笆前砰砰猛敲幾下，聽到裡面有人應聲，在微弱燈光下出來接逵兄和王世勛的，是一位看起來比逵兄蒼老許多的老先生。他就是我們整整找了一個晚上才找到的謝神財先生。

他們進去後，謝神財又出來要我將車子開進院子裡，我將車子停妥，本想隨他們進去，豈知心情一放鬆，疲勞和睡魔便侵襲上來，幾乎使我癱瘓，動彈不得。「難道我生病了嗎？不會，絕對不會。」我這樣安慰自己。然而，全身痠痛疲憊，眼睛睜不開，幾乎陷入昏睡狀態。

我左思右想，躊躇再三，如果我跟他們進去，不免又

要和他們說些客套話，陪他們喝兩杯，呆坐一旁聽他們無止境的談論。時間已經過午夜，明天我還得開車子送逵兄去台北，看他的「老長官」唐湯銘，我能不養精蓄銳嗎？想到這裡我索性把車門上鎖，決定躺在車裡睡。我是年近古稀的人，上了年紀，還想硬挺，簡直是在蹧蹋自己。唉！不服老不行了。

朦朧中，彷彿有人敲門叫我進去睡。王世勛和逵兄，連謝神財也來過兩、三次。我默不作聲裝睡，有時用手勢輕搖兩下，表示婉謝。

連綿春雨，雞鳴狗吠，都未曾吵醒過我。我一直睡到天色已亮，王世勛來敲車門，大聲喚我才被驚醒。

大約九點左右，我們又啓程下山，越過新店溪，改走北宜公路到青潭找唐湯銘。我只聽說過新店有碧潭，不曉得還有叫做青潭的地方。逵兄雖然曾經來過幾次，從綠島回來不久，也曾帶夫人葉陶來拜訪過唐湯銘，卻還是搞不清楚唐家在青潭的哪一角落。幸經一位「上尉同志」指點，才找到方向。由「青潭國小」左邊小巷子進去，便可以看到一片花木茂密的小庭院，裡面座落一棟用紅磚砌成，藍瓦灰白色籬笆，象徵他們的國旗的平房，便是唐湯銘將軍公館。

我將車子停妥，正想歇一會兒，略整儀容才陪逵兄進去，豈知逵兄迫不及待，自己先跑去按電鈴。出來開門的是一位中年歐巴桑，因為事前已用電話與他們打過招呼，便直接被帶進客廳。

趁主人還未出來，仔細環顧周圍，發現客廳掛滿字畫、獎座和勳章。尤其引人注目的是一幅掛在最明顯位置，讓客

人一進來即能看到，與時任國防部副部長蔣經國合照的放大畫像，和幾張在綠島「新生訓導處」舉辦運動會時，唐湯銘給逵兒頒獎，及一張葉陶與楊素絹母女前往綠島探監，在歡迎會上「高歌獻唱」的小紀念照。

蔣經國是蔣禿頭刻意栽培的一顆「明日之星」。蔣禿頭早即有將政權傳給自己兒子經國的封建專制帝王思想。但為維護民主假象與顧及黨內倫理，不得不姑且讓他「按部就班」，由「三青團」、「救國團」、國防部副部長至部長，一步一步來。事實上整個特務系統早已被掌握在他手裡。除了去世不久的陳誠，朝內哪一個不懼他三分。

唐湯銘這個人，說實在也很可憐。活到一大把年紀，歷經「北伐」、「剿匪」、「抗戰」，好不容易爬到「少將」，又被「流放邊疆」，到綠島當一名「牢頭禁止」。

不過，他在「綠島新生訓導處」的任所，那裡還不叫做「監獄」，而是經過粉刷、點綴，稍具「人道假象」的「新生訓導處」，不過仍隸屬「警總」。這個地方是一所專門做給美國佬看的「櫥窗」。

因為美國是以自由民主立國，重視人權，反對共產專制的國家。他們不會支持，也不會援助一個不民主、不尊重人權的專制政權。國民黨外來政權，本來即與中國共產黨屬「一丘之貉」，也可以說是一對「雙胞胎」。他們的本質，統治伎倆，則遵循「列寧主義」，軍隊建制也是模仿「蘇共」那一套。

然而，為了討好美國人的「趣味」和「嗜好」，為了向美國搖尾乞憐，爭取「美援」，才在台北縣土城設一所「生

產教育所」，在綠島另成立「新生訓導處」，受刑的人一律改稱「新生」，不准再叫犯人。

穿著美援的制服，吃美援的麥粉和黃豆。平素從事勞動做工，偶有外賓（美國人）來參觀，即命進教室上課，聽講「俄國侵華史」、「三民主義」和「建國方略」等陳腔濫調以點綴「櫥窗」。

而且逵兄是一位頗有來歷的「新生」，連中國都盜印他的作品。偶而在他們的報章雜誌提到楊逵的名字，都會給以相當禮遇。加以逵兄在綠島十二年，始終如一，堅持「以合作換取空間」。

意即姑且與「長頭毛」（指可以留長髮的「警總」獄卒管理員）合作以擴增生活上的自由。逵兄常說：「大家都被判這麼重的刑，要有坐長牢的心理準備。儘量順從他們，遵守他們的規矩，表面上姑且應付一下，反正也不會少掉一根毛，即使心裡有一百個不願意，我們又能如何？」

「而且，抓我們進來定罪的又不是這些人，跟他們過不去，採取杯葛、不合作，不但沒有意義，也是自討苦吃。自由和生活空間隨時都會遭受壓縮，實在不值得。」

因此，逵兄在綠島十二年，任何有益健康，可以磨練身體的活動都不放過，長跑、游泳比賽，他都一定報名參加。明知自己年紀和體力敵不過年輕人，不可能拿到「冠軍」，但最後一名的「精神獎」也是獎，反正他不在乎這些。他這種表演正可以滿足「長頭毛」那些人的胃口，符合他們的要求，對自己也有好處，一舉數得，何樂不為？

葉陶母女探監時，也特別為她們舉辦「歡迎會」，讓她

們母女上台唱歌、講話。不消說，這都是有政治目的。葉陶並沒有東洋名歌星「美空雲雀」的歌喉，何以「長頭毛」輩硬要長途跋涉、勞累不堪的她上台亮相？難道他們突然「大發慈悲」想辦慈善事業不成？如非有所企圖，別有目的，他們才不會安排「阿媽級」的「葉陶先生」上台獻醜。再看看台下，為搶鏡頭，尋找富有宣傳價值畫面，跑來跑去，疲於奔命的歐陽文，也就明白了。

退休後的唐湯銘不甘寂寞，不忘他「綠島」任內的「輝煌佳績」，將「人權櫥窗」裡，楊逵等具有特別宣傳價值的照片也複製幾套，點綴客廳。

客廳通內室，布簾一抖動，出現一尊笑容可掬的「彌勒佛」。定神細看，竟是唐湯銘。逵兄起立，我們也跟著站起來問候。唐湯銘知道我們在看那些紀念照，便趨近指著每一張照片，自炫他當年曾經如何排斥落伍、不開明的做法，和每位「新生」的人格。

某些人出獄後，一直找不到工作，地方警察單位老是找碴；或者有工作，還是遭到歧視；為開發市場想出國竟遭到「境管」單位刁難……。他都不惜老邁之身，為這些「新生同學」解決問題。

他又指著外面涼棚、花架說：「這些東西還不都是你們『同學』自動做給我的。一個六隊同學吳聲潤有事找我，我祇拿起電話搖一下，問題就解決了。這位『同學』很懂事，兩、三天後就帶工人來給我們裝上了這些涼棚、花架。」

他滔滔不絕，自鳴得意，炫耀他的思想和作風如何與眾不同，如何開明又果敢，如何照顧「同學」。唐湯銘剛才所

說的話，有部份確有其事，至少待逵兒及其家屬部份。至於對待一般「同學」則很難說。

比方 1962 年 3 月 1 日「反攻大陸」希望破滅，不甘寂寞的國民黨又故作緊張，透過「警總」宣佈「反共自覺運動」，要「嚴格審核結訓者（刑期屆滿者）思想是否已改正」。

這「運動」，明眼人一看便知道葫蘆裡賣些什麼膏藥。這不過是一面幌子罷了，背後的學問才多呢？多麼堂皇的理由啊！思想不是可以用手摸、用眼看、用鼻聞的東西。思想是無形的；有形的便不叫做思想。

對於無形、摸不到的思想，國民黨要如何嚴格審核有否改正？再說，經司法或軍法判刑，刑期屆滿的人，法律明文規定「應即釋放」。他們卻公然挑戰法律，踐踏好不容易建立起來的法治形象，不顧人權，繼續羈押，直至摸清楚「中國功夫」的人，接受他們勒索，才算「思想有改正」，始發「保單」准其辦出獄手續。

當年抗拒勒索而被移送小琉球「第三職訓總隊」的，即有林榮輝、顏世鴻、林履臣、石朝基和筆者等十多人。這些人都是曾經走過「鬼門關」之後，被判十多年徒刑，認命遵守獄規，上山、下海做工，背誦十多年「三民主義」，喊過至少四千次以上的「反共抗俄」、「殺朱拔毛」口號，祇因不肯接受勒索，而被歸類為「思想未改正」的。難道這些事情，唐湯銘一點都不知道？

逵兒本來就不愛說話，如今碰到健談，且喜歡自吹自擂的「老長官」，更顯得無言以對，祇隨聲附和。趁著逵兒如

廁，唐湯銘便問王世勛你是「哪一中隊？」王世勛聞言連忙搖頭表示自己不是「同學」。接著也問我「在綠島都做什麼工作？」我本想跟王世勛一樣，推說自己也不是「同學」，因恐逵兄會告訴他，便照實告訴他是「十中隊」，他點點頭又問我，在綠島時我好像都沒有去找過他。我便回答他：「我一直在生產班種茶，家裡的人也沒有來過綠島，所以沒有機會拜見，但每次週會、紀念週都聚精會神恭聽長官訓話。」他又習慣地點點頭，有點喜上眉梢。

他真是健談，令人佩服，整整兩個多小時，幾乎都是聽他一個人喋喋不休地談。看看手錶，快到中午，也是該走的時候了。逵兄雖然有點依依不捨，我還是藉口說：「我們不是還要去看兩位朋友麼？」王世勛也會意離席，逵兄雖然顯得很無奈，想和老長官多聚一會兒，看到我們都準備要走，也不得不跟著我們走。

剛走到門口，卻見唐湯銘匆匆忙忙的從裡面跑出來，我們便被他誠懇中帶命令的口氣挽留，盛情難卻，又回到客廳，吃過夫人特地為我們準備的「四川菜」，才離開青潭上路。

我們由新店走羅斯福路，到「台大」門口想轉新生南路，忽被逵兄示意靠路旁稍等一下，原來他要去打公共電話。大約十五分鐘後他回來了，表情凝重頹喪，不知是否發生什麼不如意的事情？或找不到想見的人？

上車後一會，逵兄就開始說話，他很感嘆的說：「現在的年輕人看似很勇敢，卻很少看書，不看歷史。光會潑婦罵街挺勇，破壞大家苦心營造出來的融合社會。我常告訴那些

喜歡挑撥省籍情感，喜歡在血淋淋的 228 傷口灑鹽的人：走向台灣獨立的人，都有不得不作如此選擇的嚴酷歷史背景。不是他們的親人在 228 橫遭殺害，就是親睹國府軍的野蠻暴行，而開始對國家前途失望，才去選擇其他的出路。」

「對這些人的心理變化，我們要有同情和耐心，千萬不可急就章，不顧歷史背景，不去同情他們的悲慘身世，一味批評棒打是不智的。時間會沖淡一切。他們的一時情緒化和對週遭的仇恨，也會慢慢化解。」

「等到有一天政治昌明，腐化官僚、野蠻軍閥都消失，國家富強，社會繁榮，人民的生活就會安定。海外那一小撮主張『台灣獨立』的人，也會面對現實，重新調整，乃至回心轉意，重回祖國懷抱。」

逹兄說到這裡，才發現王世勛不知什麼時候「找周公」去了，有節奏的在打鼾。他昨晚大概也沒有睡好。逹兄因為少了一個對談的人，也緊閉雙眼開始養神。

原來逹兄剛才在新生南路「台大」附近打公共電話時，和某些所謂「統派」人士談及一位傾向「台獨」的黨外人士時，因彼此見解有些出入，而發生言語衝突，很掃興，快快不樂地回來，所以一直不說話。我踩足油門疾走，希望在五點以前能趕回台中，早一點回家休息。車過火炎山腳，逹兄示意要到泰安休息站休息。

在泰安休息站略作休息，一面欣賞庭園造景，青翠花木，一面聆聽逹兄對剛才話中所提到的一些讓他痛心疾首，破壞大家苦心，努力營造的「融合社會」的人。他說：「王曉波是一名外省囝仔，母親被殺，父親被關過七年，除了花

蓮張七郎家屬遭遇，沒有比他的身世更悲慘的。可是，他的為人以及對台灣社會的理解，恐怕很少有人能出其右。」

「他不會去謾罵有台獨思想的人，反而同情這些人，幫助這些人去深入瞭解歷史。當大家對整個中國歷史，乃至228事件之所以發生，得到明朗的結論時，身為台灣人和身為住在台灣的外省人，將何去何從？燈塔照射出來的光芒，自會告訴我們正確的航線……。」

我們回到台中「教師新村」杏林路阿碧家時，已近黃昏。逵兄意猶未盡，還想把我們留下來喝兩杯，繼續發洩他噎在喉中許久的話。我已經兩天沒有回廠，身心疲憊不堪，還有王世勛也是在報社「吃頭路」的人，也得回去看看。而且，天氣預報今晚氣溫會大降，無論如何得早點回家，便婉謝逵兄的挽留回北斗。

次晨，還在睡夢中，床頭電話忽然大響，以為廠裡又發生什麼事情。抓起聽筒，正想問個究竟，聽筒那邊卻傳來哽咽的女人哭聲，心想大夜班沒有女作業員，何來女人的哭聲？正在疑惑，聽筒那邊出聲了：「我是楊碧，爸爸剛剛過世了！」

我在朦朧中，接到這個噩耗後非常驚訝！以為聽錯對方的話，正納悶，忽又聽到陳景陽（楊碧夫婿）作詳細說明，我才不得不相信這個事實。逵兄去世的消息來得突然，我心裡疑惑不已，一直無法釋懷。這怎麼可能？一個好端端的人，在幾個小時前，還想把我留下來喝酒，看起來精神飽滿又那麼健談，而且，也沒有聽過他身體有何不適。

這位1930年代即已揚名亞洲文壇的普羅作家，留日時

代即投入抗日運動，屢遭「日警」逮捕，卻愈挫愈勇。回國後給「農民組合」灌輸新思潮——馬克思主義，奠定鬥爭路線。

戰後在台中成立「一陽社」，出刊《一陽週報》。組織幫市民清掃市街馬路的「新生活促進隊」，實際上是為幫台中市民清除累積腦袋 50 年的「非日本警察施壓不會自動」的奴隸性。

鑑於日本戰敗，撒手不管治安，盜賊乘虛作亂，社會脫序嚴重，便將那些剛從「火燒島」日本監獄放出來的流氓、賭徒、誤用「自由」惹事生非的遊手好閒份子，納編成立「民生會」，責成維持治安。

228 發生，偕夫人葉陶潛入農村，組織農村青年學生，為民軍二七部隊開發兵源。

「國共和談」破裂，雙方劍拔弩張，內戰一觸即發，乃呼應中國民主人士，發表「和平宣言」於上海《大公報》，卻換來「綠島十二年祖國溫馨」。

僅一篇文章，即被處十二年重刑，說實在的，國民黨也太「抬舉」楊逵。他日治時代參加社會運動，在日本和台灣，總共給抓去關過十次，刑期全部加起來也還不到一年。他沒有殺人，沒有強盜，也沒有放火。他只不過代表台灣人發出聲音，呼籲「國共雙方放下武器，別再打內戰」。

1961 年，出獄後的楊逵，身體依然瘦削如甘地，頭髮稀薄許多。現在的他似乎沒有像在綠島時那麼輕鬆，一方面要自理起居飲食，又要小心翼翼應付周遭。他祇是從一座有圍牆，給大海隔離的監獄，回到沒有圍牆的「大監獄」。

他已經享受不到唐湯銘和綠島「人權櫥窗」的庇護，卻從此過著提心吊膽，必須摸清每一位來訪者的底細和背景，密切注意這些人的言行和意圖的驚恐歲月。

包括連溫卿的外甥黃信介，「台大」學生謝聰敏，國民黨的陳癸淼，「十四大哥」幫的蔡志昌、藍運登和魏賢坤，前「義勇隊」的張慶璋，自稱「理論家」的郭明哲，立法委員黃順興及自稱為「在台灣的中國人」，東海大學一群「正記台灣人」，從日本回來的戴國煇，還有他的「義女」楊祖珺和「義女婿」林正杰等等，多得不勝枚舉。

對這些形形色色，各路英雄的探望者，他能一視同仁，對每位來訪者剖心相見嗎？

十二年牢獄生涯所累積的經驗和教訓，他是不會輕易忘記的。要如何應付國民黨特務，對待潛伏身邊的「狗腿子」，都是他時刻應加警惕的問題。

他除了做「七十歲生日」時，一時天真誤中奸計，妄信國民黨陳癸淼的謊言，被拖去「耍猴子」外，幾乎都能應付得很好。他老神在在，任何心懷叵測，想套他的話，都很難逃出他敏銳嗅覺。

他頗能察顏觀色，知道該用什麼語言，應付哪一種人。甚至給他自己塗上一層厚厚「保護色」。因此，便有人稱他為「八方美人」。這種近乎揶揄的嘲笑，對待楊逵並不公道。如果不是被中共追趕逃命台灣的國民黨亡命政權，採取恐怖統治，造成連親人都不敢互信的惡劣環境，使每一個人為求生存，本能的，不得不如此反應罷了。他身後有人懷疑他「有傾向獨派」跡象。也有一小撮人把他歸類「統派」。

這些人似乎都沒有注意到楊逵被邀請到一些社團或競選活動場合，曾經如何疾言厲色勸告時下喜歡拿「統獨問題」作文章，無視 228 受難家屬所遭受的痛苦，故意在他們傷口灑鹽的「在台灣的中國人」立即停戰，共同攜手為爭取「自由民主」、「國會全面改選」、「廢止戒嚴」、「取消黑名單」打拚。等到這一切都解決，什麼「統獨問題」，什麼「國民黨外來政權」的問題，必然逐漸解決。

他一再強調「統獨問題」是明天的問題，不是現在的問題，希望大家別分散力量，浪費資源，一切為「台灣民主化」，爭取「自由」打拚才是正經。

以上略述我所知道的楊逵政治立場、思想傾向，供追悼逵兄。指責他「贊成一統」，使人如墜入五里霧中。其實他的「一統論」並未影射「拿破崙」由「科西嘉島」去一統歐洲大陸的「一統」，想必是為了應付被要求表態時，略帶氣憤所作的應景口號，事實上，我們也不必作太多想像。

平心而論，日治時代凡是懷有反日思想，目睹日本警察跋扈鴨霸的台灣人，都無不將希望寄託在幻想中未謀面的「祖國」。衷心期望這個「祖國」能強大，能拯救台灣人。等到有一天「祖國」廬山眞面目被揭開，呈現眼前的是一副與原來想像中的「祖國」相悖離的面貌時，是否還會高舉雙手繼續擁抱它？

逵兄畢生關心貧苦農、工大眾；他的作品也大多離不了這個宗旨。然而，當他發現「社會主義」和「共產主義」被政客們拿來當作幌子，作欺騙農、工階級的工具時，他能無動於衷，繼續為這些政客、當權派搖旗吶喊，繼續當作踐人

民的幫兇嗎？

　我們不必急於追問楊逵是「統」？是「獨」？且看他晚年 1966 年到 1970 年以後的思想變化，對所謂的「祖國」情懷如何無奈即可。

37. 五十年的秘密，
兼談「中共」在228的角色

　　1995年1月，《辛酸六十年》下冊《煉獄風雲錄》，
由「前衛」出版，書中有一段，述及嘉義市民爲慶祝1937
年「南京淪陷」，由嘉義士紳客串扮演的一幕：「鞭打藥罐
頭」（蔣介石）的街頭喜劇。

　　大戰結束，1946年初日軍被遣走，這齣滑稽戲頓成熱
門話題。我們《和平日報》也加以披露報導，給當時「嘉義
市參議會」副議長林木根造成不少困擾。以及後來，如何在
《新生報》駐嘉義特派員蘇憲章作東飯局，「杯酒言歡，盡
釋前嫌」的經過。

　　不意1971年有一天，與出身嘉義的吳坤章閒聊時，發現
林木根即是「綠島大學」——「警總」「新生訓導處」三大
隊十中隊「同學」——林麗鋒 ❶ 的父親。我遂誤以爲林麗鋒

❶ 有關林麗鋒，請參閱拙作《辛酸六十年》下冊，《煉獄風雲錄》頁374-37。

在綠島期間，三番兩次找碴，一直對我不友善的究竟原因，一定出在這則新聞。

我覺得這種誤會一定要化解，而且他父親早已成為我們的朋友，無論如何我一定要找林麗鋒談談。

於是，1995 年 2 月底，一個春寒料峭的下午，我依循林麗鋒在電話中指示的路線，來到台北信義路一棟近百坪豪邸。按下電鈴，出來開門的正是久違的林麗鋒。

我被領到擺有三仙桌香案、供奉「關帝爺」的大廳。剛坐下，正想跟他寒暄幾句，卻給他揮手攔阻，他似乎有點迫不及待地指著拙作《煉獄風雲錄》376 頁，以嚴肅語氣糾正書上的錯誤。

「你弄錯了，林木根根本不是我的父親，我父親雖然也參加過那天晚上的『提燈遊行』，但他扮演的是另一角色……。」

我聞言愕然懊惱自己的糊塗失察，輕易相信他人的話，又造成誤會。

林麗鋒把書放回桌上，然後兩手插腰，睜眼直視我，彷彿在我臉上找尋什麼似的，片刻，忽又壓下分貝，以柔和語調，將隱藏近 50 年的秘密，悄悄透露出來。

原來他也參加過 228，而且 3 月 2 日那天在嘉義看過我，聽過我講話。他說這些事情以前都不能說，一旦被發覺，必遭殺頭。至少也會被多關幾年。

他遲疑片刻又說：「在綠島時，我豈只對你不爽，我是恨不得把你幹掉呢！真的，不是嚇唬你。那時候我一直在找尋機會。當時（1947 年 3 月 2 日）大家聽到你的話，都很興

奮，很激動，巴不得馬上投入『抗暴軍』。」

「可是，你講完了話隨即匆匆離去，逃之夭夭，從此不見蹤影。害得那些給你『點燃』沸騰的年輕人，群龍無首，無所適從，結果造成那麼慘重死傷。目睹此景此情，我如何能不義憤填膺！」他略停片刻又說：「不過，現在我們終於明白，你並非想像中那麼膽怯，貪生怕死而躲起來。你轉往台中以後的種種，我們都聽說過。從台中、埔里、斗六方面來的人，也都曾經提起你們的事情。」

「不過，你再次（3月11日）出現嘉義時，已經太晚了，不但無法扭轉局勢，也挽救不了那些誤信劉傳能的話，刣豬倒羊，押送糧食前往求和的所謂『和平使』的命運了。」

萬萬沒有想到，我極力隱瞞近半世紀的秘密，終於被林麗鋒所揭穿。原來林麗鋒所以對我不爽，完全與在報端披露「南京淪陷」那幕活劇無關。他是激於義憤，想為那些被「點燃」，卻被「拋棄」的學生少年們報仇。

我3月2日潛回嘉義本來祇想傳些「信息」及找任職「警察局」的山中政子❷，替我向安井（安孟竹）和矢多（高一生）兩位朋友拜託代為照顧學校。沒有想到經過中央噴水池和火車站時，「祇說幾句話」，竟然會造成那麼嚴重後果，誠始料未及。而且林麗鋒都在場，人證俱在，我還能不坦白，堅持沒有回去嘉義嗎？

我啞口無言，低著頭默認自己3月2日那天，確曾潛回嘉義。

3月2日「台中戲院」的市民大會開始不久，擠在門外的群眾中，忽然有人大聲喊打。激動充滿鬥志的群眾，不顧

舞台上由「人民協會」派自導自演的「推選大會主席」戲
耍，翻身奪門衝出場外。我也爲維持秩序奮不顧身，從舞台
後面抄捷徑衝出外面探究竟。

　　原來是一名「台糖」公司的阿山青年，想看電影，來到
台中戲院門口，即遭到莫名其妙的修理。遭受追打的青年，
隨即逃入右鄰「三青團」團部三樓沈瑞珠小姐房間，緊閉房
門。

註

❷ 山中政子，1929年生，阿里山達邦人，「家政女學校」畢業。她是228中，隨
二七部隊退入埔里的三名「中師」女生之一，山中光子（汪玉蘭）之大姊。

　　她天生麗質，吸引了不少青年的追求。大戰中，日本「關東軍」駐嘉義地區
「命（ミコト）師團」「九九聯隊」一位少尉軍官——東京有名的「中村時計
店」老二，中村浩二少尉，也對她一見傾心，猛追不捨。

　　1945年8月，大戰結束，日本接受「波茨坦宣言」投降，所有官兵循例各晉
升一階。中村浩二也由少尉晉升陸軍中尉。

　　此時中村與山中政子之間的戀情也一直上升。他不想被遣送回日本，希望留
在台灣與政子長相守。於是不待復員，便私自脫離部隊，帶著政子逃入深山，過
著隱遁生活。

　　他們的行蹤，後來經莊野秋密告，面臨被遣送回國的命運。中村中尉一時悲
憤交集，幾次想報復，最後還是勇敢面對現實，不忍再造次，給政子增添任何麻
煩，乃從容接受被遣送。

　　臨走時，他不忘向政子求婚，「一定要娶她為妻」，並將私藏財物留給政
子。回日本以後，也時常托人帶「美鈔」來給她，可惜都給她的妹婿莊野秋私吞
掉。

　　莊野秋，政子妹婿，「中師」中途退學。他與國民黨狼狽為奸，魚肉鄉里。
「因功」曾經在國民黨安排下當過嘉義縣議員。

　　大概1950年間，痴情的中村果不食其言，抱著滿懷希望，經歷千辛萬苦來
台灣，準備迎接政子回日本時，發現「佳人琵琶別抱」，已經和一位中國丘八出
身的蒙古大夫結婚。

　　政子在嘉義警察局擔任「警察專用電話」接線生時，適逢發生228。當時嘉
南地區動態信息，幾乎都經此管道傳到阿里山部落。

我見狀感慨萬千，當即向圍繞房外樓梯間的青年們大聲叱責：「我們今天要爭的對象，不是糖廠的小員工。我們應該去找那些『歪哥官』、『垃圾警察』和『臭腳兵仔』。不顧人民死活，巧取豪奪，害我們沒有頭路，有錢買無米的賊仔政府算帳……。」

我將這些憤怒的青年打發後，即護著這位倒楣阿山仔下樓，發現團部辦公室也遭殃，連高懸牆壁上的蔣介石大繪像，也被拉下來用腳踩得四分五裂。

我將阿山仔交給團部司機護送回家，然後匆匆趕往嘉義。此時南下火車尚暢行。

林麗鋒的指責，彷彿也在影射我是「嘉義三、二事件」的「阿吉帖大」（Agitator）。這一點我承受不起。因為「台大」學生盧伯毅等人，早已佔領台北新公園的「廣播電台」，向全國傳播「信息」。「文山茶行」的王添灯也在該電台痛斥阿山政府如何殘殺無辜，喚醒人民要作最壞的心理準備……。

那時，僅有 600 萬人口的台灣，竟然有 70 萬失業者。剛終戰時，一台斤白米零售不過兩角，到了 1947 年初，短短一年四個月，即已暴漲了 200 倍，一台斤 40 元，而且不一定有錢就能買得到。

政治腐敗，軍人亂紀，貪污橫行，婦女公然受辱……等等，一年四個月來，備嚐中國人糟蹋欺壓的嘉義人，已經忍無可忍，這時候，何需我「火上加油」？

現在想起來，我深深感到，如果沒有楊逵和李喬兩位「雞婆」，到處為我吹噓，讓那些關心 228 的朋友們，緊緊

「盯住我」，多方鼓勵，嚴詞督促，我也許不會放下工作，冒著「警總」的「特別關照」，不揣粗陋拿起禿筆，歷經千辛萬苦，寫下 74 萬字的回憶錄——《狂風暴雨一小舟》、《煉獄風雲錄》兩部自傳性著作。恐怕林麗鋒會誤會我一輩子，視我為到處「點燃火種」即拍拍屁股逃之夭夭的騙徒。我必須把話說清楚。也讓處心積慮，妄想統一併吞台灣，驅使 228 後逃亡中國的台灣亡命客和投共份子，為其效命，竄改「228 史」的中國共產黨面赤耳紅，無法自圓其說。

228 是否為中共「地下黨」所策動？半世紀來國共雙方，都為各自政治利益，刻意強調中共「地下黨」策動。一個歡天喜地，迎接「祖國」的台灣，在短短一年四個月，竟然發生兩萬多無辜人民被殺害的大悲劇。國民黨是絕對不會承認自己的錯。

他們反而將這個責任踢給中共，中共即毫不猶豫地伸張雙臂加以「接球」。228 發生時，中共尚蟄居西北一隅，至同年 3 月 19 日他們的老巢「延安」，甚至為國民黨西北軍胡宗南的部隊所攻佔。而且 228 發生時，國共雙方為了「實現全面和平」，正在談判桌上「大廝殺」，中共在戰略上，斷不會背負破壞「和談」責任，去插手一個不明狀況，海峽那邊的台灣。

依 228 前即潛伏台灣，在陳儀身邊觀察過 228 的前上海「學運領導」，台灣省「工委會」成立後，擔任過「常委」兼宣傳部長的金堯如指出：中共在台灣正式建黨，成立省級「台灣工作委員會」，是在 228 之後四、五個月左右，絕不可能去發動和領導「228 事件」。後來中共自吹自擂領導有

功，實則是自欺欺人，撿便宜又賣乖。

50 年來，中共都煞有介事地舉辦「228 起義紀念大會」，強調他們的「地下黨」曾經如何策動、領導「228 革命」。又說「228 事件」是台灣人民反國民黨反動統治的偉大起義，是「中國共產黨領導下的解放鬥爭，和人民革命的一部份」。

金堯如指出，當初國民黨把 228 推在中共身上，祇是為了敉平台灣人的反抗。其後中共把 228 說成黨所領導的革命運動的一部份，只是為了「解放台灣」造勢，兩者皆非事實。

金堯如 1947 年 12 月，擺脫國民黨魔掌逃回香港，1948 年 5 月間，在香港「華南救濟協會」接待謝雪紅時，謝曾經聲淚俱下向金傾訴：「當時在群眾運動中，事起倉卒，發展得迅猛，誰也沒有料想過。我們身不由己，一旦捲入之後，便像投入海浪中跟著翻騰……。」又說：「我們台共同志們，根本沒有取得領導權……。」

最後謝雪紅很感慨地向金說；「參加這樣複雜的群眾起義，我也是第一次，毫無經驗，被迫上馬。一、無上級指示。二、無組織準備。三、無思想武裝，對敵情無所知，起義群眾中，又混進許多複雜份子，也不知如何應付，可以說既不知彼，也不知己……。」

由上面片語隻字，我們可以相信謝雪紅所說的，都是由衷之言。

金堯如身為中共高幹，曾經領導上海學運，潛台期間在陳儀身邊一段時期，回中國以後，被派去香港接任《文匯

報》總編輯。後因同情「六四學運」觸怒「中南海」，遂脫黨逃離中國。具備這些背景和經歷的金氏所言滿客觀，比較接近事實。

反觀國內，一小撮「人民協會」派遊魂亡靈，至今還死捧著謝雪紅的「神主牌」，極盡攀龍附鳳之能事，到處炫耀他們在228中的英勇事蹟，與謝雪紅「情同母子」的親密關係。又厚臉皮地稱自己部隊為「紅軍」，謝雪紅的「御林軍」。仿冒中共「解放區」游擊隊組織名稱，將自己部隊改稱什麼「自治聯軍」，自封謝雪紅屬下「總司令」，以影射與中共緊密組織關係。結果予國民黨的228大屠殺，師出有名。也給同情台灣人受難的國際人上，質疑「既是中共作亂」，國民黨派兵剿匪平亂，也不算什麼錯誤。

謝雪紅和金堯如兩位當年親歷228的人，都不承認該事件是「中共領導的什麼革命」。228時謝雪紅還不是中共黨員，與中共沒有任何瓜葛、從屬關係，所以也沒有什麼「上級」和「指令」。又何來「紅軍」、「自治聯軍」？

228已經過半世紀的今天，這些遊魂亡靈，每年都不忘呼應「中共對台灣統戰」的活動，也舉辦紀念，藉機宣揚228中，他們如何在中共領導下組織「紅軍」、「民主聯軍」。他們這種心態，居心叵測，用心惡毒。

38. 吳振武受傷疑雲

　　日前洛杉磯「台美人筆會」謝慶雲先生來電問起，是否認識楊子榮這個人？楊子榮自稱228時，曾任吳振武副官，對吳振武腿部受傷內情知之甚詳。

　　楊說：1947年3月8日晚，吳振武一個人在「中師」「衛生室」──吳振武的「臨時指揮所」，擦槍不慎走火自傷。然後，由他攙扶到「省立台中醫院」云云。

　　對楊子榮所述，他們甚覺懷疑，一個日本海軍陸戰隊出身的「海軍中尉」，竟然會擦槍走火自傷腿部？很難令人相信！依他們推測，吳振武一定有什麼不可告人的苦衷隱情，才故意「讓槍走火」。

　　對此問題，當年參加過二七部隊和「民主保衛隊」的「中師」學生，彰化縣二林國民小學退休，曾任「公投會」彰化縣分會副會長的洪鴻麟老師，頗不以爲然。

　　他記得8日（1947年3月8日）那天，剛過午，吳振武走出校長室時，一反過去的開朗，眉頭不展，似有心事，走回他的「指揮所」──「衛生室」門口時，林朝縈（「軍統」外圍組織「台灣省體育會」總幹事林朝權之弟）也滿面憂愁走近他，

低聲下氣和他交談幾句，隨即匆匆走進「指揮所」，忙與外面通電話。

「然後，吳振武召集在外面站崗的學生，告訴我們：國民政府援軍一、兩天中即將攻入台中。明天一早各自回家，不得外出，聽候學校通知指示。」接著又說：「今晚『指揮所』裡，可能會有槍響，可能會有人受傷，要事先準備好擔架，果若事情發生，即將受傷者抬往省立台中醫院交某某醫師，不得有誤。」

「當晚九點左右，『指揮所』裡果然『砰然巨響』，幾名哨兵聞聲跑進去探究竟。赫然發現兩手緊抓住受傷右腿的彪形大漢，竟是白天向我們諄諄教誨的體育老師吳振武。」

「我們目睹此景，心中一陣困惑。救人第一，既然事前有吩咐，便由我和身材粗大、孔武有力的水里陳明裕（1949年『中師』畢業）等四名學生，用擔架抬往預先指定的省立台中醫院。」

「為了避免探望者干擾，聽說當晚，他又悄悄轉院到位於前日本妓閣——『富貴亭』正對面的『李佑吉外科醫院』。」

洪鴻麟滿腹狐疑，他們都不認識楊子榮這個人。他不是「中師」學生，「民主保衛隊」也沒有這個人。吳振武受傷時，他根本不在場……。

事實真相是：3月3日「民主保衛隊」成立時，在廖忠雄和林朝棨等人慫恿下，勉強接任民主保衛隊隊長的吳振武，在我當天傍晚去埔里不久，即悄悄離隊，不知去向。我第二天回台中，查問「中師」幾位體育組老師，都推說：

「不知道。」

二七部隊成立後，我還是不死心，到處尋找他。因爲他是台籍日本復員軍官中，僅次於「關東軍」出身的鍾謙順（騎兵大尉），具有多年實戰閱歷，對當時的二七部隊是一位彌足珍貴的「將才」。

另外，吳振武也是曾經出征海南島的台灣人日本兵心目中的偶像：1945 年，戰爭結束後，在海南島的日軍，早經蔣介石指示遣送回國。「身份」、「國籍」尚處於模糊狀態的台籍日本軍，包括軍屬，卻被遺棄不顧，讓他們望洋興嘆，無法回台灣。

加上戰後，由「南京政府」派來海南島受降的「十九師」，師長蔣雄少將，是一位典型「中國丘八」。不顧爲數五、六千名台籍軍人、軍屬死活，爲貪圖自肥，扣減口糧。

因此，引起台籍軍人極度憤怒。他們準備「自我救濟」，摩拳擦掌，躍躍欲試。幸經曾經幫過中國「打土共」的吳振武出面，與廣東省主席張發奎交涉，始允調派「沙班輪」等三艘五千噸級輪船，將他們送回台灣。

由於這個緣故，吳振武便成爲海南島回來的台灣人心目中的偶像。他們祇認吳振武，祇聽他指揮。因此，使我更加器重他，無論如何，一定要說服他，爭取他的合作。

3 月 6 日（1947 年）傍晚，我到「三六部隊」──戰後經中國空軍改爲「空軍第三機械廠」，找許子哲 ❶ 時，眞想

註

❶ 許子哲，請參照《辛酸六十年》上冊，《狂風暴雨一小舟》，頁496、497、501、504。

不到，竟會在這裡碰見幾天來遍找無著的吳振武。而且看到他緊隨在幾個小時前才來二七部隊要求「庇護」的謝雪紅身邊。使我一陣錯愕。

他們「中師」的校長洪炎秋，不是告誡學生不可接近「共產黨」麼？連具有廣東「台灣革命青年團」出身特殊背景的該校教務主任張深切和總務主任郭德欽，都不諱言謝雪紅是一位「很難纏的麻煩人物」。

我被搞糊塗了。這位曾經參加過中國「剿匪戰爭」的「波茨坦」中尉，才幾天不見，竟然搖身一變，成為謝雪紅身邊的「紅人」，真是令人納悶。

事後得知，我們去埔里不久，吳振武即由張星賢（中央書局張星建之弟）等幾位「中師」體育老師，陪他來到台中市成功路、柳川東街交叉路口，現為「中區區公所」的「中尊寺」。

那裡已經聚集 3、40 名來自中部地區各縣市的士紳、地方有力人士，有文化界、教育界和道貌岸然的法界，及舊「文化協會」、「三青團」、「自治聯盟」、地主巨賈，甚至連嚼檳榔的廟祝等，三教九流無所不有。

這位從海南島回來台灣，還不到一年，經「日本體操學校」學長林朝權，推薦來「中師」任教，連半年都不到的「外鄉人」，驟然面對著幾十張陌生臉孔，的確有點不自在。但，投射到他身上的每隻眼睛，卻都是充滿著親切、驚奇、羨慕和期待。

他在海南島的種種，已被部分海南島回來的袍澤渲染、誇張、神化得令人啼笑皆非。彷彿祇要把吳振武捧上天，

他們才有跟著迴旋的空間似的。有的故意稱他為「海軍大尉」，有的叫他「總司令」，甚至有人吹捧他為「將軍」。這種恭維雖然有點離譜，卻也無傷大雅。

雖然，他原祇是一名「帝國海軍少尉」，拜「波茨坦宣言」之賜，而增加一顆星，晉升「海軍中尉」；不過，如要讓他當一名中國軍的什麼司令，以他現在的資歷，絕對夠資格。

他們帶吳振武來「中尊寺」，不是要讓他認識這些地方人士，而是希望他能給這些關心時局，擔心台中變成「台北第二」，遭受中國兵屠殺的「憂國憂民」之士，一顆「定心丸」；讓大家瞭解，我們也有具備豐富實戰經驗，日本海軍中尉出身的人材。祇要大家能齊心一致，共體時艱，則防衛大台中應無問題。

嘈雜中，突然有人發現焦點人物吳振武不見了。當初大家還以為他去洗手間，一會兒就會回來。可是等了老半天，還是不見蹤影，才使陪他來的張星賢氣急敗壞，大發雷霆。直到傍晚，為了方便吃晚餐，大家遷移陣地到大誠街，原日本妓閣「大正樓」改裝的「安安旅社」，才發現吳振武早已被謝雪紅「請來」這裡的三樓，一間二十疊榻榻米房間。

房間裡面，除了謝雪紅還有楊克煌、李喬松、林兌等四、五名「人民協會」派的核心人物。據當時經過他們房間門口，看到吳振武的《新生報》記者何開三透露：吳振武的態度從容自在。本來就木訥的楊克煌，此時更是呆若木雞。李喬松長吁短嘆，不斷搔頭，顯得很無奈。林兌則臉紅急躁，坐立不安。祇有謝雪紅微露上唇暴牙，故作冷靜，未露

出絲毫破綻。

他們刻意誘騙吳振武來這裡的動機與目的，至為明顯。不過，問題還是要看吳振武自己對時局和形勢的認識、評估有多深，對謝雪紅一夥人的瞭解，乃至對他們的「誘說」能聽進多少？此外，我們也不能忽視吳振武的生長背景，所受教育與交友情形，乃至社會關係：他考進「東京體操學校」，他的人生規劃便是立志在體育界求發展。他學校畢業後即入伍，成為日本海軍陸戰隊一名見習士官，歷經海南島戰役，熬到終戰，升官，復員，被遣送——回到他們在海南島所看到，同一「品牌」那一夥人所統治，已被摧殘得面目全非，慘不忍睹的故鄉。

他隨即面臨失業。幸經「東京體操學校」前輩林朝權介紹，到「中師」擔任體育教師。「中師」校長洪炎秋是位頗具爭議性，背景很不單純的人物。他原在中國「淪陷區」，日軍佔領下的「北京大學」任教。終戰時，依靠日軍撐腰的「南京政府」崩潰。他卻未被當漢奸受追捕，平平安安回到台灣。

而在中國外來政權極力排擠台灣本土知識份子的情況下，他竟能當上「中師」校長，豈非異數！

1947 年 3 月 7 日，重慶「台灣重建協會」（C.C. 外圍組織）創立人之一連震東（連戰父親）出現台中「處理委員會」，險遭《和平日報》記者蔡鐵城「押走」時，洪炎秋曾奮不顧身，跳出來營救。

至於 228 中，他曾如何影響、指示、命令吳振武，我們且看他自己在 1950 年，交由台中中央書局出版的《三友集》

則思過半矣。洪炎秋在《三友集》裡面，自炫與「警總」柯遠芬參謀長的關係。自述他如何受命，如何指示吳振武等人運作，都描寫得淋漓盡致。

由此，我們不難想像吳振武 228 中，確曾為這些問題陷入左右為難，內心掙扎，神鬼交戰的痛苦。他曾經背棄愛國青年所成立的「民主保衛隊」，糊里糊塗地被牽著鼻子走。

他也冷眼旁觀謝雪紅，發現她並不像一些同事和校長所渲染誹謗，那種「青面獠牙」，令人望而生畏的可怕人物。她是一位有理想，有抱負，企圖心很強，而且是一位有親和力的女人。

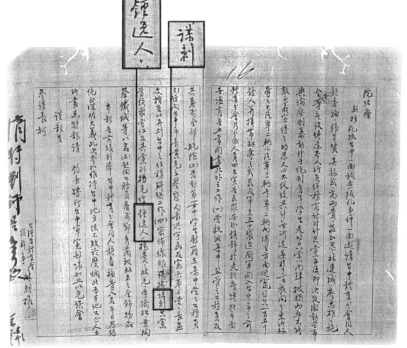

「國家檔案局」資料：「軍統」特務密謀暗殺鍾逸人及謝雪紅等人

他曾為此迷惘無主，不知如何是好？他不敢違逆上級交代，也不敢違背前輩——林朝權「教誨」。不過，他也很堅持，不願意隨便放棄自己的想法。

他終於想出一策，要用拖延時間的方式，來模糊「焦點問題」——校長和前輩要他「尋機暗殺謝雪紅和鍾逸人等人」的問題；最後讓它不了了之。不過，對這個決定，聽說他還是很躊躇❷。

從台北傳來的消息，情勢愈來愈緊張，越來越令人憂慮，中國援軍已經登陸基隆，很快就進迫到中部地區。那些平素喜歡高談闊論的士紳們和他的同事、長官，卻反而叫大家棄城逃跑！

現在祇剩下被派去各地駐防，和留守「干城營區」準備負嵎頑抗的二七部隊，餘者不是開始動搖，便是逃之夭夭。

這時候，如果吳振武肯親自來「干城營區」走一趟，願意和我促膝相談，並聽聽自動車隊長吳金燦報告，有關日本「誠（マコト）師團」所隱藏武器裝備下落，也許也會動心，認真考慮防衛大台中的問題。

不過，謝雪紅出沒二七部隊的消息，頗引人注意，對我們已經造成負面影響。此時，即使吳振武本人不忌諱他背後那一股強大勢力，他敢抗拒、堅持走自己的路麼？我看，他絕對不敢。

註

❷ 林朝權如何密謀暗殺謝雪紅、鍾逸人等人，如何密令吳振武破壞民軍組織⋯⋯，請參照國家檔案局，林朝權給蔣軍「警總」柯遠芬參謀長簽呈，及《228事件責任歸屬研究報告》，頁301、302、304、305、308。

🔥 右起：楊子榮、吳振武、廖忠雄、鍾逸人

　　他自傷當晚午夜，我經廖忠雄帶路到「李佑吉外科」二樓特別病房看他時，吳振武雖然編一大套故事，卻給我發現一些破綻，我無法從他編造的故事裡去相信他的話。

　　大概在廖了以當豐原市長那一年，廖忠雄夫婦住在水源路一家鋼鐵廠後面。我新開發的「B.G.E.」正在豐原煙廠作實驗，因而有機會常去看忠雄先生。有一天，我們正在對酌閒聊時，夫人提起吳振武原配過世後，新娶夫人是一位身材高大，護理人員出身的。我即順便問及吳某當年受傷的問題。

　　廖忠雄並不諱言那齣把戲，是為了某些「政治考量」自導自演的。1987年2月我赴北美參加228四十週年紀念活

動，5 月底到洛城，在仰慕多年的簡娥女士住處，看到郭德欽時，郭先生也以不屑口吻，指那齣戲是騙局，純由林朝權一手導演的「政治活劇」，勸我千萬別受騙。

而且 228 時，楊子榮和吳振武彼此還不相識，他們兩個人的認識，是在 1948 年，中國「海軍陸戰隊」在高雄左營招兵買馬，吳振武擔任大隊長，向他們（海南島人）和一般失業青年招手時，楊子榮也前來投軍應募。據當年呼應吳振武，同期應募投軍的張仕海上士、曾成致和蔡水仙三老指出，喜歡自吹自擂曾經「考上」「日本海軍兵學校」的楊子榮，卻僅授以「一支扁擔」少尉，也沒當過什麼副官。而自炫「帝國海軍科班出身」，曾任「橫須賀海兵團二等兵曹」的黃金島 ❸，則只讓他當一名「下士班長」。

一向處事嚴謹的吳大隊長，應該不會開玩笑？他總不能聽任想求官求職的人「說了就算」。他一定嚴格核對過每一個人的兵籍資料。更何況很多人，還是他以前在海南島帶過的弟兄呢！

註

❸ 黃金島，請參照《辛酸六十年》上冊，《狂風暴雨一小舟》，頁487。

39. 許世楷、「耐隆嫂」與陳永興

1992 年 10 月中旬,南國台灣尚是艷陽高照的「秋老虎」季節,東京周邊氣候早晚已有濃密秋意,屋頂薄霜受到朝陽反照,光景優美如畫。一個人在小院子散步作晨操,忽然聽到屋裡有人叫我聽電話,是武藏野小金井許世楷來電。

他先關心我工作的進展,然後問我何時回台灣?要我回台灣前去他那裡一趟。次日黃昏,我從都內回立川途中,在武藏野小金井下車,趁著暮靄低垂,混入下班人潮中,快步走訪許世楷。

我知道在用餐時間,拜訪朋友是很沒禮貌,奈因今天天氣晴朗,不能用遮傘掩護,祇好選擇上班族下班時刻。儘管台灣已「解嚴」,「懲治叛亂條例」也被廢止,蔣幫餘孽卻依然猖獗囂張。何況我是狗腿子心目中的「刑餘之徒」,我總不能再造次。

果然許夫人盧千惠女士看到我來訪,便起身吩咐女佣金丸桑為我準備一份晚餐,我連忙推說:「不用了!已和橫山桑有約。」喝完熱茶,我告訴他已訂好後天 2 點「日航」班機回台灣,並問許博士有何交代?許博士聽完之後點點頭,

然後跟我說：「這次葉菊蘭要出來參選連任，無論如何我們一定要支持她，讓她以最高票當選。不但要讓她有報夫仇的機會，還要讓國民黨知道台灣人不是好欺侮的！」接著他又指著放在桌上的傳眞機說：「這部傳眞機性能很好，目前在台灣恐怕還找不到，麻煩你帶回去給葉菊蘭。」

許夫人也有兩幅日本名畫家笹本早苗（ササモトサナエ）的油畫，要我帶回台灣，送給葉菊蘭去義賣，我當然義不容辭，欣然答應。次晨整理行李時，發覺儘管我對自己體力有自信，但眼看著不能交運，必須小心翼翼帶在身邊的傳眞機及兩幅油畫，不禁啞然！

距投票日不到兩個月，又面對兩位畏友特別交代的東西，眞讓我傷透腦筋。因爲有這些不能托運的行李，爲避免在新宿和成田換車，便要求橫山社長給我一次特別服務，親自開車直接送我到成田機場，順便請他幫我把行李搬到服務台。

橫山桑雖然是「老戰友」，因事業關係，平素絕口不提「政治」，也不敢與「獨盟」人士有任何接觸。不過他內心的「獨」，大概是日本台僑中的異數。私底下和我談起台灣問題時，常是咬牙切齒、痛罵「清國奴」。他對「獨盟」表面上很冷漠，有時候卻會透過他次女阿珠（牙醫）以及「京大」附屬病院眼科醫師的長女阿娥，以她們日本丈夫的名義捐錢給「獨盟」。難怪他家裡也有《台灣青年》和一些有關台灣建國方面的刊物。

日航「EG 202」班機準時到達桃園。因放在客艙行李架上的四件行李，須等鄰座的人走了之後，才能搬下來，因此

多耽誤了一些時間。

　　坐上計程車，因不知道葉菊蘭總部地址，便直接告訴司機到「葉菊蘭競選總部」。剛說完心裡卻有點後悔，因台北很多跑機場的計程車司機都是「榮民」，這位「運將」不知道是不是？如果是，我豈不是搭上「賊車」。

　　大約過了 10 分鐘，「運將」用親切的台語告訴我：葉菊蘭這一屆表現很好，揭發「十八標」，又因她是「耐隆嫂」，敢說敢衝不怕邪，因此讓一些國民黨「立委」都不敢惹她，避之惟恐不及。她這次可能也會高票當選。我聞言心花怒放，他竟然是「正港的台灣人」，對選情也有深度瞭解。我便藉機問他，我出國半個月來，台灣政情、選情和國民黨是否有再使出什麼「奧步數」？

　　到了葉菊蘭總部，我拿出一張 500 元給司機，他要找錢給我，我心裡一爽，便說不必。他一再稱謝，還下車幫忙把行李搬到競選總部裡面。

　　葉菊蘭不在，總部的人說她出去拜票，無法聯絡。一直等到近黃昏，也不知道她什麼時候才會回來，心裡委實很著急。這些貴重的東西又不能隨便交給不認識的人，我祇好再耐心等下去。等到 6 點左右，她終於回來，我鬆了一口氣，原以為將這些東西交給她就可以趕路回北斗。

　　萬沒料到菊蘭的態度大異往常，不但視我如陌生人，連最起碼的招呼都沒有。我本想將傳真機和油畫當場交給她，她卻連瞧都不瞧一眼，反而加快腳步，朝著右邊走廊走去。我莫名其妙的目送她背影。片刻，她又快步走回來，說：「鍾先生請你跟我來一下。」便帶我到她個人辦公室，

一進裡面，不但沒叫我坐，她自己也站著，雙手插腰，開始大聲咆哮：「請你轉告陳永興，我永遠永遠恨他，會恨他一輩子。我曾經一再懇求他、拜託他，無論如何再幫我操盤一次，祇差沒有下跪，他不肯就是不肯，卻跑去謝長廷那裡。他一點都不看在『耐隆』的情份上……。」她越說越激動，她說到傷心處幾乎要哭出來。真讓我感到意外！

我百思莫解，自從 1987 鄭南榕和陳永興共同發起「228和平日公義促進會」運動，突破蔣幫「40 年來大禁忌」以來，兩人關係情同手足。又 1989 年主張台灣獨立的「外省囝仔」鄭南榕在他的《時代週刊》254 期，開始連載「獨盟」世界本部主席許世楷博士的《台灣共和國憲法草案》，被蔣幫羅織「叛亂」起訴。鄭南榕拒絕出庭應訊，並嗆聲：「蔣幫休想逮到我的人，祇能看到我的屍體。」

大家都認為「耐隆」不過是說些氣話，不會真做這種事。但與鄭南榕結縭多年的葉菊蘭，就沒這麼樂觀，她深知鄭南榕處事風格；凡是他決定執意要做的事情，一定會做。自從蔣幫決定逮他，他即開始自囚台北市民權東路 550 巷 3弄 11 號 3 樓，「自由時代」出版社自己的辦公室裡面。所有門窗都加裝「鐵格仔」，凡是來客都必須用通關密語做信號。

這時候，在台北一家外商廣告公司當高級主管的葉菊蘭，在冥冥之中似有所感，便向公司請長假，每天帶著幼女竹梅到出版社陪鄭南榕，想用親情挽回他的執迷。

拙作《辛酸六十年》上冊，在 1988 年 2 月完稿。因為作品內容較敏感，涉及蔣幫痛處。幾經折騰，終於由一向愛好

民主自由，同情 228 歷史悲情的鄭南榕答應出版。「自由時代」是蔣幫巴不得拔之為快的眼中釘。老 K 為粉飾「民主自由」假象，表面上雖然不敢做得太鹵莽，卻老是在雞蛋裡挑骨頭。幾乎每期都遭到查禁沒收，損失不貲，負債累累，所以連校正人員都沒有僱用。每次《辛酸六十年》稿件經打字後，都要我北上親自校對。因此較有機會接近自囚中的「耐隆」和葉菊蘭。

有一天，葉菊蘭忽然發現在總編輯室桌子下面有五加侖裝的汽油桶。她開始慌張，不知所措。便央求我找鄭南榕執友精神科醫師陳永興來，甚至要我進去跟「耐隆」談談我坐牢的經驗，告訴他十七年長牢我都熬過來，現在不也是一條好漢！何況現在已經「解嚴」，即算被判刑，也不致像過去那麼嚴酷。頂多關個一、兩年，或幾個月。也說不定在這個時候，台灣政局會有什麼變化，來安慰、鼓勵他。

《辛酸六十年》上冊，終於在 1988 年 6 月問世。不到 2 個月再版……。當鄭南榕另帶 1000 本到北美、日本親自銷售回來，即接獲「台大」本部校門口和「龍山寺」口都出現盜版《辛酸六十年》的報告。不久又傳出高、南地區，每有選舉活動時，書攤上也出現另一種紙質粗劣的盜版本。

自囚中的鄭南榕聞言怒不可遏，即吩咐副總編胡慧玲小姐陪我去找洪貴參律師，向台北「地檢處」提出告訴。屢遭查禁沒收，損失慘重，負債累累的「自由時代」，正寄望《辛酸六十年》的暢銷來彌補償債。即使「他不在」以後，這份雜誌也能延續，繼續為愛好民主自由，不想被統併吞的讀者服務。

　　如今所有的寄望，等於遭到腰斬。難怪自囚中隨時準備犧牲就義的他，對「自由時代」財務困局耿耿於懷，一再催我北上處理。

　　我急急忙忙提著行李到安和路陳永興的診所，又碰到他外出。等了近半個小時，他才回來。我一看到他就迫不及待，用半責備的口氣問他：「你為什麼不幫葉菊蘭的忙，卻跑到謝長廷那邊去？上次（1989）你不是幫她操盤，讓她以最高票當選嗎？光憑你與『耐隆』的交情，無論如何也該幫葉菊蘭才對。」

　　剛回來，毫無心理準備的陳永興，突然給我這麼一問，感到一陣錯愕，但也不想急於解釋。從容不迫的從診斷室回到客廳，卻問我最近常跑日本有何收穫？然後大嘆一口氣，搖搖頭說：「謝長廷與老K抗爭而被起訴三條罪。這次如果沒選上，一定會被抓去坐牢，甚至連律師執照都可能會被吊銷。我能眼看著為台灣打拚，這麼優秀的人才被抓視死不救嗎？至於葉菊蘭那邊，雖然我沒有去，我會繼續關心。她要當選沒有問題，並不一定要衝最高票，能當選就好了。況且一南一北，兩人選區並不衝突。」

　　上屆葉菊蘭打著「鄭南榕遺孀」旗幟，以哀兵姿態參選，果然拿下全國第一高票。鄭南榕自焚所引發的燎原之火，不啻使許多平素對政治冷漠，只想當順民，持「明哲保身」的人，猛然覺醒；發現他們的生活，已經被政治和許多不實訊息侵擾、矇騙，壓縮到幾無迴旋空間。開始認真思考台灣這塊土地的問題，也對受箝制的言論自由和台灣獨立運動造成深遠影響。

♨左：謝長廷、右：作者（1987.2）

　　陳永興接著又說：「其實葉菊蘭進去立法院後，自己也很努力，不負眾望，打著『耐隆嫂』招牌，揭發『十八標』震撼朝野，創造亮麗佳績。使 K 黨懾於她的威風，不敢『假仙』，所以這次她要當選，根本沒有問題。可是我再怎麼向她解說，她就是聽不進去，一定要我過去幫她操盤，實在令人為難。將葉菊蘭和『長仔』同時送進立法院，是我努力的目標。至於別人要怎麼看、怎麼說，我就不管了。」

　　然而陳永興到底是個什麼樣的人呢？不久前，在林立明醫師家餐敘時，坐在鄰席的「長仔」，不知從何談起，談到陳永興醫師時，他唔然嘆息，說陳永興這個人很不錯，祇是「太直」。「太直」是否寓意他憨直、太笨，抑或指他行事風格不拐彎抹角？

　　1968 年間，陳永興還是「高醫」學生時，他即本於一顆愛心，糾合「高醫」、母校「南一中」的同學，成立「百達山山地服務隊」，到「好茶部落」為山胞做醫療服務。他不只做醫療，連山胞的生活習慣、環境衛生，乃至最缺乏的「數字觀念」等問題，他也都不厭其煩地加以指導。

　　1972 年張俊宏辦《大學雜誌》，他除了勤於寫文章，批判老 K 的非民主、不自由、橫行霸道之外，還各地奔走，串聯各學校社團凝聚力量示威抗爭……。他就是這麼「不安份」、「愛管閒事」！

　　1972 年 K 黨「反共青年救國團」的「司法研習會」竟然變質，反過來批判執政當局，搞得 K 黨行政院長、教育部長「滿面全豆花」「跳乩」的事件。這齣鬧劇的導演也是「不

🔥 陳永興、陳琰玉夫婦

務正業」的陳永興。

　　1982 年「憨直」的陳永興接辦瀕於停刊命運、包賠本的《台灣文藝》。「美麗島事件」發生以後，幾本黨外政論雜誌，隨即遭到停刊。不忍台灣社會一份本土刊物停刊，療傷台灣人心靈，鼓勵台灣人再起，陳永興抱著不能見死不救的心情，由鍾肇政手上接辦。結果不出所料，遭遇到不少困難。因爲《台灣文藝》沒有演藝人員的生活動態等八卦新聞，也沒有色情裸照，無法吸引一些年輕人，訂購者寥寥無幾。

　　因此，陳永興常利用下班時間和他的太太陳琰玉兩個人，在寒風襲人的夜晚，到「台大」校門口擺書攤，嘶聲向學生們介紹《台灣文藝》裡面幾篇好文章。儘管屢遭警察驅趕，始終不改其志。當醫生每個月的收入，生活綽綽有餘，何苦要去扛這個重擔？這就是與眾不同的陳永興。《台灣文藝》經他堅忍努力奔走推銷，終於在短短的時間內，海內外固定訂戶增加到兩千多個。

　　1987 年 1 月初，外省台灣人，《自由時代》雜誌總編鄭南榕，爲「突破 228 大禁忌」找時任「台灣人權促進會」會長陳永興。陳醫師覺得他的構想很好，便親自去找剛成立的「民主進步黨」江主席，卻遭到拒絕。原因是「民進黨」建黨時，大家都擔心一定會被抓，結果老 K 沒有抓人，已經是萬幸。如果再不收斂，蠻幹到底，必然會遭到老 K 總清算，會統統被抓走，因爲 228 是老 K 的最痛。

　　他回來後，即刻串聯遊說，動員全國社團。不管「民進黨」反對與否，一定要幹到底，舉辦「 228 和平日公義運

動」。這個運動，果然惹怒了老 K。凡遊行隊伍經過的地方，都派「鎮暴部隊」伺候。結果擔任召集人的陳永興，在彰化縣政府前被暴警毆打，頭破血流。如果他「聰明一點」，也許不會受到皮肉之痛。他就是「太憨直」！

然而我們今天能免於驚恐，大談 228、調查 228 眞相、揪出 228 事件幕後眞凶禍首、要求賠償……，大家是不是應該飲水思源。如果當年沒有鄭南榕這位外省台灣人和陳永興醫師、李勝雄律師、鄭欽仁教授和李喬等勇敢人士站出來，228 陰影恐怕還繼續籠罩在我們的心頭。

1989 年底，「民主進步黨」第三屆黨主席黃信介，一年任期將屆，平素對「信介仙」「很感冒」的黨內「新潮流系」，推薦陳永興參選黨主席。「信介仙」卻以年歲不少，以後不會再出來參選爲由，一再要求陳永興退讓。富有同情心的陳永興經不起「信介仙」懇求，也覺得「信介仙」過去確實爲台灣民主運動犧牲奉獻不少，也爲「美麗島事件」坐過長牢。乃決定退讓，讓他再連任，將自己手上一票也投給黃信介。因此惹來「新潮流系」的不滿，勃然大怒，認爲陳永興不懂現實政治，自此開始即與陳永興疏遠。

因爲葉菊蘭對陳永興的過去太瞭解，對他的處事風格也頗欣賞。尤其對他那種富有感性，善於帶動情緒，打動群眾心弦隨他感奮躍躍然的演講，每次他講到悲切感傷、淚眼汪汪奪眶欲出，聲音沙啞時，也常在聽眾中，引發此起彼落的啜泣聲，更是令人動容。加上他是鄭南榕執友，她亡夫引火自焚前夜，陪她亡夫長談一、兩個小時，努力勸他想開一點，我們還有很多事情要做……等等的密切互動。

　　由此不難想像葉菊蘭之所以那麼激動、情緒化，乃至對陳永興的熱切期盼落空時，所引發的失控不尋常反應。

　　1992年底立委選舉，結果葉菊蘭和謝長廷都高票當選。他們選戰中的情結似乎早已化解，在立法院的互動也非常良好。至1996年彭明敏教授和謝長廷搭配，被民主進步黨提名參選總統、副總統時，葉菊蘭任競選總部總幹事，而本為「彭明敏基金會」執行長的陳永興，則為固守「大本營」，與競選總部總幹事葉菊蘭之間的互動關係也非常密切，根本看不出彼此間有什麼芥蒂。

　　1998年民進黨次團體「新國家連線」成立，推出彭百顯參選南投縣長，許添財參選台南市長。當時蔡明華、蕭裕珍、陳光復、陳永興、葉菊蘭……等人都投入助選，尤其陳永興和葉菊蘭兩人的積極表現，更是令人印象深刻。

🔥 因拆穿「十八標」案內幕使K黨搥胸頓足的葉菊蘭（奈隆嫂）與作者

40. 許世楷受命披甲

　　1995 年 12 月 2 日第三屆立法委員選舉落幕。台中市投票結果，「國民黨」的沈智慧和洪昭男、「新黨」的謝啓大及「民主進步黨」的蔡明憲四名當選。

　　「民主進步黨」原推出因「黑名單」以致 30 多年未能回國，直到 1992 年 12 月「黑名單」解除，隨「獨盟」返國的「台灣獨立建國聯盟」世界本部前主席許世楷博士，和數年前即從北美回來經營，曾任僑選「國大」的蔡明憲律師，及前「立委」劉文慶三人參選。

　　結果許世楷的落選，讓海內外知道他自學生時代開始，30 多年來一直爲台灣獨立建國奉獻。又曾經在鄭南榕創辦的《自由時代》週刊，發表《台灣共和國憲法草案》，導致鄭南榕被國民黨羅織「叛亂罪」自焚事件的人扼腕嘆氣。

　　許世楷的落選，簡直是辛辣的諷刺。這麼優秀的學者，不顧身家安全爲台灣獨立建國打拚，回到台灣想爲自己國家做點事情，卻連一個最起碼的席位都得不到。豈是一般常理所能解說！

　　「獨盟」於 1992 年 10 月 22 日遷回台灣後，1995 年

「228」首次於南投、溪頭「假期大飯店」開會，會中多位具代表性的盟員，決議：「……我們等了30多年，現在回到台灣，對95年的立委選舉絕無理由缺席。不管怎樣『獨盟』一定要推派人馬參選到底，爲此徵召李應元在台北、張燦鍙到台南、台中市則由許世楷參選。」

許世楷出國近40年，在故鄉本來就沒什麼人脈資源。加上他本人從未考慮參選公職。他回到台灣，即席不暇暖，遠赴花蓮「玉山神學院」關心原住民問題。次年回台中故居，在「黑名單」取消後，才高高興興回台中的母親洪金雀醫師突然病故。看到無法面對相依爲命50年的老伴驟然離去的父親，一時難以適應，情緒激動，束手無策，家庭頗不平穩的時候，他在毫無心理準備下，即受命參選，這一切豈是「沉重」兩字可以形容的！

然而身爲盟員，對組織的決議當然要服從。他隨即「披甲躍馬橫戈」，並爲選戰開始做各種步驟。不到兩天，陳南天、李顯榮、張良澤、陳銘城、李喬、張啓中、鄭邦鎭、林東陽、林雀薇、洪培青、何森榮和汪玉燕……等等，都陸陸續續前來報到。一些似曾相識的「秘密盟員」也開始露面，前來等候分派……。

我則扮演「穿針引線」角色，折衝於地方有力人士之間。我首先去拜訪被台中市民進黨人士拱抬爲「民主老大」的前省議員，時任「台中市合作社聯合社」理事主席的何春木。他與「台灣省體育會」系統的高兩貴交情頗深，與握有雄厚人脈的「台中七信」老董事長張啓仲也有特殊緣故。

我曾幾次去拜訪幾位白色恐怖年代，曾經冒著「警總」

眼線，偷偷去日本見過許世楷的民進黨籍公職人員。也個別拜訪以周汝南醫師為會長的「木曜會」會員。這個組織是以「中山醫大」周汝南、林澄清女婿賴耀輝為中心，約有近20名老醫師，每週四聚集台中「築地」、「江の屋」等日本料理店餐敘，討論一週來，「美國、日本、中國與台灣的政治動態」和「Ｋ.Ｍ.Ｔ. 內近況」。我是其中唯一不是醫師出身的。因為他們喜歡聽我過去的歷史，也覺得我喜歡「從不同角度、背面分析新聞」別具見地，便邀我加入他們的聚會。

與我們「筑後屋」、「國泰行」曾經有交易關係的，以前「三青團」、「報社」有關係的朋友，我都一一去拜訪。當他們知道我是為許世楷的參選而來，都翹起大拇指表示：「讚！一定會支持。」因為許世楷是台灣人的 élite，台灣人的先知，不像那些沒有「理念」的西瓜派政客。

然而很不幸的，與許博士同屬民主進步黨的公職人員，竟然沒有出來支持許世楷。不是推說「與某候選人父親有八拜之交」，便是藉口你們「慢來一步，我們早已答應支持某候選人」。儘管我低聲下氣，執拗懇求拜託，那些少年家就是不肯給老拙一點面子。這些過去曾經作伙參加民主運動，並肩作戰的朋友，何以聽到許世楷便顯得這麼冷漠？令人匪夷所思。

直到彭明敏、李鴻禧、黃昭堂、陳隆志等人來助講時，會場上竟然沒有一個民進黨公職人員站台，感到驚訝！才意識到事態嚴重，並經多方檢討，咸認：很可能是民進黨裡某一個與「獨盟」同質性頗高的派系在背後 boycott（杯葛搗蛋）。

🔥 鍾逸人為許世楷助選

　　因為他們早年在海外多少受過「獨盟」照顧，目睹「獨盟」組織嚴密，處事剽悍，深怕「獨盟」一旦得勢，在國內建立橋頭堡，勢必蠶食他們地盤，使他們的存在受到威脅。

　　類似情形，在彭明敏教授和謝長廷搭配參選總統、副總統時，更是明顯。這次除了「理念型」和獨派堅守台灣人陣營，支持彭謝配外，「利益型、西進派」則明目張膽，公然挑戰黨中央提名決策，轉向支持「大膽西進」的許信良。

　　不過，坊間也有出現一小撮抱著幸災樂禍心態，用異樣眼光看待許世楷落選的人。他們以道貌岸然「先覺者」姿態，引用中國國民黨選戰口號，大言不慚，大放厥詞，說什麼一動不如一靜。大家都希望維持現狀，何苦挑起「統獨問題」。許世楷如果不標榜「台灣獨立」，沒有在海外搞獨立

運動，他也許還有當選空間。「選票會說話」，選民不喜歡的最好不要去碰它。即使「台獨」口號喚得再震天動地，高唱入雲，也沒有用……云云。

乍聽之下煞有介事。然而果如斯言？現在台灣人都過得「很好」、很「平靜」？不可漠視惡鄰中國虎視眈眈，揚言吞沒台灣，文攻武嚇，強迫台灣接受「一國兩制」，讓台灣變成他們的地方政府。

我們台灣人何嘗不想過平靜、享受和平的生活，可是中國的魔爪已經掐住我們的脖子，我們能不掙脫，坐以待斃，任人宰割？

我們難道要活像一頭肥豬，三餐不虞，天氣悶熱時，仰賴飼主幫牠澆水，拿電扇幫牠搧風？牠果然活得很舒服、很平靜，卻連大難臨頭都不知覺。直到被架去屠宰場宰殺，才猛然覺醒，竭聲嚎叫，已噬臍莫及矣！

近半世紀來，台灣人被強迫接受「國民黨」制式教育，限看統派媒體報導，觀賞深寓「大一統思想」的「康熙帝國」「乾隆王朝」「雍正王朝」的電視影劇。不知不覺整個腦筋深受污染，忘了我是誰？對事物觀察也開始迷糊，對惡鄰中國的霸權思想，乃至蠢蠢欲動的侵略舉動，不知警惕，麻木不仁，死到臨頭還不自覺。

這時候，若不是「獨盟」在日本出刊的《台灣青年》，在美國辦《台灣公論報》、《太平洋時報》及《台灣學生月刊》的各路先進，為我們敲警鐘，大聲疾呼，喚起國際輿論重視中國的侵略企圖，釐清台灣非中國領土，台灣在「中華人民共和國」1949 年 10 月 1 日建國以前即已存在。

　　1951 年 9 月 8 日簽署的「舊金山對日和平條約」，也未提及「日本放棄台灣及附屬群島以後的歸屬問題」或「應交給中國」的任何記載。因此中國對台灣的任何領土主張，都是違背「舊金山和平條約」。如果中國膽敢訴諸武力，公然攻打台灣，無疑，已構成對台灣的侵略，嚴重違反「聯合國憲章」。

　　台灣今天處於外有中國文攻武嚇，內有統派間諜作亂搗蛋，國家猶能屹然未被吞沒，人民仍然享受自由民主，過著優於「中國」的生活。我們應該飲水思源，感恩「228」以來，前仆後繼、奮鬥犧牲的民主先進，及受到彭明敏教授的「自救宣言」啓示，爲台灣獨立建國奮鬥的各路先進長期以來的奉獻。

41. 滌淨歷史濁滓還我清白

　　上月中旬，友人 L 兄來電話，問我是否看過「台日」1 月 8 日「台灣論壇」葉彥邦的「讀 228 戰士有感」？我說「未看」，他當即命我務必要看，說裡頭有污衊我的地方。L 兄以前在大學教書，是一名頗負盛名的台灣作家。多年來下鄉做過 228 田野調查。他對葉文所述頗不以為然。痛斥葉某嚴重扭曲歷史，不明真相，未查訪相關人士，即遽以妄斷污衊當事人，很不道德。

　　我看完葉彥邦「大作」很感慨！不知他為何方神聖？他未具 228 歷史經歷，也沒有看過 1987 年的《台灣新文化》第九期，王世勛訪問黃金島〈人間歷史豈容捏造〉，和同期陳芳明與陳映真〈談 228 事件〉，及《辛酸六十年》上冊 656 頁「警總檔案」，657 頁〈風雷魅影——給古瑞雲一封信〉。

　　有關「十萬元」的來龍去脈，我在拙作《辛酸六十年》已經交代得一清二楚。又在 1987 年 3 月 4 日我在聖荷西陳芳明家時，應來自中國的周明（古瑞雲）要求，臨時改變行程，匆匆從舊金山飛往紐約，深夜到達「全美台灣同鄉會」會長

楊黃美幸女士家，甫坐定，古瑞雲即迫不及待當著楊次雄醫師夫婦和來自中國的吳克泰面前，解釋他所以冒充「自己是二七部隊部隊長」，實有不得已苦衷，是奉上級指示的。

也提及當年我在埔里交給他的五萬元，在竹山張庚申家交給歐巴桑（謝雪紅）。陳芳明也提及古瑞雲在聖荷西他家所做「口述歷史」，證實確曾接受過我交給他的五萬元。

剩下五萬元，則委託「魚池郵局」謝德芳局長代為慰問偷襲「門牌潭」蔣軍，遭反擊受傷的兩名青年 4000 元。3 月 15 日凌晨，魚池分駐所警員張水源確曾率領一小隊接受過二七部隊裝備鄉勇偷襲「門牌潭」。張水源因此依內亂罪被判刑四年，出獄後回彰化和美當土地代書兼營一家小戲院。謝德芳則於 1960 年間被調升彰化郵政局長，現在可能已經退休。

此外也記得分發一些錢給自動車隊長吳金燦，參謀長黃信卿及吳崇雄、周秀青、劉佳彬等人。總共各給他們多少？已記不清，不過印象中，吳崇雄和周秀青隔天又把錢拿回來還給我。理由是不會有人認出他們。倒是我到處拋頭露面，認識我的人一定很多，多留些錢在身邊比較妥當。

至於這十萬元來歷，是時任台中「處理委員會」「財務課長」鍾添登先生——我三叔交給謝雪紅託她轉交給我的。

當時我三叔自掏腰包，拿出六萬元，另黃棟和顏春福各捐兩萬元。事件中妻也曾拿一筆錢給我，都在紛亂逃亡中消失掉。那一段日子連老命都不保。所以在此呼籲特別在意這筆款項的朋友，能否一併幫我找回這些錢的下落？

葉文又引黃金島的話，緊咬我是一名「臨陣逃亡的儒

夫」，嗆聲說沒有看過我。可是他又不諱言我是部隊長，而不否認自己是被派去守衛「干城營區」安全的衛兵長。部隊長的行蹤、一舉一動，甚至要做任何一件事，難道都要向衛兵長報備、請准？這是哪一門子的歪理？自誇日本海軍「二等兵曹」出身的，1948 年到吳振武任大隊長，急就章成立的「中華民國海軍陸戰隊」，僅當一名「下士班長」的黃金島，連這麼一點常識都沒有嗎？

此人不老實，說大話，愛膨風。比方他投二七部隊時，「假造兵歷」自稱曾經在日本「橫須賀海兵團」服役四年，終戰時以「海軍二等兵曹」退伍。228 時他 21 歲，1945 終戰時應該 19 歲，那麼他參加「橫須賀海兵團」時，則只有 15 歲。有可能嗎？依史料記載，日本在台灣實施「海軍志願兵制度」是 1943 年（昭和 18 年）5 月 11 日以後。因 1941 年（昭和 16 年）時他才 15 歲，而且「陸海軍特別志願兵制度」根本還未實施。日本對「英美法宣戰」是 1941 年底（12 月 8 日）。太平洋戰爭未發生，「志願兵制度」未實施，才 15 歲即能進入「橫須賀海兵團」，而以「海軍二等兵曹」於 1945 年退伍？這是「天方夜譚」？

無怪乎兩位吳振武老部屬，前「民主保衛隊」隊員 C 君和 S 君指出，黃金島原只是一名軍屬，比他們兩人還慢幾個月於 1943 年間以志願兵加入「海軍陸戰隊」。終戰時他們都以「海軍上等兵」退伍，而且還是拜「波茨坦宣言」之賜，特晉一級的，才能擁有三顆星。至於黃某人自炫的「二等兵曹」莫非是夢中取得的？

我自 1947 年 3 月 1 日和楊逵到台中「白鳩堂」印傳單、

發傳單（連中國的「刊物」都不諱言）⋯⋯為了保衛大台中，為了希望能在最短時間內，擁有與「蔣軍談判籌碼」，我每天都為建軍周旋於各地自動蜂起的武裝隊伍與士紳之間，忙得不可開交。

「台中三・二市民大會」是誰促成的？又「嘉義三・二蜂起」是如何發生的？那些武器和裝備從哪裡來的？為了防堵蔣軍南下，派軍駐防大安溪頂鐵道隧道口和鐵橋下，又動員多少人馬去搬運炸藥和武器？為了馳援嘉義和虎尾，調派多少隊伍南下，當時在彰化火車站「電報室」任發報員的詩人陳錦連，曾親睹徐徐經過彰化站，受到月台上群眾和站務員揮手歡呼的二七部隊的激情，至今猶歷歷在目。（錦連目前在高雄司法官宿舍他女兒家）

3月11日我聞變急奔嘉義，為挽救主和者──「和平使」荒唐行徑，與當地士紳──「四方醫院」施江東院長和後來當選嘉義縣長的李茂松律師、嘉義地院劉發清推事、蘇書記官等人在嘉義市政府二樓市長室聚首密議善策時，忽有一名似曾相識，依稀記得曾在「振山眼科」見過的小姑娘，挺身大聲怒吼：「當務之急，莫過於加強火力，回復包圍戰，解救那些擅入虎口的『和平使』生命。」要求我即刻通令，也希望我能火速從台中調派援軍。

我1964年出獄，為查尋這位十七年來一直縈懷心上的奇女子，特地邀請李喬往訪嘉義「振山眼科」，拜訪劉傳來國代。始悉這位當年尚小姑獨處的奇女子，乃是他大姐女兒，現在是屏東「江內科」江清耀博士的夫人張清秀女士。十八年前，我被邀赴美，路經東京，在東京池袋東口，原「巢鴨

左：張清秀、右：作者

「監獄」舊址新建「太陽大飯店」邂逅從「華府」回來的蘇貞昌談及此事，獲悉他即爲張清秀的外甥。他對舅媽張清秀女士這樁傑作也略有所悉。

另一位涉及「前鋒青年協會」案，繫獄十五年，前「政治受難者互助會」會長林麗鋒也知道我在嘉義行徑。在北美版畫家楊葆菲的大嫂父親，前「三青團」嘉義分團總務股長賴木川當時也與我接觸過。以上幾位都還健在，找他們求證應不困難。

二七部隊進駐埔里，我即指示前埔里隊隊長黃信卿，自動車隊隊長吳金燦、吳崇雄、呂煥章、林大宜等幹部研擬佈防事宜。古副官因押後，途經草屯時，又順路到農會倉庫搬

運軍毯,至近中夜才進駐「埔里國小」,未克參加。次日3月13日我悄悄潛回台中探軍情,並往「台銀」兌領十萬元。當晚投宿草屯一家日式旅館,半夜當地警員帶領「義警」臨檢被捕,遭軟禁達四小時,幸經「三青團」草屯區隊長洪金水營救,始免於難。

奔回埔里已近14日中午。因一夜未眠,渾身疲憊,且身懷「鉅款」,遂應「中師」學生廖國璋安排,住進他阿姨經營的小旅館。15日凌晨,天猶未亮,吳金燦和黃信卿來報告:募兵不易,山城住民不合作而憂心如焚。

因為鎮民受到能高區長廖德聰恐嚇,妄指二七部隊為「共產黨軍隊」,而拒絕合作。這顯然與謝雪紅的出現有關。沒有料到事態竟會演變到這樣子,我真悔不當初。不該讓謝雪紅和「人民協會」的人來「干城」。很多人都對她不了解,對她的背景更是疑雲重重。加上3月4日黃信卿帶隊突襲「十四大哥幫」(CC系)巢穴,活捉五、六十名特務,關進台中監獄,「也被算到她頭上」。

我心亂如麻,悔恨交集,直奔「守城大山」求楊維命醫師冀能助一臂之力,勸勸區長,別再抹黑,能收前令。然後跟劉佳彬等人到霧社拜訪部落酋長和長老,以及兩位曾經長征馬來西亞熱帶林的泰雅族前「高砂義勇隊」的山地青年。我們雖然受到款待,談笑自若,但每次言及正題——動員山青的問題,即面露難色。因為1930年「霧社事件」是他們族人揮之不去的夢魘。加以區長三令五申嚴禁、恐嚇,使他們不敢造次……。

我在整個228中未曾自衒自己是如何「驍勇善戰」。事

實上也未參加過對陣作戰。我僅僅扮演過百分之 40 的「蕭何」，百分之 30 的「坂本龍馬」和「張良」。至於「韓信」的角色，恐怕連百分之 30 都不到。不過二七部隊剛成立時，我對紀律的要求很嚴厲。因此頗博得市民信賴和支持。也因此被誤傳二七部隊有「日本兵」，使蔣軍不敢輕敵，不敢像對待基隆、台北、嘉義、高雄的市民那種殘忍野蠻殺戮，將台中變成「阿修羅場」。

蔣軍確曾很耐心地等，一直等到二七部隊完全退出台中，次日午後劉雨卿的「二十一師」才在林獻堂、劉存忠、黃克立、洪炎秋、藍運登、蔡志昌、魏賢坤等人引導下，小心翼翼進入台中，駐紮前二七部隊的「干城營區」。

至於我的部隊長頭銜，可以說不費吹灰之力撿來的，更不必像某些人假造兵歷呢！日本海軍陸戰隊出身的吳振武中尉棄之不要，關東軍少尉出身的埔里隊長黃信卿則堅持他回國才半年，對狀況不甚了解，加以人地生疏而堅辭。於是我便在 400 多名隊員的呼應支持下，接受這個人家避之惟恐不及的職位。

黃金島自稱他為 228 繫獄二十四年，其實他未曾為 228 受刑，被關過一天或一個小時。他是涉案「古瑞明匪諜案」於 1951 年被判無期徒刑，於 1974 年蔣介石週年忌日獲釋。可參照「國家檔案局」「匪諜古瑞明叛亂案」資料及他的「判決書」。

1987 年 2 月我初次受邀訪美，滯美 3 個月，向「台美人」報告「我的 228 經驗」。遇到一些來自中國，去過香港和中國的「台美商人」，偏聽彼幫統戰單位的另類 228 論，

中毒頗深，我即義正辭嚴加以指正，說「中共地下黨策動」子虛烏有。謝雪紅領導云云，更是蔣幫為推諉責任藉口。我心直口快，此言一出竟觸犯「天條」，惹怒「中南海」，自稱「在台灣的中國人」的《人間》也抓狂，與中國相呼應一齊起來鬥臭我，污衊我。

迫使李喬和王世勛打越洋電話催我回國撲火。原來中共自1950年代，即已有計畫要重新解釋這部「台灣人用血寫成的228史」，強調中共地下黨在228中扮演的重要角色和彰顯謝雪紅在二七部隊的領導地位，以配合他們的併吞統戰。

回顧十年來，特定集團、特殊身份人士頻頻利用一些歷史事件的濁滓、怨隙，刻意製造波瀾，並計畫性的抹黑台派人士，不幸地，我成為他們的目標之一。本人的想法是：個人榮辱事小，歷史事實卻不容顛倒，希望上文能夠給社會一個清楚交代。

火的刻痕

42.「北斗林厝」瑣憶

看過東方白《浪淘沙》，丘雅信與林仲秋兩人悲情收場的 romance（羅曼史），感觸良多！裡頭有幾位曾經在舊報紙、雜誌上及親自見過面的老面孔，他們那個時代的歷史背景，和曾經如何為台灣打拚過的歷史片段，也逐一浮現腦際。

《浪淘沙》雖然是一部 fiction（小說），然而它所描述的故事，穿梭其中的人與物，多有脈絡可尋，非全虛構。如蔣渭水、郭馬西、林呈祿、林獻堂、蔡惠如、楊肇嘉、彭華英、蔡培火與謝文達……等確有其人，而且都是耳熟能詳的。

他們在二十世紀初，曾經搭乘日本「大正民主列車」，高舉「為殖民地台灣爭取民主自由」大旗，骨子裡卻是嚮往威爾遜（Woodrow Wilson，美國第 28 任總統）的「民族自決」……，在他們言行中，隱約透露此傾向。

由於北斗林厝確有一名 1924 年生，現居北美的林仲秋。查遍林厝「族譜」，祇有這位林伯奏與他元配徐氏所生的林仲秋。然而《浪淘沙》drama 中的林仲秋，卻是一位 1920

年，已經在東京參加過林獻堂、蔡惠如、楊肇嘉等人主導的「台灣議會設置請願運動」。兩人年齡差距甚大。為求辨正，我便透過內子和綿仔兄（林仲綿）小舅，謝昭智老師協助，終於查到故事中的林仲秋，應該是林伯登長子，綿仔兄的長兄林仲澍。林仲秋與林仲澍雖僅一字之差，卻是差之毫釐，謬以千里。

林仲澍生於日治明治 30 年（1897）8 月 11 日，歿於大正 10 年（1921）8 月 2 日，英年早逝，享年 25。他畢業於「早稻田大學」專門部電機科。赴日前，即已深受他四叔林伯庭（曾任台灣文化協會中央委員）庭訓薰染。留日期間，確曾投入林獻堂、蔡惠如等人領導的運動。

他回台即接受日本人的「電力會社」聘任技師，被派去水里參加墓碑潭水力發電廠建設。因身處山野工地，飲食不潔，感染傷寒（Typhus），不到一個月即去世。因此我斷定《浪淘沙》裡的林仲秋應是林仲澍化名。

林仲澍遺孀連順治為府城連雅堂之女。她嫁給林仲澍才不過一年，即遭此不幸。書香世家出身，受過舊禮教薰染的她，以為要面對殘酷命運，自囚深閨、埋葬青春，終身守寡是理所當然。

她過著暗無天日、幽咽低泣、徬徨不安的日子，後來在亡夫仲澍父母、妯娌和婢女們苦口婆心勸誘下，終於走出閨房，出現公廳。參加妯娌們吟詩作對的遊戲，陪未上學的族內子弟讀「千字文」「四書」，教唱童歌來粉飾內心的悲傷……。

有一次，滯留上海多年，讀「同文書院」，在日商「三

井洋行」上海支店做事，喝過洋水，親歷「五四運動」，受過「德先生」（Democracy）、「賽先生」（Science）洗禮的林伯奏回北斗省親，經過公廳時，看到連順治陪著孩子們讀書唱歌……，又從族人那裡得知她不幸的遭遇，他扼腕嘆曰：今夕何夕？已是二十世紀，在經歷「明治維新近代化成功」開明日本統治下的台灣，還聽任中國醬缸文化「吃人禮教」捉弄擺佈？太豈有此理！難道我們林厝的人，腦袋都裝粗糠，昏頭昏腦。連讀過「日本冊」，接受過新教育的人都是些睜眼瞎子？

他義憤填膺，再也無法坐視這種不人道的陋規繼續害人。為了要改革這些惡習，他於是登高一呼，便得到長兄林伯欽、堂兄弟林伯餘、林伯槐、林伯庭和林仲節等仲字輩族人站出來支持，拍手叫好。

林伯奏因在外商公司「吃頭路」，不能滯留北斗太久，便將連順治的事交代林仲昆處理。要他試探順治，想不想暫時離開北斗，到中國上海。換個環境，也許可以讓她慢慢忘掉悲情，廣增見識；住在上海租界，可以接觸到很多來自世界各地不同文化，不同國家的人。看他們如何過生活，如何掌控自己的幸福。

臨走時，再吩咐林仲昆：他這次回台灣，也是想要找一位能給他子女教「漢文」的「家教」。順治家學淵博，很適合當他們的「家教」。但看她想不想去上海？

1926年劉少奇於上海所鼓動的「五卅」（agitation），漣漪餘波盪漾。在南方，背叛孫文「聯蘇容共」路線的蔣禿頭，粉墨登場自封「北伐軍」總司令，準備揮軍北上，台灣

一些對「唐山」懷有浪漫情懷、醉過頭、昏頭昏腦的所謂「愛國份子」也蠢蠢欲動；爭先恐後，想逐潮流，投奔他們「夢寐以求」的「唐山祖國」。

日本「慶應義塾大學」出身的連震東（連順治的弟弟），和「台中一中」剛畢業二水人，綽號 camera 的謝進喜（去中國以後改名謝東閔），得悉北斗林厝最近要護送少奶奶連順治去上海，跑來懇求讓他們能和大家「鬥陣」、「作伙」去陌生的上海。

約一禮拜後，連震東帶著行李從府城趕來北斗與二水謝進喜、林仲昆會合，護送連順治和她的隨身女婢，搭上日俄戰爭中，擄獲俄國貨船改裝的客船，經廈門往上海。船靠黃埔江碼頭，他們即被林伯奏接去安頓在租界別墅。

連震東與謝進喜則由一名洋行華人職員帶去遊覽兼探狀況。大約一個禮拜後，camera 告別大家，一個人轉往廣東，趕考「中山大學」。連震東則暫滯京滬，關照其姊生活，並觀望政治情勢。這時候他持連橫（他父親）親筆函拜訪國民黨元老張繼（張溥泉），受其引薦投入「C.C.」。自此行蹤詭密，生活也開始有些變化。直到「七七事變」發生，他即完全轉入「地下」，獻身他們的「祖國」。

1933 年已退入大後方的連震東，探聞其姊喜獲一女——林文月，深為她能走出悲情尋獲第二春而慶幸。這時候他在重慶相當活躍；除了和柯台山等人成立「台灣重建協會」作「收復」台灣以後的各種設計，也與謝南光（謝春木）的「台灣研究所」、李友邦（李肇基）的「台灣義勇總隊」，以及被李友邦派去重慶接任「台灣義勇總隊」駐重慶辦事處主任，

🔥呂煥章

卻暗中出賣義勇總隊、叛離李友邦，投入「軍統」的劉啓光（侯朝宗）等爭地盤，招兵買馬……。

至於林仲昆則一直滯留租界。林伯奏爲了酬答他協助連夏旬（連順治到上海以後改的名字）順利到上海，特地安排他到「復旦大學」中醫藥學系進修。後來回北斗開設「復旦診所」。

林仲昆，林厝「慶歧」之後，林伯嵩長子，娶鹿港望族丁瑞乾之妹丁醉英。醉英即爲台中聞人盧炎生長子，盧伯毅元配丁韻仙之姑母。盧伯毅曾經參加「二七部隊」，228中，爲了防堵敵人援軍，經戰後唯一貫通台灣南北 pipeline（管道）尚能暢通的「縱貫線鐵路」，曾與賴部生、呂煥章等人，率領一隊攜帶 dynamite（炸藥）和手榴彈的學生軍，駐防大安溪頂，鐵路隧道口，鐵橋下「伺候」南下「敵軍列車」。 亡命日本時，恰遇「朝鮮戰爭」，被派去當「盟軍通譯」。1990 年間，病沒韓國漁村。

　　林伯奏（1897-1992，享壽96）是林哲和的次子，長兄林伯欽，和林伯庭、林伯餘、林伯槐、林伯樞是至親堂兄弟。他與諸羅城元配徐氏育有林仲秋、林仲江，與連夏甸再生林文月、林文仁、林文花、林文英及林仲平等四女一男。

　　1946年初他離開上海，舉家返台。隨即代表「林本源股」接任戰後首屆「華南銀行」總經理。同事中多有上海「三井洋行」老同事，如業務經理張以謀（詩人陳秀喜前夫）等。

　　他在上海滯留過20多年，對中國政治社會並不陌生。對「浙江財閥」孔、宋、陳、蔣四大家族的惡行惡狀，已經司空見慣。弱肉強食，搜括民脂民膏，乃是中國官場傳統惡習，不足為奇。他們高舉「反共剿匪」，卻將農民逼上梁山，將富有正義感的愛國青年學生、市井小民驅入「解放區」……。豈不是太諷刺！又如何假藉「反共」騙取「美援」，將美國人給的錢，偷偷存入外國銀行私人帳戶，在紐約搜購房地產。

　　日本治台期間，日本人確曾用心建設台灣，振興產業。不過這些建設，都是「取之於民」，由台灣人提供土地和勞力完成的。日本人被遣走以後，將這些取之台灣的產業、工廠、農地，物歸原主，用之台灣，乃是天經地義的事情。

　　陳炘成立「大公企業」要保護民族資本，防止日本人留下來的產業，給未曾為台灣流過一滴汗一滴血的中國財團——「浙江財閥」所搜括。其見解正確，用意很好。祇是籌備之初太張揚，犯大忌！悄悄去做即可，不必對外作太多說明。台灣人太不了解中國政治及支那人的可怕。

　　1945 年 10 月陳儀的「前進指揮所」未進駐台北以前，他們就開始注意「大公企業」。對陳炘一夥人的背景資料早已掌握。 228 時，陳炘人躺在病床，外面發生什麼事情全然不知，卻硬被架走，至今連屍骨都還找不到。因為蔣幫的「應剷除台灣人名單」上，他早已榜上有名。不過藉 228 紛亂中把他做掉，將責任推給中共。

　　林伯奏聽到這位台灣人 élite 從病床上被硬拖出去……，許多朋友也都在這時候失蹤。頓時又使他想起過去在中國，所目睹的那種慘無人道的大屠殺情景，竟又活生生的在自己故鄉重演。加上「軍統」出身的劉啓光，仗著「處理 228 有功」，非法侵佔「大公企業」財產，沒入官股，他即慨然離開曾經費盡心血經營過的「華南銀行」，專心從商，經營他的「新亞實業公司」。

　　林文月 13 歲時，隨父母返台。因生長上海日本租界，又讀日本人小學，回到台灣一時無法適應新環境。她畢業「台大」中文系，曾經是文學院校花。她後來進日本「京大」研習比較文學。返台後任教「台大」中文系。退休後赴美轉任「史丹佛大學」客座教授。

　　林文月的作品，雖然以散文見稱，她的文學論著及翻譯，也頗受重視。尤其將比托爾斯泰（Leo Tolstoy）的《戰爭與和平》還長的日本「平安時代」寬弘五年（1008年），時任「一條天皇」中宮彰子女侍官，紫式部（むらさき しきぶ）：以宮廷為背景，描寫男女情慾，貴族間的權力鬥爭以及穿梭其間的人、物、事與詩歌，用一千多年前日本古語文寫成的長篇巨作《源式物語》，譯成中文，更是令人嘆為觀止。

鍾逸人年表

1921　➡12月17日生於大屯街「石頭灘」（位於現在的台中市干城
　　　營房東北方）。

1929　➡入台中公學校（後改為台中村上國民學校）。

1931　➡於學校內與同學私談「霧社事件是日本人長期欺侮原住
　　　民所受的報應……等」言論，經人密告被罰站不准聽課
　　　幾達半年以上，造成功課進度一落千丈。

1934　➡獲准參加「日本武德會少年劍友會」唯一台灣人會員。

1936　➡以不太理想成績畢業於「台中村上國校」。
　　　➡背著家人放棄投考「中一中」，改由「武德會」安藤
　　　範士推薦進「為失學日本青年」專設的夜校「台中中
　　　學」。

1937　➡北上投靠時任《台灣新民報》記者的四叔鍾聰敏，學習
　　　《北京語的基礎》，涉獵《朝日時事》等書，對「一
　　　戰」後世界大勢稍具概念。恢復求學興趣。

1938　➡瞞著父親悄悄赴日求學。
　　　➡在「大和丸」船上結識李舜卿，爾後成為莫逆之交。
　　　➡在「補校」接受一學期日夜重點補習，考入東京「豐島
　　　商業學校」插班三年級。並在「新東亞學院」夜間部中
　　　級班學北京話。

1941　➡考上「東京外國語學校」（東京外國語大學前身）法語文
　　　科。
　　　➡同年10月2日因陳春來「日記」，記有我涉嫌反日思想
　　　言論，加以被搜出「甘地」和「西南之役」叛將西鄉隆

盛掛像，及周佛海《三民主義淺說》、幸德秋水、大杉榮等人書籍，被以涉嫌違反「治安維持法」投獄本富士警署拘留所，後被移送「巢鴨監獄」（Sukamo Prison）。

➠ 在囚牢內結識從「德黑蘭」截押回來的，左翼報紙《大和新聞》記者太田耕士，備受照顧啓蒙。及1950年左右釀成「第二橫濱事件」主角，時爲「早大」研究生的中國人吳普文。

1942 ➠ 9月8日「不起訴處分」獲釋，但仍被交付「保護管束」受監視。

1943 ➠ 父親病危回台，不久父親去逝。

➠ 初識楊逵、「瘦蛙」吳崇雄、吳金燦、周秀青、何集淮、盧伯毅、施部生、呂煥章等人。

➠ 爲避「特高」糾纏，經三叔鍾添登在軍方，謀得「陸軍臨時雇員」一職，當「避風港」，因戰局急迫需要，晉升「雇員」、「陸軍囑託」，因不改日本姓名，官途不順。

1945 ➠ 終戰時，以「陸軍尉軍囑託」退伍。

➠ 任「新生活促進隊」隊長，爲維持統治眞空期台灣的社會秩序。

➠ 任「三青團」台中分團總務股股員。

➠ 參加「三青團」第一期幹訓班，認識蔡淑。

1946 ➠ 因「壁報事件」與「中國警察」衝突，離開台中，被改派「三青團」嘉義分團組訓股長，並以「鍾天啓」之名，兼任「樂野國小」校長，以及《和平日報》嘉義總分社主任。

➠為調查「布袋事件」，舉發虎尾區長陳幸西不法事件，
　報導「新營事件」。

1947　➠因披露檢察單位與憲兵隊長李士榮弊案，前後被憲、
　　　警、檢單位找碴，拘捕三次。

➠2月27日上午，由「憲四團」團部釋放回台中，當天傍
　晚台北即發生緝煙人員打殺煙販事件，不到兩天即波及
　全國。

➠3月1日傍晚，與楊逵在台中印、發召開「市民大會」傳
　單。

➠目睹「三二市民大會」時，「人民協會」派如何強佔主
　席台醜態。

➠3月3日在「台中師範學校」成立「民主保衛隊」，擔任
　參謀，當晚隊長吳振武「失蹤」。

➠3月4日下午移師「干城營區」成立「二七部隊」，被推
　任「部隊長」。

➠高舉「要求愛爾蘭模式最高自治」旗幟，為確保日後談
　判「籌碼」，開始建軍搜集武器，整合各地隊伍，周旋
　仕紳之間。

➠3月6日謝雪紅險遭何鑾旗殺害，前來求救。

➠楊逵夫婦下鄉動員農村青年，投入二七部隊。

➠3月底三叔鍾添燈被捕，財產幾被搜括殆盡。

➠4月23日被蔡慶榮（投共後改名蔡子民）、許子哲出賣，
　險遭殺害。因「首謀份子」謝雪紅未逮歸案，暫被留下
　來作誘捕謝雪紅「誘餌」，而撿回一命。改由「台灣高
　等法院」依「內亂罪」判刑15年定讞，被移台北監獄執

行徒刑。

1948 ➡12月被移監台中監獄。風聲鶴唳，中共即將攻台，因而在獄中備受不正常「禮遇」。

1950 ➡5月四叔鍾聰敏也被捕，全家誤會受「作者牽累」。

➡7月「韓戰」發生，忽然被移監台南監獄，受到「白色恐怖」影響，獄吏酷刻待遇，動輒揮舞竹鞭威嚇，及至有位不知姓名、不明來歷的「夫人」親訪監獄長邱鴻恩，始恢復正常待遇。

➡在台南監獄兩年，頗受蔡濟民照顧。

1951 ➡在台南監獄醫務所，邂逅張彩雲等8名被羅織「匪諜案件」，經軍法判刑，交由台南監獄代為執行徒刑的女孩。

1952 ➡6月移監台北監獄二區二舍，與經「警總」依「叛亂」定罪，移監的楊逵、廖史豪、黃紀男，還有近20名被蔡孝乾出賣，被判死刑，已被處決者外，被判徒刑的如：蔡漢清、蕭成金等人，關進同一棟舍房。

1954 ➡7月移監新店「國防部軍人監獄」。在這裡駭然看到「小蘇區」和「半吊子毛主義份子」醜態。

1956 ➡6月被移送綠島「新生訓導營」。在這裡接受半勞動、半洗腦生活。食住活動空間雖略有改善，精神凌虐幾可與「反共活劇」裡「匪共勞改營」媲美。

1962 ➡刑期屆滿，未經任何法律程序審判，被移送小琉球「第三職訓總隊」接受「強迫勞改」兩年。

1964 ➡1964年2月6日獲釋。無家可歸，到彰化北斗暫投靠未婚妻，自此長住北斗。

➡母親備受蔣幫特務「騷擾」，得憂鬱症死亡。享年64
　歲。

1965　➡受到義姐何絹、獄友前「台中地方法院」書記官林有
　　　　福、「二七部隊」袍澤吳崇雄、周秀青、林大宜等人鼓
　　　　勵，恢復信心。

　　　➡到鹿港「洛津國小」前「竹幕」開始作「克羅列拉」
　　　　（Chlorella）培養實驗。

1966　➡交出差強人意的「實驗成績」。

　　　➡因「克羅列拉」市場未開，到一家日、美投資公司「科
　　　　泉金屬」公司當代理廠長。

1967　➡到日商「U.M.公司」當總管理員，頗受器重。

　　　➡1967年11月「北斗克羅列拉工業企業社」成立，資本額
　　　　台幣3萬元。

1970　➡「北斗克羅列拉工業企業社」改組為「北斗克羅列拉工
　　　　業股份有限公司」，被選任常務董事兼「副總」與廠
　　　　長。

1976　➡戰後首次訪日，生平第一次坐飛機。到東京羽田，受到
　　　　「凱旋將軍」般的迎接，約20多名來自7家不同公司、4
　　　　家現有主顧、另3家來自其他地方，須等產量增加時，
　　　　始能供應的候補客戶。

　　　➡因用「戰前日語」交談，被誤當最近從「蘇門答臘」密
　　　　林（Jungle）出來的中村輝雄一等兵。

1977　➡「北斗克羅列拉公司」擴充Capacity已近完成。
　　　　Spirulina生產也已上軌道。

1978　➡廠裡蔣幫臥底乃預料中。「商業間諜」出現很意外。

1980　➡李喬拿楊逵介紹函前來訪問，自此生活開始有了轉變。

1982　➡「B.G.E.」開發成功，對未來充滿希望。

1983　➡「克羅列拉公司」改組，接任「常董」兼「總座」與廠長。

1984　➡財務狀況極困中，扛起「董座」與「總座」。

1985　➡吳崇雄董事去世，家屬急欲退股。「引狼入室」公司命運愈陷危境。

　　　➡辭掉公司所有職務，僅保留三名「常董」中之一。

1987　➡受邀訪美3個月，參加「228四十週年紀念活動」，遍訪近40個點，演講，參加學術討論，在國際會議上為「228」作證……。

🔥為陳永興助選（右：彭明敏、左：鍾逸人）

1988　➠6月《狂風暴雨一小舟》——《辛酸六十年》上冊由鄭
　　　　南榕「自由時代」出版，不到2個月坊間出現盜版書。
　　　　委請洪貴參律師向台北地檢署提告。

1990　➠「B.G.E.」經公賣局「吸評會」正式認定可以提高煙
　　　　質，降低成本，節省外匯。

1991　➠6月「北斗克羅列拉公司」正式宣布解散。告別近25年
　　　　生產事業，開始專心關心台灣問題。

　　　➠不讓謝啓大得逞，爲許榮淑助選。

　　　➠因爲幫謝聰敏、陳永興、彭百顯、許世楷、廖永來等人
　　　　助選，令「民進黨」內派系份子不快。

　　　➠參加廢除刑法100條遊行活動。

1993　➠對「B.G.E.」商機仍抱信心。

　　　➠接任「公民投票促進會」彰化縣會長。

1995　➠1月《煉獄風雲錄》——《辛酸六十年》下冊，由「前
　　　　衛出版社」出版。

　　　➠受邀訪日演講。

1996　➠總統直接民選，爲彭明敏、謝長廷在台中、彰化、嘉義
　　　　三地，透過原「三青團」、「公投會」與228受難者遺
　　　　族關係動員助選。

2009　➠11月《火的刻痕——鍾逸人後228滄桑奮鬥史》——
　　　　《辛酸六十年》續篇，由「前衛出版社」出版。

索引

八畫

十二畫

國家圖書館出版品預行編目資料

火的刻痕——鍾逸人後228滄桑奮鬥史／鍾逸人著 --
初版 -- 臺北市：前衛，2009.12
560面：15×21公分
ISBN 978-957-801-632-3（精裝）

1.鍾逸人 2.臺灣傳記 3.回憶錄

783.3886   98020859

火的刻痕──鍾逸人後 228 滄桑奮鬥史

著　　者　鍾逸人
責任編輯　周俊男
美術編輯　Nico
出 版 者　前衛出版社
　　　　　10468台北市中山區農安街153號4樓之3
　　　　　Tel：02-2586-5708　Fax：02-2586-3758
　　　　　郵撥帳號：05625551
　　　　　E-mail：a4791@ms15.hinet.net
　　　　　http://www.avanguard.com.tw
出版總監　林文欽
法律顧問　南國春秋法律事務所林峰正律師
出版日期　2009年12月初版

總 經 銷　紅螞蟻圖書有限公司
　　　　　台北市內湖舊宗路二段121巷28.32號4樓
　　　　　Tel：02-2795-3656　Fax：02-2795-4100

定　　價　新台幣550元
©Avanguard Publishing House 2009
Printed in Taiwan ISBN 978-957-801-632-3

IL9½